Paul BONNEFON

BIBLIOTHÉCAIRE A L'ARSENAL

MONTAIGNE

L'HOMME ET L'OEUVRE

Deux planches hors texte et 80 gravures dans le texte.

BORDEAUX | PARIS
G. GOUNOUILHOU, ÉDITEUR | J. ROUAM & Cie, ÉDITEURS
8, rue de Cheverus, 8 | 14, rue du Helder, 14

1893

MONTAIGNE

L'HOMME ET L'OEUVRE

EN VENTE :

Œuvres complètes d'Estienne de La Boétie, publiées avec notice biographique, variantes, notes et index, par Paul BONNEFON, bibliothécaire à l'Arsenal. *Paris et Bordeaux*, 1892, in-4° de LXXXV-444 pages, papier vélin.................................. **15 fr.**

Quelques exemplaires sur papier de Hollande ... **22 fr.**

CET OUVRAGE COMPREND DEUX EAUX-FORTES DE M. LEO DROUYN,
ET DES FAC-SIMILÉS.

Tous droits de reproduction et de traduction réservés.

MICHEL DE MONTAIGNE
(d'après le portrait à l'huile conservé au Château de Montaigne)

A M. Armand FALLIERES

SÉNATEUR

ANCIEN PRÉSIDENT DU CONSEIL DES MINISTRES

*Hommage de profonde gratitude
et de respectueuse affection.*

P. B.

PRÉFACE

Il peut paraître, au premier abord, fort superflu de vouloir refaire le portrait de quelqu'un qui s'est peint lui-même ; et, si le peintre a réussi aussi bien que Montaigne à retracer ses propres traits, tenter de les fixer davantage semblera tout à fait prétentieux. Pourtant, à la réflexion, on remarquera que, précisément parce que l'écrivain s'est pris pour modèle, il importe de le contrôler : plus la personne d'un auteur est mêlée à son œuvre, plus il est nécessaire de bien connaître l'une pour bien apprécier l'autre. Quand une œuvre est impersonnelle, celle d'un auteur dramatique, par exemple, obligé par métier à s'effacer et à parler par la bouche des personnages qu'il anime, on peut apprécier pleinement cette œuvre sans avoir rien appris sur celui qui la composa. Au contraire, on ne saurait juger un livre sans connaître son auteur, si ce livre n'est que l'analyse des sentiments de celui qui l'écrivit.

C'est pour cela qu'il peut être instructif de parler de Montaigne, même après que Montaigne en a parlé. Sans doute, en fin de compte, il est beaucoup de renseignements qu'on ne saurait tenir que de Montaigne, parce qu'ils sont d'un ordre trop intime pour avoir été consignés par d'autres que par lui. Mais on peut les contrôler, les confirmer ou les rectifier au besoin à l'aide des témoignages étrangers, et, replaçant le tout dans son cadre naturel, faire un travail utile pour juger le caractère de l'homme et le génie de l'écrivain.

J'ai cru qu'il y avait place pour un tel livre, écrit pour ainsi dire sur les marges des *Essais* et destiné à expliquer l'œuvre par l'auteur, comme il s'est vu lui-même et aussi comme il est apparu à ses contemporains. Le lecteur dira si j'ai réussi et si mon ambition n'a pas été trop haute. A défaut d'autres mérites, ce livre aura celui de la sincérité, et, bien que le mot de Montaigne ait trop souvent et parfois trop mal servi, j'ose dire ici ce qu'il disait des *Essais*: C'est un livre de bonne foi.

Un pareil travail ne pouvait être mené à bien qu'en tirant profit des recherches de ses devanciers ; j'y ai beaucoup eu recours et je leur dois beaucoup. Mais il semble que l'étude de Montaigne ait été, jusqu'ici, funeste à ses admirateurs. A trop examiner son œuvre, on a pris de lui l'amour des digressions, des détours incessants; on a battu les buissons à l'entour et fait de bonnes prises, sans songer à réunir, dans une étude générale, le butin épars de tous côtés. Les travaux de détail abondent, disséminés, sans lien entre eux et sans qu'on ait pris la peine de les coordonner.

Le plus en vue des admirateurs posthumes de Montaigne, le Dr Payen, en est la preuve. Pendant plus de trente ans, à l'affût des petites découvertes, il s'empressait d'en faire part au public dès qu'un heureux coup de la fortune l'avait favorisé. Il a eu l'excellente pensée d'exciter un mouvement de curiosité autour de Montaigne, de l'entretenir et de centraliser les trouvailles. Sa collection est, à cet égard, précieuse. Conservée aujourd'hui tout entière à la Bibliothèque Nationale, j'y ai largement puisé. Le premier, le Dr Payen a appelé l'attention sur les livres qui appartinrent à Montaigne. On verra, par la suite de cet ouvrage, quel profit on peut tirer de ces éléments d'information.

Deux villes, Bordeaux et Périgueux, se disputent l'honneur d'avoir possédé Montaigne, que deux provinces, la Guyenne et le Périgord, peuvent regarder à bon droit comme l'un de leurs plus illustres enfants. Les chercheurs bordelais et périgourdins, justement fiers de cet immortel compatriote, n'ont pas manqué de mettre en lumière ce qui pouvait le faire mieux connaître.

C'est à deux amis périgourdins, MM. Galy et Lapeyre, qu'on doit la description de cette tour où Montaigne aimait à s'isoler et dont il avait couvert les murs et les solives de peintures et de sentences.

A Bordeaux, l'histoire de Montaigne et celle des *Essais* n'a pas cessé d'être à l'ordre du jour. Dès 1844, M. Gustave Brunet signalait au monde savant quelques leçons inédites du texte des *Essais* fournies par l'incomparable exemplaire conservé à la Bibliothèque de Bordeaux. Plus tard, M. Alexis de Gourgues apportait d'utiles contributions à l'histoire de Montaigne, et, plus récemment encore, un heureux chercheur, M. Th. Malvezin, pensant qu'il n'est pas superflu d'étudier les ancêtres pour apprécier leur descendant, consacrait à la famille Eyquem un volume plein de faits précis.

Enfin, M. Reinhold Dezeimeris, mon maître

et mon ami, s'est signalé au premier rang de ceux qui ont à cœur d'éclairer la vie de Montaigne et la portée de son œuvre. C'est lui qui, dans une coquette dissertation à la Boissonnade — le mot est de Sainte-Beuve — a mis en lumière le véritable auteur des épitaphes de Montaigne. C'est lui aussi qui, par une de ces divinations comme en ont seuls les vrais érudits, retrouvait naguère l'exemplaire des *Annales* de Nicole Gilles, que Montaigne posséda et sur lequel il nota ses impressions de lecture. Le document est de premier ordre, et le commentaire dont son éditeur l'entoure sera, je le sais, digne à la fois de celui qui en est l'objet et de celui qui l'écrit.

La sagacité de M. Dezeimeris s'est surtout exercée sur le texte même des *Essais*. Le premier il a fixé le rapport exact entre l'édition donnée en 1595 par Mlle de Gournay, après la mort de l'auteur, et l'exemplaire annoté par Montaigne qui se trouve à Bordeaux. En collaboration avec M. Barckhausen, il a publié le texte de 1580 tel que Montaigne le livra pour la première fois à l'imprimeur. Ce sont là des travaux d'une haute importance qu'il n'est pas permis de négliger quand il s'agit de Montaigne. J'ai eu recours bien des fois à ces recherches que le monde savant apprécie à leur juste valeur. Souvent encore, dans l'abandon d'une intimité dont il m'honore, j'ai mis à contribution le goût, le savoir de l'ami dont la conversation était pour moi le meilleur et le plus agréable des enseignements.

Il serait injuste, dans cette préface où j'essaie de payer les dettes de gratitude contractées envers mes devanciers, de ne pas dire ce que je dois aux éditeurs modernes des *Essais*. Il importait que ce livre suivît sans cesse le texte des *Essais*, même quand il paraissait s'en éloigner. Voici les éditions que j'ai eues sous les yeux. Pour la première rédaction des *Essais*, je me suis servi, bien entendu, de la réimpression de MM. Dezeimeris et Barckhausen, qui, avec le texte de 1580, fournit les variantes de 1582 et 1587. L'édition de MM. Jouaust et Motheau reproduit, au contraire, le texte de 1588, avec les additions de 1595; je m'y suis également reporté, quoique j'aie surtout usé, pour le texte de 1595, de la consciencieuse édition de MM. Courbet et Royer, encore incomplète, et qui doit être achevée par le relevé des variantes manuscrites de l'exemplaire de Bordeaux. Grâce à ces trois éditions modernes — celle de MM. Dezeimeris et Barckhausen pour 1580, celle de MM. Jouaust et Motheau pour 1588, celle de MM. Courbet et Royer pour 1595, — on peut suivre les étapes successives de la pensée de Montaigne, en attendant qu'une édition générale et pour ainsi dire synoptique permette d'embrasser d'un même regard les modifications diverses apportées aux *Essais* par celui qui les écrivit.

Il se peut — pour prendre à Montaigne une de ses images — que ce livre, composé d'éléments variés, ne soit qu'un amas de fleurs étrangères et que l'auteur ait fourni le fil seul qui les réunit. Il a essayé, pourtant, que le bouquet fût homogène, juste de ton, simple et vrai. La gerbe eût pu être plus grosse; je ne l'ai pas cherché. J'aurais pu multiplier les détails, les notes, mettre au bas des pages des références plus nombreuses. C'est à dessein que je ne l'ai pas fait. Ce volume y eût certainement gagné en grosseur; je doute qu'il y eût gagné en intérêt. Je me suis souvenu du conseil que Corinne donnait jadis à Pindare, et j'ai voulu le mettre en pratique; Montaigne lui-même me rappelait « qu'il faut, à qui veut retirer fruit, semer de la main, non pas verser du sac » :

Τῇ χειρὶ δεῖ σπείρειν, ἀλλὰ μὴ ὅλῳ τῷ θυλάκῳ.

Paul BONNEFON.

13 septembre 1892
3ᵉ centenaire de la mort de Montaigne.

MONTAIGNE

L'HOMME ET L'OEUVRE

CHAPITRE I

LA FAMILLE DE MONTAIGNE

Joseph Scaliger a écrit méchamment que le père de Michel de Montaigne était « vendeur de hareng ». La médisance n'est qu'à moitié vraie, mais, le fût-elle tout à fait, il n'y aurait guère à en rougir. Montaigne n'a rien à perdre à une pareille origine, et, comme on l'a écrit, les marchands de harengs ont à y gagner. Au surplus, tout le monde ne saurait descendre des princes de Vérone.

Essayons de déterminer aussi exactement que possible la véritable origine de Montaigne. Regardons « autour de lui », avant de regarder « en lui ». Nous verrons mieux ensuite si l'écrivain ne doit pas quelques-unes des qualités de son génie à ses ancêtres, marchands et bourgeois.

« Les miens se sont autrefois surnommés Eyquem, » dit Montaigne. Nous pouvons préciser davantage et rectifier Montaigne lui-même[1]. Ce n'est pas *surnommés* qu'il eût fallu dire ici, mais bien *nommés*, car Eyquem était en réalité le nom de la famille, et Michel est le premier qui abandonna ce « surnom ». Ce changement n'était donc pas fort ancien; tout au plus datait-il de quelques années lorsque l'écrivain le consignait dans ses *Essais*. Il n'eut lieu qu'à la mort de Pierre Eyquem de Montaigne, père de Michel, qui, devenant le chef de la famille, ne prit plus désormais le nom patronymique de ses ascendants. Était-ce négligence ou calcul? La vanité n'y fut pas étrangère. En un temps où la naissance comptait tant, Montaigne essaie de donner le change sur la sienne. Ses contemporains souriaient de ce travers, et la leçon que Joseph Scaliger veut lui infliger est méritée, bien qu'elle vienne d'un plus vaniteux que Montaigne.

Les premières origines de la famille Ayquem ou Eyquem sont encore obscures, malgré les recherches des érudits bordelais. Ce que nous en savons de précis remonte à l'arrière-grand-père de Michel, Ramon Eyquem, au commencement du XVe siècle. C'était un riche marchand établi à Bordeaux, sur la paroisse Saint-Michel, dans la rue de la Rousselle, qui est encore le siège du haut négoce de la ville. Antérieurement à Ramon, on ne saurait dresser la

---

[1] Surtout grâce aux recherches de M. Th. Malvezin, qui les a résumées dans un consciencieux ouvrage intitulé : *Michel de Montaigne, son origine et sa famille* (Bordeaux, 1875, in-8º).

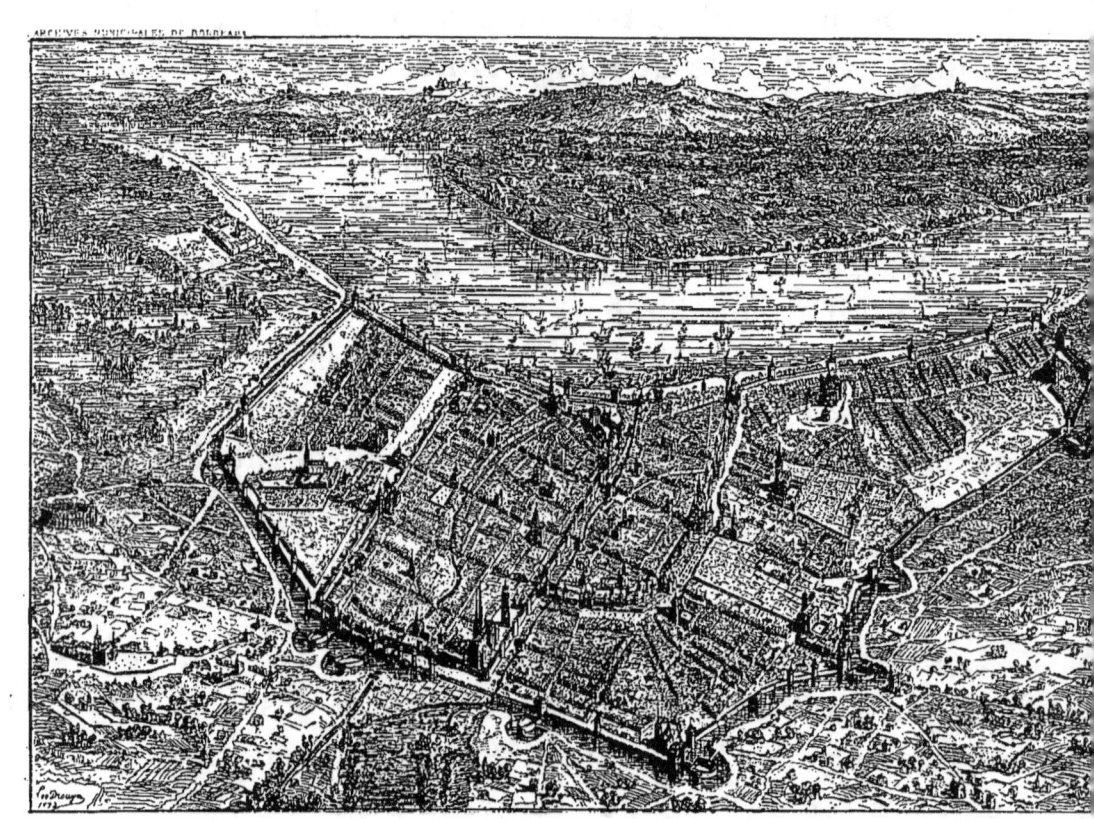

PLAN DE BORDEAUX AU XVe SIÈCLE.

filiation des Eyquem. Il semble seulement résulter de plusieurs titres, qu'au XIVe siècle, sous la domination anglaise en Guyenne, les Eyquem étaient déjà une riche famille bourgeoise de la petite ville de Saint-Macaire. Elle possédait un grand nombre de fiefs dans les paroisses du voisinage, dont l'un fut sans doute le célèbre Château-Yquem, à Sauternes, qui vraisemblablement leur doit son nom. Faut-il supposer, après cela, comme on en a fait la remarque[1], que les progrès de la domination française dans le pays dépouillèrent peu à peu les Eyquem de leurs possessions, et qu'en fin de compte cette famille se vit obligée de se réfugier à Bordeaux pour y gagner par le commerce les moyens d'acquérir de nouveaux biens? L'hypothèse est très admissible. Si les choses se sont passées de la sorte, on aurait, dans ces circonstances, l'explication de ce que Michel paraît croire sur l'origine des Eyquem, « surnom qui touche encore une maison connue en Angleterre[2]. » Peut-être pensait-il que quelqu'un des siens, suivant, après la défaite, la fortune des Anglais, les avait accompagnés au delà de la mer et avait fait souche là-bas.

Le bisaïeul de Michel, Ramon Eyquem, était un homme de tête. « Il naquit l'an mille quatre cent deux, » lisons-nous dans les *Essais*[3], apparemment dans un petit village des environs de Blanquefort, à

---

1. Jules Delpit, *Catalogue des manuscrits de la Bibliothèque municipale de Bordeaux*, 1881, in-4°, p. 342.
2. *Essais* (1588), l. II, ch. XVI.
3. *Essais*, l. II, ch. XXXVII.

quelques kilomètres au nord-ouest de Bordeaux. C'est à lui, à son activité ou à ses héritages, qu'est due l'opulence des Eyquem. Michel le reconnaît formellement : « Tout ce qu'il y a de ses dons (de la fortune) chez nous, il y est avant moi et au delà de cent ans[1]. » Employé d'abord dans la maison de commerce d'un oncle riche, Ramon de Gaujac, qui semble avoir été son parrain, Ramon Eyquem devint ensuite son associé et hérita de ses biens. Sa situation alors fut considérable. Par son mariage avec une riche héritière, Isabeau de Ferraignes, surtout par cet héritage de son oncle maternel, Ramon Eyquem devenait l'un des marchands les plus opulents de Bordeaux. Son négoce consistait principalement en achats et en expéditions de vins du cru qu'il exportait à l'étranger. Il y joignait aussi l'achat et la vente du pastel et des poissons salés. Ces opérations étaient fréquentes, car les minutes des notaires d'alors nous en ont conservé de nombreuses traces : contrats pour l'affrètement de navires, quittances ou connaissements de marchandises. Les affaires du négociant étaient fructueuses aussi, car le patrimoine de Ramon Eyquem s'arrondissait de plus en plus : tantôt il achetait une maison et tantôt une terre, des rentes en argent ou en vin.

C'est lui, « honorable homme Ramon Eyquem, marchand de la paroisse Saint-Michel et bourgeois de Bordeaux, » qui acquit, suivant acte de Dartigamala, notaire, en date du 10 octobre 1477, les

---

1. *Essais*, l. III, ch. x.

maisons nobles de Montaigne et de Belbeys, en la châtellenie de Montravel, avec les vignes, bois, terres, prés et moulins y attenant, pour la somme de neuf cents francs bordelais[1]. On sait quelle place l'une de ces deux maisons nobles devait tenir plus tard dans les préoccupations de ses successeurs. Pour le moment, le nouveau propriétaire voulait surtout entrer en jouissance de ses domaines. Il se hâte de provoquer les cérémonies qui symbolisaient alors la prise de possession. Le 30 novembre 1477, Ramon Eyquem pénètre dans la maison noble de Montaigne en compagnie de Guillaume Duboys, le précédent possesseur. Celui-ci en sort quelques instants après; au contraire, Ramon Eyquem y reste, ferme la porte aux verrous, y boit et y mange tant qu'il lui plaît. Désormais la maison fait partie de ses biens; elle est jusqu'à la fin attachée à la prospérité de sa race.

Lorsqu'elle passait ainsi entre les mains des Eyquem, la maison noble de Montaigne n'était qu'une petite seigneurie. Situé à quelques kilomètres de la rive droite de la Dordogne, dans le département actuel de ce nom, mais sur la limite qui le sépare de celui de la Gironde, juché sur un tertre élevé dont la Lidoire baigne les pieds, Montaigne était un arrière-fief qui dépendait, pour la justice et pour l'hommage, de la baronnie de Montravel. Depuis l'an 1300, cette dernière seigneurie faisait elle-même partie de la mense épiscopale de Bordeaux, et c'est

---

1. Th. Malvezin, *Michel de Montaigne, son origine et sa famille*, p. 234.

BOURGEOISE DE BORDEAUX A LA FIN DU XVᵉ SIÈCLE.

D'après le manuscrit des *Chroniques de Froissart*
(Bibliothèque nationale).

à l'archevêque que les propriétaires de Montaigne devaient l'hommage comme tenanciers d'un arrière-fief. Les premiers possesseurs s'étaient soumis à ce devoir. Les Eyquem les imitèrent quand l'occasion l'exigea. Riches de ressources que le commerce accroissait sans cesse, ceux-ci portaient leurs efforts à augmenter la contenance de cette petite seigneurie, dont le nom leur plaisait à prendre parfois. « C'est le lieu de ma naissance, dit Michel, et de la plupart de mes ancêtres ; ils y ont mis leur affection et leur nom. » Ici, Michel se trompe. Son père fut le seul de ses « ancêtres » qui naquit à Montaigne, et les autres ascendants, s'ils y mirent leur affection, n'y portèrent certainement pas leur nom. Bien au contraire, ils tirèrent de leur terre ce titre de seigneurs de Montaigne qui leur agréait, et qu'ils ajoutaient si volontiers au nom plus bourgeois d'Eyquem, jusqu'à ce que le plus illustre de la race, rompant avec son origine, effaçât le nom patronymique et gardât celui qui sonnait mieux. Ne nous en plaignons pas : de telles conquêtes sont permises quand on les couvre de l'éclat qui devait rejaillir sur le nom de Montaigne.

C'est donc à bon droit que la famille Eyquem considérait Ramon comme son chef, puisque c'est de lui que provenait le premier noyau de sa richesse, comme c'est à lui qu'était due l'acquisition du domaine noble qui devait justifier l'élévation dans la hiérarchie sociale. En achetant Montaigne, Ramon songeait plus à ses descendants qu'à lui-même. Il sent confusément que sa famille est en marche vers une évolution ascendante, qu'elle achèvera naturellement, après lui, par des étapes successives. Il avait soixante-quinze ans alors, et son ambition ne pouvait être que celle de laisser à ses enfants un bien qui rehaussait leur patrimoine. Moins d'un an après, il trépassait, le 11 juin 1478, au moment où il se préparait à entreprendre un pèlerinage à Saint-Jacques-de-Compostelle. Ses affaires étaient prospères, et sa descendance héritait de lui de ressources considérables. Son testament en fait foi. Nous y voyons que Ramon laissait quatre enfants : deux fils et deux filles ; il dote en argent ses deux filles et constitue ses deux fils pour héritiers universels.

Ceux-ci, Grimon et Pierre Eyquem, demeurèrent associés, ne firent pas de partage et continuèrent, dans la rue de la Rousselle, le commerce de leur père. Pierre mourut jeune, sans avoir été marié, et son aîné Grimon demeura seul chef de la maison héréditaire. Né vers 1450, Grimon approchait de la quarantaine. Il semble qu'il ait eu, à un plus haut degré encore que son père, le sens du négoce. Sous son impulsion, ses affaires prirent un accroissement très notable. De nombreux actes nous le montrent faisant un commerce d'exportation fort important, effectuant fréquemment des chargements de navires pour l'Espagne, l'Angleterre ou les Flandres. Il exportait surtout le pastel, mais son esprit très ouvert aux choses du négoce ne s'en tenait pas exclusivement à ces transactions. Il recherchait volontiers tout ce qui pouvait accroître son influence commerciale ou augmenter ses profits. C'est ainsi qu'il était le fermier des revenus de l'Archevêché de Bordeaux, en société avec deux autres de ses concitoyens, comme il l'était aussi des revenus de l'ordre du Temple. Sans cesse préoccupé de ce qui pouvait prêter matière à des marchés lucratifs, on devine que les qualités marchandes de ses ascendants se sont affinées et s'épanouissent en lui.

Sa vie s'écoula plutôt dans son comptoir de la Rousselle que dans sa terre noble de Montaigne, et on le voit plus souvent faire acte de négociant que de seigneur. Au reste, la possession de Montaigne n'allait pas sans quelques difficultés. Les enfants du vendeur attaquaient la cession, ou du moins prétendaient avoir des droits de créance sur la terre. Un procès était imminent; il fallut transiger. Alors le droit de propriété de Grimon Eyquem fut hors de conteste. Mais il ne paraît pas que celui-ci ait beaucoup embelli son domaine. Il préférait employer ses revenus et ses gains à de nouvelles acquisitions de terres ou d'immeubles, principalement à Bordeaux. Aussi sa situation dans la ville s'accroissait rapidement. Jurat de Bordeaux de 1485 à 1503, Grimon Eyquem devint à cette époque prévôt de la cité, c'est à dire jurat chargé spécialement par ses collègues de rendre la justice. Ceci prouve bien que le négociant prenait de l'importance parmi ses concitoyens, puisque les honneurs commençaient à lui échoir. Le titre de seigneur de Montaigne n'était sans doute pas étranger à ce choix, mais c'est surtout à son entente du négoce, à sa haute situation de commerçant que Grimon Eyquem devait d'être ainsi désigné pour

BOURGEOIS DE BORDEAUX A LA FIN DU XVᵉ SIÈCLE.

D'après le manuscrit des *Chroniques de Froissart*
(Bibliothèque nationale).

trancher les différends d'une population essentiellement commerçante.

Grimon Eyquem mourut dans les premiers mois de l'année 1519. Il avait soixante-neuf ans. La mort le surprit au milieu d'une activité supérieure à son âge, car ses enfants étaient encore jeunes quand leur père leur fut enlevé. De son mariage avec la fille d'un riche marchand, Grimon du Four, qui avait été son collègue en jurade, Grimon Eyquem laissait quatre enfants mâles et deux filles. Il semble que dans le mouvement de ses affaires il n'ait guère songé à la dévolution de ses biens et n'ait pas fait de testament. Aussi sa succession souleva-t-elle des difficultés pour ses enfants mineurs. Nous n'avons pas à retracer ici le partage des biens qu'il laissait ni à faire l'histoire de tous les héritiers. L'aîné seul de ceux-ci nous intéresse comme seigneur de Montaigne et comme père du futur auteur des *Essais*. Nous nous en occuperons amplement.

Disons seulement, auparavant, que des deux filles de Grimon Eyquem, l'une, Blanquine, épousa Martial de Belcier, avocat au Parlement, et l'autre, Jehanne, devint la femme de Nicolas du Grain, notaire et secrétaire du roi. Comme on le voit, les alliances de la famille Eyquem devenaient de plus en plus notables, à mesure que ses biens augmentaient. Unie presque exclusivement jusque-là à des familles du haut négoce bordelais, elle commençait à se rattacher à des professions plus libérales, celles que les fils allaient eux-mêmes embrasser.

Ceux-ci accrurent, en effet, chacun pour sa part,

le prestige de leur nom. Le second par la naissance, Thomas Eyquem, se fit homme d'église ; il fut curé de Saint-Michel de Montaigne et chanoine de l'église métropolitaine Saint-André de Bordeaux. On le désignait d'ordinaire sous le nom de M. de Saint-Michel. Il mourut jeune, disent les *Essais*. Un autre fils, Pierre Eyquem, surnommé le Jeune pour le distinguer de son frère aîné, fut avocat au Parlement et aussi homme d'église. C'est le seigneur de Gaujac, dont il est également question dans les *Essais*, et dont la seigneurie était située dans les environs de Blanquefort. Il succéda aux emplois ecclésiastiques de son frère Thomas et fut, en outre, curé de la Hontan, paroisse aux pieds des Pyrénées, dont son neveu Michel nous a parlé. Bien que « maladif dès sa naissance », Pierre Eyquem sut faire « durer cette vie débile jusqu'à soixante-sept ans », tandis que le plus jeune de ses frères, Raymond Eyquem, seigneur de Bussaguet, quoique beaucoup moins âgé et d'une complexion plus robuste, trépassa avant lui. Celui-ci avait l'habitude de prendre des drogues. Cette confiance lui fut funeste, si nous en croyons Michel, fort incrédule en la science des médecins de son temps. C'est l'usage des médicaments qui hâta la fin d'une existence courte mais honorable. Raymond Eyquem, seigneur de Bussaguet, s'était d'abord destiné à l'Église, ainsi que l'avaient fait ses deux frères, mais il ne donna pas de suite à ce dessein. Avocat au Parlement, il devint bientôt conseiller à cette cour et acquit une grande influence au palais. Après son aîné, c'est lui qui jeta le plus d'éclat sur le nom des Eyquem. On le retrouve parfois, ainsi que ses frères, mêlé à la vie de son neveu Michel. Aussi nous avons voulu faire connaître ici sommairement les uns et les autres avant d'étudier plus intimement Pierre Eyquem, leur aîné.

Le plus beau titre de gloire de Pierre Eyquem de Montaigne aux yeux de la postérité, c'est son fils. Ce que nous cherchons volontiers dans le caractère du premier, ce sont les traits de ressemblance avec le second. Il ne s'ensuit pourtant pas que Pierre Eyquem n'ait pas eu d'autre mérite que celui de précéder Michel. Celui-ci lui rendait meilleure justice, et il avait raison. C'est au père, en effet, que nous devons, pour une large part, l'épanouissement intellectuel de ce fils, dont l'éducation fut conduite avec tant de soins dévoués. Si Michel put arriver aux honneurs, il en faut tenir compte à Pierre : il avait préparé la voie. C'est lui qui haussa le rang social de la famille, comme il éleva de son mieux l'intelligence de son enfant. Ce double mérite n'est pas mince. Nous verrons qu'il est réel.

Jusqu'à Pierre Eyquem, ses ascendants avaient été exclusivement négociants : lui fut soldat. Il n'est pas rare qu'un fils diffère essentiellement de celui qui l'a engendré ; que les qualités de l'un et de l'autre soient même contradictoires. Il en fut ainsi de Grimon et de Pierre Eyquem. Le père avait les goûts paisibles du commerçant ; le fils, au contraire, aimait les aventures. L'activité du premier s'exerçait dans un cercle restreint et tranquille, tandis que le second, plus exubérant, franchit les monts dès qu'il le put pour courir à l'étranger. L'un fit la richesse de sa race, l'autre commença sa notoriété. La vie de Grimon se passa tout entière à son comptoir, tandis que Pierre, revenu de ses expéditions, se plaisait à Montaigne, dans cette maison noble qu'il se préoccupait sans cesse d'accroître et d'embellir.

Mieux encore que pour ses prédécesseurs, nous pouvons retracer les traits saillants de Pierre Eyquem. Né à Montaigne le 29 septembre 1495, il est le premier de la famille qui vit le jour là. Petit de taille, mais adroit et robuste, il aimait les exercices du corps. Son fils Michel, qui le chérissait profondément, nous l'a dépeint « plein de vigueur et d'une stature droite ». Brun de visage, le teint coloré, les traits agréables, Pierre Eyquem était bien proportionné de sa personne et soigneux de sa mise. Sa jeunesse fut très active et ses forces persistèrent fort avant dans sa vieillesse. « Exquis en tous nobles exercices, » il persistait même alors à faire de « petits miracles » que son fils note volontiers, comme, par exemple, faire le tour d'une table, le poids du corps portant sur un seul pouce.

Michel lui ressemblait au physique; aussi se complaît-il à un portrait qui avait de l'analogie avec le sien. L'esquisse cependant a besoin de quelques retouches par endroits. Si l'on prenait le fils trop à la lettre, on pourrait croire que cette vigueur corporelle de son père se développa au détriment de sa culture intellectuelle. « Il n'avait aucune connaissance des lettres, » lit-on dans les *Essais* à propos de Pierre Eyquem. Et ailleurs on trouve qu'il avait le jugement net, mais qu'il n'était aidé « que de l'expérience et du naturel ». Il importe de mettre les choses en leur place. On ne s'expliquerait guère autrement que l'instruction de l'aîné des quatre fils de Grimon Eyquem eût été si imparfaite, tandis que les cadets faisaient des études assez avancées pour être, comme nous l'avons vu, avocats au Parlement. Le contraire, en effet, semblerait plus plausible et plus naturel.

La vérité est que l'éducation de Pierre Eyquem ne fut pas plus négligée que celle de ses frères. Sa connaissance des lettres était suffisante pour un homme qui ne se piquait pas de les avoir approfondies et qui n'en faisait pas profession. En un temps où la science était tout ensemble si solide et si généralement répandue, on pouvait se montrer difficile sur la qualité du savoir des gens. Évidemment Montaigne écrit de son père qu'il n'entendait pas le latin, comme plus tard il écrira de lui-même qu'il n'entend point le grec. Est-ce à dire que Pierre Eyquem ne comprenait rien à cette langue? Le Dr Payen a retrouvé[1] quelques distiques latins qui permettent de répondre à la question. Ils ont été publiés par Pierre Eyquem à la suite d'un poème de Guillaume Piellé[2] et datent certainement de la jeunesse de leur auteur. Ce sont des vers d'écolier, émaillés de réminiscences, mais qui dénotent un

---

1. Dr J.-F. Payen, *Recherches sur Montaigne*, n° 4, 1856, in-8[o], p. 46.

2. *Guillermi Piellei, Turonensis, de Anglorum ex Galliis fuga et Hispanorum ex Navarra expulsione opus heroïcum.* Parrhysiis, Bonnemere, 1512, in-4[o] goth.

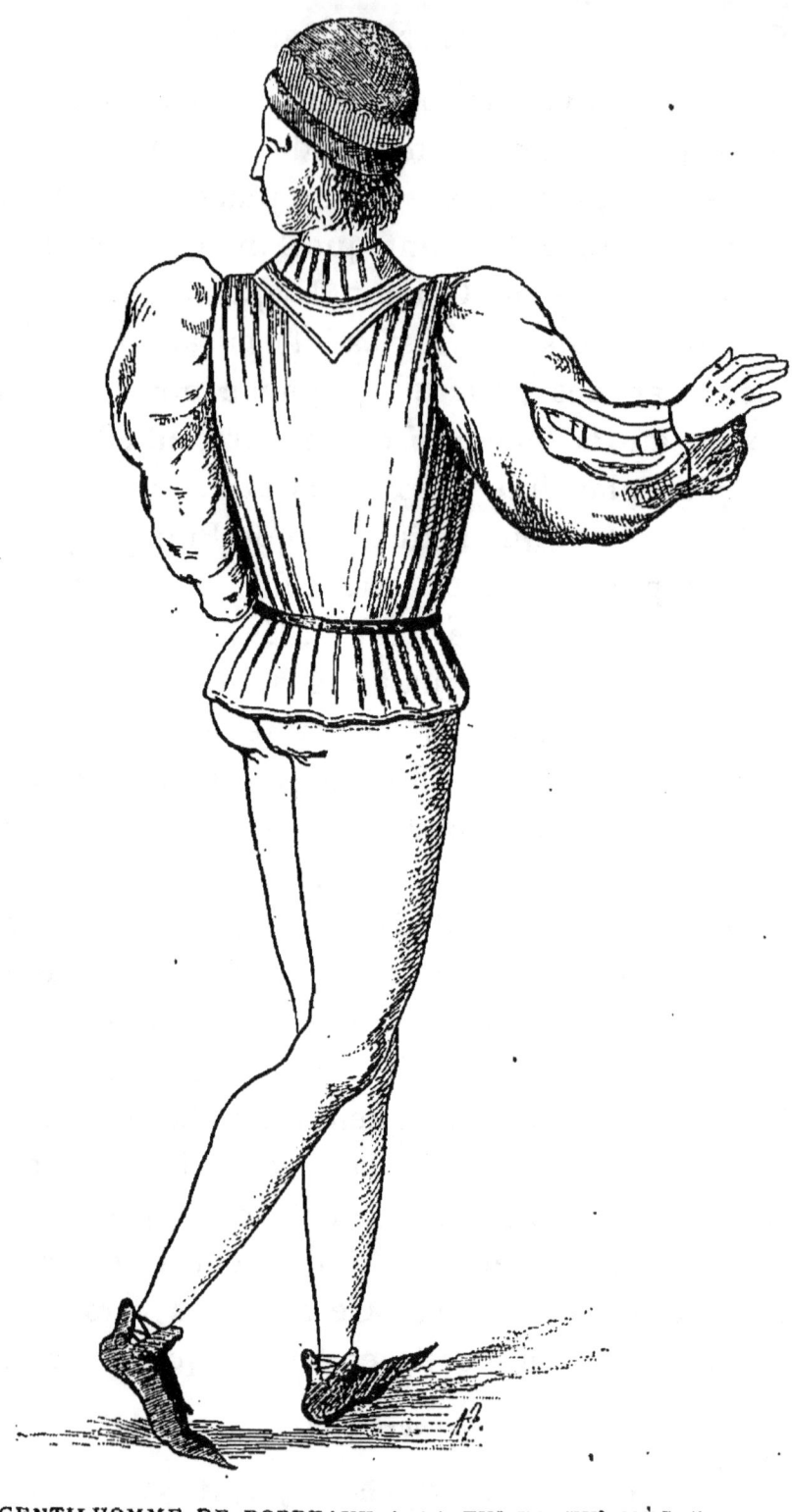

GENTILHOMME DE BORDEAUX A LA FIN DU XV° SIÈCLE.

D'après le manuscrit des *Chroniques de Froissart*
(Bibliothèque nationale).

jeune homme studieux et bien appris. Ne parlons pas de leur valeur littéraire fort mince ; mentionnons-les sans nous y arrêter, pour remarquer seulement que le versificateur avait un ample bagage philologique. Plus tard, sans doute, Pierre Eyquem eût été plus embarrassé de composer ces dix petits vers. Il avait perdu son latin au milieu des agitations de sa vie. Il s'y forma de nouveau, et d'une manière plus profitable, tandis que des maîtres consommés l'enseignaient à son fils.

Par la mort de son père, Pierre était devenu seigneur de Montaigne. Il avait alors vingt-quatre ans. A chaque « muance » de suzerain ou de vassal, le propriétaire de Montaigne devait l'hommage à l'archevêque de Bordeaux, seigneur temporel de Montravel, d'où relevait cette maison noble. Le 30 décembre 1519, Pierre Eyquem s'empressa de rendre cet hommage qui n'avait rien d'humiliant. Comme ses prédécesseurs, le nouveau seigneur donna à son suzerain une paire de gants blancs et un baiser à la joue, et il en reçut, en échange, « un gracieux embrassement à la coutume des prélats ». Désormais la transmission des droits du précédent possesseur était complète ; son successeur pouvait se considérer comme le propriétaire légitime de la maison noble dont il portait le titre. Sentait-il que ce titre lui imposait d'autres obligations ? Voulut-il donner à ses goûts d'aventures un libre épanchement ? Pour l'une et l'autre raison sans doute, le nouveau seigneur de Montaigne ne tardait pas à passer les monts et allait chercher en Italie les émotions de la guerre.

C'était le temps où la bouillante ardeur de la noblesse française, longuement comprimée, s'épanchait joyeusement au dehors. Avec une chevaleresque imprévoyance, Charles VIII lui avait montré le champ de bataille au delà des Alpes, et, depuis lors, les capitaines français n'avaient cessé d'arroser de leur sang le sol fertile de l'Italie. La noblesse gasconne avait suivi le mouvement avec une fougue particulière : ses chevaliers se distinguaient par leur valeur au milieu de leurs compagnons d'armes, si bien qu'on surnommait avec raison leur pays « la pépinière des armées ». Ce désir de combattre anima aussi Pierre Eyquem. Précisément Charles-Quint, parvenu à l'empire, menaçait la France de toutes parts. La lutte allait recommencer non plus pour gagner une province, mais pour sauvegarder la liberté et l'unité nationales contre l'ambition d'un tout-puissant voisin. Pierre Eyquem se jeta courageusement dans la mêlée et y fit son devoir.

Ce séjour à l'armée dura plusieurs années. Michel rapporte que son père eut une longue participation aux guerres d'Italie et qu'il avait même laissé à ses enfants « un papier journal de sa main, suivant point par point ce qui s'y passa, et pour le public et pour son privé ». Ce document ne nous est pas parvenu. Il eût été intéressant de connaître les impressions d'un témoin oculaire, d'un acteur, sur les événements qui précédèrent et qui suivirent le désastre de Pavie. La situation de la France était pleine d'alarmes, presque désespérée. On eût aimé à savoir dans le détail les pensées d'un soldat mêlé à ses désastres immérités, à suivre ses efforts. Si nous ne pouvons pas fixer avec exactitude la durée ni les circonstances de ce séjour en Italie, nous pouvons dire ce que Pierre Eyquem en rapporta. Il y acquit un certain goût de la nouveauté intelligente : les améliorations n'étaient pas pour l'arrêter et c'est ainsi qu'il souhaitait de voir établir dans les grandes villes des bureaux de renseignements qui auraient rendu de signalés services aux voyageurs. Il y gagna ce que la France elle-même gagna à ces folles entreprises : l'amour des lettres, le culte de ceux qui les professent, le désir d'apprendre. Désormais sa maison fut ouverte aux gens de savoir dont il aimait à s'entourer, les accueillant « comme personnes saintes », écoutant leurs propos avec une respectueuse déférence. Sentant ce qui pouvait lui manquer à lui-même, Pierre Eyquem apprit à connaître le prix de la science et il fit donner aux enfants qu'il mit au monde une instruction solide et brillante.

C'est aussi « sur le chemin de son retour d'Italie » que Pierre Eyquem se maria, à l'âge de trente-trois ans. Il épousa une jeune fille issue d'une famille d'origine juive, les Lopès, qui d'Espagne étaient venus se fixer dans le Midi de la France. Doués à un haut degré des qualités de négoce de leur race, ces fugitifs espagnols avaient fait souche un peu partout, dans les villes de commerce : à Bordeaux, à Toulouse, à Londres ou à Anvers. On ne saurait préciser duquel de ces rameaux la femme de Pierre Eyquem, Antoinette de Louppes — ou Lopès — était sortie. Était-elle de Bordeaux ou de Toulouse ? Le dernier

VUE DU CHATEAU DE MONTAIGNE (FAÇADE DE LA COUR).
D'après une aquarelle exécutée en 1813 par le baron de Vèze.

généalogiste de Montaigne croit qu'elle était de Toulouse, et les raisons qu'il invoque sont plausibles ; elles ne sont pas suffisantes pour considérer comme démontré un fait qui ne touche pas intimement à l'histoire de Michel. Il importe davantage à la psychologie du fils de savoir que la mère avait du sang étranger dans les veines, et du sang d'étranger d'origine juive. Peut-être est-il permis de voir là l'explication de la tolérance de Montaigne, le secret de sa nature si souple, s'accommodant si volontiers aux circonstances. L'âme prend aisément les plis qu'on lui imprime de bonne heure, et, comme Montaigne le dit lui-même, « notre principal gouvernement est aux mains des nourrices ». Les précautions dont Michel de Montaigne entourera plus tard son langage pour que les doutes de sa raison n'effarouchent personne ressemblent fort aux précautions dont ses ancêtres juifs s'entouraient eux-mêmes pour ne point exciter l'intolérance. Le petit-fils avait appris d'eux l'art de cacher ses principes sous des termes prudents, sans rien retrancher de sa pensée. C'est d'eux encore qu'il tenait sa faculté d'assimilation, un certain cosmopolitisme de goût qui le poussait aux voyages et le faisait se trouver bien à l'étranger.

Pour le moment, l'union d'Antoinette de Louppes et de Pierre Eyquem, qui eut lieu le 15 janvier 1528, accroissait d'une manière notable les biens déjà considérables du seigneur de Montaigne. Parvenu maintenant à l'opulence par le négoce de ses prédécesseurs et par des alliances productives, c'est en effet en seigneur de Montaigne que Pierre Eyquem désirait vivre à l'avenir. Il avait rapporté de ses campagnes en Italie la considération particulière qui s'attache au courage guerrier : sa noblesse était consacrée par ses exploits ; quoi qu'en dise Scaliger, elle ne sentait plus le hareng. Aussitôt après son retour, ses concitoyens bordelais l'élisaient aux charges municipales, et, pendant vingt-cinq ans, Pierre Eyquem franchit successivement tous les degrés de ces honneurs. Premier jurat et prévôt de Bordeaux en juillet 1530, premier jurat également en 1546, il avait été, dans l'intervalle, en 1536, élevé aux onctions de sous-maire. C'était la seconde dignité municipale. Désigné par le maire lui-même, dont les fonctions étaient alors à vie, pour le remplacer dans ses absences et le seconder dans ses attributions, le sous-maire était l'auxiliaire constant du pouvoir municipal ; entre autres prérogatives, c'est lui qui, d'ordinaire, gardait le sceau de la ville. Comme les absences du maire étaient fréquentes, son suppléant devait prendre le plus souvent seul les décisions qui étaient laissées à son autorité. Pierre Eyquem s'en acquitta bien, et cette administration intérimaire lui servit à se préparer à un pouvoir plus effectif.

Le 1er août 1554, Pierre Eyquem, seigneur de Montaigne, était élu maire de Bordeaux. Il conserva ces fonctions pendant deux années consécutives jusqu'en 1556, car la mairie n'était plus à vie, comme elle l'avait été longtemps. Parmi les nombreux privilèges qu'Henri II avait enlevés aux Bordelais après la sanglante révolte de 1548, il les avait privés du droit de choisir un maire, et si, un peu plus tard, revenant sur sa décision, le roi consentit quelques concessions à ce sujet, le premier magistrat bordelais n'avait pu recouvrer toutes ses prérogatives. Il y avait donc quelque générosité à accepter le périlleux honneur d'être le premier magistrat d'une cité suspecte. Pierre Eyquem ne s'y refusa pas, car il avait l'âme « charitable et populaire ». Son fils nous dit qu'il prit ses devoirs trop à cœur, négligeant ses propres affaires et le soin de sa santé pour les intérêts de la ville qui l'avait élu. Il fallait négocier encore, essayer d'obtenir les privilèges ravis aux Bordelais, aller à la cour, solliciter et s'employer « à de longs et pénibles voyages ». Le seigneur de Montaigne n'y épargna jamais ses forces. « L'âme cruellement agitée par cette tracasserie publique, » nous le voyons venir à Paris demander l'oubli complet des fautes de ses concitoyens, et, habile jusque dans le malheur, il ne néglige rien de ce qui peut rendre sa cause meilleure. Plus confiant en la bonté des vins du cru qu'en sa propre éloquence, il se faisait suivre de vingt tonneaux de vin de Bordeaux « pour faire des présents » aux seigneurs favorables aux intérêts de la ville[1]. Cet argument dut amener bien des sympathies à la défense des Bordelais, car le corps de ville ne choisit sans doute pas, pour la circonstance, les pires de ses produits. Je craindrais que la cause ait été trop vite entendue et gagnée, sans que Pierre Eyquem ait eu besoin de mettre en avant ses meilleures raisons.

Nous retrouvons aussi le maire exerçant conscien-

---

1. Jean Darnal, *Supplément des Chroniques de la noble ville et cité de Bourdeaux,* 1620, p. 40.

cieusement sa charge dans Bordeaux. Tantôt, en robe « de satin rouge-blanc », accompagné des jurats, en robes « de damas rouge-blanc », il accueille par « une très belle harangue » le nouvel archevêque François de Mauny à sa première entrée dans Bordeaux[1]. Tantôt l'activité de Pierre Eyquem s'emploie à des actes d'administration. C'est surtout vers le développement de l'instruction à Bordeaux, vers l'amélioration du Collège de Guyenne, que cette activité tendit. Bien des liens rattachaient Pierre Eyquem à cet établissement célèbre, auquel il confia l'éducation de son fils. Déjà, comme sous-maire, Pierre Eyquem avait remis à André de Gouvéa, principal du Collège de Guyenne et Portugais d'origine, des « lettres de naturalité » pour le mieux retenir à Bordeaux[2]. Pendant sa propre mairie, l'édilité bordelaise élut Élie Vinet comme principal de ce même établissement, et l'on sait combien ce choix si éclairé contribua aux progrès du Collège de Guyenne et au développement des lettres à Bordeaux.

On le voit, l'administration de Pierre Eyquem n'était pas celle d'un ignorant, ainsi qu'on s'est parfois plu à le montrer ; il avait le souci des plus hauts intérêts de ses compatriotes. Cette préoccupation lui faisait même oublier « le doux air de sa maison » pour séjourner en ville. L'amour de sa terre de Montaigne lui tenait cependant bien au cœur : c'était une de ses passions les plus vives. Il se plaisait à embellir « ce lieu où il était né ». C'est lui qui

---

1. *Archives historiques de la Gironde*, t. VI, p. 222.
2. E. Gaullieur, *Histoire du Collège de Guyenne*, p. 135 et 549.

remplaça l'antique maison noble, sans doute de trop chétive apparence, par un bâtiment qui avait meilleur air. Il fit élever un château assez solide pour résister au besoin aux attaques de ceux qui commençaient à troubler la Guyenne. L'ancien combattant des guerres d'Italie ne voulait pas être la proie du premier venu et être pris sans coup férir; il arma sa demeure et la munit des engins capables de la défendre. Son amour-propre de propriétaire trouvait aussi quelque avantage à embellir son domaine de la sorte, et nul ne poussa plus avant que lui-même la légitime ambition d'arrondir son bien. La Bibliothèque de Bordeaux possède un registre qui confirme ce trait de caractère. C'est un volume contenant en transcription environ deux cent cinquante actes notariés d'achats ou d'échanges que Pierre Eyquem passa de 1528 à 1559, et qui se rapportent en grande partie au domaine de Montaigne[1]. Aussi cette terre se trouva-t-elle fort embellie et agrandie. La famille en avait fait le siège principal de ses affections : c'était le berceau des enfants; c'est là que Pierre Eyquem devait achever sa vie et reposer à jamais près de ces champs tant aimés. Désormais le nom de Montaigne est inséparable de celui d'Eyquem, ou plutôt, choisi par la volonté du génie, c'est lui qui remplacera le nom patronymique dans l'admiration des siècles.

1. Bibliothèque de Bordeaux, manuscrit n° 739.

CHAPITRE II

LA JEUNESSE DE MONTAIGNE

MONTAIGNE est très précis sur sa naissance. « Je naquis, dit-il dans les *Essais*, entre onze heures et midi, le dernier jour de février 1533, comme nous comptons à cette heure, commençant l'an en janvier[1]. » C'est donc le vendredi 28 février qu'il vint au monde à Montaigne, où ses parents habitaient le plus volontiers. Était-il le premier fruit de l'union de Pierre Eyquem et d'Antoinette de Louppes? Cette question a toujours préoccupé ses biographes et l'on y a répondu de bien des façons. Il me semble que la solution ne saurait faire de doute en présence de l'affirmation positive de Michel, qui se déclare le troisième enfant issu de ce mariage « en rang de naissance ». Il est donc certain que sa venue a été précédée par celle de deux frères ou sœurs. Ceux-ci n'ont laissé aucune trace, parce que leur existence fut par trop éphé-

---

1. *Essais* (1595), l. I, ch. XIX.

mère, et leur décès prématuré transmit le droit d'aînesse à leur cadet.

Dès son plus jeune âge, en effet, Michel fut élevé avec les soins qu'on prodigue au futur héritier d'un nom honorable. C'est à Montaigne qu'il fut baptisé, c'est à Montaigne qu'il grandit, au milieu des paysans et des champs. Tenu sur les fonts baptismaux par des personnes « de la plus abjecte fortune », il reçut le prénom de Michel, en mémoire sans doute de ce parrain inconnu. C'était parfois l'usage de donner ainsi des gens de peu pour parrains à de jeunes nobles, afin de leur enseigner à ne pas rougir plus tard de leurs inférieurs. Un arrière-petit-fils de Montaigne, Charles-François de Lur de Saluces, fut baptisé par des pauvres, comme son bisaïeul. Et, plus d'un siècle après, Montesquieu en Guyenne, comme Buffon en Bourgogne, était tenu sur les fonts baptismaux par un mendiant de la paroisse de La Brède qui lui transmit son prénom de Charles, « à cette fin que son parrain lui rappelle toute sa vie que les pauvres sont ses frères. » Nous savons combien cet enseignement profita à Montesquieu et à Montaigne. Il est intéressant de noter ce trait commun à deux génies que tant de ressemblances doivent rapprocher.

C'est Pierre Eyquem qui voulut que son jeune fils reçût cette leçon d'humilité dès sa naissance. Pour qu'elle profitât davantage à l'enfant, le père la poussa plus avant. Il mit ce fils en nourrice dans « un pauvre village des siens », et l'y tint quelque temps, pour l'accoutumer à vivre à la façon des petites gens. On a dit que Michel passa ainsi ses premières années au hameau de Papessus, voisin du château de sa famille ; aucun document authentique ne détermine aussi exactement l'endroit. Il est plus certain que l'enfant prit, à ce genre de vie, des goûts modestes et des appétits peu relevés. Il aimait surtout les mets ordinaires et ne s'accommodait pas aussi bien de la nourriture délicate. Les sucreries ne le tentaient pas à un âge où elles ont pourtant tant de charmes, et son gouverneur dut combattre cette antipathie. Le profit moral de cette fréquentation des gens simples ne fut pas moindre, et c'est la première source à laquelle le futur philosophe puisa son affection pour les petits et les humbles.

Le seigneur de Montaigne se préoccupait beaucoup de l'éducation de son fils. Il voulait en faire un homme accompli, et cherchait, pour cela, « une forme d'institution exquise ». A Bordeaux comme à Montaigne, sa maison était toujours ouverte aux savants ; il les consulta sur ce point et mit leur expérience à profit. Tous les cours de collège se faisaient alors en latin, et ces hommes doctes pensaient que le temps employé à apprendre cette langue aux écoliers était la cause pour laquelle ils ne pouvaient atteindre « à la perfection de science des anciens Grecs et Romains ». Il fallait donc mettre un enfant à même d'entendre naturellement le latin, comme s'il eût été un jeune Romain de jadis, et l'on supprimerait de la sorte les années d'école inutilement consacrées à cet enseignement par la grammaire. Pierre Eyquem, qui ne détestait pas la nouveauté, fut séduit par cette remarque et tenta l'expérience sur ses enfants.

Il confia son fils à un pédagogue allemand, sans doute nommé Horstanus [1], qu'il fit venir tout exprès et payait chèrement. Celui-ci ne devait que parler latin à l'enfant, qu'on lui « donna en charge » aussitôt sorti de nourrice. La chose n'était pas malaisée pour le précepteur, « du tout ignorant en notre langue et très bien versé en la latine ». Horstanus, d'ailleurs, était un excellent professeur qui surveilla également l'éducation du jeune Frégose au château de Bazens et régenta plus tard dans les hautes classes du Collège de Guyenne. Il n'est donc pas téméraire de croire que, si l'expérience réussit, il en faut autant rapporter le succès au bon sens du maître qu'à l'initiative du père de famille. Il n'était pas facile, en effet, d'empêcher qu'on parlât français dans l'entourage de l'enfant. On y parvint cependant. La famille et les domestiques, valets ou chambrières, apprirent quelques mots latins suffisants pour se faire comprendre et s'en servaient dans leur commerce avec Michel. Au contact du pédagogue et des deux aides qu'on lui avait donnés, chacun se « latinisa » si bien dans la maison que le jeune élève apprit sans contrainte un latin aussi pur que son maître le savait.

Grâce à ce régime, Michel était merveilleusement préparé à suivre les cours du collège, lorsqu'il y entra vers l'âge de six ans. Pour atteindre ce résultat, Pierre Eyquem avait, comme on le voit, inventé la méthode si souvent employée de nos jours pour

---

[1]. Gelidæ *Epistolæ*. Rochellæ, 1571, in-8º (note marginale de la lettre 15). — Voy. R. Dezeimeris, *De la Renaissance des lettres à Bordeaux*, p. 35.

accoutumer un jeune enfant à parler une langue étrangère. Faut-il aller jusqu'à croire que son fils

GEORGES BUCHANAN.
D'après les *Icones virorum illustrium* de J.-J. Boissard et Th. de Bry.

n'entendait alors, ainsi qu'il le dit lui-même, « non plus de français ou de périgourdin que d'arabesque » ? En ce cas, le nouveau système aurait trop bien réussi et eût été poussé trop avant : l'intelligence malléable de l'enfant pouvait fort bien s'accommoder de l'enseignement simultané de deux langues. Mais ne chicanons pas un novateur qui ne pouvait juger des effets de sa tentative. Celui-ci, au reste, n'y eut pas foi jusqu'au bout. Craignant de faire fausse route en s'égarant ainsi du sentier battu, Pierre Eyquem voulut se conformer à la coutume et mit son fils au collège, vers 1539. C'était déjà un énorme avantage pour Michel sur ses jeunes condisciples que d'avoir ainsi son latin « si prêt et si à main ». En présence d'un écolier dressé de la sorte, les maîtres eux-mêmes étaient surpris et craignaient de l'aborder. Pierre Eyquem n'avait pas perdu le fruit de son initiative.

Franchissons avec Michel de Montaigne le seuil du Collège de Guyenne. Les années de l'enfance sont si fécondes en impressions durables qu'il importe de connaître les lieux où elles se sont écoulées. Les plus beaux jours de cet établissement avaient commencé à luire. Désireux de donner au Collège de Guyenne tout ce qui pouvait le rehausser, les jurats de Bordeaux s'étaient adressés, au commencement de 1534, au Portugais André de Gouvéa, qui dirigeait alors, à Paris, le Collège de Sainte-Barbe. Celui-ci accepta de venir à Bordeaux : il y arrivait le 12 juillet 1534, et prenait aussitôt l'engagement de restaurer l'enseignement des lettres latines dans la cité. C'était un homme vraiment né pour élever la jeunesse, fort au courant des méthodes d'éducation de son temps et expert en la connaissance des maîtres. Sa bienfaisante influence ne tarda pas à se faire sentir. Il avait su amener avec lui de bons professeurs, qui, à sa suite, n'avaient pas craint d'abandonner l'enseignement parisien. Les élèves abondèrent bien vite et la prospérité de l'établissement arriva à grands pas. « Si tu veux des nouvelles du collège, écrivait un maître d'alors à un de ses amis [1], je te dirai qu'il est entré largement et sérieusement dans une voie florissante, grâce à l'activité d'André de Gouvéa, déjà célèbre dans le principalat. Les professeurs sont des hommes érudits et graves. Le nombre des élèves est déjà très grand. Aussi pouvons-nous espérer de voir, avant peu, fleurir dans cette institution l'éloquence et le culte des belles-lettres. » Cet espoir n'était pas exagéré, et celui qui l'exprimait ne se trompait point.

André de Gouvéa garda la direction du Collège de Guyenne, avec quelques interruptions, jusqu'en 1547, c'est-à-dire pendant tout le séjour que Montaigne y fit. C'est donc sous la haute surveillance de Gouvéa que Michel fut élevé : il le fut suivant la méthode pédagogique de celui qu'il a appelé « le plus grand principal de France ». Quelle était donc cette méthode ? Nous en connaissons les principes par la *Schola Aquitanica* d'Élie Vinet [2]. A son arrivée à

---

1. Roberti Britanni *Epistolæ*, f° 46; cité dans l'*Histoire du Collège de Guyenne* (page 91), de M. E. Gaullieur, à laquelle il faut se reporter pour tous les détails de la vie intérieure de ce célèbre établissement.
2. Burdigalæ, apud S. Millangium, typographum regium. M.D.LXXXIII. — Petit in-8° de 63 pages, plus un feuillet non numéroté sur le verso duquel est l'approbation. L'unique exem-

Bordeaux, les jurats avaient laissé à Gouvéa le loisir d'établir son programme d'études tel qu'il l'entendait et ne lui avaient guère imposé que la condition de faire les classes « en la forme et manière de Paris ». Le nouveau principal put donc donner carrière à sa propre expérience et importer, au Collège de Guyenne, les nouveautés qu'il avait vu pratiquer au Collège Sainte-Barbe, à Paris. Pour mieux établir son plan, il prit conseil des pédagogues qu'il avait amenés avec lui, de Mathurin Cordier, de Claude Budin et, sans doute aussi, de Nicolas de Grouchy et de Guillaume Guérente, et, sous ces savantes inspirations, le règlement du Collège de Guyenne fut aussi ingénieux qu'il pouvait l'être.

Quelque mûri qu'il ait été, nous ne croyons pas cependant que ce plan d'études fût aussi fixe, aussi définitif que le sont aujourd'hui les règlements de nos collèges. Sur des points qui nous paraissent essentiels maintenant, le règlement du Collège de Guyenne laissait une certaine latitude. Si la filière des classes était nettement établie, leur nombre n'était pas rigoureusement fixé. Il variait au Collège de Guyenne, suivant que les temps étaient mauvais ou prospères : si les élèves abondaient, on multipliait les divisions en créant des classes intermédiaires

---

plaire connu est conservé actuellement à la Bibliothèque nationale (Réserve, Z 103). Cet opuscule a été de nouveau publié, avec une traduction et un commentaire, par M. Louis Massebieau, sous ce titre : *Programme d'études du Collège de Guyenne au XVIe siècle* (Paris, 1886, in-8º de 76 pages. Fascicule 7 des *Mémoires et documents scolaires publiés par le Musée pédagogique*).

entre les classes déjà existantes et non pas en juxtaposant les divisions d'une même classe, comme on le fait de nos jours. Ainsi, au temps de sa plus grande faveur, le Collège de Guyenne avait compté douze classes successives, tandis qu'en temps ordinaire il n'en avait que dix, numérotées de un à dix, depuis les *alphabetarii* ou jeunes enfants de moins de sept ans qui apprenaient à lire, jusqu'aux *primani* ou rhétoriciens qui achevaient leurs études de grammaire. Par son âge, c'est dans la dernière classe que Michel de Montaigne aurait dû être placé en entrant au collège, mais le nouvel arrivant savait déjà les éléments, et on lui fit « enjamber » les classes élémentaires.

En quelle classe le jeune écolier fut-il admis ? Il n'est guère possible de le préciser, car les classes n'avaient pas alors une longueur uniforme, bien que, d'ordinaire, elles durassent une année révolue. Si on adopte donc cette durée moyenne, Michel de Montaigne dut entrer en septième, à son arrivée, et il demeura sept ans au Collège de Guyenne, menant jusqu'en rhétorique la suite ininterrompue de ses études de grammaire. C'était là le terme ordinaire des cours de collège. La philosophie ou dialectique faisait partie des matières de la licence ès arts, relevant par conséquent de la Faculté des Arts, et c'est pour cela qu'on ne la doit pas compter, il me semble, dans la durée du séjour de Michel de Montaigne au Collège de Guyenne. C'est un point sur lequel je reviendrai ailleurs plus amplement. Pendant ces sept années, Michel gravit successivement les degrés de l'enseignement grammatical, apprenant Despautère, commentant les auteurs latins, depuis les épîtres familières de Cicéron jusqu'à Quintilien et à Horace. L'enseignement de la langue et de la littérature latines faisait, en effet, le fond des exercices du Collège de Guyenne ; à Bordeaux comme dans la plupart des autres villes, savoir parler et écrire le latin semble alors aux pédagogues le résumé d'une bonne éducation [1]. Quand on parcourt le programme d'études tracé par Gouvéa et restauré par Élie Vinet, — celui par conséquent qui guida Montaigne dans sa carrière d'écolier, — on est frappé de la place énorme que le latin y tient ; tout lui est subordonné et les efforts tendent uniquement vers lui. En septième, en sixième, en cinquième, on explique les épîtres de Cicéron et l'on commente Despautère ; les seuls hors-d'œuvre permis étaient une comédie de Térence ou une épître d'Ovide. En quatrième, c'est à peu près la même chose : toujours Cicéron, Térence, Ovide ; les thèmes latins sont plus longs et plus nombreux. En troisième, si les auteurs ne changent pas et si Cicéron règne encore en maître, on se livre assez fréquemment à la confection des vers latins. En seconde, apparaît l'étude de l'histoire, — sans doute l'histoire ancienne seulement, — et, en première (notre rhétorique), on enseigne les préceptes de l'art oratoire. Dans ces deux dernières classes enfin, on exerçait les élèves à la déclamation publique en latin.

---

1. Voyez notamment les réflexions de Baduel à ce sujet, dans son règlement du collège de Nîmes (M.-J. Gaufrès, *Claude Baduel et la réforme des études au XVIe siècle*. Paris, 1880, in-8°, p. 156).

On voit les défauts d'une semblable éducation. Le français n'entre dans cette méthode que comme un moyen pour apprendre le latin : c'est un auxiliaire, quand il devrait être le but principal. Dans une

MARC-ANTOINE MURET.
D'après le portrait attribué à Nicolas Denisot.

ville comme Bordeaux, l'enseignement des mathématiques est nul ; on ne songe pas à apprendre à compter aux enfants, tandis qu'on leur dévoile tous les secrets des flexions latines. L'étude du grec est très sommaire et très rapide, sans travail effectif. Quelques parents se plaignaient de cette organisation incomplète. Jules-César Scaliger eût voulu que ses enfants apprissent plus de grec [1]. Est-il admissible que les hommes d'affaires, qui avaient la haute surveillance du Collège de Guyenne, n'aient pas fait la remarque combien cet enseignement était mal entendu dans une ville de négoce si florissante et si prospère? Il semble, au contraire, que ces bourgeois aient pris plaisir à voir leurs fils « latiniser » de la sorte. Montaigne, lui, fut choqué d'une éducation qui s'attachait tant aux mots, sans regarder assez au fond des choses. Cette « suffisance livresque » ne lui alla à aucun moment : il voulait qu'on développât davantage le jugement de l'enfant. « Qui demanda jamais à son disciple ce qu'il lui semble de la rhétorique ou de la grammaire, de telle ou telle sentence de Cicéron? On nous les plaque en la mémoire toutes empennées, comme des oracles, où les lettres et les syllabes sont de la substance de la chose [2]. » Il eût voulu que l'enfant perdît moins de temps en de vaines discussions de mots : « Il ne doit au pédagogisme que les premiers quinze ou seize ans de sa vie; le demeurant est dû à l'action; employons un temps si court aux instructions nécessaires. » Faut-il s'étonner que, plus tard, il remarque encore : « Il y a plus affaire à interpréter les interprétations qu'à interpréter les choses et plus de livres sur les livres que sur un autre sujet : nous ne faisons que nous entregloser [3]. »

1. J. de Bourrousse de Laffore, *Jules-César de Lescale (Scaliger)*. Agen, 1860, in-8°, p. 33 et 39.
2. *Essais*, l. I, ch. XXVI.
3. *Essais*, l. III, ch. XIII.

JULES-CÉSAR SCALIGER.

D'après les *Icones virorum illustrium* de J.-J. Boissard et Th. de Bry.

Au reste, Montaigne n'aimait pas les collèges et la vie qu'on y menait. Dans ce célèbre chapitre *de l'Institution des enfants*, où il trace le plan d'une éducation modèle, telle qu'il la rêvait et telle qu'il l'eût appliquée à ses fils s'il en avait eu, il trace aussi le tableau le plus noir de ce qu'il appelle « une vraie geôle de jeunesse captive ». Il parle de « cris, d'enfants suppliciés, de maîtres ennivrés en leur colère » ; il a vu « des mains armées de fouets », des classes « jonchées de tronçons d'osier sanglant ». Le passage tout entier exhale une rancune sincère, comme un ressouvenir amer des violences de jadis, en même temps qu'une sympathie pour les jeunes coupables. « Enfant, jeune, vieil, j'ai toujours cru et jugé de même. » Ce noir portrait serait-il donc celui du Collège de Guyenne ?

Je ne le pense pas. Le souvenir des punitions encourues, qui laisse dans l'âme des enfants des empreintes si profondes, ne marque pas ailleurs des traces si durables. Après plus de trois siècles, il est difficile de savoir comment on appliquait la discipline sous le contrôle de Gouvéa. Comme il avait fixé l'ordre des études, le principal avait aussi composé un règlement intérieur. Celui-ci était porté à la connaissance des maîtres et des élèves par deux tableaux suspendus l'un dans l'antichambre du principal et l'autre dans la grand'salle du collège. Les prescriptions de ce règlement ne sont pas sévères ; ce sont des conseils sur la tenue, sur les bonnes mœurs, qui respirent une certaine bonhomie. Sans doute, au Collège de Guyenne comme dans tous les établissements d'alors, le fouet était permis dans les fautes graves contre la discipline; rien ne peut faire croire qu'il fut employé avec cruauté. Mais qu'est la lettre d'un règlement? Ce sont les hommes qui l'appliquent qui en font souvent la douceur ou la rigueur. Montaigne eut-il quelque maître trop dur, un régent enclin à punir trop sévèrement les fautes de ses élèves? C'est possible et le système d'éducation suivi en ce temps semble confirmer cette hypothèse.

On le sait, les écoliers, qu'ils fussent internes ou qu'ils habitassent au dehors, avaient, en outre des professeurs dont ils suivaient les leçons, des précepteurs particuliers. Montaigne les appelle des précepteurs domestiques, des précepteurs de chambre; le règlement les désigne sous le nom de pédagogues. Leur action sur l'élève était incessante. Hors des heures de classe, les écoliers se retiraient dans leurs chambres, les collèges d'alors n'ayant pas, comme les nôtres, de salles d'études. Là, réunis par groupes de quatre ou de six, les enfants travaillaient, préparant leurs devoirs ou apprenant leurs leçons, sous la surveillance d'un précepteur particulier. Parfois celui-ci était le principal ou les maîtres eux-mêmes, car, pour augmenter leurs revenus, le principal et les maîtres prenaient chez eux des pensionnaires dont ils s'occupaient spécialement et dont ils dirigeaient plus particulièrement les travaux. Le plus souvent, des pédagogues, uniquement chargés de cette besogne, veillaient à ce qu'un petit nombre d'élèves qui leur était confié exécutât les recommandations des professeurs. Ces pédagogues n'avaient pas grand savoir et, bien que peu instruits, se mêlaient cependant de donner à leurs élèves des notions erronées. Ils n'avaient pas davantage le droit de sévir contre leurs pupilles et la douceur leur était recommandée. Était-ce une raison pour que leurs réprimandes fussent toujours pleines de mansuétude? Leurs petites victimes d'alors ne sauraient nous le dire aujourd'hui.

Montaigne écolier eut-il à souffrir de ces rudesses? Sans doute, puisqu'il en garde un si mauvais souvenir. S'il en fut ainsi, elles ne durent pas avoir grand effet moral, car sa nature, un peu renfermée, les tolérait en silence et ne cédait pas à la violence. Son père cependant avait pris des mesures pour que l'enfant ne fût mal traité à aucun égard. Michel lui en rend le témoignage. « Il n'est possible, dit-il en parlant de son père, de rien ajouter au soin qu'il eut et à me choisir des précepteurs de chambre suffisants, et à toutes les autres circonstances de ma nourriture, en laquelle il réserva plusieurs façons particulières contre l'usage des collèges. » Mais, comme il l'ajoute : « tant y a, que c'était toujours collège. » L'enfant s'était assez difficilement assoupli à cette discipline en commun. Accoutumé à la liberté et au grand air, il se pliait mal à la contrainte des leçons et des cours, non qu'il fût mauvais élève, mais nonchalant et paresseux. Son esprit, un peu lourd, ne savait pas s'appliquer aux besognes imposées et tracées; comme il l'a reconnu, le danger n'était pas qu'il fît mal, mais qu'il ne fît rien. C'est un précepteur, « homme d'entendement, » qui secoua cette torpeur, car le rôle de ces auxiliaires pouvait être fort utile, à l'occasion, dans l'enseignement. Par la suite même de ses études, Michel, âgé de sept ou huit ans, était arrivé à traduire Ovide; — nous avons vu qu'on en expliquait un fragment dans la classe de cinquième. — Cette lecture l'enchanta, le ravit. Séduit par les visions d'une imagination riante, l'écolier prit goût aux fantaisies du poète. Son précepteur devina quel parti il pouvait tirer d'un semblable stimulant. Il sut donner à Ovide l'attrait du fruit défendu, et l'enfant, pris d'une belle ardeur, se passionna pour la poésie latine. Des *Métamorphoses* qui l'avaient si fort charmé, il passa sans débrider à Virgile et à *l'Énéide,* puis à Térence, à Plaute, même aux comédies italiennes, « leurré toujours par la douceur du sujet ». L'étincelle avait jailli, et maintenant, grâce au bon sens du pédagogue, la flamme échauffait cette nature indolente. « S'il eût été si fol de couper ce train, dit Montaigne de son précepteur, j'estime que je n'eusse rapporté du collège que la haine des livres, comme fait quasi toute notre noblesse. »

Sans doute, les véritables tendances de l'âme finissent toujours par se montrer. Sachons gré pourtant à ceux qui aident à leur éclosion. Pour Montaigne enfant, le mérite revient à ce « précepteur de chambre » ignoré, et aussi à un goût fort prononcé que l'écolier avait pour le théâtre. Nous venons de voir que sa lecture favorite était celle des comiques latins ou italiens. Il se plaisait aussi extrêmement à l'interprétation des œuvres scéniques, car, au Collège de Guyenne, les représentations dramatiques entraient dans les moyens d'éducation. Gouvéa avait compris qu'en usant avec intelligence de ces petites mises en scène, il stimulerait les élèves en les intéressant. La classe de neuvième était assez vaste à Bordeaux et avait la disposition d'un théâtre ; c'est là probablement qu'on jouait la comédie pour les grandes fêtes, à la Saint-Louis en particulier, le 25 août de chaque année. Pour ce motif, on appelait cette cérémonie les *Ludovicales*. C'était la plus grande fête du Collège de Guyenne : tous les élèves s'efforçaient de montrer ce jour-là, soit par des argumentations publiques, soit par des devoirs appendus aux murs des salles et des couloirs, les progrès accomplis dans l'année et en faisaient juge le public, qui envahissait l'établissement à cette occasion.

D'autres exercices littéraires, plus importants, avaient lieu devant les personnages les plus notables de la ville, jurats et magistrats, chargés de la surveillance du collège et qui se rendaient compte ainsi de la bonne instruction des élèves. C'est sous leurs yeux qu'on représentait des pièces que les régents n'avaient pas dédaigné d'écrire. Georges Buchanan produisit ainsi quatre tragédies, traduites ou imitées de l'antique : un *Jean-Baptiste*, une adaptation de la *Médée* d'Euripide, une *Jephté* et un *Alceste,* auxquels il donna des soins particuliers. On représentait aussi des pièces composées pour d'autres collèges, et le *Jules César* de Muret, qui avait vu le jour à Auch, fut transporté sur la scène du Collège de Guyenne. La plupart des maîtres s'efforçaient de contribuer à ces délassements par quelque intrigue de leur invention. Si peu d'entre eux osaient se hausser sur le cothurne tragique, presque tous maniaient la raillerie ou dialoguaient quelques conseils de circonstance. Presque rien de tout cela ne nous est parvenu. Les tragédies de Guillaume Guérente sont perdues, et les autres pièces, — allégories, moralités, farces, — toujours en latin, sont encore plus rares, car, étant d'un genre littéraire moins relevé, leurs auteurs n'ont pas pris soin de les faire imprimer. C'était pourtant ces œuvres d'occasion qui faisaient le fond ordinaire du théâtre d'éducation. Les farces égayaient les écoliers, et, sous le couvert de la moralité, on pouvait mettre en action un précepte utile ou un bon conseil. Les maîtres en usaient donc volontiers. Je ne connais pourtant aucun exemple qui nous soit arrivé tel que les petits élèves du Collège de Guyenne l'ont jadis représenté. On trouvera un échantillon, sensiblement modifié, de ce théâtre éducateur dans un des opuscules de Robert Britannus, professeur à Bordeaux[1]. C'est une moralité sur la vertu et la

1. Rob. Britanni *de Ratione consequendæ eloquentiæ liber, cui adjunctum est jocosum fictis introductis personis et rerum simulachris de virtute et voluptate et paterno amore, in liberos colloquium, studiosis discendi adolescentibus perutile.* Parisiis, apud Lud. Grandinum, 1544, in-8º de 48 pp. — On lit dans l'*Argumentum* (p. 29): « Hoc quidem totum quondam Burdigalæ actum est κωμικῶς, sed res postea, pluribus immutatis sublatis etiam actibus et magna ex parte versibus, ad colloquium est redacta. Hic etiam licet notas et vestigia videre paterni amoris in suos, qui tantum est ut ne minimum quidem ad spirandum relinquat locum. »

volupté, *de Virtute et Voluptate;* réduite en colloque telle qu'elle est là, elle garde encore quelques-unes de ses qualités d'origine et peut donner une idée de ce genre vivace, puisque, en plein XVIIIe siècle, les pédagogues n'y avaient pas renoncé.

Montaigne ne semble pas faire grand cas de ces inventions comiques. Est-ce mépris pour des œuvres de circonstance où les bonnes intentions tenaient lieu de valeur littéraire ? ou bien faut-il voir poindre le dédain que les hommes de la Renaissance affectèrent tous pour notre vieux théâtre comique national ? Il énumère complaisamment ses succès d'acteurs : ce sont des succès de tragédien. « J'ai soutenu, dit-il, les premiers personnages ès tragédies latines de Buchanan, de Guérente et de Muret, qui se représentèrent en notre Collège de Guyenne avec dignité. » Et il ajoute qu'à cette besogne on le tenait pour « maître ouvrier ». Toutefois n'exagérons rien. Assurément il ne faut voir dans ces prédispositions que les dons d'un enfant qui avait la « souplesse » de la voix et du geste, l'assurance de la diction. Comme il réussit à ces exercices, il y prend goût et son ardeur pour l'étude s'échauffe d'autant. Certes on ne saurait prétendre que la *Médée* traduite par Buchanan produisit sur le jeune Montaigne l'effet que l'original grec fit sur Henri Estienne, encore enfant lui aussi. Celui-ci ne comprenait pas le grec lorsqu'il entendit réciter pour la première fois les beaux vers d'Euripide ; mais, fils et petit-fils d'hellénistes, ces accents inconnus éveillèrent en lui une vision confuse de la beauté antique, un violent

JOSEPH SCALIGER.

D'après les *Icones virorum illustrium* de J.-J. Boissard et de Th. de Bry.

désir de connaître ce que cachaient des paroles si enchanteresses. Il voulut apprendre, il voulut connaître, pour jouer à son tour un rôle dans cette *Médée* qui le charmait sans la comprendre. Son âme s'épanouit si vivement à cette révélation du passé que l'enfant pouvait bientôt après, à onze ans, suivre avec profit les leçons des maîtres de grec les plus illustres de Paris.

Montaigne n'était pas l'homme des coups de foudre; sa nature un peu nonchalante ne paraît pas avoir éprouvé de pareils enthousiasmes, même dans sa jeunesse. S'il entrevit la beauté hellénique, elle le frappa sans l'éblouir. A l'égard du grec, il s'en tint trop scrupuleusement à l'enseignement du Collège de Guyenne, et nous avons déjà vu combien cet enseignement y était défectueux. « Je n'en ai quasi du tout point d'intelligence, » a écrit Montaigne, en parlant du grec, et, si cet aveu d'impuissance est trop absolu, il est certain qu'il constate une infériorité évidente.

Pourtant, Pierre Eyquem s'était préoccupé de ce point de l'éducation de son fils. Il avait voulu que cette éducation ne fût pas plus négligée en ceci qu'en toute autre chose. Si l'on suivit une autre voie que pour l'enseignement du latin, l'étude du grec ne devait cependant pas être négligée. Nous savons par un contemporain que Pierre Eyquem exigeait du précepteur de ses enfants qu'il fût capable de leur apprendre cette langue, et un pédagogue peu instruit, attiré par le profit de la charge, s'étant présenté chez les Montaigne, fut évincé parce qu'il ignorait trop le grec[1]. Nous savons de plus que, si Michel ne profita que médiocrement, à cet égard, de la sollicitude paternelle, d'autres furent plus heureux ou mieux inspirés que lui : un chroniqueur bordelais nous a conservé la preuve amusante que le grec pouvait servir à l'occasion et que la propre sœur de Michel en usa en une circonstance où il était de bonne guerre de s'exprimer en cette langue[2].

Entré au collège vers six ans, Michel en sortit à treize, après avoir achevé son « cours ». Nous savons que ce « cours » était la suite des études de grammaire, qui se terminaient à la première classe, correspondant à notre rhétorique actuelle. En quittant cet ordre d'études, on était admis dans les cours de philosophie, qui faisaient partie alors du domaine propre de la Faculté des Arts. Montaigne y passa comme tout élève dont l'éducation devait être complète; ses études l'y avaient préparé. Pourtant, si on l'en croit lui-même, il n'avait pas trop profité de l'enseignement des pédagogues bordelais; son latin s'était abâtardi, et, en abandonnant le collège, il ne voyait « aucun fruit » à mettre en ligne de compte. Prenons garde : Montaigne, pour faire le procès aux méthodes d'instruction de son temps, devient injuste ici. A Bordeaux, les maîtres auxquels il fut soumis ne manquaient ni de science ni d'expé-

---

1. Il se nommait Pierre Dufour *(Furnus)*. Voici ce qu'on lit, à ce sujet, dans les *Lettres* de Gelida (lettre 41) : « Sed ut ad Furnium redeam, is venerat ad nos Montanorum spe adductus; qua excidit, quo græcas litteras non teneat. »

2. Jean de Gaufreteau, *Chronique bordeloise* publiée par J. Delpit, 1876, in-8º, t. I, p. 238.

rience. C'étaient, après André de Goûvéa, « sans comparaison le plus grand et le plus noble principal de France », des hommes tels que Mathurin Cordier, Georges Buchanan, Élie Vinet. Gouvéa, en effet, avait su attirer avec lui au Collège de Guyenne une brillante cohorte de professeurs renommés, bien propres à dresser la jeunesse et qui faisaient de son établissement le « meilleur de France ». Mais Montaigne ne pardonnait pas à ces maîtres, que leur science plaçait au premier rang, de n'avoir pas su renoncer aux méthodes surannées, de forcer la mémoire de leurs élèves en faisant si peu appel à leur jugement. Il rendait volontiers pleine et entière justice aux mérites de ces hommes dont la science était vaste et le caractère recommandable. Il se refusait à approuver leur manière d'enseigner, qui était conforme à la coutume partout acceptée alors. On le voit, sous la plume de Montaigne, le débat s'élargit. Devançant son siècle, il s'élève contre les méthodes en vigueur et propose de leur substituer un système propre, tel que son expérience le conçoit. Nous ne saurions le suivre dès maintenant sur ce terrain. Il nous suffit de dire que ce reproche ne peut être particulier au Collège de Guyenne, et que Montaigne y profita, pendant son séjour de sept années, autant qu'un bon élève pouvait le faire, sous la direction de maîtres éminents et dévoués.

Il est plus difficile de reconstituer la vie de Montaigne émancipé du collège. On en est réduit sur ce point aux hypothèses, car lui-même ne nous apprend rien. Son âge — il avait treize ans — ne permet pas de supposer ses études achevées; de plus, sa famille, qui semblait le destiner à la magistrature, dut le pousser plus avant, sans doute, dans la direction du droit civil. Nous essaierons de suppléer à cet égard par des conjectures au silence des *Essais*. Un passage me semble contenir d'utiles indications pour nous guider : « On nous tient, dit Montaigne en parlant de l'éducation en usage de son temps, quatre ou cinq ans à entendre les mots et les coudre en clauses, encore autant à en proportionner un grand corps estendu en quatre ou cinq parties, et autres cinq pour le moins à les savoir brèvement mêler et entrelasser de quelque subtile façon. » Cela veut dire évidemment que, dans le programme normal des classes, quatre ou cinq années étaient consacrées aux études de grammaire, — nous avons vu que c'était à peu près la durée moyenne de ces études au Collège de Guyenne; — quatre ou cinq ans encore étaient réservés pour apprendre la rhétorique, — on l'enseignait à Bordeaux dans les quatre classes supérieures, par application d'un précepte ancien; — enfin, cinq autres années « pour le moins » servaient à apprendre la dialectique ou le droit. La jeunesse de Montaigne dut s'écouler de la sorte, réglée par ce programme communément en vigueur. Son éducation domestique avait abrégé pour lui la durée des commencements et il « enjamba » d'emblée les classes élémentaires. Plus tard, rien ne s'opposait à ce qu'il suivît la filière, et il dut la suivre jusqu'au bout. Le cours de philosophie, couronnement des études classiques, durait deux ans consécutifs et avait lieu dans les locaux du Collège de Guyenne, bien qu'il fît partie de la Faculté des Arts. C'est ainsi que Montaigne put suivre dans sa propre ville, sans sortir du collège qui avait abrité son enfance, les leçons de Nicolas de Grouchy, qui professa pendant treize ans, jusqu'en 1547, la dialectique et qui laissa un souvenir si vivant dans le haut enseignement bordelais.

La ville de Bordeaux possédait, en effet, une Université fondée cent ans auparavant, en 1441, par le pape Eugène IV, alors que les Anglais dominaient encore en Guyenne. Dès l'origine, cette Université fut complète, c'est-à-dire ayant des facultés de théologie, de droit canonique, de droit civil, de médecine et des arts. La jeunesse bordelaise pouvait donc, sans quitter la cité, obtenir les diplômes les plus élevés qui sanctionnaient les études. Les auditeurs n'affluèrent cependant jamais aux cours. Mesquinement installée, l'Université de Bordeaux ne fut pas un de ces grands centres de recherches où des élèves nombreux se pressaient autour de maîtres écoutés. Les cours de droit, notamment, n'eurent pas l'ampleur qu'ils avaient ailleurs. En 1533, le nombre des maîtres avait été réduit, « attendu la rareté des écoliers qui oient au droit, » et cet état de choses n'était pas plus florissant au moment où Montaigne aurait pu suivre les leçons des professeurs bordelais. On enseignait alors avec une négligence telle que les étudiants intentèrent un procès à leurs maîtres, pour les obliger à faire leurs cours aux heures déterminées. Le Parlement, intervenant dans ce singulier débat, donna gain de cause aux écoliers et fixa la durée et le nombre des cours réglementaires.

Est-ce à Bordeaux que Montaigne termina une éducation qui y avait été commencée ? Acheva-t-il, sans quitter sa famille, le cycle complet de ses études ? Je ne saurais le dire. Les archives de l'Université de Bordeaux ont entièrement péri avec elle; la destruction de ses premiers registres remonte même fort loin et semble être contemporaine de la jeunesse de Montaigne. Aujourd'hui, nous sommes réduits à quelques rares documents, qui ne sauraient suffire pour reconstituer son histoire[1]. Il est surprenant que Montaigne, qui décrit en détail son éducation première et qui rapporte complaisamment ses succès du Collège de Guyenne, n'ait fait aucune mention de l'achèvement de ses études. Trouvait-il, s'il s'est jamais assis sur les bancs de l'Université bordelaise, que la renommée de cet établissement n'était pas assez grande pour rejaillir sur ceux qu'il avait abrités ? De quelque cause qu'il provienne, ce silence n'en est pas moins regrettable, puisque la perte des documents originaux ne nous permet pas d'y suppléer.

Je suis convaincu, pour ma part, que Montaigne, sorti comme écolier du Collège de Guyenne, continua à le fréquenter comme logicien et étudiant de la Faculté des Arts. Nous avons déjà dit que la Faculté des Arts avait son siège, à Bordeaux, au Collège

---

1. Ces documents ont été rassemblés et publiés par M. Henri Barckhausen (*Statuts et règlements de l'ancienne Université de Bordeaux*, 1886, in-4° de LIV-172 pp.).

même de Guyenne. Il ne faudrait pas confondre, pour cela, deux enseignements d'un ordre essentiellement différent. Ce que Montaigne écrit de son séjour au collège doit donc s'entendre, à mon sens, de son séjour comme écolier. La fréquentation des cours de logique, qui suivit sans doute, acheva, en la complétant, une éducation dont elle était distincte. Un fait particulier me le donne à penser. Fort peu de temps après que Montaigne eut achevé ses classes, le collège changeait de principal : André de Gouvéa partait pour le Portugal, et il emmenait avec lui les maîtres qui avaient fait, sous sa direction, la renommée de l'enseignement bordelais. Jean Gélida le remplaçait à la tête du Collège de Guyenne, et, s'il n'était pas accompagné de collaborateurs aussi nombreux et aussi brillants que Gouvéa, il avait réussi cependant à entraîner à sa suite un précieux auxiliaire, Marc-Antoine Muret[1]. A l'aube de sa renommée philologique, Muret, âgé de vingt et un ans seulement, arrivait en 1547 à Bordeaux, précédé de sa réputation naissante et de l'estime de Jules-César Scaliger. Montaigne, qui avait auparavant représenté un des personnages d'une tragédie de Muret, compte le jeune maître parmi ses « précepteurs domestiques ». Cela voudrait-il dire, comme on l'a pensé, que l'écolier, qui n'avait pas encore quinze ans, continua à la maison paternelle l'éducation qui

---

[1]. Muret commença à enseigner, en 1545, à dix-neuf ans. Voyez comment son dernier biographe, M. Charles Dejob, a essayé de tracer l'itinéraire de ses premières étapes de professeur. (*Marc-Antoine Muret*, 1881, in-8º, pp. 4-19.)

y avait été si bien commencée? Muret, qui ramena, dit-on, la prospérité du collège, avait certes l'intelligence assez haute pour parfaire une éducation aussi soignée. On peut supposer, avec plus de vraisemblance, que Montaigne, fréquentant la Faculté des Arts, y connut Muret, qui peut-être y enseignait, car on ignore quelle classe il professa

UNE LECTURE EN DROIT CIVIL
Par Guillaume Benedicti, conseiller au Parlement de Bordeaux.

à Bordeaux. C'est sans doute ainsi que l'étudiant suivit les cours du jeune maître, qu'il eut pour « précepteur domestique », c'est-à-dire chargé de suivre de plus près ses progrès ou, comme nous dirions aujourd'hui, de répétiteur. S'exerçant de la sorte, sur un disciple déjà formé, l'action de Muret eût dû être prépondérante. On peut affirmer qu'il n'en fut rien. La science de Muret était, il est vrai, considérable déjà; mais son caractère était indécis et mou, ses convictions chancelantes, sa nature voluptueuse. Ce manque d'équilibre frappa Montaigne, et, plus tard, il y fait une visible allusion. « J'ai vu, dit-il, en ma jeunesse, un galant homme présenter d'une main au peuple des vers excellents en beauté et en débordement, et de l'autre main, en même instant, la plus querelleuse réformation théologienne de quoi le monde se soit déjeuné il y a longtemps. » Et il ajoute : « Les hommes vont ainsi : on laisse les lois et les préceptes suivre leur voie; nous en tenons une autre, non par déréglement de mœurs seulement, mais par opinion souvent et par jugement contraire[1]. » On comprend aisément pourquoi Montaigne n'a pas voulu nommer le « galant homme » qui avait été son maître.

De quelque façon que Montaigne ait étudié la dialectique, il n'en fallait pas moins suivre les cours d'une école de droit pour entrer dans la magistrature comme il voulait le faire. Je crois que, pour cela, il quitta Bordeaux. On l'a vu, l'enseignement du droit avait toujours été, à Bordeaux, fort défectueux. De plus, en 1548, de graves événements qui ensanglantèrent la ville vinrent affaiblir encore une branche d'étude fort mal cultivée; la révolte de la gabelle et

---

1. *Essais*, 1. III, ch. IX. — J.-V. Le Clerc croit qu'il est ici question de Théodore de Bèze, qui publia, presque en même temps, ses *Juvenilia* et son apologie du supplice de Servet. L'allusion vise Muret, qui, lui aussi, mettait au jour en même temps deux ouvrages fort différents par la nature et par le tour d'esprit. En 1552, il faisait imprimer un *Discours sur l'excellence de la théologie*, prononcé le 5 février, tandis qu'à la fin de la même année il dédiait à Jean Brinon des *Juvenilia* fort légères et que, l'année suivante, il commentait assez indiscrètement les *Amours* de Ronsard.

la formidable répression du connétable de Montmorency, en désorganisant l'administration même de la ville, apportèrent aussi de grands troubles dans les établissements d'instruction. On s'accorde généralement à penser que Montaigne vint à Toulouse acquérir ses grades juridiques. L'Université de cette ville était, en effet, ancienne et renommée; lorsque le pape Eugène IV créa l'Université de Bordeaux, c'est celle de Toulouse qu'il désigna comme modèle à suivre. Séduits par l'éclat de l'enseignement toulousain, les jeunes Bordelais venaient en foule, et le nombre est grand de ceux qui fréquentèrent les écoles de Toulouse, depuis l'archevêque Pey-Berland jusqu'au jurisconsulte Arnaud de Ferron et au poète Pierre de Brach. Il est donc fort possible que Michel de Montaigne ait suivi l'exemple de ses compatriotes. Des considérations d'un ordre moins général pouvaient encore l'y pousser, car il est certain que sa mère, Antoinette de Louppes, avait à Toulouse des parents fort proches et qui tenaient dans la ville un rang élevé.

Comme on le voit, ces raisons étaient plus que suffisantes pour décider Montaigne à venir étudier le droit à Toulouse. Y vint-il réellement? Bien des présomptions permettent de le supposer. On trouve sous sa plume les noms de la plupart des maîtres qui y professaient alors: Turnèbe, qui « savait plus et savait mieux ce qu'il savait qu'homme qui fût de son siècle »; l'humaniste Pierre Bunel; les jurisconsultes Corras et Du Ferrier; Simon Thomas, qui enseignait la médecine et était fort en renom. Plusieurs des écoliers qui suivirent les cours à cette époque furent liés avec Montaigne : Henri de Mesmes, Guy du Faur de Pibrac, Paul de Foix. N'est-il pas vraisemblable de croire que ces liens furent noués à l'âge où l'on s'abandonne le plus volontiers au charme de l'amitié ? Il est hors de doute que Montaigne séjourna à Toulouse pendant sa jeunesse[1]. Qu'y fût-il venu faire si ce n'est étudier ?

La vie des jeunes gens laborieux était fort active, tant l'ardeur d'apprendre était vive. Henri de Mesmes, qui fréquenta l'Université de Toulouse pendant trois ans, de 1545 à 1548, c'est-à-dire un peu avant la période où Montaigne dut y venir lui aussi, Henri de Mesmes nous a laissé de cette vie un tableau très précis[2]. « Nous étions debout à quatre heures, nous dit-il, et, ayant prié Dieu, allions à cinq heures aux études, nos gros livres sous le bras, nos écritoires et nos chandeliers à la main. » Pendant cinq heures, sans interruption, on écoutait des lectures, c'est-à-dire le commentaire fait par le maître des auteurs qu'il devait expliquer. Cela durait jusqu'à dix heures et l'on se hâtait, avant d'aller dîner, de revoir les notes prises au cours. « Après dîner, dit de Mesmes, nous lisions, par forme de jeu, Sophocle et Aristophane ou Euripide et quelquefois Démosthène, Cicéron, Virgile ou Horace. » C'était le délassement de ces esprits vigoureux qui se retrempaient dans la fréquentation des maîtres de l'antiquité.

---

1. *Essais* (éd. de 1595), l. I, ch. xxv.
2. *Mémoires inédits de Henri de Mesmes, seigneur de Roissy et de Malassize,* publiés par Édouard Frémy (Paris, in-18), p. 139.

A une heure, après le dîner, les leçons recommençaient et se continuaient jusqu'à cinq heures. Le retour au logis n'avait lieu qu'alors, pour y mettre en ordre les cahiers de cours et vérifier les passages

SCEAU DE L'UNIVERSITÉ DE BORDEAUX.

des auteurs cités en classe par le professeur. Cela durait plus d'une heure. « Lors nous soupions, ajoute de Mesmes, puis lisions en grec ou en latin. » La journée finissait ainsi et elle avait été bien employée, même en un temps où l'on ne parlait pas encore de surmenage. Le dimanche, après avoir entendu la messe et les vêpres, les écoliers faisaient de la musique ou se promenaient pour se distraire. Parfois on les conduisait en ville, chez les familles amies. « Quelquefois, dit de Mesmes, nous allions dîner chez nos amis paternels, qui nous invitaient plus souvent qu'on ne nous y voulait mener. » Ce désagrément touchait particulièrement Montaigne qui avait à Toulouse de fort proches parents.

Qu'on ne se le dissimule pas : la forte discipline de l'Université toulousaine, si elle stimulait puissamment l'ardeur des écoliers studieux, ne parvenait pas à secouer l'apathie des indolents. L'éternelle gent des paresseux savait, alors comme aujourd'hui, échapper à la contrainte de tous les programmes et de tous les règlements, car, alors plus qu'aujourd'hui, cette sévérité était plus apparente que réelle. Je veux dire que la collation des grades, couronnement des études universitaires, n'était pas entourée, comme elle l'est maintenant, de la garantie d'un examen sérieux et désintéressé. Il y avait de singuliers accommodements avec le corps enseignant, et on y recourait trop souvent, à Toulouse comme ailleurs. En traçant le tableau de l'Université de Toulouse d'après ce qu'Henri de Mesmes nous en a montré, sans y mettre quelques ombres, on risquerait de se méprendre autant que le ferait celui qui jugerait les écoliers actuels sur les compositions du concours général.

Comme Montaigne, Henri de Mesmes était un enfant précoce. Dès ses plus jeunes années, on lui avait enseigné, sous la direction d'un précepteur dévoué, J. Maludan, l'amour du travail et de l'étude. Son éducation première offre plusieurs traits de ressemblance avec celle de Montaigne, comme leur caractère paraît sympathiser. Il est donc très vraisemblable que l'existence si bien remplie de de Mesmes à Toulouse a été aussi celle de son compagnon. De Mesmes passait pour un modèle d'application ; ses maîtres lui dédiaient leurs ouvrages de classe comme à un écolier d'élite, un jeune homme de grande espérance. Moins attentif peut-être, moins esclave de la leçon du professeur, Montaigne devait étudier avec autant d'ardeur. Il donna plus tard des preuves trop évidentes d'une haute culture intellectuelle pour qu'on le soupçonne d'avoir mal employé les années d'Université. Écolier appliqué, mais primesautier, il apportait au travail les qualités et les défauts de son esprit, la vivacité d'impression cachée sous le désordre apparent des idées.

Telle fut la vie que Montaigne mena sans doute à Toulouse, pendant que son futur ami Étienne de La Boétie étudiait à l'autre extrémité de la France, dans une Université non moins célèbre, à Orléans. L'un et l'autre ne se connaissaient pas encore. Tous deux se préparaient à remplir dignement les charges qui devaient plus tard rapprocher leurs existences. La Boétie obtint son diplôme de licencié en droit civil le 23 septembre 1553, à l'âge de vingt-trois ans. Nous ne saurions préciser ainsi la date à laquelle Michel de Montaigne obtint le sien ; la fin de ses études juridiques est aussi incertaine que leur commencement. S'achevèrent-elles à Toulouse ? Les archives de l'Université de cette ville n'ont pas encore confirmé ce fait, comme celles d'Orléans ont livré la mention du passage de La Boétie.

Désormais suffisamment instruit, le jeune homme pouvait entrer dans la vie active et aspirer aux charges honorables. Peut-être Montaigne voyagea-t-il un peu auparavant, comme on le faisait parfois. De quelques passages des *Essais*, on pourrait, en effet, conclure qu'il visita tout au moins Paris, en attendant d'obtenir les fonctions judiciaires qu'il allait bientôt remplir.

CHAPITRE III

MONTAIGNE MAGISTRAT

FRANÇOIS Ier avait officiellement établi, en France, la vénalité des charges de judicature. C'était un excellent moyen d'obtenir les ressources nécessaires à une politique financière bien souvent désastreuse. Henri II préféra y recourir que de changer la gestion de ses finances. Après avoir ajouté une nouvelle chambre à la Cour des Aides de Paris, il fondait ainsi une nouvelle Cour des Aides à Périgueux. Bien entendu, cette mesure était justifiée par des considérations tirées du bon fonctionnement de la justice. Pour le fait des Aides et des matières de finances qui y ressortissaient, les plaideurs étaient forcés de s'adresser fort loin, à Paris ou à Montpellier : n'agissait-on pas sagement en rapprochant le juge du justiciable ? Donc, par un édit donné à Fontainebleau au mois de mars 1554 et enregistré en avril suivant au Parlement de Paris[1],

---

[1]. Archives nationales, *Ordonnances de Henri II,* X 1 A, 8619, f° 39.

le roi établissait une nouvelle Cour souveraine des Aides embrassant les trois généralités d'Agen, de Lyon et de Poitiers. Cette cour devait avoir pour siège la ville de Périgueux, « assise au milieu desdites trois généralités, » et porter le titre de Cour des Aides de Guyenne, Auvergne et Poitou. Elle se composait d'un premier et d'un second présidents, de douze généraux conseillers, d'un procureur général, d'un avocat général, d'un greffier, d'un payeur des gages, d'un receveur des amendes et de trois huissiers.

Les questions de compétence étaient déterminées dans l'édit de mars 1554, comme le personnel y était dénombré. Il n'y avait plus qu'à l'appliquer. Tout à coup, avant de la mettre à exécution, le roi crut devoir revenir sur sa décision. La Cour des Aides de Paris et le Parlement de Bordeaux lui firent de pressantes remontrances; aussi ne tardait-il pas à révoquer, par un édit de mai suivant, celui qu'il avait signé deux mois auparavant. La nouvelle Cour des Aides cessait d'être avant d'avoir existé. Cette résolution inattendue portait gravement atteinte aux intérêts de la ville de Périgueux et des magistrats désignés pour remplir des fonctions dans cette juridiction. Ceux-ci s'efforcèrent de faire entendre raison au roi et invoquèrent, par la bouche de leurs deux présidents, les motifs qui leur étaient favorables. Changeant encore une fois d'avis, Henri II ne persista pas à frustrer Périgueux d'une faveur qu'il lui avait concédée, et, par un édit donné à Nisy-le-Château en juin 1554 et enregistré le 2 juillet par le Parlement

PÉRIGUEUX AU XVIᵉ SIÈCLE.
D'après la *Cosmographie* de Belleforest.

de Paris[1], il rétablissait dans cette ville la Cour des Aides de Guyenne, Auvergne et Poitou. Cette fois, les indécisions du début étaient terminées, et l'édit allait recevoir son effet. Avant la fin de la même année, le 16 décembre 1554, le président Pierre de Carle, du Parlement de Bordeaux, désigné pour cela par le roi, procédait à Périgueux à l'installation de cette juridiction nouvelle.

Ni l'édit de création de la Cour des Aides de Périgueux ni l'édit de rétablissement ne mentionnent les noms des magistrats qui la composaient. Par suite d'un contrat, le roi laissait au maire et aux consuls de la ville « la nomination et présentation » des personnes qui devaient remplir des fonctions à la Cour des Aides, moyennant le paiement préalable par la municipalité de 50,000 écus, représentant la finance des offices. Le texte de ce contrat ne nous est pas connu. Seul, un extrait des registres de l'Hôtel de Ville de Périgueux, assez inexactement publié à la fin du siècle dernier[2], résume ces clauses et mentionne les nouveaux conseillers. Le deuxième nom est celui de Pierre Eyquem de Montaigne, « le dit Eyquem seigneur de la maison de Montaigne en Périgord. »

S'il fut ainsi général conseiller aux Aides, Pierre Eyquem ne dut pas l'être longtemps. Peut-être même ne s'était-il mis sur les rangs que pour laisser bientôt

---

1. Archives nationales, *Ordonnances de Henri II,* X 1 A, 8619, f° 100.
2. *Recueil de titres et autres pièces justificatives employés dans le mémoire sur la constitution politique de la ville et cité de Périgueux.* Paris, 1775, in-4°, p. 545.

après à son fils Michel l'office qu'il avait sollicité. Le 1ᵉʳ août 1554, quelques jours seulement en effet après que la Cour des Aides de Périgueux fut définitivement établie, Pierre Eyquem était élu maire de Bordeaux. Sans doute que le maire de Bordeaux ne cumula pas ces fonctions avec celles de général des finances à Périgueux; du moins il ne paraît pas qu'il en ait usé ainsi. Son fils aîné, au contraire, était en âge d'accepter une charge judiciaire et de tenir un emploi dans le monde. Le père dut donc résigner en faveur de son fils l'office que nous voyons celui-ci remplir plus tard. On a dit que Michel de Montaigne, âgé seulement de vingt et un ans, était trop jeune alors pour faire partie d'une cour souveraine de justice. L'objection est mal fondée. Par ce temps de multiplication des offices de judicature, le pouvoir était fort accommodant sur l'âge des postulants. On obtenait sans peine des dispenses d'âge pour les charges du Parlement, témoin Estienne de La Boétie nommé conseiller à Bordeaux à vingt-trois ans seulement. Pour les Cours des Aides, juridiction inférieure en considération, la chose était plus facile encore. Henri de Mesmes, le puîné de Montaigne, fut admis, en 1552, comme conseiller à la Cour des Aides de Paris à l'âge de vingt ans[1]. C'est donc ainsi sans nul doute que Michel de Montaigne dut entrer dans

---

[1]. *Mémoires inédits de Henri de Mesmes,* publiés par Édouard Frémy, p. 147 : « Au retour, il (son père) me fit prendre un office de conseiller en la Cour des Aides (de Paris), pour ce que j'estois si jeune qu'on ne m'eust pas admis ailleurs. Là je fus examiné et jugé capable le 9ᵉ febvrier 1551 (1552), âgé de vingt ans ou peu plus. »

la magistrature, en succédant immédiatement à son père que d'autres devoirs avaient bientôt éloigné de ces fonctions [1].

Organisée et installée, la nouvelle Cour des Aides de Périgueux n'avait plus qu'à exercer; ce ne fut pas sans encombres; aussi n'exerça-t-elle pas longtemps. Sa création avait soulevé des conflits d'attributions dont l'issue lui fut fatale. La Cour des Aides de Montpellier, notamment, dont l'existence était déjà ancienne et dont le ressort avait la plus grande étendue du royaume après celui de Paris, s'était plainte vivement que sa juridiction fût amoindrie. Le différend fut porté devant le Conseil du roi, qui par un arrêt du 26 novembre 1556, donna raison aux généraux de Montpellier. Le lendemain 27 novembre, des lettres patentes confirmaient cette décision et ordonnaient que, dorénavant, le Rouergue, le Quercy et la Guyenne ressortiraient à la Cour des Aides de Montpellier, comme cela avait lieu avant la création et l'érection de la Cour des Aides de Périgueux. Celle-ci ne conservait de juridiction en Guyenne que sur les parties de cette province qui ne relevaient pas du Parlement de Toulouse, et son

---

[1]. Une autre remarque me confirme dans la pensée que Montaigne a succédé directement à son père et l'a remplacé presque aussitôt après l'établissement de la Cour des Aides de Périgueux. Le nom de Pierre Eyquem est le second des nouveaux conseillers; plus tard nous voyons celui de son fils tenir le même rang, et l'ordre dans lequel sont classés ses collègues paraît être celui d'ancienneté. Eût-on conservé à Michel de Montaigne cette place de faveur si celui-ci n'avait pas succédé immédiatement à son père et sans intervalle appréciable, au moment même de l'installation de la nouvelle cour?

domaine se trouvait singulièrement réduit[1]. C'était le prélude de la suppression finale. Quelques mois seulement après, en mai 1557, paraissait un nouvel édit supprimant totalement la Cour des Aides de Périgueux ainsi démembrée et incorporant son personnel à celui du Parlement de Bordeaux[2].

Cette mesure était justifiée encore une fois par les besoins du service et par l'avantage des plaideurs. La vraie raison cependant est plus politique et se rattache à des motifs d'ordre général. Henri II commençait à sentir les dangers de la création des charges qu'il avait instituées partout sans autre règle que son bon plaisir et les besoins de ses finances. Maintenant il essayait d'enrayer et, autant qu'il le pouvait, de revenir en arrière. Le Parlement de Paris, dont la constitution avait été modifiée, allait être rétabli dans son état primitif, et, poussant plus avant les choses, le roi avait résolu de réduire graduellement les offices des cours souveraines au nombre existant lors de l'avènement de François Ier. La décision, si elle fut prise, ne fut jamais pleinement appliquée. C'est pourtant de cette pensée que découle le rattachement de la Cour des Aides de Périgueux au Parlement de Bordeaux, bien que ce rattachement n'eût pas d'effets financiers immédiatement appréciables.

Le Parlement de Bordeaux, lui, ne considérait pas

---

1. Guillaume Blanchard, *Compilation chronologique contenant un recueil en abrégé des ordonnances, édits, déclarations et lettres patentes des rois de France.* Paris, 1715, in-f°, t. Ier, col. 758.

2. Guillaume Blanchard, *op. cit.*, col. 767.

les choses du même œil que le roi. Il voyait surtout dans cette détermination ce qu'elle avait de contraire aux intérêts de ses membres; aussi ne s'y soumit-il pas dès l'abord. Le 30 juillet 1557, il décida d'envoyer à Paris une délégation « devers le roi et messieurs de son privé Conseil pour faire les remontrances audit seigneur pour raison de la suppression des Aides établies à Périgueux et incorporation en la Cour ». Le 11 octobre, les délégués sont de retour de Paris et ils rendent compte de leur mission au Parlement. Leurs remontrances n'ont guère eu que des mobiles d'intérêt. On redoutait surtout que l'incorporation de tant de conseillers récents ne diminuât trop sensiblement les épices, dans un Parlement où il y avait « plus d'officiers que d'affaires ». Les envoyés bordelais réclamaient donc que ces nouveaux venus fussent répartis parmi toutes les autres cours souveraines du royaume.

Le roi ne crut pas devoir accorder cette demande, mais il chercha un moyen terme pour tout concilier. En septembre, il fit paraître un édit qui rappelait un précédent édit de François Ier porté en 1543 et établissant une Chambre des Requêtes au Parlement de Bordeaux. Bien que légalement instituée, celle-ci n'avait jamais été formée. Le roi ordonnait donc que les conseillers des Aides de Périgueux composeraient désormais cette Chambre des Requêtes, tout en continuant à connaître des matières des Aides. C'était une cote mal taillée, et fort mal taillée, car les nouveaux conseillers jugeaient les matières des Aides, c'est à dire les matières fiscales, en dernier ressort et en toute souveraineté, tandis que, comme Chambre des Requêtes, ils ne pouvaient décider des causes de leur compétence qu'en premier ressort et sauf appel aux autres chambres du Parlement. De là, une source perpétuelle de conflits. Pour les éviter, le roi prit la peine, il est vrai, de recommander, dans des lettres patentes d'octobre 1557, que les officiers de la Cour des Aides de Périgueux, qu'il appelle par leurs noms et au nombre desquels figure Michel Eyquem de Montaigne, fussent « conseillers » en la cour du Parlement « et du corps d'icelle », traités par conséquent selon les prérogatives des autres conseillers [1].

Le Parlement de Bordeaux sembla se soumettre à cette injonction, et le 3 décembre 1557 les anciens généraux de Périgueux furent admis dans son sein. Michel de Montaigne occupe la seconde place dans la liste des nouveaux conseillers.

On pouvait croire après cela les difficultés aplanies ; elles l'eussent été avec de la bonne volonté, mais le Parlement en mit aussi peu que possible. La magistrature possédait alors de singuliers moyens dilatoires et, quand ses intérêts paraissaient être en jeu, elle savait épuiser tous les atermoiements avec la patience de gens d'affaires retors. Entre les nouveaux et les anciens conseillers commença, au contraire, une lutte incessante, qui dura plusieurs années, bien faite pour refroidir un néophyte. Les péripéties de ces chicanes sont trop fastidieuses

---

[1]. Archives départementales de la Gironde, *Registres du Parlement de Bordeaux*, vol. XXXV, f° 1 et f° 35.

pour être énumérées ici[1]. Nous ne rappellerons que ce qui est nécessaire pour comprendre l'attitude de Montaigne. Disons donc seulement que quelques années après, Charles IX crut devoir, par un édit d'août 1561, supprimer « la Cour des Aides et Chambre des Requêtes ès Parlement de Bordeaux » et ordonner l'incorporation pure et simple de ses membres au Parlement. Cela simplifiait les choses. Néanmoins, il fallut l'édit de jussion du 20 septembre pour faire enregistrer le premier, ce qui n'eut lieu que le 13 novembre suivant. Le Parlement avait lutté jusqu'au bout. Désormais, les anciens conseillers des Aides avaient une situation fort nette : huit d'entre eux furent placés à la première Chambre des Enquêtes, tandis que les sept autres allaient à la seconde. Je ne saurais dire dans quelle section se trouvait Michel de Montaigne.

Dès le lendemain s'élevait une question de préséance à laquelle Montaigne est mêlé. Fallait-il faire remonter l'entrée des nouveaux conseillers au jour de leur première inscription sur les registres du Parlement, en 1557, ou bien devait-on s'en tenir simplement à la date de l'édit de jussion enregistré la veille? Ce litige fut soulevé par le conseiller Sarran de Lalanne, qui avait été admis comme conseiller à Bordeaux dans le long intervalle qui sépare 1557 de 1561. Celui-ci prétendait que la date de

[1]. Boscheron des Portes, *Histoire du Parlement de Bordeaux depuis sa création jusqu'à sa suppression (1451-1790)*. Bordeaux, 1878, in-8º, t. Iᵉʳ, pp. 103-112. — *Chronique du Parlement de Bordeaux*, par Jean de Métivier, publiée par Jules Delpit. Bordeaux, 1887, in-8º, t. II, *passim*.

PALAIS DE L'OMBRIÈRE, SIÈGE DU PARLEMENT DE BORDEAUX.
D'après une vue du XVIIIe siècle.

réception des anciens conseillers des Aides au Parlement de Bordeaux remontait à la veille seulement et demandait aux chambres assemblées de vouloir bien déclarer qu'il précéderait ces derniers arrivés, sans égard à leur première inscription [1].

Cette prétention n'était pas admise, comme on le pense, par les conseillers périgourdins. Leur ancien président, Antoine Poynet, actuellement président de l'une des Chambres des Enquêtes, réclama quelques instants à la Cour afin que ses collègues et lui pussent en conférer. Bientôt après ceux-ci rentrèrent en séance, et Michel de Montaigne prit la parole au nom de tous. Il fit remarquer qu'il n'était pas raisonnable que le conseiller Sarran de Lalanne les précédât, puisqu'en réalité ils avaient fait partie de la Cour avant lui. D'ailleurs, dans son édit de jussion, le roi n'ordonnait-il pas que les conseillers dont il imposait l'admission garderaient le rang qu'ils avaient au moment de leur réception à la Chambre des Requêtes, en 1557? Montaigne ajouta que ses collègues et lui avaient été considérés comme conseillers et avaient joui des prérogatives attachées à ce titre puisqu'ils assistaient à la réception de Sarran de Lalanne et avaient opiné à son examen. Enfin, en terminant, Montaigne fit remarquer que le Parlement n'en usait point à l'égard des anciens conseillers des requêtes incorporés la veille ainsi qu'il en usait d'ordinaire à l'égard d'un membre nouveau : « La Cour

---

1. *Archives historiques de la Gironde*, t. VI, p. 7 : Ordonnance du Parlement sur une question de préséance entre les généraux des Aides et le conseiller Sarran de Lalanne.

ne leur faisait faire autre serment que icelluy qu'ils avaient premièrement fait, lorsqu'ils furent pourvus desdits états de président et conseillers en icelle, et qu'aussi ils avaient précédé ledit de Lalanne ès processions et actes publics où la Cour s'était trouvée en cour, sans que ledit de Lalanne se fût plaint. »

Ces raisons eussent semblé probantes à des esprits moins prévenus ; le caractère de l'orateur devait y ajouter une force de plus. Tout cela ne suffit cependant pas à donner gain de cause à Montaigne et aux intérêts qu'il représentait. Sarran de Lalanne reconnut la justesse des moyens invoqués : il confessa qu'à l'entrée à Bordeaux de la princesse Élisabeth, fille de Henri II, qui se rendait en Espagne, il avait effectivement été précédé, dans l'ordre des préséances, par les anciens magistrats de Périgueux. Mais il n'en persista pas moins dans ses réquisitions et pria le Parlement de vouloir bien en délibérer. C'est ce que la Cour fit séance tenante, après avoir invité à sortir tous les intéressés et les conseillers qui leur étaient alliés. Heureux de protester contre un état de choses qu'il avait combattu et qu'il n'acceptait qu'à contrecœur, le Parlement s'empressa de donner gain de cause au conseiller de Lalanne contre ses adversaires. Il rendit une ordonnance que ses registres mentionnent, et, « pour certaines grandes considérations, » il décidait que le conseiller de Lalanne aurait désormais le pas sur « les présidents et conseillers desdites Requêtes à présent incorporés à ladite Cour ». C'était là une atteinte à des droits acquis, que le Parlement n'avait pu justifier par aucune considération sérieuse; il n'avait pas moins voulu se donner la satisfaction d'une petite vengeance à l'endroit des intrus. Lorsque cette solution fut communiquée au président Antoine Poynet, celui-ci, fort mécontent de la sentence, répondit que ses collègues et lui allaient se pourvoir auprès du roi.

Tel est le premier acte de la vie judiciaire de Montaigne. Ce n'est pourtant pas la première fois qu'on rencontre son nom dans les registres du Parlement de Bordeaux. On y remarque auparavant la trace d'un congé. N'était-ce pas commencer sa magistrature comme elle devait s'écouler, c'est-à-dire volontiers au dehors et souvent loin du palais ? En septembre 1559, on constate que Montaigne est « absent pour le service du roi et par le congé de la Cour ». Nous savons, en effet, par lui-même qu'il vint à Paris à cette époque. Pour quelle raison ? Il n'en dit rien, mais il nous apprend en deux endroits de ses ouvrages qu'il poussa jusqu'à Bar-le-Duc. Ce fut à la suite du roi François II, qui conduisait alors en Lorraine Claude de France, sa sœur, mariée à Charles III, duc de Lorraine. Ce voyage n'eut d'autre portée pour Montaigne que les agréments d'un déplacement officiel.

Quelle que fût la manière dont il allait y tenir son rang, Montaigne appartenait bien désormais au Parlement de Bordeaux. Nous verrons sa conduite en examinant successivement les événements auxquels il prit part. Pour mieux faire comprendre le rôle du magistrat, essayons de retracer auparavant l'organisation du corps dont il était membre. Supprimé après la terrible répression de la révolte de 1548 par le connétable de Montmorency, le Parlement avait été rétabli à Bordeaux dès le commencement de janvier 1550. Fondé en 1462 par Louis XI, il avait déjà près d'un siècle d'existence, et les traditions avaient eu le temps de naître et de grandir dans son sein. Si son ressort était peu étendu, la région qu'il embrassait était riche et les affaires y abondaient; aussi en recherchait-on les offices. Quelques magistrats bordelais jouèrent d'ailleurs un rôle politique important, notamment comme ambassadeurs, et jetèrent ainsi de l'éclat sur la compagnie dont ils étaient membres : Jean de Calvimont, par exemple, le grand-père de La Boétie, fut chargé de diverses missions de François Ier auprès de Charles-Quint, et il laissa la réputation d'un diplomate habile. Mais la plupart des conseillers furent surtout des légistes, et c'est comme tels qu'ils acquirent de l'influence sur les affaires publiques.

Nous ne nous faisons guère une idée exacte des difficultés que présentait l'application de la loi; l'interpréter, savoir se retrouver dans le dédale de ses prescriptions contradictoires, était donc une force considérable. A la connaissance des ordonnances royales, il fallait joindre celle du droit romain écrit, qui était le droit commun de toutes les provinces du Midi de la France, et celle des nombreuses coutumes locales régissant une ville ou une région. A Bordeaux, les juges avaient à appliquer les coutumes de Bordeaux, de Bayonne, de Dax, de Saint-Sever, de Saintes, de Saint-Jean-d'Angély, les usances de Marsan, Cursan, Gabardon et d'autres contrées encore. La tâche était particulièrement délicate et exigeait une science à la fois profonde et variée, pour permettre de faire usage chaque jour de textes si dissemblables. Trop souvent, il est vrai, les magistrats s'en tenaient à la lettre, étouffant l'esprit de la loi sous un amas de citations hétérogènes. Si on peut leur refuser la netteté du jugement, la clarté des débats, on ne saurait leur enlever l'érudition patiemment conquise, le courage des longs labeurs et des besognes arides. Tout cela suffisait pour leur donner une légitime autorité.

Au reste, ces qualités et ces défauts étaient bien ceux du temps. Ardents et sans mesure, les esprits apportaient en tout le même désir d'apprendre et étalaient leur science avec le même manque de retenue. La sève trop abondante poussait en tous sens des rameaux trop touffus. Rien ne fatiguait ces tempéraments, auxquels, pour se délasser de leurs travaux, il fallait des distractions sévères qui eussent épuisé de moins vigoureux. A côté de la jurisprudence, on étudiait la philologie au Parlement de Bordeaux, et, dans la rénovation qui réchauffait les cendres de la vieille Aquitaine, les hommes de loi ne furent ni les moins enthousiastes ni les moins savants [1]. André Tiraqueau et Briand de Vallée, tous deux conseillers au Parlement de Bordeaux, comptent tous les deux aussi au nombre des premiers et des

---

1. R. Dezeimeris, *De la Renaissance des Lettres à Bordeaux au seizième siècle*, 1864, in-8º, p. 20, et aussi introduction aux *Remarques et corrections d'Estienne de La Boétie sur le traité de Plutarque intitulé* : De l'Amour (1868, in-8º).

plus fervents amis de Rabelais. Juriste et philologue en même temps, Arnaud de Ferron mène de front l'étude des coutumes locales et la préparation d'une histoire de France. Du président Nicolas Bohier jusqu'à Émar de Ranconnet, les magistrats qui cultivent les lettres ne sont pas rares à Bordeaux, et il faudrait tout au moins citer ici les noms de Charles de Malvin de Cessac, de Guillaume de Lur de Longua, de Guy de Goulard de Brassac. « A Bordeaux, dit Joseph Scaliger, du temps de mon père, entre soixante sénateurs, il y en avait plus de vingt habiles et doctes personnages. » L'éloge n'a rien d'exagéré, et, venant d'une telle bouche, il mérite qu'on s'en pare. Jules-César Scaliger avait rencontré, en effet, parmi les magistrats bordelais des hommes dignes d'apprécier sa haute science, et maintes lettres confirment les bonnes relations qui existaient entre ces juristes et le critique d'Agen.

Je n'ai pas encore prononcé à dessein le nom du plus célèbre des magistrats bordelais d'alors, de celui en qui Montaigne allait trouver un frère d'élection, d'Étienne de La Boétie. En rapprochant les personnes, en confondant les travaux, la confraternité du Parlement donnait naissance à des liaisons solides, fondées sur l'estime mutuelle et sur la fréquentation quotidienne. Certes, si aucune de ces liaisons n'eut l'éclat ni la grâce touchante de l'amitié qui unit ensemble Montaigne et La Boétie, dans toute la force de leurs sentiments généreux, d'autres sans doute furent aussi sincères et aussi vraies. Issus d'une même origine, sortis de la bourgeoisie et du haut négoce, les conseillers au Parlement de Bordeaux avaient les mêmes tendances et les mêmes aspirations. Ils formaient un corps homogène, de mœurs honnêtes, dont les membres étaient la plupart alliés entre eux. Autant que leurs préoccupations professionnelles, les liens de parenté les rapprochaient donc les uns des autres et cimentaient la cohésion de la Cour. Parfois, ces mêmes relations familiales suscitaient des rivalités, des inimitiés; le plus souvent elles unissaient encore davantage ceux que des charges identiques avaient rassemblés. Le Parlement acquit de la sorte à Bordeaux une autorité considérable, qui résultait surtout de ce que la magistrature s'accordait dans ses goûts et dans ses ambitions et qu'elle avait gardé une intimité étroite avec la bourgeoisie et le riche commerce de la ville.

Au Parlement, Montaigne était donc bien dans son milieu social : déjà il y avait des parents; bientôt il allait y compter des amis. Est-ce à dire que ses aptitudes trouvaient là leur emploi, que son ambition pouvait s'y satisfaire? Je ne le crois pas. Sans doute, au début, il eut quelques illusions à ce sujet; il semble qu'elles passèrent vite. La nature de son esprit ne le portait guère vers la pratique judiciaire. Il n'aimait ni les raisonnements trop savamment déduits, ni les rapprochements de textes incohérents; son bon sens se perdait dans ces détours, sa droiture dédaignait tant de finesse. Il n'avait ni la patience ni la clarté, et sa curiosité se portait déjà sur des sujets d'une moins grande banalité. Tout d'abord, Montaigne s'efforça de s'acquitter en conscience de sa charge. Son zèle se refroidit avec le temps, car il sentait mieux que personne tout ce qui lui manquait pour être un magistrat tel qu'il le fallait. Dans le principe, les registres du Parlement de Bordeaux mentionnent assez fréquemment le rôle de Montaigne. Mais ce rôle le plus souvent est rempli à l'extérieur. Dès le 26 novembre 1561, le Parlement décida d'adresser au roi une mission par l'entremise de « M. Michel de Montaigne, conseiller, s'en allant en cour pour d'autres affaires ». Et le jeune magistrat partait quelques jours après. Quel était le motif de son voyage? Je ne saurais le préciser, mais il est évident que Montaigne alors recherche les occasions de se présenter à la cour et essaie d'y faire figure. Sa situation à Bordeaux ne le satisfait pas complètement; il rêve autre chose et s'efforce de parvenir plus haut. L'ambition est légitime de la part d'un esprit de sa valeur. Cependant elle ne fut pas remplie et Montaigne en ressentit quelque humeur. C'est un peu au regret de n'avoir pas été employé utilement que nous devrons plus tard l'éloignement solitaire du philosophe. Celui-là « fait des *Essais* qui ne saurait faire des effets », dira-t-il lui-même. Maintenant, jeune et vigoureux comme il l'était, plein de flamme et d'entrain, au lieu de se terrer dans sa province, n'était-il pas plus naturel qu'il cherchât à se mêler aux affaires et aux hommes en vue?

La missive dont Montaigne était porteur concernait les troubles religieux de Bordeaux et de la Guyenne. C'était la question la plus importante du moment; dans cette partie de la France, elle était particulièrement ardente. Quelques mois après, la reine-mère essaya de l'apaiser par le célèbre édit de janvier 1562. Après avoir vainement cherché à terrasser l'hérésie, Catherine de Médicis prenait, sur les conseils de L'Hospital, le parti de la tolérer et permettait aux réformés l'exercice de leur culte sous certaines conditions. Les gens sensés et conciliants applaudirent à cette mesure, et La Boétie se fit l'interprète de cette élite dans des mémoires sur cet édit qui ne nous sont point parvenus, parce que Montaigne n'a pas cru devoir les publier, leur trouvant « la façon trop délicate et mignarde pour les exposer au grossier et pesant air d'une si mal plaisante saison ». On peut voir ailleurs plus amplement[1] par suite de quelles mauvaises volontés cette détermination de Catherine de Médicis demeura inefficace. Cette sage tolérance devançait trop l'époque pour espérer qu'elle passât si aisément dans les mœurs. Les Parlements, qui avaient enregistré l'édit de janvier avec plus ou moins de bonne grâce, s'efforcèrent de le mal appliquer et d'en restreindre la portée. De leur autorité privée, ils essayèrent de décider qu'aucun officier du roi ne pourrait assister aux prêches. Puis, craignant de contenir dans leur sein des membres affiliés à l'hérésie, ils s'avisèrent de demander que tous les gens de justice fissent profession de la religion catholique et romaine.

C'est le Parlement de Paris qui donna l'exemple. Le samedi 6 juin 1562, toutes chambres assemblées,

---

1. Paul Bonnefon, *Œuvres complètes d'Estienne de La Boétie*, Introduction, p. XXXI.

il décidait que ses membres feraient profession publique de la religion catholique, attesteraient sous serment qu'ils acceptaient les articles promulgués par la Sorbonne en mars 1543 et agréés par la Cour en juillet de la même année et signeraient le procès-verbal de cette prestation de serment. Quatre jours après, le mercredi de la semaine suivante, le procureur général requérait l'exécution de cette décision qui fut remplie sans retard.

A cette date, Montaigne se trouvait à Paris. Il vint se présenter au Parlement et demanda qu'on l'admît également au serment. Voici en quels termes les registres conservent la mention de ce fait : « Ledit jour (vendredi 12 juin 1562), maître Michel de Montaigne, conseiller au Parlement de Bordeaux, a fait la révérence à la Cour et l'a suppliée, pour avoir voix délibérative à l'audience d'icelle, être reçu à faire profession de foi, suivant ce qu'il avait été averti avoir été ordonné par arrêt d'icelle Cour du sixième de ce mois; ce qu'il a fait ès mains de Monsieur le Premier Président et a signé au rang des conseillers de ladite Cour[1]. » Cette demande, on le voit, était toute spontanée de la part de Montaigne. Il convient de le faire remarquer, car il semble qu'elle contienne autre chose qu'une démarche de courtoisie.

On considérait alors les Parlements comme les membres d'un tout, un et indivisible, et leurs conseillers étaient réputés faire partie du même corps. Montaigne pouvait donc, en vertu de ce

1. Archives nationales, X, 1602, f° 384.

principe, demander et obtenir entrée au Parlement de Paris. Quand il le fit, des circonstances spéciales donnaient à sa requête un caractère particulier. Quelques jours auparavant, la Cour avait pris une résolution fort nette, qui venait d'être appliquée. Pourquoi Montaigne demanda-t-il à s'y soumettre, lui que rien n'obligeait à cela? Entendait-il donner de la sorte son approbation à une mesure qui restreignait les édits de tolérance? Voulait-il montrer par là qu'il ne lui coûtait pas de faire profession ouverte de la religion romaine? Il est intéressant de constater la spontanéité de la détermination. Quand Montaigne venait ainsi prêter serment de catholique sans y être convié, les cours de province n'avaient pas encore exigé de leur personnel une pareille affirmation. A Bordeaux, notamment, la décision ne fut prise qu'un mois après, le 17 juillet, et on l'exécuta seulement dans la séance du 24 juillet, chacun venant faire adhésion entre les mains du Premier Président[1]. Il en fut de même, avec plus ou moins de facilité, à Rouen et à Toulouse[2]. Pourquoi Montaigne prit-il les devants? Faut-il en conclure que l'attitude du Parlement de Paris lui sembla excellente? Peut-être. En ce cas, il ne serait pas le seul dont la jeunesse se montra moins tolérante que l'âge mûr.

Montaigne resta alors assez longtemps éloigné de

1. Boscheron des Portes, *Histoire du Parlement de Bordeaux*, t. Ier, p. 155. — E. Gaullieur, *Histoire de la Réformation à Bordeaux*, t. Ier, p. 415.
2. A. Floquet, *Histoire du Parlement de Normandie*, 1840, in-8°, t. II, p. 416. — Dubédat, *Histoire du Parlement de Toulouse*, 1885, in-8°, t. Ier, p. 409.

SCÈNES DE LA VIE DES BRÉSILIENS.
Spectacle donné au roi Henri II, à Rouen, en 1550.

son poste. Si aucune fonction ne l'attachait au roi, il cherchait bien visiblement à ne pas quitter la cour. On a cru jadis que notre philosophe avait rempli la charge de secrétaire de Catherine de Médicis : l'erreur est depuis longtemps reconnue, et François Montaigne, qui fut secrétaire ordinaire de la chambre du roi et de la reine-mère, n'avait qu'une analogie de nom avec le nôtre. Le long séjour à la cour de Michel de Montaigne, à cette époque, n'en est pas moins indiscutable. Le Dr Payen pense qu'il a duré au moins jusqu'en février 1563[1]. Je n'y contredis pas. C'est ainsi que Montaigne put accompagner Charles IX à Rouen et que, sans doute, il assista au siège de cette ville. Rouen, on le sait, était tombé au pouvoir du parti huguenot à la suite d'une émeute locale, dans la nuit du 15 au 16 avril 1562. Grâce à l'énergie de Montgomery, les réformés étaient parvenus à s'y établir très fortement. Il fallut reprendre la ville de haute lutte, et le siège fut meurtrier. Le roi de Navarre, Antoine de Bourbon, père du futur Henri IV, qui soutenait alors la politique de la reine-mère et dirigeait les travaux d'investissement, y fut mortellement atteint. L'issue fut moins fatale au duc de Guise qui s'y trouvait aussi : il faillit perdre la vie des mains d'un assassin, mais échappa à ce complot. Montaigne raconte un beau trait de magnanimité du duc, à ce propos[2]. Il n'en parle pas en témoin

---

1. Dr J.-F. Payen, *Examen de la vie publique de Montaigne, par M. Grün*. Paris, 1856, in-8º, p. 31.
2. *Essais* (1580), l. Ier, ch. XXIV.

oculaire, et dit tenir le récit de la bouche de
Jacques Amyot, mais les détails sont nombreux et
précis.

La ville fut enfin prise d'assaut par l'armée royale
le 26 octobre 1562. Montaigne ne relate rien de
cette victoire ni du pillage de la cité. Il préfère
mentionner une rencontre qui lui fournit matière à
réflexion : la vue d'indigènes du Brésil. Rouen était
un port de commerce très important, où s'entassaient de grandes richesses. Ces choses précieuses
tentèrent les vainqueurs, qui les mirent à sac. Montaigne, lui, dans cette ville de négoce, fut surtout
frappé de ce qui l'instruisait et augmentait ses
connaissances. Rouen avait de nombreuses relations
avec l'Amérique, et tout ce qui venait de cette terre
à peine connue frappait alors vivement la curiosité.
Déjà, en 1550, à l'entrée solennelle qu'Henri II fit à
Rouen, au nombre des divertissements que la ville
offrit au roi, figurait une exhibition exotique assez
semblable à celles qu'on montre de nos jours au
Jardin d'Acclimatation. Dans un enclos, on avait
dressé un village brésilien, dans lequel se trouvaient « cinquante naturels sauvages fraîchement
apportés du pays, ayant, pour décorer leur face, les
joues, lèvres et oreilles percées et entrelardées de
pierres longuettes, de l'étendue d'un doigt, pollies
et arrondies, de couleur d'émail blanc et vert d'émeraude »[1]. Pour que l'illusion fût complète, des singes

[1]. Pour grossir ce nombre, il y avait aussi des matelots et des
voyageurs qui avaient pris le costume de ces indigènes dont ils
connaissaient le pays et la langue.

et des perroquets avaient été lâchés dans les arbres, qui rappelaient ceux d'outre-mer. Dans ce décor approprié, les indigènes se livrèrent à leurs occupations et à leurs jeux; ils simulèrent un combat « si près de la vérité », qu'il parut à tous les spectateurs être « véritable ».

Charles IX et sa mère pénétraient à Rouen dans des circonstances trop douloureuses pour qu'il pût y avoir des fêtes en leur honneur [1]. Aussi n'est-ce pas un pareil spectacle qu'on leur offrit. Mais le commerce de Rouen avec l'Amérique était constant [2]. Il se trouvait alors dans la ville trois indigènes brésiliens qui avaient « quitté la douceur de leur ciel pour venir voir le nôtre ». Certes, le moment n'était guère bien choisi pour montrer à ces étrangers la civilisation européenne. Le jeune roi prit plaisir à les interroger. Curieux de ce qu'il n'avait pas encore vu, Montaigne leur parla aussi, et, quoique son interprète fût fort insuffisant, il essaya d'en tirer des enseignements. Il les questionna sur leurs mœurs, leurs coutumes, et reçut du profit de leurs réponses. Il trouva que ces sauvages ne manquaient pas de sens et que leurs usages avaient, à tout

[1]. Charles IX revint à Rouen au mois d'août de l'année suivante et il y fut déclaré majeur. A cette date, Montaigne était retenu auprès du lit de mort de La Boétie.

[2]. Les négociants essayaient de tirer profit des sauvages et de les vendre, ce qui donna lieu à un bel arrêt du Parlement de Bordeaux. En février 1571, il ordonnait « que tous les nègres et mores qu'un marchand normand avait conduits en cette ville pour les vendre seraient mis en liberté : la France, mère de liberté, ne permet aucuns esclaves ». Gabriel de Lurbe, *Chronique bourdeloise*, 1619, in-4°, f° 42.

prendre, une certaine logique. Et il ajoute malicieusement : « Mais quoi! ils ne portent pas de haut de

BLAISE DE MONLUC.
D'après les *Hommes illustres*, de Thevet.

chausses! » C'est, plus d'un siècle auparavant, le « Comment saurait-on être Persan? » de Montesquieu, dit avec la même ironie narquoise.

Il était intéressant de noter au passage cet entretien avec les « sauvages ». La nature de la curiosité d'esprit de Montaigne s'y découvre déjà. Assurément il importerait davantage de connaître par le menu les causes de ce voyage à Rouen, pourquoi Montaigne s'éloignait ainsi de sa charge, ce qui le retenait à la cour et ce qu'il y fit. Rien de positif ne saurait nous le dire. Montaigne n'avait pas tout à fait trente ans alors, et les longs espoirs lui étaient permis : il arrivait à cet instant de la vie où l'on voit nettement les difficultés de l'avenir, mais où on se sent la force de les vaincre. Autant que tout autre, Montaigne avait le sentiment de sa valeur ; il eut donc la légitime ambition de la mettre à l'épreuve. Plus tard, à l'heure de l'examen de conscience, il écrivait : « J'ai assez duré pour rendre ma durée remarquable et enregistrable. Comment ? Il y a bien trente ans[1]. » C'est à cette époque qu'il faisait remonter les commencements de sa durée « enregistrable ». Mais cette parole éveille notre curiosité plutôt qu'elle la satisfait ; elle nous fait rêver plutôt qu'elle nous instruit. A quoi le jeune conseiller au Parlement de Bordeaux dut-il s'employer ? Vers quelles affaires tourna-t-il son activité naissante ? Y réussit-il ? Faut-il croire, comme on l'a écrit, que Montaigne s'efforça alors de rapprocher le roi Antoine de Navarre du duc de Guise et qu'il chercha à servir d'intermédiaire entre eux ? Je ne le pense pas. Les circonstances ne prêtaient pas à de pareils calculs que le caractère indécis du roi de

---

[1] *Essais* (1595), l. II, ch. xv.

Navarre rendait fort précaires. Au surplus, rien ne désignait Montaigne pour cette besogne délicate. Il est vraisemblable que Montaigne chercha à jouer un rôle dans les affaires plutôt qu'il en joua un. Riche et bien apparenté, pourvu d'une importante charge en province, il essayait d'attirer les yeux sur lui et ambitionnait de se mettre en évidence. C'est pour cela sans doute qu'il se tenait si volontiers à la cour, négligeant son office de Bordeaux. Mais aucun document ne permet de rien affirmer. C'est là un point obscur que l'on n'a pu encore éclaircir.

D'ailleurs, si la nature de Montaigne était enthousiaste, elle se lassait vite et répugnait à l'effort. Il manquait d'énergie et de constance. Jeune, plein de fougue, Montaigne avait les qualités et les défauts de son âge. Les ardeurs de son tempérament étaient vives, et par lassitude autant que par goût du plaisir, il ne savait les réprimer. Il trouva un contrepoids moral à ce penchant pour la volupté dans son amitié célèbre avec La Boétie. Plus âgé de deux ans que Montaigne, La Boétie avait de la droiture et de la fermeté. Si sa jeunesse ne manqua pas des séductions du plaisir, elle avait pourtant été studieuse. Il avait su se tracer des devoirs, cherchant le bonheur dans une union bien assortie, tandis que Montaigne n'avait pas encore su se fixer. Cet exemple donnait donc à La Boétie une autorité sur son compagnon; elle ne fut pas inutile pour guider et soutenir Montaigne. J'ai dit ailleurs[1] quelle haute idée La Boétie

1. *Œuvres complètes d'Estienne de La Boétie,* Introduction, p. LXXVIII et suiv.

se faisait de l'amitié ; j'ai examiné en détail l'influence de cette nature forte sur l'esprit voluptueux de Montaigne. Je n'ai pas à y revenir. C'est le bruit de la précoce renommée de La Boétie qui poussa Montaigne vers lui. Philologue consommé, La Boétie avait déjà mérité les éloges de Jules-César Scaliger, et l'éloquence entraînante du *Contr'un* avait fait à son auteur une juste réputation. Montaigne fut séduit comme les autres par ces mérites : il voulut connaître le généreux écrivain. Mais il ne semblait attendre de ce commerce nouveau que le charme des relations intellectuelles. Il y trouva, de plus, le réconfort d'une amitié intime et vraie.

On sait combien Montaigne découvrit rapidement les qualités de cœur de La Boétie : ce fut le coup de foudre de l'amitié. « A notre première rencontre, qui fut par hasard, en une grande fête et compagnie de ville, dit Montaigne, nous nous trouvâmes si pris, si connus, si obligés entre nous, que rien dès lors ne nous fut si proche que l'un à l'autre. » Et tout le monde connaît l'admirable cri échappé à Montaigne : « Si on me presse de dire pourquoi je l'aimais, je sens que cela ne peut s'exprimer qu'en répondant : « Parce que c'était lui, parce que c'était moi ! » On sait moins bien quelle part La Boétie eut à cette éclosion. Certes il ne le cédait en rien à Montaigne pour la générosité des sentiments ; lui aussi avait le culte de l'amitié, et la droiture de son âme gagna sans peine le frère qu'il voulait se donner. Désormais, dans cette intimité, La Boétie aura le rôle d'un ami plus âgé et plus mûr, volontiers moraliste, sentant les défauts de son compagnon et le stimulant doucement. Ce rôle, au reste, allait à son caractère, tandis que Montaigne semble s'être laissé guider par cette sagesse supérieure. Toutes ces nuances se retrouvent bien nettes dans les pièces de vers latins adressées par La Boétie à son ami : l'affection inquiète de La Boétie y revit ; on y entend un écho de ses appréhensions. Il redoute que Montaigne, dont l'âme est droite, mais faible, ne se laisse entraîner hors du devoir, délibérément accepté. Il réchauffe cette tiédeur, il montre la noblesse d'un idéal poursuivi, il vante surtout le bonheur des vertus domestiques et convie Montaigne à les pratiquer. Ce sont là des conseils dont il ne faudrait pas exagérer la portée. On ne saurait y voir d'application trop directe. Il convient seulement de signaler ces tendances pour mieux juger une amitié que le temps a immortalisée.

Rien ne faisait présager que ces années de bonheur seraient si peu nombreuses, car l'avenir était ouvert aux deux jeunes gens. Brusquement ce lien vint à se rompre et Montaigne en souffrit cruellement. Il s'était livré tout entier, avec la fougue d'une âme trop heureuse de se donner, et la mort prématurée qui lui enlevait un ami si cher semblait le frapper lui-même. Il perdait tout ensemble un confident et un appui. La conformité de leur charge les rapprochait sans cesse l'un de l'autre, et Montaigne aimait à se sentir maintenu par un tel voisinage. Aux instants de défaillance, le soutien était proche, et il n'est pas téméraire d'affirmer que Montaigne s'y appuyait parfois. Aussi quand l'ami fut à jamais absent, celui qui survivait prit en dégoût cette charge qui ravivait sa douleur. « J'étais déjà si fait et accoutumé à être deuxième partout, s'écrie mélancoliquement Montaigne, qu'il me semble n'être plus qu'à demi. »

A vrai dire, si ce motif est le plus touchant de ceux qui déterminèrent Montaigne à quitter sa charge, il ne fut pas le seul. Jamais Montaigne n'avait été un magistrat modèle, et l'exemple de La Boétie lui-même n'avait pas réussi à exciter son émulation. Entré au Parlement pour des raisons de convenance, il n'avait ni le goût de sa profession ni l'ambition d'y faire figure. Nous l'avons vu, ses secrets desseins l'eussent plus volontiers porté vers le maniement des affaires publiques que vers l'interprétation de la loi. Tandis que La Boétie remplissait avec soin son office, Montaigne s'en détournait aisément. J'ai retrouvé un certain nombre de rapports autographes de La Boétie sur les causes qui lui étaient confiées. Un plus petit nombre, au contraire, de ces documents nous est parvenu pour Montaigne, bien que Montaigne ait été plus longtemps que La Boétie conseiller au Parlement de Bordeaux. Est-ce un pur effet du hasard? Sans doute, il faut tenir compte des circonstances fortuites. Il me semble, malgré tout, que cette proportion répond à un état de choses exact. Et si, poussant plus avant la comparaison, on rapproche ces rapports les uns des autres, on ne rencontre pas, dans ceux de Montaigne, les qualités de ceux de La Boétie : la clarté, la netteté des déductions, la précision des

MICHEL DE L'HOSPITAL.

D'après les *Icones virorum illustrium* de J.-J. Boissard et de Th. de Bry.

faits. Pour être sobre et court, Montaigne est sec. Son style juridique n'est pas formé comme celui de La Boétie ; on y sent du vague, de l'indécision ; c'est le langage d'un homme qui essaie d'accommoder à sa propre nature des façons de penser et de dire étrangères à son tempérament.

Comme plus tard Montesquieu, Montaigne, en effet, ne trouvait pas dans la magistrature l'emploi de ses facultés naturelles. Sa curiosité d'esprit était plus vaste et dépassait les bornes du palais; elle embrassait tout ce qui a vie et non pas seulement un petit monde borné, étroit, à demi fermé. Montaigne manquait aussi de quelques-unes des qualités qui font l'ornement des magistrats. N'étant pas orateur, il n'était propre ni aux harangues ni aux rapports d'apparat. S'il avait à tenir « un propos de conséquence » et « de longue haleine », il lui fallait écrire d'abord ce qu'il devait dire, et l'apprendre par cœur. Ni pour lui ni pour autrui, il n'aimait à délibérer ; l'indécision le troublait et la considération de toutes les conséquences de ses actes l'empêchait de prendre un parti. Lui, que ses lectures stimulaient si heureusement et qui rapprochait si volontiers les auteurs quand une comparaison se présentait d'elle-même à son esprit, il ne savait, pour les besoins d'une cause, rassembler et coudre une suite de textes qui ne lui disaient rien. Ces habitudes du palais lui paraissaient mesquines et rabaissant les gens de loi.

Ainsi qu'un dessinateur crayonne au passage les types qu'il coudoie, Montaigne saisit et note dans son souvenir les travers des collègues auprès desquels il

Entre Helies et ichan Gabourin freres appellans du Seneschal d'Albret ou son lieutenant
siege de Casteljaloux et demandeurs l'interinement de certaine requeste d'une part
Et Simone Gabourin intimée et defenderesse a ladicte requeste d'aultre

Veu le proces ladicte requeste desdtz appellans du septiesme may mil cinq cens
soixante et ung tendant aulx fins pour les causes y contenues mettre l'appel
ce dont a este appellé au neant sans amande et despens et aultres
pieces et productions des parties

Il sera dict que la Court mect l'appel au neant sans amande et
ordone que ce dont a este appellé sortira son plain et entier effect
condamne lesdtz appellans envers ladte intimée aulx despans
de la cause d'appel la taxe d'iceulx a ladte Court reservée

DELABOETIE

Messieurs les presidens
Alesme
Oniome
Messieurs de la Guarrigue
Arnoul
Simon
De la taste
Le conte
Du duc
De la Boetie

(Fac-similé d'un rapport autographe de La Boétie).

doit passer les longues heures de l'audience. Ils ne sont pas flattés. Que pensez-vous de ce « conseiller de ma connaissance », si fier d'avoir « dégorgé une battelée de paragraphes d'une extrême contention et pareille ineptie », qu'il marmotte entre ses dents avec conviction, jusque dans l'endroit le plus retiré du palais : *Non nobis, Domine, non nobis, sed nomini tuo da gloriam ?* Et ce président qui se vantait devant Montaigne « d'avoir amoncelé deux cents et tant de lieux étrangers dans un sien arrêt présidental » ? Et cet autre juge, dont Montaigne a « ouï parler », et qui mettait en marge de ses livres de droit, en face des points obscurs : « question pour l'ami », voulant dire que la question était assez embrouillée pour qu'on pût impunément favoriser celui qu'on voulait ? Ne sont-ce pas là d'amusants croquis ? Prenons garde ; l'ironie devient cruelle sous son apparente bonhomie. « De ce même papier où il vient d'écrire l'arrêt de condamnation contre un adultère, le juge en dérobe un lopin pour en faire un poulet à la femme de son compagnon. » Montaigne avait-il assisté à une semblable scène ? Il ne le dit pas, mais il ajoute : « Tel condamne les hommes à mourir pour des crimes qu'il n'estime point fautes. »

Ceux qui, par profession, sont appelés à juger les faiblesses d'autrui devraient en être exempts. C'est le sentiment de Montaigne, qui se défiait de lui-même, de son jugement, de ses passions. « Lorsque l'occasion m'a convié aux condamnations criminelles, dit-il, j'ai plutôt manqué à la justice. » Il redoutait surtout les défaillances de la raison humaine et des règles qu'elle prétend tracer. Nul ne voyait d'un œil plus net les défauts de la législation en vigueur, la trop grande multiplicité des lois, leur incohérence. « Nous avons en France plus de lois que tout le reste du monde ensemble. » Et il déplorait cette abondance, car « la multiplication de nos inventions n'arrivera pas à la variation des exemples ». Encore, si ces innombrables prescriptions eussent été conformes les unes aux autres, le mal eût été moindre, mais souvent elles se contredisaient. Par-dessus tout, Montaigne se plaint de ce que, parmi « nos lois et usances, il y en a plusieurs barbares et monstrueuses ». Un des premiers, il s'élève avec vigueur contre ces sentences rigoureuses que les tribunaux appliquaient à de prétendus sorciers. « En conscience, je leur eusse plutôt donné de l'ellébore que de la ciguë, » dit Montaigne, et son langage est celui de la raison méconnue. Il dénonce avec indignation la torture, la question, tous ces raffinements barbares dont on agrémente les supplices. Bien avant les attaques des publicistes du XVIIIe siècle contre la torture, il la condamne et il déclare courageusement : « Quant à moi, en la justice même, tout ce qui est au delà de la mort simple me semble pure cruauté. » Cette fois encore, devançant les siècles, Montaigne fait entendre la voix de l'humanité.

Que conclure de ces sentiments divers ? Faut-il en inférer que Montaigne appliquait avec dégoût une législation dont il voyait trop bien les vices, et qu'il se hâta de se soustraire aux pénibles devoirs de sa charge ? Ainsi présentée, je crois que cette solution serait trop absolue. Certes, Montaigne était bien, comme le dit Étienne Pasquier, l'homme le moins « chicaneur et praticien » de la terre. Il avait, par nature, un éloignement pour les subtilités de la procédure que l'âge ne fit qu'augmenter. Mais, s'il connaissait les défauts de la loi, il ne méconnaissait pas la loi elle-même et l'ordre de choses établi : « Les lois se maintiennent en crédit non parce qu'elles sont justes, mais parce qu'elles sont lois, » déclare-t-il, et il veut qu'on leur obéisse. Montaigne, en ceci, a une double préoccupation : spéculativement hardi, il est essentiellement conservateur dans l'application. Il signale — et parfois assez courageusement — les vices qu'il découvre, surtout dans la législation pénale et dans l'organisation judiciaire, car il blâme le recrutement des magistrats et la vénalité des offices. Écrivant en un temps où les changements sont de mode, il craint, d'autre part, qu'on ne prenne au mot ses critiques et qu'on ne les mette trop vite en pratique. Il lui suffit d'avoir montré le défaut. Au lieu d'insister pour le triomphe de ses idées, Montaigne prêche le respect de l'autorité. Son sentiment se rapetisse : c'est la satisfaction égoïste d'avoir échappé lui-même aux atteintes d'une procédure dans laquelle le succès dépend plutôt de « l'industrie » des procureurs que de la bonté de la cause. Montaigne se vante « d'être vierge de procès ». Aucun juge ne lui a parlé « comme juge, pour quelque cause que ce soit ». Par amour de la tranquillité, il a fui toute contestation, et il s'en réjouit. *Suave mari magno...*

Pour aimer il faut croire : Montaigne ne croyait

pas assez à son office de magistrat pour s'y attacher jamais. Jusque-là l'amitié avait rempli les vides de sa vie ; elle avait stimulé son ardeur, relevé ses défaillances. Maintenant que La Boétie n'était plus à ses côtés, l'existence paraissait plus sombre à Montaigne ; il manquait d'énergie morale et prenait moins courageusement le parti de contraindre sa nature. Qu'allait-il devenir ? L'âge l'invitait à se fixer et à faire souche, après avoir choisi une compagne digne de porter son nom. Sa charge, l'honorabilité de sa famille lui permettaient de prétendre à une alliance brillante. Il ne se hâtait pourtant pas. Le mariage n'était pour Montaigne qu'une nécessité sociale. Il le comparait plaisamment aux cages qui contiennent des oiseaux : les oiseaux libres voudraient bien y entrer ; les oiseaux prisonniers voudraient bien en sortir. Il ne se pressait pas de s'enfermer. « J'eusse fui d'épouser la Sagesse même, si elle m'eût voulu », écrit-il, en analysant ses propres sentiments. Montaigne savait que l'entrée en ménage impose bien des devoirs, et, en s'étudiant avec cette bonne foi qu'il apportait dans tous ses examens de conscience, il ne se dissimulait pas que peut-être n'aurait-il pas la force de porter toutes ces charges nouvelles. Et, selon lui, quand on prend femme, il faut prendre en même temps la résolution d'observer toutes les obligations du mariage et les observer effectivement. Une semblable contrainte semblait donc fort lourde à Montaigne, lui qui ménageait si bien sa liberté d'action. Il se défendait de se lier complètement, car « il n'est plus temps de regimber quand on s'est laissé entraver ».

Ces appréhensions étaient sans doute exagérées. La famille de Montaigne vit-elle que celui-ci était mieux disposé au mariage qu'il ne voulait l'avouer? Comprit-elle qu'il fallait un peu brusquer les choses avec un jeune homme si soucieux de ses aises qu'il ne consentait à rien entreprendre pour les amoindrir? Toujours est-il que ce furent les parents de Montaigne qui le marièrent. Le père se sentait vieillir et souhaitait que son fils fît souche. Ce désir était trop légitime pour n'être pas réalisé : il le fut.

On ne chercha pas loin la jeune fille qui deviendrait la femme de Montaigne. On la choisit dans une vieille famille parlementaire avec laquelle les Eyquem avaient déjà des alliances, la famille de La Chassaigne. La fiancée, Françoise de La Chassaigne, était fille de Joseph de La Chassaigne, conseiller au Parlement, et de Marguerite Douhet. Son grand-père, Geoffroy de La Chassaigne, était un des plus savants légistes bordelais; il avait été mêlé très activement aux affaires de son temps et présidait alors en second le Parlement de Bordeaux. L'union projetée pour Michel de Montaigne était donc fort souhaitable, à cause des qualités de la future comme à raison de la haute situation des parents. Montaigne, pour sa part, n'entravait pas les négociations. Quoique ennemi juré de la contrainte, il consentait à se laisser lier. Il se donnait pour raison que le mariage est plus fréquent que le célibat, que la vie commune est la règle et l'isolement l'exception. Il est probable que la solitude commençait à lui sembler plus lourde, et les charmes de la jeune fille qu'on lui destinait

PREMIER CONTRAT DE MARIAGE DE MONTAIGNE.
Fac-similé des signatures.

n'eurent pas trop de peine à convaincre quelqu'un qui se déclarait cependant « mal préparé » et « rebours ».

Au surplus, ceux qui s'étaient chargés d'assurer le bonheur des jeunes gens n'agissaient point à la légère. Ils avaient cherché, d'abord, la conformité des positions sociales, puis l'analogie des goûts et des caractères. Aucun intérêt des futurs époux ne fut négligé : un détail le prouve. Le contrat de mariage fut passé le 22 septembre 1565. Les stipulations des contractants y sont très nettement spécifiées. En faveur de cette union, Pierre de Montaigne, père de Michel, donnait à son fils par préciput le quart des revenus de la seigneurie de Montaigne, le château excepté. Quant à Françoise de La Chassaigne, son père lui constituait en dot sept mille livres tournois, ce qui était une fort belle somme pour le temps. Si on la compare à la valeur actuelle, cette somme représente à peu près trente mille francs en valeur intrinsèque, c'est-à-dire au poids de notre monnaie. Au contraire, pour avoir la valeur conventionnelle, il est certain qu'il faudrait environ décupler ce dernier chiffre, et les sept mille livres d'alors équivaudraient à près de trois cent mille francs de notre monnaie. Cette belle dot était payable en deux parties : quatre mille livres six mois après le mariage, et trois mille autres livres quatre ans après. En attendant, Joseph de La Chassaigne s'engageait à servir à son gendre l'intérêt de ces trois mille livres à raison de sept et demi pour cent par an.

Pour assurer le paiement de cette dot, un avocat

au Parlement de Bordeaux, M⁰ Antoine de Louppes, se portait garant et fournissait caution au contrat. Cela prouve combien la famille de Montaigne tenait à cette union, car Antoine de Louppes était le proche parent d'Antoinette de Louppes, mère de Michel, et sans doute avait négocié plus directement le mariage. Quoi qu'il en soit, le contrat était achevé et signé, quand les parties s'aperçurent que la caution qui intervenait ainsi au milieu des conventions matrimoniales des futurs époux était, en réalité, une convention accessoire et secondaire, qui ne se rattachait pas étroitement au principal objet de l'acte. Le premier contrat fut donc « cancellé », c'est-à-dire annulé, et un autre acte fut immédiatement dressé, qui reproduisait, à de légères variantes près, la teneur de celui qu'on rendait caduc. Quant à la clause par laquelle Antoine de Louppes se portait garant de la dot, elle fut rédigée à part ; elle forma ce qu'on appelait alors un acte de plégerie, ou une caution, comme nous dirions aujourd'hui. Tous les originaux de ces divers contrats sont conservés[1]. Les modifications survenues dans les conventions des contractants montrent bien que les conditions de l'union de Michel de Montaigne et de Françoise de La Chassaigne avaient été mûrement examinées ; elles prouvent que les avantages des deux époux avaient été établis avec soin, et les termes des actes pesés par des personnes sensées.

Le mariage eut lieu le lendemain, 23 septem-

[1]. Le texte en a été publié dans les *Archives historiques de la Gironde*, t. X, pp. 163, 167 et 171.

bre 1565. Comment les nouveaux époux allaient-ils désormais tirer parti des chances de bonheur assemblées par leurs parents ? Montaigne a dit, en plaisantant, qu'un mariage, pour être excellent, devait réunir une femme aveugle à un mari sourd ; cela signifie apparemment qu'une femme doit fermer les yeux sur bien des peccadilles, et qu'un mari ne doit pas prêter les oreilles à tous les commérages. Je ne gagerais pas que Montaigne n'ait pas fourni à sa femme quelques occasions de fermer les yeux, quoiqu'il nous assure avoir gardé les lois du mariage plus sévèrement qu'il n'avait espéré le faire. A coup sûr, Mme de Montaigne ne tint pas souvent à son mari des propos assez futiles ou assez oiseux pour l'obliger à n'y point prêter l'oreille. C'était une femme de grand sens. Elle sut bien vite, sans jamais s'imposer, faire sentir autour d'elle une influence bienfaisante. Elle fut une compagne discrète et dévouée, telle que Montaigne l'avait rêvée. En se mariant, il désirait surtout trouver une liaison douce et constante, pleine de confiance réciproque. Ce qu'il recherchait dans le mariage, ce n'était pas l'amour, avec ses emportements passionnés, c'était l'affection solide, la tendresse modérée et mutuelle, et il les y trouva.

Les années passées ainsi côte à côte furent sereines. Montaigne, qui s'analyse « jusqu'aux moëlles », ne nous a rien dévoilé de son bonheur domestique ; il a eu le tact de ne point parler de sa femme. Ce silence a trompé quelques-uns. On a cru que Montaigne n'aimait pas la famille, qu'il préférait aux siens le commerce des étrangers. C'est inexact. Il faudrait plutôt voir, dans ce silence, un délicat hommage au charme de la vie d'intérieur. Montaigne n'était pas un mari plein d'abandon dans sa tendresse conjugale, comme le fut La Boétie, par exemple. Cette sorte de mari était rare, à un moment où la femme n'avait pas encore, ni dans la famille ni dans la société, l'égalité qu'elle a obtenue depuis. A travers les mille petits incidents de la vie journalière, Montaigne appréciait pourtant les mérites de sa femme et les prisait à leur juste valeur. Il aimait à en faire sa compagnie et se plaisait avec elle, devisant ou laissant couler les heures en d'aimables passe-temps. En lisant bien les *Essais,* on trouvera la trace de ces détails familiers. On y sent poindre la joie secrète d'un bonheur qui se cache, comme on devine à un mot la tranquillité de cette existence calme.

Mme de Montaigne possédait, dans le ménage, les qualités qui manquaient surtout à son mari : la conduite des affaires domestiques, la direction des biens et de la maison. Elle était instruite et avait l'esprit ouvert, mais il ne paraît pas qu'elle se soit jamais mêlée aux méditations philosophiques de son mari. Elle se contenta — et le rôle est beau — de le laisser songer à l'aise, de lui permettre de se livrer à ses analyses psychologiques ou à ses lectures, en lui enlevant les soucis matériels. Mariée à un homme dont elle comprit la valeur, elle eut l'ambition de ne point troubler ses recherches par des préoccupations étrangères, de laisser à sa solitude tout le loisir pour penser. Les femmes qui savent ainsi demeurer dans la pénombre de la gloire de leur mari sont toujours rares, et le mérite pour celles qui s'y tiennent n'en est que plus grand. Ce n'était surtout pas dans les mœurs du xvie siècle, et l'on voyait plus fréquemment les femmes faire étalage d'érudition, lutter avec les hommes sur les humanités et sur la philologie, montrer un excès de savoir provenant de l'éducation masculine qu'on leur donnait volontiers. Pour éviter cet inconvénient, Montaigne, qui avait sur « l'institution des enfants » des idées fort nettes et très arrêtées, voulut que ses propres enfants — il n'eut que des filles — fussent confiés à la direction de leur mère. N'était-ce pas là, en même temps, le plus direct des hommages au bon sens et aux qualités modestes de sa compagne ?

L'union de Montaigne et de Françoise de La Chassaigne fut cinq ans inféconde. Avant de voir sa famille s'accroître, Montaigne eut la douleur de perdre celui qui lui avait donné le jour à lui-même. Pierre Eyquem de Montaigne mourut, en effet, le 18 juin 1568, à l'âge de soixante-douze ans, « après avoir été longtemps tourmenté d'une pierre en la vessie, » nous dit son fils. Michel ajoute : « Il fut enterré à Montaigne, au tombeau de ses ancêtres. » C'est inexact et prétentieux. Pierre Eyquem écrivait plus justement, dans son testament, qu'il voulait être « enterré avec ses prédécesseurs », car aucun membre de sa famille n'y avait été inhumé auparavant et il ne pouvait se trouver qu'en compagnie des anciens seigneurs de Montaigne. Il laissait, en mourant, cinq enfants mâles, dont le dernier avait environ huit ans, et trois filles plus âgées que celui-ci. Homme soigneux de la dévolution de ses biens, Pierre Eyquem n'avait pas manqué, avant de disparaître, d'écrire ses suprêmes volontés. On a conservé un testament olographe de lui, daté du 4 février 1560, dans lequel il les expose [1]. Mais un nouvel enfant lui étant survenu quelque temps après, il est vraisemblable que cet acte fut modifié par un nouveau testament qui ne nous est pas parvenu et qui devait porter la date du 22 septembre 1567. C'est sans nul doute d'après celui-ci que le partage des biens fut effectué.

Selon l'usage du temps, Michel Eyquem de Montaigne était l'héritier universel des biens de son père, sous la réserve de payer les legs particuliers; il avait la maison noble de Montaigne et le droit d'en porter le nom. Deux mois après la mort de leur ascendant, le 22 août 1568, les quatre fils les plus âgés de Pierre Eyquem, tous majeurs de vingt-cinq ans, ainsi qu'il est dit dans l'acte, se présentaient devant notaire pour partager à l'amiable la succession ouverte à leur profit [2]. Thomas, Pierre et Arnaud Eyquem de Montaigne renonçaient, en faveur de leur aîné Michel, « à tous droits, noms, raisons et actions » qu'ils pouvaient avoir sur les biens de l'hérédité. En échange de cet abandon, Michel leur concédait les avantages prescrits par son père et soigneusement énumérés dans l'acte. A Thomas il abandonne, sous certaines conditions, la maison noble de Beauregard, dans la paroisse de Mérignac,

1. *Archives historiques de la Gironde*, t. XXIII, p. 87.
2. *Ibid.*, t. X, p. 252.

près Bordeaux, et celui-ci désormais en portera le nom[1]. A son frère Pierre Michel cède, avec d'autres avantages, la possession des biens situés au lieu de La Brousse, dans la juridiction de Montravel, en Périgord, et le nom de ce domaine appartiendra dorénavant à son propriétaire[2]. Par le même acte, Arnaud de Montaigne obtient l'abandon de biens situés dans l'île de Macau et le paiement d'une soulte en argent; il prit le nom de la petite maison noble de Saint-Martin, qu'un de ses oncles lui avait sans doute léguée[3]. Quant au cinquième des enfants mâles de Pierre Eyquem, âgé seulement de huit ans, il ne pouvait figurer au contrat et était placé sous la tutelle de son frère aîné. Il ne reçut que plus tard sa légitime et obtint la maison noble de Mattecoulon, dans la paroisse de Montpeyroux, en Périgord, dont il prit le titre[4]. Les trois filles, elles aussi, sont absentes et ne pouvaient figurer dans l'acte : l'une, Jeanne, déjà mariée, avait reçu sa dot et renoncé, selon l'usage, à l'héritage paternel; les deux autres,

1. Né le 17 mai 1534, Thomas épousa en secondes noces Jacquette d'Arsac, belle-fille de La Boétie, et prit le titre de sieur de Beauregard et d'Arsac. — Voyez Th. Malvezin, *Michel de Montaigne, son origine et sa famille*, p. 136.

2. Né le 10 novembre 1535, Pierre Eyquem de Montaigne, sieur de La Brousse, porta les armes de bonne heure (*Arch. hist. de la Gironde*, t. XV, p. 278). Il mourut avant 1597, sans alliance et sans postérité (Malvezin, *op. cit.*, p. 152).

3. Arnaud, dit le capitaine Saint-Martin, né le 14 septembre 1541, prit également le parti des armes et mourut jeune d'un accident arrivé au jeu de paume (*Essais*, l. I, ch. XXIX).

4. Bertrand-Charles de Montaigne, sieur de Mattecoulon, né le 20 août 1560, à Montaigne, accompagna son frère Michel en Italie. Il fut gentilhomme de la chambre du roi de Navarre (*Arch. hist. de la Gironde*, t. X, p. 311; — t. XV, p. 261).

Léonor et Marie, recevront plus tard des avantages pécuniaires en contractant mariage [1].

Michel de Montaigne devenait ainsi chef de la

FLORIMOND DE RAYMOND.
D'après la gravure de C. de Mallery.

famille et du nom; la convention passée avec ses frères sanctionnait cet état de choses en écartant

[1] Jeanne de Montaigne, née le 17 octobre 1536, épouse, le 5 mai 1555, Richard de Lestonnac, conseiller au Parlement de Bordeaux. — Léonor, née le 28 août 1552, épouse Thibaud de

toute matière à conflit. Dorénavant, il était maître d'une fortune considérable, de la terre et du château de Montaigne. Quelques jours, en effet, après avoir réglé avec ses frères la succession paternelle, Michel s'entendait avec sa mère, le 31 août 1568. Il fut décidé de la sorte qu'Antoinette de Louppes, qui avait, par le testament de son mari, le droit d'habiter à Montaigne, n'y aurait qu'une « maîtrise honoraire et maternelle », qu'elle y serait nourrie et logée avec tout le respect filial, mais que ce droit d'habitation ne s'étendrait pas au commandement du château et de ses dépendances[1]. Michel de Montaigne était donc le seul et légitime propriétaire du domaine. Cette situation ne lui souriait pas outre mesure, car il n'y était pas préparé, son père, dont la vieillesse était restée vigoureuse, ayant gardé pour lui tous les tracas d'une gestion qui lui agréait. Mais maintenant il fallait que Michel, s'inspirant de l'exemple de celui qui n'était plus à ses côtés, s'essayât à faire comme lui et prît en main l'administration de sa fortune.

Le premier soin de Montaigne fut de réaliser un vœu de son père. Jadis, Pierre Eyquem, dont la maison était si libéralement ouverte aux hommes de savoir, avait accueilli chez lui, en passant, le philologue Pierre Bunel. Touché de cette hospitalité qu'il ne pouvait autrement reconnaître, Bunel, « au délo-

---

Camaing, également conseiller, en septembre 1581. — Marie, née à Bordeaux le 19 février 1554; épouse Bernard de Cazalis, le 28 septembre 1579.

1. Th. Malvezin, *op. cit.*, p. 299.

ger, » fit cadeau d'un livre à celui qui l'avait ainsi hébergé. C'était un ouvrage de Raymond de Sebonde, qui avait laissé quelque réputation de science à l'Université de Toulouse où Bunel lui-même enseigna. Sous le titre de *Theologia naturalis, sive liber creaturarum*, c'était un essai de démonstration rationnelle, par la méthode de saint Thomas, de l'existence de Dieu et de la nécessité de la foi. Ce traité n'était pas écrit dans un latin pur, et Bunel espérait que son hôte pourrait suivre sans difficulté, dans cette langue un peu barbare, les développements d'un raisonnement qui n'avait rien de trop subtil. Pierre Eyquem y prit goût, en effet, et, sur les derniers temps de sa vie, ayant rencontré par hasard ce volume, il demanda à son fils de le mettre en français, pour le lire plus commodément et pour affermir par un semblant de logique une foi qui peut-être n'était pas très solide. Cette version achevée, il voulut qu'on l'imprimât.

Montaigne n'avait rien à refuser « au meilleur père qui fut onques », et, se trouvant « de loisir », il se hâta d'exécuter ce dessein. Mais, pour si rapidement que la tâche fût conduite, elle ne fut pas achevée avant la mort du vieillard, et Pierre Eyquem ne put pas voir imprimée la traduction à laquelle il avait pris un « singulier plaisir ». Son fils lui aussi s'y était adonné avec agrément. Sebonde n'avait l'air rébarbatif qu'en apparence. En écartant sa forme scolastique on rencontrait bien vite un esprit varié, d'un dogmatisme indulgent, d'une érudition facile, un théologien humain, plus descriptif que démonstratif, moralisant à la Plutarque. Au fur et à mesure qu'il avançait, son traducteur trouvait « belles les imaginations de cet auteur, la contexture de son ouvrage bien tissue et son dessein plein de piété ». Et, comme Sebonde n'avait pas donné à sa pensée une forme trop recherchée, Montaigne pouvait se laisser entraîner aux déductions du raisonnement, sans s'attarder aux grâces du style.

Ce n'était pas encore le temps où, sous prétexte de défendre un philosophe qu'on n'attaquait guère, Montaigne songerait à écrire l'apologie de Sebonde et, pour le protéger, saperait tous les autres systèmes philosophiques. Maintenant il se préoccupait seulement de rendre les mérites de son modèle : la clarté, la netteté. La version est exacte, souvent heureuse ; c'est une tâche à laquelle l'ouvrier s'est tenu avec conscience, et il a fini par s'y plaire. Le style est limpide, précis et élégant à la fois. Montaigne est déjà maître de sa langue ; il peut écrire, car il connaît les règles de cet art autant qu'on les pouvait connaître alors. Mais il n'a pas encore les audaces de plume que plus tard il ne redoutera pas. Il respecte son auteur, le suit aussi bien que possible. Marchant sur les traces d'autrui, il ne sait pas trouver sa propre allure, comme il le saura dans la suite. On chercherait à peu près vainement dans sa traduction quelqu'une de ces tournures heureuses, plus hardies qu'exactes, qui rendent l'esprit sans trop prendre garde à la lettre. Montaigne ne se permet pas encore de semblables libertés. Pour le moment, ses visées sont plus modestes et son style perd en charme

personnel ce que sa version gagne en conscience.
Mais il a toujours l'effort aisé, et déjà l'on peut voir
poindre, dans la variété des tournures, des images,
dans les changements de tons, la souplesse d'une
imagination alerte et d'un génie facile.

Ce livre parut en 1569, quelques mois seulement
après la mort de Pierre Eyquem ; il fut achevé d'imprimer le 30 décembre 1568, tandis que la dédicace
du traducteur à son père porte la date du 18 juin 1568,
c'est-à-dire le jour même de la mort de Pierre
Eyquem, sans doute pour mieux marquer que c'était
là l'accomplissement d'un suprême désir [1]. Montaigne
était encore occupé au règlement de ses affaires de
famille, tandis qu'on mettait sa traduction sous
presse. Il dut abandonner le soin de la publication à
son imprimeur parisien, sans pouvoir la surveiller
lui-même, et se trouva fort mal de cet abandon.
L'imprimeur dirigea le travail avec nonchalance et
laissa, dans le volume, un grand nombre de fautes,
pour lesquelles Montaigne demandait plus tard, dans
les *Essais*, l'indulgence du lecteur.

Faire passer de la sorte en français le latin de
Sebonde avait un moment éloigné Montaigne des
préoccupations juridiques. Il semble aussi que le
souci de rendre exactement et correctement cette
œuvre morale éveilla chez le traducteur un sentiment
littéraire qui s'ignorait encore. Il prit évidemment

---

1. Paris, 1569, petit in-8º de 496 feuillets chiffrés, plus la table. Le privilège ayant été accordé à Gourbin, à Sonnius et à Chaudière, on trouve des exemplaires au nom de chacun de ces trois libraires.

goût à écrire et comprit qu'il pouvait, sans trop de témérité, s'essayer à des travaux plus personnels. Désormais, indépendant par sa situation de fortune, il se préoccupe tout ensemble de faire bonne figure en tant que chef d'une maison honorable et opulente et de suivre le plus possible ses tendances particulières. Le séjour au Parlement de Bordeaux avait été plein de charme pour Montaigne tant que La Boétie s'y était assis à ses côtés. Si, depuis lors, Montaigne n'avait pas cessé de remplir son office, c'était avec contrainte, et parce qu'il plaisait à son père de le voir occuper cette situation élevée. Devenu maître du nom et de la fortune, Montaigne crut devoir agir autrement et se démettre d'une charge pour laquelle il avait moins que jamais d'inclination. Aussitôt qu'il put le faire avec décence, il abandonna son poste. Deux ans après la mort de son père, en juillet 1570, Montaigne quitta définitivement le Parlement de Bordeaux, dont il avait fait partie pendant quinze ans environ, et se désista en faveur de Florimond de Raymond. Le roi accepta cette démission. Le 24 juillet 1570, Charles IX octroyait par lettres patentes à Florimond de Raymond « l'estat et office de conseiller en la Cour de Parlement de Bordeaux que naguère soulait tenir et exercer Me Michel de Montaigne, vacant à présent par la pure et simple résignation qu'il en a ce jourd'hui faite »[1]. Le roi

---

[1]. Archives de la Gironde, *Parlement*, Registres d'enregistrement des édits royaux, B. 38. — Cf. Tamizey de Larroque, *Essai sur la vie et les ouvrages de Florimond de Raymond*, 1867, in-8º, p. 132, et *Archives historiques de la Gironde*, t. XXV, p. 140.

LA MESNAGERIE DE XENOPHON.

Les Regles de mariage, DE PLVTARQVE.

Lettre de consolation, de Plutarque à sa femme.

Le tout traduict de Grec en François par feu M. ESTIENNE DE LA BOETIE Conseiller du Roy en sa court de Parlement à Bordeaux. Ensemble quelques Vers Latins & François, de son invention.

Item, vn Discours sur la mort dudit Seigneur De la Boëtie, par M. de Montaigne.

A PARIS.

De l'Imprimerie de Federic Morel, rue S. Ian de Beauuais, au Franc Meurier.

M. D. LXXI.

AVEC PRIVILEGE.

(Fac-simile du titre des opuscules de La Boëtie.)

donnait également provision au nouveau conseiller, sous la réserve, qui était de droit en pareil cas, que le résignant vivrait quarante jours après la date de ces lettres. Cette condition s'étant accomplie, la cession fut définitive, et Florimond de Raymond prêta serment le 2 octobre 1570. Il entra aussitôt après en fonctions.

Aucun autre lien que le souvenir du passé ne rattachait plus Montaigne à la Cour. En entrant dans cette assemblée, il avait trouvé des collègues savants et probes; il y avait noué, en y séjournant, des amitiés honorables. En partant, Montaigne emportait l'estime et la sympathie de tous. Son office allait être occupé par un magistrat éclairé, qui ne ferait sans doute pas oublier son prédécesseur, mais qui devait gagner, dans l'accomplissement de ses fonctions, un juste renom d'autorité. Certes, on ne pouvait guère prévoir, à cette date, la notoriété qu'acquerrait le fougueux controversiste Florimond de Raymond, pas plus qu'on n'aurait su prédire la gloire du futur auteur des *Essais*. On pouvait seulement distinguer la différence de caractère des deux conseillers.

Nul ne ressemblait moins à Montaigne que Florimond de Raymond. Élevé au Collège de Guyenne comme son prédécesseur, Florimond de Raymond n'avait guère que ce point de commun avec Montaigne. Homme d'action avant tout, écrivain d'humeur chaude et batailleuse, sa plume était acérée comme une lame et son style gardait le reflet ardent des convictions de Monluc. Comme Monluc, Florimond de Raymond ne connut jamais le charme de la pensée

Vers François de feu
ESTIENNE DE LA BOETIE
Conseiller du Roy en sa
Cour de Parlement
à Bordeaux.

A PARIS.
Par Federic Morel Imprimeur du Roy.
M. D. LXXI.
AVEC PRIVILEGE.

(Fac-simile du titre des vers français de La Boetie)

solitaire ; sa nature aimait la décision. En se trouvant en présence l'un de l'autre, Montaigne et lui se comprirent pourtant. Montaigne vit que la foi de Raymond était sincère, et celui-ci goûta l'aimable franchise du philosophe. Entre eux, que tant de divergences séparaient, s'établirent des relations cordiales, parce qu'elles étaient fondées sur le respect de soi-même et d'autrui.

Ainsi délivré de la contrainte de sa charge, Montaigne usa de sa liberté reconquise pour payer aussitôt à la mémoire de La Boétie le tribut d'admiration qu'il croyait lui devoir. Puisque le temps avait manqué à La Boétie pour donner à ses contemporains une juste mesure de sa valeur, Montaigne pensait, avec raison, qu'il lui appartenait, à lui qui l'avait si complètement connu et aimé, de mettre en pleine lumière les mérites de l'ami défunt. Il rassembla ce qui était sorti de la plume de La Boétie, prenant tout, « vert et sec, » comme il le dit, sans choisir et sans trier. Depuis sept ans que La Boétie était mort, en léguant à celui qui lui survivait ses papiers et ses livres, Montaigne avait pu préparer l'hommage qu'il se proposait de rendre à une mémoire si chère. Et maintenant que la vie lui faisait des loisirs, il se hâtait d'en profiter afin de livrer au public ces reliques.

Montaigne vint à Paris surveiller l'impression des œuvres de son ami. Instruit par le mécompte survenu à sa traduction de Sebonde, il dut y rester plusieurs mois, sans doute du mois d'août au mois de décembre 1570, car l'ouvrage ne fut achevé qu'à la fin de novembre de cette année[1]. C'était un mince volume, bien qu'il contînt tout ce que La Boétie avait laissé en manuscrit, sauf le *Discours de la Servitude volontaire* et un autre discours composé à l'occasion de l'édit de pacification de janvier 1562. Montaigne craignait qu'on ne se méprît sur la signification de ces deux derniers opuscules. Pour les mettre en lumière, il attendait des temps moins troublés, mais les Huguenots le devancèrent dans l'exécution de ce dessein. Ils ne tardèrent pas à se faire une arme du *Discours de la Servitude volontaire*[2], et Montaigne, attristé de voir la prose entraînante de La Boétie servir ainsi de ferment de discorde, ne mit jamais au jour les *Mémoires de nos troubles sur l'édit de janvier 1562*.

Montaigne ne livra au public que les écrits littéraires de La Boétie : ses vers, ses traductions[3]. Helléniste habile, philologue sagace, La Boétie laissait des travaux d'interprétation qui font grand honneur à son savoir et à son goût. Il avait mis en français, avec un rare bonheur d'expression, l'*Économique* de Xénophon, et c'est cette traduction qui sous le titre agréablement archaïque de *la Mesnagerie*, ouvre le recueil des opuscules du jeune

---

[1]. Sur la date du séjour que Montaigne fit à Paris à cette occasion, voyez *Œuvres complètes d'Estienne de La Boétie*, publiées par Paul Bonnefon, p. 365.

[2]. Un fragment assez considérable du *Contr'un* fut inséré dans le *Réveille-Matin des François*, en 1574. L'opuscule fut publié en entier, en 1576, dans les *Mémoires de l'Estat de France sous Charles IX*. Cf. *Œuvres de La Boétie*, Introduction, p. XLIX.

[3]. Chez Federic Morel, 1571. Petit in-8°, 131 feuillets chiffrés.

écrivain. A la suite viennent les versions moins importantes de deux petits traités de Plutarque, et des vers latins peu nombreux mais fort remarquables terminent le volume. Placées sous le patronage du chancelier de L'Hospital, dont Montaigne faisait si grand cas et comme chancelier et comme poète latin, ces pièces latines de La Boétie sont bien intéressantes à étudier; aucun document ne sert davantage à faire apprécier les relations des deux amis ni les différences de leurs deux natures, et nous y avons déjà puisé pour essayer de déterminer le caractère de Montaigne à cet âge.

Bien que le titre du volume annonçât des vers français, ceux-ci ne s'y trouvaient point. Avant de les publier, Montaigne avait voulu montrer les vers de La Boétie aux poètes en vogue, à ceux qui dirigeaient le goût du moment. Le jugement ne fut pas tel que le souhaitait l'admiration de Montaigne. Les délicats d'outre-Loire trouvèrent que ces sonnets sentaient trop le terroir. La Boétie n'avait d'autre charme que celui d'être naturel et sincère. Les beaux esprits s'étonnèrent qu'on n'y mît pas plus de façon et qu'on se présentât au public sans raffiner davantage.

Jean-Antoine de Baïf, qui fut sans doute l'un des juges, nous a montré comment il eût souhaité que La Boétie s'exprimât[1]. Un instant, Montaigne fut ébranlé par la décision de gens si compétents. Il retarda la publication des vers français de son

---

1. Œuvres complètes de La Boétie, Introduction, p. LXIII, et aussi, dans les notes, p. 369 et suiv.

ami, mais ce retard ne fut pas long[1]. L'affection l'emporta bien vite, et cette fois l'esprit ne fut pas la dupe du cœur. Montaigne réunit ces quelques vers et les livra au public tels qu'ils étaient. Cette confiance fut le dernier hommage rendu à la mémoire de l'ami absent. Après avoir rempli son devoir de la sorte, après avoir payé sa dette à La Boétie comme il l'avait précédemment payée à son père en faisant imprimer la *Théologie naturelle*, Montaigne pouvait venir sans regret goûter le repos qu'il s'était ménagé; l'âme désormais tranquille, le cœur satisfait, il se retira dans sa demeure pour réfléchir et observer.

1. Chez Federic Morel, 1571. Petit in-8º de 19 feuillets chiffrés et 1 feuillet blanc final.

CHAPITRE IV

MONTAIGNE CHEZ LUI

L'ANNÉE 1571 est une date capitale dans la vie de Montaigne; elle ouvre une période nouvelle qui s'étend jusqu'en 1580, c'est à dire jusqu'à la publication des *Essais* : période glorieuse entre toutes puisqu'elle embrasse l'éclosion de l'œuvre et l'épanouissement du génie de l'auteur. Maître du nom et héritier de la fortune par le décès de son père, mort trois ans auparavant, Montaigne pouvait s'abandonner librement à ses goûts. Aucun lien ne le rattachait plus à sa charge du Parlement, puisqu'il l'avait cédée à Florimond de Raymond l'année précédente. Il allait donc vivre à sa guise, se laisser aller au charme de ses propres rêveries. C'est à cette retraite studieuse que nous devons les *Essais*.

Quels étaient les sentiments intimes de Montaigne lorsqu'il prit la détermination de se retirer ainsi chez lui? Comment se proposait-il d'user d'une liberté conquise de la sorte? Lui-même nous l'a dit, et fort nettement, à mon sens. On le sait, Montaigne se plaisait à couvrir les solives et les murailles de sa « librairie » des sentences dont la méditation lui semblait bonne à toute heure. Il aimait à avoir sous les yeux de continuels sujets de réflexions. Une de ces inscriptions mérite de nous arrêter dès maintenant : c'est celle où Montaigne note complaisamment le début et les motifs de sa retraite. Bien des fois déjà elle a été citée ; peut-être n'en a-t-on pas tiré tout ce qu'elle renfermait. On y lit :

AN. CHR[ISTI 1571] ÆT. 38, PRIDIE CAL. MART., DIE SVO NATALI,
MICH. MONTANVS, SERVITII AVLICI ET MVNERVM PVBLICORVM
IAMDVDVM PERTÆSVS, DVM SE INTEGER IN DOCTARVM VIRGINVM
RECESSIT SINVS, VBI QVIETVS ET OMNIVM SECVRVS
[QVAN]TILLVM ID TANDEM SVPERABIT DECVRSI MVLTA IAM PLVS PARTE
SPATII ; SI MODO FATA SINVNT EXIGAT ISTAS SEDES ET DVLCES LATEBRAS,
AVITASQ, LIBERTATI SVÆ, TRANQUILLITATIQ, ET OTIO CONSECRAVIT.

« L'an du Christ [1571], à l'âge de trente-huit ans, la veille des calendes de Mars, anniversaire de sa naissance, Michel de Montaigne, depuis longtemps déjà ennuyé de l'esclavage de la cour du Parlemen et des charges publiques, se sentant encore dispos, vint à part se reposer sur le sein des doctes vierges, dans le calme et la sécurité ; il y franchira les jours qui lui restent à vivre. Espérant que le destin lui permettra de parfaire cette habitation, ces douces retraites paternelles, il les a consacrées à sa liberté, à sa tranquillité et à ses loisirs[1]. »

---

1. E. Galy et L. Lapeyre, *Montaigne chez lui, visite de deux amis à son château*. Périgueux, 1861, in-8º, p. 36. — On trouve dans cet opuscule beaucoup de bons renseignements dont nous avons fait notre profit.

MONTAIGNE.

D'après Thomas de Leu.

Certes, il est prétentieux de se rappeler à soi-même, en style lapidaire, le souvenir d'un acte en somme fort anodin. Cela prouve combien Montaigne goûtait la joie de la délivrance puisqu'il la consignait ainsi et qu'il prenait, jusque dans les *Essais,* l'engagement « de passer en repos et à part » le reste de sa vie. Nous qui savons comment ce repos fut employé et qui cherchons tout ce qui peut contribuer à nous le faire mieux connaître, nous trouvons mentionnés dans cette inscription les deux motifs principaux qui poussèrent Montaigne à se retirer des affaires : d'une part le désir de se consacrer à l'administration d'un important domaine; d'autre part le souci fort légitime de se ménager une retraite studieuse alors que son esprit était assez dispos pour en tirer profit. Ce sont bien là les deux raisons d'ordres divers qui décidèrent Montaigne. Nous verrons qu'il ne pratiqua pas l'une et l'autre de ces résolutions avec la même persévérance ni avec le même bonheur.

Cet état d'âme nouveau de Montaigne correspond à un changement dans son genre de vie. En même temps qu'apparaît le désir de pouvoir se livrer à ses méditations, naît aussi la préoccupation de suivre de plus près la gestion de ses biens, de sa fortune : les soucis du propriétaire vont de front avec les aspirations du penseur. Il semble même que ce séjour à la campagne ait eu, tout d'abord, des raisons d'économie domestique; Montaigne, du moins, paraît avoir voulu se justifier ainsi à lui-même l'abandon de fonctions honorables, qu'il ne quittait, avant l'âge, que pour se consacrer à d'autres intérêts.

En mourant, Pierre Eyquem avait laissé à son fils aîné une haute situation de fortune. Son domaine de Montaigne notamment était fort important, et il avait consacré à l'améliorer bien des soins et bien des dépenses. Il énumère avec complaisance, dans son testament, ce qui est dû à sa bonne administration, à son sens des choses rurales. Le patrimoine avait été arrondi; des chemins tracés au travers; des ponts construits sur les petits cours d'eau qui l'arrosaient; et, dominant ce beau domaine dont les limites s'étendaient au loin devant lui, le château de Montaigne avait été rebâti sur un plan plus conforme au nouvel état des propriétaires. Pierre Eyquem était arrivé à ces résultats par l'ordre de ses affaires, par l'entente de ce qu'on appelait alors le ménage des champs. Il tenait registre de ses revenus et de ses dépenses, comme il couchait par écrit tous les événements qui intéressaient son intérieur. Il aimait à planter, à bâtir; c'était un propriétaire modèle, attaché à sa terre d'une affection étroite, jaloux de la gérer utilement et de l'embellir.

Son fils aîné eût bien voulu suivre un pareil exemple. Jusqu'alors Michel avait vécu fort éloigné de l'administration de ses biens, et son père, par goût personnel, lui en avait épargné les soucis. Voilà que le décès de ce père mettait tout à coup le fils aux prises avec des difficultés qu'il n'avait guère connues auparavant. L'ambition de Michel fut de se régler sur son prédécesseur. Le père avait tenu un registre exact de son administration; le fils ne faillit pas à ce modèle domestique. Nous n'avons conservé que le volume des *Éphémérides* de Beuther, sur lequel Michel de Montaigne mentionnait les faits qui le touchaient de plus ou moins près et lui semblaient dignes de remarque [1]. A côté de ce livre de raison, il y avait un autre registre plus spécialement consacré à la gestion des biens et sur lequel on notait les actes de cette gestion, sur l'ordre du nouveau propriétaire. Je ne pense pas que celui-ci y mît souvent la main. Ce recueil ne nous est point parvenu : il nous eût donné le détail des affaires domestiques de Montaigne et aiderait à expliquer ce côté de son caractère. Le premier feuillet seul du registre est sauvé. On y lit : *Mémorial des affaires de feu Messire Michel de Montaigne après le décès de Monsieur son père* [2].

Pierre Eyquem avait été sagement économe ; son fils essaya aussi de le devenir, car il voulait acquérir toutes les qualités de son père, et surtout celles qu'il pouvait s'approprier le moins aisément. L'effort était louable ; mais, trop en dehors de la nature de Montaigne, il demeura stérile et superflu. Lui qui avait toujours vécu à l'aventure, « sans état certain et sans prescription », il tenta de thésauriser. Maintenant qu'il était aux champs, il lui parut qu'un bon propriétaire devait savoir épargner. Il épargna et s'y

---

[1]. Les notes manuscrites inscrites par Montaigne sur son exemplaire de l'*Ephemeris historica* de Beuther (Paris, 1551, in-8º) ont été publiées, d'après l'original, par le Dr Payen dans les *Documents inédits sur Montaigne*, nº 3 (Paris, 1855, in-8º). Nous aurons plusieurs fois, dans la suite, l'occasion d'y renvoyer.

[2]. Manuscrits de la Bibliothèque municipale de Bordeaux, *Histoire moderne*, nº 708, t. III, p. 332.

mit « si chaudement » qu'il fit bientôt « des réserves notables » selon sa condition. Du coup, comme le savetier de la fable, il y perdit sa bonne humeur. Désormais esclave de sa « boîte », du coffre qui contenait ses richesses, Montaigne avait « toujours l'esprit de ce côté », et, pour comble d'infortune, ne pouvait communiquer à d'autres ses continuelles appréhensions à cet égard. « J'en faisais un secret, dit-il, et moi, qui ose tout dire de moi, ne parlais de mon argent qu'en mensonge. » Cet état de choses ne fut cependant pas très douloureux, car il dura plusieurs années, jusqu'à ce qu'un « voyage de grande dépense » — son voyage en Allemagne et en Italie en 1580 — lui enseignât à disposer autrement de ses économies. Dès lors, s'il amassa, ce fut « non pour acheter des terres, mais pour acheter du plaisir ».

Aucune qualité ne manquait plus à Montaigne que l'entente de l'administration de ses biens. Ce défaut inquiétait même son père, qui savait combien une telle négligence peut être préjudiciable aux intérêts d'une famille. Dès que les circonstances le mirent à même de gérer son patrimoine, Montaigne s'efforça d'acquérir cette indispensable faculté. Mais le pli de l'âme était définitivement pris. Jamais Montaigne ne put porter attention aux choses de son intérieur, aux mille soucis de son administration domestique. Nonchalant et distrait, il ne prenait aucune part aux ventes et aux marchés. L'indulgence de sa nature ne se tourmentait guère des méfaits de ses serviteurs, pourvu qu'ils ne troublassent pas trop la tranquillité de son repos. Les chiffres l'ennuyaient, les détails lui semblaient oiseux, les discussions lui répugnaient. « Depuis dix-huit ans que je gouverne mes biens, écrivait-il en 1588, je n'ai su gagner sur moi de voir ni mes titres ni mes principales affaires, qui ont nécessairement à passer par ma science et par mon soin. » Et cette abstention si dommageable n'était pas due au mépris de préoccupations si peu relevées; elle provenait seulement d'une paresse et d'une négligence inexcusables.

C'était une bien singulière façon d'administrer ses revenus. Qu'en advint-il? Montaigne sans doute était protégé par quelque génie tutélaire, moins favorable d'ordinaire aux propriétaires si peu soucieux de leurs devoirs, car il ne s'appauvrit pas à cette étrange administration; il ajoute naïvement qu'il ne s'y enrichit pas non plus. Croyons plutôt qu'un œil plus clairvoyant que celui du maître veillait de plus près aux intérêts de la famille. Apparemment, il faut faire honneur à Mme de Montaigne de ces résultats : avec une bonne grâce qu'il est permis de deviner, elle garda pour elle-même ce qui, dans la direction des affaires, rebutait si fort son mari. Cette femme généreuse sut trouver dans son affection le sens des besoins du grand homme dont elle portait le nom; prenant pour elle les soucis matériels, elle lui ménagea la retraite et le repos qui convenaient à sa nature d'observateur.

D'ailleurs, Montaigne ne sachant tirer aucun profit essayait de n'être pas une cause de dommage. Il aimait les déplacements, les voyages; il y renonça. Il se contraignit à vivre tranquillement à Montaigne, dans ses terres, absorbant le moins possible de ses revenus, et cette existence dura plusieurs années. Si sa présence au milieu de ses propriétés ne produisait pas tous les effets qu'il était permis d'en attendre, elle aidait beaucoup cependant à leur bon ordre : même quand il n'est pas vigilant, l'œil du maître voit bien des défauts, et Montaigne le comprenait de reste. Il veilla sans enthousiasme, « despiteusement, » mais sa nonchalance, ainsi contenue, fut moins préjudiciable qu'elle eût pu l'être. Plus tard, il pouvait se rendre le témoignage que cette apathie n'avait pas été fatale à ses affaires et qu'il laissait sa maison aussi opulente qu'il l'avait reçue de son père. Tel est bien Montaigne, en effet. Propriétaire sans goût et sans conviction, réduit à vivre aux champs pour ne pas compromettre son patrimoine par une humeur trop dépensière, il prit bravement son parti d'un isolement qu'il ne souhaitait peut-être pas aussi complet. A peu près retiré du monde pendant que les passions s'agitaient et fermentaient autour de lui, il mit son repos à profit pour lire et s'analyser. C'est à cette solitude studieuse que nous devons les *Essais*.

Confiné chez lui, Montaigne s'empressa de se ménager une retraite plus intime, dans laquelle il pouvait s'abstraire de sa famille même, comme il s'était retranché du monde. Il choisit, pour en faire son séjour de prédilection, une tour séparée du reste du logis, et qui avait été jusqu'à ce jour le lieu le plus inutile de la maison. C'est là qu'il s'isolait, passant « la plupart des jours » de sa vie, « et la plupart des heures du jour, » sauf l'hiver. Il en fit le

« siège » de sa « domination », et parvint « à soustraire ce seul coin à la communauté et conjugale, et filiale, et civile ». Ainsi retiré dans ce cabinet qui dominait le domaine, le propriétaire pouvait suivre encore de l'œil les allées et les venues de ses gens. « Je suis sur l'entrée, et vois sous moi mon jardin, ma basse-cour, ma cour et, dans la plupart, des membres de ma maison. » Il gardait l'illusion de pouvoir tout « d'une main » commander à son ménage. C'était plus qu'il ne fallait pour apaiser les soucis du gentilhomme campagnard. Les apparences sauvées de la sorte, désormais en règle avec ses scrupules, le philosophe médita tout à son aise, puisqu'il lui suffisait d'un simple coup d'œil jeté à l'une des fenêtres pour savoir si les besognes étaient accomplies et les gens en leur place.

On ne pourrait retracer les détails du plan sur lequel Pierre Eyquem avait fait reconstruire le château de Montaigne. Nous en savons assez toutefois pour comprendre comment cette demeure était disposée quand Montaigne l'habita. Un corps de logis assez vaste, bâti sans doute par Pierre Eyquem, formait la partie principale de la résidence : sa façade septentrionale donnait sur la campagne et peut-être sur une terrasse ; la façade méridionale, au contraire, s'étendait le long d'une cour qu'elle limitait d'un côté. C'est cette dernière façade, dont le caractère architectural n'a rien de remarquable, que la gravure a le plus fréquemment reproduite. Les autres côtés de la cour intérieure étaient fermés par les communs ou par les murailles, de façon à former un quadri-

LA TOUR DE MONTAIGNE, EN 1823.

latère défendu de toutes parts. La porte d'entrée, située à l'angle ouest de la face méridionale de ce carré, s'ouvrait sous une tour qui en protégeait l'accès. Cette tour ainsi placée au seuil même de l'habitation est celle dont Montaigne avait fait son refuge et qui contenait, au sommet, le cabinet de travail de l'auteur des *Essais*.

Comment celui-ci s'installa-t-il dans ce réduit ? Les habitudes des générations qui se succèdent changent si vite qu'il paraît téméraire de rechercher des traces, déjà vieilles de trois siècles, dans une demeure que ses habitants successifs n'ont cessé de transformer suivant leurs nouveaux besoins[1]. Mais Montaigne, par son genre de vie, s'éloignait de la fréquentation des siens. Il n'était vraiment *chez lui* que dans la partie la plus isolée, la plus inutile de sa demeure. C'est là qu'il s'était ménagé une retraite selon ses goûts, et le temps a plus respecté cette retraite que ne l'eussent fait des améliorations trop nombreuses. Les choses ont peu changé dans ce réduit : son inutilité l'a protégé. Si la chambre est vide et le cabinet solitaire, la tour subsiste, veuve du grand homme et éprouvée par les siècles, mais gardant un souvenir toujours vivant de son hôte de jadis. Les inscriptions, les peintures murales s'effacent chaque

---

1. L'avant-dernier possesseur du château de Montaigne, M. P. Magne, ancien ministre des finances, l'avait fait restaurer à sa façon, fort luxueusement. Un incendie a détruit le château, dans la nuit du 12 janvier 1885, mais il a été depuis reconstruit sur les mêmes plans par les soins de M. Thirion-Montauban, le possesseur actuel. La tour de Montaigne avait été épargnée par les flammes.

jour; elles évoquent pourtant encore l'image de celui qui les fit tracer. Pénétrons dans cette retraite et parcourons-la à loisir. Quand un penseur, grand par le génie, a disposé ainsi selon ses préférences intimes une demeure de prédilection où s'écoulèrent les plus belles et les plus fécondes années de sa vie, il importe de bien connaître les lieux afin de mieux connaître celui dont l'esprit les anima un moment.

Le rez-de-chaussée de cette tour est consacré à la chapelle, meublée maintenant à la moderne. Derrière l'autel de pierre, se voient une fresque représentant l'archange saint Michel terrassant le démon, et à droite et à gauche les armoiries de Montaigne, telles qu'il les décrit lui-même : « Je porte d'azur semé de trèfles d'or, à une patte de lion de même, armée de gueules, mise en fasce. » En face de l'autel, se trouve encore un écu de gueules portant un M gothique d'or. Remarquons seulement ce fréquent usage de ses armoiries que Montaigne aimait à mettre en évidence. L'examen de la chapelle nous fait connaître ce premier trait de caractère, que nous verrons s'accentuer dans la suite.

Un escalier en colimaçon conduit au premier étage — le second étage, pour Montaigne, qui compte à partir de la chapelle. — C'est la grande chambre circulaire où le philosophe couchait parfois « pour être seul ». Un réduit permettait d'y entendre la messe. Rien ne signale plus aux regards le passage de l'illustre possesseur, car les murs ont été badigeonnés et les inscriptions effacées. Seules, sur le manteau de la cheminée, des lettres enlacées — qui paraissent être des M et des C — pourraient bien être les initiales unies des noms de Montaigne et de sa femme, Françoise de La Chassaigne. C'est encore un peu plus haut que nous trouverons véritablement le solitaire chez lui.

Le second étage — troisième pour Montaigne — contenait « la librairie ». On y a accès par une porte un peu basse, après avoir gravi les quarante-six marches de l'étroit escalier. Les rayons ont disparu; depuis longtemps les livres ont quitté cet asile, car Éléonore de Montaigne ne sut pas garder pour elle-même ces témoins des méditations de son père. Les solives du plafond conservent mieux le souvenir du philosophe. Sur ces bois Montaigne avait fait tracer au pinceau des sentences latines ou grecques. Maintenant elles se détachent en noir sur la couleur du bois, et si leur lecture est de plus en plus difficile, on arrive cependant à en saisir le sens et à en compléter l'expression d'une manière satisfaisante. MM. Galy et Lapeyre, « les deux amis » qui visitèrent si fructueusement en 1861 la demeure de Montaigne, ont donné tous leurs soins à ce déchiffrement : leur travail est très consciencieux, et ils sont parvenus à reconstituer la presque totalité de ces inscriptions. Ils ont retrouvé de la sorte cinquante-quatre sentences tracées sur cinquante-cinq solives et deux poutres transversales. Le texte qu'ils donnent est aussi satisfaisant qu'on pouvait l'espérer, après trois siècles; nous nous sommes servi avec fruit de leur brochure, et le lecteur soucieux de plus de détails à ce propos devra les chercher là.

Ces sentences sont, pour la plupart, insérées dans les *Essais*, et notamment dans cette *Apologie de Raymond de Sebonde* qu'on peut à bon droit considérer comme la maîtresse page de ce maître livre. Elles montrent quelles pensées étaient ordinaires à Montaigne et revenaient dans ses méditations. Perdu dans l'ampleur des *Essais*, le fil conducteur de cette philosophie semble échapper bien des fois. Ici, réduite en quelques brèves maximes choisies au milieu des lectures favorites, cette sagesse se condense et apparaît plus nettement aux yeux. On trouve, resserrées en une phrase, parfois même en un mot significatif, les règles de conduite qui guidaient Montaigne dans ses libres investigations. Certes, il ne faudrait pas chercher sur ces solives un système philosophique complet et coordonné : Montaigne suivait trop sa fantaisie, en cela comme en toute autre chose, pour s'y astreindre à un ordre réglé. Il ne lui répugnait pas d'ailleurs de changer ces sentences dont il illustrait son plafond, pour donner sans doute un autre cours à ses réflexions ; et plusieurs d'entre elles ont remplacé de précédentes inscriptions dont on voit encore les traces. Il modifie un texte, l'arrange à sa façon — du moins pour les phrases latines ; quant aux maximes grecques, il les accepte telles quelles, et pour cause. — Ces changements n'en indiquent pas moins un état d'esprit.

Pour la plupart, les sentences sont cueillies dans l'*Ecclésiaste*, dont la sagesse désabusée enchante Montaigne, ou dans les *Épîtres* de saint Paul, dans

Stobée ou Sextus Empiricus. Le reste est pris un peu partout, au hasard des lectures. Il s'en dégage bien l'impression du scepticisme métaphysique que professait Montaigne. Qui peut se vanter de connaître l'au delà des choses, et pourquoi chercher à soulever un voile impénétrable pour tous les yeux ? Jouissons du présent sans trop nous occuper de l'avenir, qui ne nous appartient pas. L'homme n'est qu'un vase d'argile, de la cendre, une ombre; il passe et ne laisse pas plus de trace que le vent. Pourquoi donc s'enorgueillit-il ? pourquoi veut-il connaître tout puisque sa nature est bornée, son ignorance incurable, et qu'il ne saurait jamais expliquer ce qu'il voit ? D'ailleurs chaque raison a une raison contraire. Ne nous embarrassons pas de vaines méditations. Ne soyons ni plus curieux ni plus sages qu'il ne convient. Soyons sages avec sobriété; ayons le sentiment de nos défaillances et ne cherchons pas à sortir de notre sphère bornée. Attendons l'heure dernière sans la désirer ni la craindre, et, en l'attendant, guidons notre vie sur la coutume et sur nos sens. Ne nous prononçons pas trop, car les apparences sont trompeuses, et l'homme ne perçoit que des apparences. Il est plus sage d'examiner tout sans pencher d'aucun côté, de prendre pour devise une balance, comme Montaigne l'avait déjà fait, avec, en exergue, quelque prudente interrogation [1]. Telle

---

1. On a retrouvé, dans les décombres du château de Montaigne, un jeton de cuivre dont l'empreinte figure au Musée de Périgueux et porte : sur une face les armes de Montaigne entourées du collier de Saint-Michel et la légende « MICHEL SEIGNEUR DE

est la philosophie qui se dégage de ces maximes plus aisément que des *Essais*.

Pénétrons dans le cabinet « assez poli » qui fait suite à la bibliothèque. C'est une retraite plus intime encore que Montaigne se ménageait dans son isolement, un coin plus caché. La salle de la bibliothèque était trop vaste pour qu'on y pût séjourner quand le froid devenait vif. Dans cet endroit élevé, le vent se faisait particulièrement sentir, et l'on ne pouvait chauffer la pièce, ce qui incommodait fort son hôte habituel. Le petit cabinet n'avait pas ces inconvénients : il était « capable à recevoir du feu pour l'hiver », et ses dimensions restreintes en faisaient un réduit plus habitable quand les froids survenaient. Montaigne, frileux, était sensible à cette considération. Il a particulièrement soigné l'intérieur de ce cabinet, où il aimait à se tenir; les parois sont ornées, avec un certain luxe, de peintures de toutes sortes, empruntées pour la plupart aux *Métamorphoses* d'Ovide. L'aspect en devait être riant et agréable à voir. Au-dessus de la cheminée, ce sont *Mars et Vénus surpris par Vulcain*. Sur le manteau lui-même de la cheminée, mais séparé de la précédente scène par les armoiries du propriétaire peintes en or, c'est *Cimon nourri dans sa prison par sa fille Péro*. Montaigne, qui avait tant chéri son père, contemplait, en se chauffant, cet exemple d'affection

---

MONTAIGNE »; au revers, dans un écu, une balance dont les plateaux sont horizontaux et la légende « 42. 1576. Ἐπέχω ». (Je m'abstiens.) — Le chiffre 42 indique l'âge que Montaigne avait alors — en 1576.

filiale. A droite, en entrant, la paroi était occupée par une peinture qui s'effaçait déjà trop, il y a trente ans, pour qu'on en pût déterminer le sujet. Ailleurs ce sont des scènes de chasse, des combats de soldats, et au-dessus de la porte d'entrée une allégorie plus personnelle.

« On y voit deux vaisseaux battus par la tempête ; l'un vogue en pleine mer, en s'éloignant du rivage ; l'autre, dont on n'aperçoit plus que le haut des mâts, s'engloutit. Trois naufragés nagent vers la terre, où s'élève un temple rond, à coupole ; la statue d'un dieu barbu, couronné de roseaux, tenant le trident, s'y voit sur un piédestal : c'est Neptune. » Une légende entourait ce tableau. Le temps l'a effacée. Par ce qu'on en peut lire, on sent que Montaigne songeait à Horace et à son ode à Pyrrha :

> *Me tabula sacer*
> *Votiva paries indiquat uvida*
> *Suspendisse potenti*
> *Vestimenta maris deo.*

Lui aussi, après s'y être aventuré, il avait renoncé aux troubles des affaires, aux agitations du cœur. Peut-être y avait-il fait naufrage ; mais, retiré désormais hors de portée de l'orage, il consacrait ses vêtements mouillés au dieu tutélaire de son repos et pouvait s'écrier : « Je n'y ai plus que perdre. »

Horace Walpole a dit un jour que la vie est une comédie pour ceux qui pensent et une tragédie pour ceux qui sentent. C'est bien ainsi que Montaigne l'entendait. Il trouvait préférable d'analyser ses pas-

Entre Catherine d'abadie apellante du
Senechal d'Alebret ou soun lieutenant au
siege de Tartas d'une part

Et Marie d'un com & Simeun d'abadie soun
mari intimés d'autre

Veu le proces libelle apellatoire responces
a icelui

Il sera dit qu'il a este mal ugé par ledit
Senechal ou soundit lieutenant livera
apelé parlacite apellante & en amendant
le jugement ordoune que la sentence du
juge ordinere de Brun du cinquiesme de
septembre mil cinq cans soexante quant a la
reception des tesmoins sortira son plain
d'entier effait condamne lesdits de Com
et d'abadie envers la dite Catherine
d'abadie aus despans fais tant par davant
ledit senechal que en la court La taxe
d'iceus a icelle court reservee

(Fac-simile d'un rapport autographe de Montaigne.)

sions que de se laisser entraîner par elles; il se plaisait plus à suivre de l'œil les dissensions de ses contemporains qu'à s'y mêler. Comprise de la sorte, la vie est plus amusante que redoutable. La fortune lui avait été clémente, mais elle a souvent des retours : Montaigne ne l'ignorait pas. Aussi, pour se mettre à l'abri des surprises, prit-il de lui-même les devants.

Enfermé dans sa tour, dominant, pour ainsi dire, du haut de sa solitude le terre à terre des compétitions et les querelles des partis, il sut se ménager une retraite paisible dans le temps de notre histoire qui fut le plus fertile en discordes sanglantes. Tirant profit de tout, des événements et de ses lectures, de l'analyse de soi-même et de l'observation des autres, il savait tout rapporter à sa propre édification. Sa retraite avait été disposée par ses soins et comme il l'entendait; c'était bien le nid paisible qu'il avait rêvé au milieu de l'intempérie des temps. Pas une place qui ne montrât aux yeux une image riante, un paysage, un ornement allégorique, des médaillons ou des encadrements rehaussés de vives couleurs. Le contraste entre le calme de l'intérieur et les troubles du dehors ne pouvait être plus complet. Et l'ornementation de ce réduit où il devait passer tant d'heures en tête-à-tête avec lui-même prenait pour Montaigne plus d'importance que bien des événements étrangers; il s'y intéressait comme il s'intéressait à tout, et sa sagesse y trouvait quelque enseignement. « Considérant, dit-il, la conduite de l'ouvrage d'un peintre que j'ai, il m'a pris envie de l'ensuivre. Il choisit le plus bel endroit et milieu de chaque paroi pour y loger un tableau élaboré de toute sa suffisance ; et le vide tout autour il le remplit de grotesques, qui sont peintures fantasques, n'ayant grâces qu'en la variété et étrangeté. ». C'est ainsi, en effet, que l'écrivain allait procéder lui-même. Autour de quelque pensée maîtresse, puisée dans les livres ou suggérée par la réflexion, il allait entasser tous les détails que son imagination pourrait lui fournir, détails bien variés et parfois bien étranges, mais toujours vrais et charmants, pleins d'une malicieuse finesse.

Éloigné de la fréquentation des gens du dehors, Montaigne avait à sa portée la fréquentation de ceux qui sont disparus en nous laissant le secret de leur pensée ; ses livres étaient relégués avec lui dans cette tour qui devait abriter toute sa sagesse. Tout à l'heure, en traversant la bibliothèque, nous n'avons pas essayé de la repeupler, comme elle l'était alors. Tentons-le maintenant et revenons sur nos pas. La salle qui contenait les livres est circulaire ; le tuyau de la cheminée du premier étage qui la traverse interrompt seul la circonférence. C'est à cet espace plan produit par le tuyau d'une cheminée que Montaigne adossait son fauteuil et sa table. Au-dessus, lui qui aimait à prodiguer ses armoiries, il les avait fait peindre en noir et en jaune, entourées d'un gigantesque collier de Saint-Michel, car il ne lui déplaisait pas de se rappeler ainsi à lui-même qu'il était chevalier de l'ordre du roi. Cette disposition circulaire permettait à Montaigne d'embrasser du regard ses livres « rangés sur des pupitres à cinq degrés tout à l'environ ». Ils étaient près d'un millier, dont une centaine consacrés aux épistolaires, et la plupart reliés en vélin blanc. Le propriétaire pouvait donc déclarer, sans exagération, que sa « librairie » était belle « entre les librairies de village ». Là se trouvaient réunies toutes les sources auxquelles le philosophe venait puiser, celles que la tendresse de La Boétie lui avait laissées, comme celles que Montaigne lui-même avait acquises, car il se montrait fort soucieux de garnir les rayons de son cabinet pour mieux orner ensuite son esprit. Et, sur la frise de la bibliothèque, planant sur ce lieu d'étude qu'elle consacrait au culte de l'amitié, cette inscription touchante qui redisait les mérites de l'absent toujours regretté, le faisait revivre sans cesse au souvenir du survivant :

Dulcissimi suavissimique sodalis et conjunctissimi, quo nihil melius vidit nostra œtas, nihil doctius, nihil venustius, nihil sanè perfectius, Michaël Montanus, tam charo vitæ præsidio miserè orbatus, dum mutui amoris, gratique animi [quo] nect[ebantur] memor, singulare [ali]quod extare cuperet monumentum, quando [nihil posset] signific[antius] posuit eruditam hanc [et mentis] præcipuam supellectilem, suas delicias[1].

[1]. Cette inscription, aujourd'hui détruite, a été transcrite au siècle dernier par le chanoine Prunis et publiée par lui assez fautivement dans une *Lettre... au sujet des voyages de Michel de Montaigne* (*Journal des Beaux-Arts et des Sciences*, 1774, tome V, p. 328). Le Dr Payen en a tenté un essai de restitution dans ses *Recherches sur Montaigne, correspondance relative à sa mort* (p. 14). C'est cet essai que nous reproduisons en le traduisant.

« Michel de Montaigne, privé de l'ami le plus tendre, le plus cher et le plus intime, du compagnon le meilleur, le plus savant, le plus agréable et le plus parfait qu'ait vu notre siècle, voulant consacrer le souvenir du mutuel amour qui les unissait l'un à l'autre par un témoignage particulier de sa reconnaissance et ne pouvant le faire d'une manière plus expressive, a voué à cette mémoire tout ce savant appareil d'étude, qui fait ses délices. »

La pensée est pieuse et le langage attendri. Il n'en faudrait pas conclure que les livres auxquels Montaigne faisait ainsi les honneurs de ses rayons en souvenir de l'ami qui les lui avait légués devinrent aussitôt des livres de chevet, la nourriture favorite de son esprit. Les différences des deux natures se montrèrent en ceci comme ailleurs. Doué d'une culture intellectuelle plus solide, La Boétie aimait les auteurs pleins d'idées ; ni les profondeurs de la pensée ni les obscurités du langage ne le rebutaient. Philologue par tempérament et par éducation, il savait demander à la critique la restitution d'un texte altéré, et son érudition lui suggérait d'ingénieuses corrections. Tel n'était pas Montaigne. Sa science, plus courte, ne pouvait lui permettre de pareilles hardiesses. S'il connaissait le grec, il ne possédait pas suffisamment cette langue pour en savourer toutes les finesses et, à plus forte raison, pour se mêler de faire disparaître les altérations des écrits qu'il lisait. Sa nature d'esprit ne l'y portait pas davantage. Dès son enfance, il avait pris en aversion ceux qui donnent trop d'importance et de valeur aux mots eux-mêmes et perdent de vue le sens de la pensée. Pour qu'un auteur lui agréât, il fallait qu'il ne fût point ardu et livrât son secret aisément. Après deux ou trois « charges » contre une difficulté, Montaigne laissait là le passage obscur, sans se soucier plus longtemps de ce qu'il pouvait signifier; avec son esprit primesautier, ce qu'il n'a pas vu dans un livre dès l'abord, il ne l'y voit guère en s'obstinant. Un exemple topique fera mieux comprendre la divergence des deux amis à cet égard. Helléniste consommé, La Boétie se délectait à la lecture de Pindare qui faisait partie de ses livres chéris et qu'il citait en grec jusqu'à son lit de mort[1]. Montaigne, au contraire, rebuté par un lyrisme souvent peu intelligible, ne cite Pindare que par ouï-dire[2], et, s'il le pille, c'est dans une traduction[3].

Vers quels livres Montaigne se sentait-il donc guidé par ses préférences? Certes, il importerait grandement à l'histoire des *Essais* de pouvoir déterminer quelles furent, en ces années, les lectures de leur auteur, quelles pouvaient être les sources auxquelles

---

1. *Œuvres complètes d'Estienne de La Boétie,* publiées par Paul Bonnefon, 1892, in-4°, p. 275 et 318.
2. On lit dans les *Essais* (1580), l. Ier, ch. XXIII, à propos de la coutume : « Et avec raison l'appelle Pindarus, à ce qu'on m'a dit, la reine et emperière du monde. »
3. Dans son chapitre de la *Présomption* (*Essais,* 1580, l. II, ch. XVII; éd. Dezeimeris et Barckhausen, t. II, p. 216), Montaigne cite quelques vers traduits par Nicolas Sudorius de la XIIIe *Olympique* de Pindare (v. 6-10) :

Si quid enim placet,
Si quid dulce nominum sensibus influit,
Debentur lepidis omnia gratiis.

LA THÉOLOGIE

NATVRELLE DE RAY-
MOND SEBON DOCTEVR EXCEL-
lent entre les modernes, en laquelle par l'ordre de
Nature, est demonstrée la verité de la Foy
Chrestienne & Catholique, traduicte
nouuellement de Latin en
François.

A PARIS,
Chez Gilles Gourbin demeurant deuant le
college de Cambray ruë S. Iean de Latran
à l'enseigne de l'Esperance.
1569.
AVEC PRIVILEGE DV ROY.

(Fac-similé du titre de la traduction de Raymond de Sebonde.)

il allait puiser le plus volontiers. Il serait aussi bien téméraire d'être trop affirmatif en tout ceci. Si l'histoire a le devoir de tout connaître, il est des secrets qu'elle ne saurait pénétrer : elle ne saurait refaire jour par jour, et pour ainsi dire minute par minute, le récit des méditations solitaires d'un philosophe, retracer les étapes successives de sa pensée. Qui peut renouer la trame interrompue des impressions passées, dire quel germe obscur a fécondé un esprit et fait pousser l'idée ? A peine le pourrait-on en s'analysant soi-même; aussi n'avons-nous, pour nous guider dans cette recherche, que ce que Montaigne a bien voulu nous en apprendre. Cela ne satisfait pas notre curiosité; cependant, en rapprochant quelques lueurs éparses, il en jaillit assez de lumière pour éclairer en partie cette psychologie intime.

Il est permis tout au moins d'essayer de restaurer par la pensée les rayons désormais absents de cette « librairie », et de dire quels livres ils durent porter. On retrouvera, de la sorte, quelques-uns des ouvrages que Montaigne put lire et qui servirent sans doute à stimuler sa pensée. La tâche serait aisée si des mains pieuses avaient gardé précieusement les livres amassés au château de Montaigne, comme des descendants plus soucieux du souvenir de l'ancêtre l'ont fait au château de La Brède. De la bibliothèque ainsi sauvegardée, on pourrait tirer d'utiles renseignements, car nulle part la personnalité humaine ne se reflète mieux que dans le choix de ses livres. Pour connaître Montaigne, suivre les traces de ses lectures serait d'un inappréciable secours. Mais, quelques années seulement après la mort du philosophe, Éléonore de Montaigne faisait présent à un abbé, grand-vicaire du diocèse d'Auch, des livres que son père avait possédés, sans qu'aucun restât au château. Qui dirait maintenant ce que devinrent ces reliques ? quelles routes diverses elles suivirent dans la suite ? Le plus grand nombre est perdu. Quelques-uns à peine ont survécu — soixante-quinze environ sur le millier de volumes que Montaigne se vantait de posséder. — Ne sont-ce pas là de trop minimes épaves pour juger de l'ensemble ? Essayons-le pourtant, bien que nos conclusions ne puissent avoir rien d'absolu.

La bibliothèque d'un particulier s'accroît successivement, au fur et à mesure des acquisitions du propriétaire. On s'abuserait donc étrangement si, en tentant de la reconstituer, on négligeait ces conditions de progrès. C'est en 1588 que Montaigne évaluait ainsi ses livres à un millier, et il n'avait cessé d'augmenter jusqu'alors sa collection ; son voyage d'Italie, en particulier, lui permit d'acheter bien des ouvrages qu'il désirait posséder. Nous qui voulons surtout montrer ici l'influence des lectures de Montaigne sur le développement de son génie, dégager comment il s'assimilait les pensées de ses prédécesseurs, nous devons tenir grand compte des dates en cette matière. Cela complique les données du problème, qui, ainsi envisagé, reste insoluble sur bien des points. A d'autres égards, au contraire, il est possible de trouver des faits certains, qui nous fourniront de précieux renseignements. Ce sont ces éléments précis que nous essaierons de déterminer.

Il est hors de doute que Montaigne tira des classiques latins sa première nourriture intellectuelle. Nous savons combien l'ingéniosité d'Ovide fut un puissant aiguillon pour l'esprit un peu lourd de l'écolier, comment l'*Énéide*, puis les comédies de Térence et de Plaute achevèrent de captiver sa curiosité mise en éveil. L'enfant lut alors avidement, emporté par le charme des sujets, sans se demander ce que la culture de son esprit devait tirer d'un pareil commerce. C'est l'éblouissement de l'œil qui voit pour la première fois la lumière et qui la cherche pour l'unique plaisir de la percevoir, de se sentir inondé d'une clarté jusqu'alors inconnue. Il n'analysera que plus tard ses impressions. Pour le moment, il jouit de la nouveauté, parce qu'elle est pour lui en sa fleur; il se laisse aller à la griserie de cette exploration. On a conservé un exemplaire de Virgile et un de Térence portant la signature de Montaigne. Sont-ce là les volumes dont il se servit pour la première fois? Leur date, à l'un et à l'autre, n'interdit pas une pareille hypothèse; le premier est de 1539, l'autre de 1541, c'est-à-dire pendant que Montaigne était écolier. Si c'est bien sur ces livres que Montaigne découvrit l'attrait des lectures favorites, rien n'indique maintenant le plaisir qu'il y trouva. Les marges sont vierges des notes dont il couvrira plus tard les ouvrages aimés entre tous. L'entraînement était trop fougueux sans doute pour songer à s'épancher ainsi et à se restreindre dans des formules qui n'eussent pas dit toutes les émotions du lecteur. Ces émotions se firent plutôt jour, comme elles le font volontiers à cet âge, en paroles enthousiastes dont quelque camarade d'étude fut le confident.

Dans la suite, en prenant l'habitude de s'analyser, Montaigne s'accoutuma aussi à analyser l'impression que ses lectures lui laissaient. Je crois même qu'il commença à juger ses livres un peu avant de se juger[1]. Il en usait ainsi pour remédier « à la trahison » de sa mémoire. Mais il ne le faisait que pour les livres dont il voulait garder quelque souvenir, et surtout pour se résumer à lui-même l'impression qu'il avait conçue de l'auteur en lisant son œuvre. Le plus souvent aussi, il notait la date à laquelle il avait achevé sa lecture, ce qui nous fournit un élément de plus pour éclairer la question qui nous occupe. Tous les autres volumes, quels qu'ils fussent, qui figuraient sur les rayons de sa « librairie », portaient sur leur titre la signature de Montaigne. C'est ce témoignage qui les distingue maintenant aux yeux et qui évoque celui auquel ils appartinrent jadis.

Certes, si les livres sur lesquels s'épanouissait, en tête, cette glorieuse signature étaient intégralement parvenus jusqu'à nous, il est bien évident que nous devrions retrouver dans le nombre tous les auteurs

---

[1]. En reproduisant dans les *Essais* (1580, l. II, ch. x, éd. Dezeimeris et Barckhausen, t. I, p. 356) ce qu'il avait mis sur son Guichardin, Montaigne dit qu'il écrivit ce jugement « environ dix ans » auparavant, ce qui semble faire croire que ce fut avant 1570, c'est-à-dire avant le commencement de la composition des *Essais*.

cités dans les *Essais*. La manière dont Montaigne travaillait ne permet pas de supposer qu'il n'avait pas sous les yeux les auteurs qu'il intercalait dans sa propre prose. La plus grande partie des écrivains latins y figurerait donc, depuis Cicéron que Montaigne pratiqua tant au Collège de Guyenne et qu'il citait ensuite sans l'aimer, jusqu'à Sénèque dont il trouvait les *Épîtres* si profitables. Beaucoup de poètes y seraient, à la suite de Virgile, jusqu'à Claudien et Ausone : Lucrèce, Catulle et Horace, qui tinrent le premier rang après Virgile, « le maître de chœur »; Lucain, que Montaigne tout d'abord préféra à Virgile et qu'il continua à pratiquer « pour sa valeur propre et vérité de ses opinions et jugements »; Juvénal, Martial et Perse. Les historiens, eux, y seraient au complet, de Tite-Live à Quinte-Curce et à Tacite, bien que Montaigne ne lut celui-ci que plus tard, et, dans le nombre, César et Salluste auraient une place à part.

Quant aux auteurs grecs, ils seraient moins abondants, non que le philosophe fût incapable de comprendre leur langage, mais il ne l'entendait pas assez pour le saisir à la volée. Montaigne, en effet, s'il aimait à savourer directement les auteurs qui lui agréaient, se faisait parfois lire à haute voix les livres qui fatiguaient sa vue et dont il ne voulait pas suivre de plus près le détail. Ses études avaient été trop négligées à cet égard pour qu'il pût se permettre de prendre ainsi connaissance des auteurs grecs. Il devait suivre lui-même la pensée dans le texte pour la saisir sous l'enveloppe d'une forme qui ne lui était pas familière. Parmi ses livres, il possédait Homère, « le premier et dernier des poètes, » et couvrait d'annotations les marges de l'*Odyssée*[1], sans se dissimuler qu'il ne pouvait pénétrer toutes les beautés de « ce personnage admirable, quasi au-dessus de l'humaine condition ». Il citait également Platon et Aristote, mais on ne saurait dire s'il lisait l'un et l'autre d'original. Il est possible que Montaigne ait pris connaissance de leurs œuvres dans des traductions latines, comme il en fût advenu pour Plutarque avant qu'Amyot ne le mît en français. Hérodote lui plaisait et Xénophon aussi, quoique sa vie lui parût plus remarquable que ses écrits. Mais, pour ne pas desservir la mémoire de La Boétie, qui avait traduit en français l'*Économique,* Montaigne s'était efforcé de pénétrer de son mieux le caractère de Xénophon, bien qu'il en cherchât plus volontiers la trace dans une traduction latine que dans le grec lui-même.

En somme, quelle qu'ait pu être la connaissance que Montaigne avait de la langue grecque — et, pour ma part, je crois qu'elle était fort suffisante pour lui permettre d'agir autrement, — il ne semble pas que d'ordinaire Montaigne puisât directement aux sources grecques. L'intelligence de la beauté hellénique lui manqua, car il ne la perçut guère qu'au travers d'un voile plus ou moins transparent et dans des œuvres où elle ne resplendissait pas de tout son éclat. Montaigne préférait la netteté de la pensée aux grâces du style : il s'attachait donc

---

1. Cet exemplaire figure dans le catalogue des livres de Mirabeau l'aîné (Paris, 1791, n° 127). Depuis lors, on a perdu sa trace.

volontiers aux ouvrages qui lui fournissaient matière à réflexion par les traits ou par les observations qu'ils rapportaient. Après Plutarque et Xénophon, qui symbolisaient à ses yeux la fine fleur du génie de la Grèce, il se délectait aux récits de Diogène de Laerce. Combien il regrettait que celui-ci n'eût pas eu des continuateurs et des imitateurs! Il en souhaitait « une douzaine », et peut-être, au prix de ces compilateurs, eût-il fait bon marché des écrivains qui se souciaient plus de charmer que d'instruire. Ces écrivains-là, il les lisait sans les fréquenter; il les pratiquait surtout par fragments, dans les anthologies qui donnent les extraits les plus ingénieux de leurs œuvres, qui cueillent et groupent les plus beaux fruits de leur inspiration. C'est là que très souvent Montaigne alla faire son choix; il y prit bien des passages qu'il savait ensuite utiliser dans son propre ouvrage.

Les modernes, eux aussi, trouvaient leur place à côté des anciens. Quoique toutes les admirations de Montaigne fussent pour l'antiquité, il ne méprisait pas ses contemporains et savait leur rendre justice. La poésie, par exemple, y tenait un bon rang. On y eût trouvé la plupart des poètes français, italiens ou latins modernes. Montaigne, qui s'était exercé à la poésie latine, aimait à goûter les ouvrages de ceux qui excellèrent dans cet art. Dorat, Théodore de Bèze — l'exemplaire de Montaigne est sauvé, — Buchanan, L'Hospital, Mondoré, Turnèbe avaient ses préférences en ce genre. La poésie française lui semblait montée alors « au plus haut degré où elle sera jamais ». Il appréciait Marot et Saint-Gelays, mais son enthousiasme allait droit à Ronsard et à Du Bellay, qu'il ne trouvait « guère éloignés de la perfection ancienne ». L'exemplaire des *Œuvres en rime* de J.-A. de Baïf que Montaigne possédait nous est parvenu : rien n'indique que cette haute estime s'étendît jusqu'à Baïf.

Dans la littérature italienne, ce que Montaigne goûtait le plus c'étaient les écrivains épistolaires. Sans doute, l'imagination des poètes d'au delà des Alpes savait l'échauffer d'une belle ardeur ; il admira Dante ; la fantaisie de l'Arioste le ravit « autrefois » ; plus tard, il visita le Tasse enfermé à Ferrare. On a sauvé son Pétrarque, un petit volume facile à mettre dans sa poche, que le propriétaire prit peut-être quelquefois avec lui. On n'a pas retrouvé ainsi tous les livres de lettres italiennes dont Montaigne s'était entouré. « Ce sont grands imprimeurs de lettres que les Italiens, » disait-il, et il recherchait curieusement tous les échantillons de cette littérature, car lui aussi se piquait de bien écrire les lettres, et il eût volontiers exposé ses idées sous cette forme s'il eût trouvé un correspondant à qui les adresser. Comme tout son siècle, Montaigne était séduit par l'âme italienne, si complexe en même temps et si attirante. En Italie, la tradition classique était conservée à travers les temps ; la race demeurait en communion intime et constante avec l'antiquité. Quel attrait pour un esprit qui admirait par-dessus tout la civilisation latine ! Retrouver ainsi le vieux monde dans les générations nouvelles eût suffi pour attirer Montaigne quand bien même l'ordre des choses italiennes n'eût pas eu d'autres séductions. Mais il y avait encore, au delà des Alpes, la liberté de l'esprit individuel et un état social qui laissait s'épanouir la vie publique et le génie national. Ce sont des conditions qui avaient frappé Montaigne et dont il recherchait les effets dans les œuvres des littérateurs.

Nulle part la conscience intime d'un peuple ne se montre mieux que dans les écrits qui analysent des états d'âme particuliers; il suffit d'observer quelques cas pour arriver aisément à la connaissance de l'ensemble. C'est pour cela que Montaigne aimait tant les correspondances italiennes, malgré leurs fadeurs et leurs *concetti* : dans l'âme de chaque écrivain il retrouvait un lambeau de l'âme nationale, en même temps que l'individualité de la pensée s'y affirmait tout entière. Il tenait à posséder tous ces volumes autour de lui, depuis Annibal Caro qui lui semble le meilleur de ces *épistoliers* italiens, jusqu'à la poétesse Véronique Franca qui lui fit présent elle-même à Venise de ses productions. A côté, sur les rayons de sa bibliothèque, Montaigne laissait une place aussi grande à d'autres livres qui complétaient ceux-ci et dont l'Italie paraissait avoir le monopole : ces manuels du parfait gentilhomme, tels que le concevait la mode d'alors, qui réglaient les belles manières et donnaient le ton à la conversation. Le premier de cette série était, bien entendu, l'ouvrage célèbre de Balthasar Castiglione, *Il Cortegiano,* le livre d'or de l'homme de cour, dont Montaigne avait peut-être reçu un exemplaire en don de La Boétie. Dans le petit nombre des livres de Montaigne qui sont arrivés jusqu'à nous se trouvent plusieurs des écrits composés sur la matière de celui-ci : les *Cento givo-*

JACQUES AMYOT.
D'après Léonard Gaultier.

chi liberali d'Innocentio Ringhieri, les *Lezzioni* de Benedetto Varchi; et des dissertations sur la nature de l'amour, le *Carcer d'amor* de Lelio Manfredi ou les trois dialogues néo-platoniciens de Léon Hébreu. Montaigne, il est vrai, ne se plaisait pas outre mesure à cette philosophie quintessenciée si fort à la mode en France par imitation de l'Italie; pour un peu, il eût suivi son page qui faisait l'amour sans se soucier des théories de Léon Hébreu. Mais il aimait la politesse des manières. Il trouvait au delà des monts l'urbanité plus répandue qu'en deçà, et la galanterie dans son raffinement lui paraissait préférable à l'impétuosité un peu brutale des Français d'alors.

Les belles-lettres et les beaux-arts avaient, en effet, poli les façons italiennes; si la conscience demeurait cynique et corrompue, les apparences du moins étaient charmantes. Toute la vie de l'Italie était ainsi faite. Politique ou morale, tout y avait deux aspects, l'un extérieur et brillant, l'autre intime et louche. Cette dualité se reflétait dans les ouvrages de ses écrivains : d'une part, ceux qui enregistraient la science des vertus d'apparat; d'autre part, ceux qui dévoilaient le secret d'une diplomatie cauteleuse; les historiens et les théoriciens de l'élégance mondaine. Côte à côte, Montaigne réunissait ces deux éléments divers sur ses rayons. L'histoire était toujours, pour le philosophe, la passion favorite, le sujet le plus ordinaire de ses méditations, et nul pays mieux que l'Italie ne lui fournissait ample matière à ses lectures. L'histoire s'y était renouvelée en même temps que la poésie et le roman. Plus d'un siècle avant Philippe de Commines, l'Italie avait son premier chroniqueur qui faisait déjà preuve de critique et de sens politique. Depuis lors, la littérature historique s'était singulièrement perfectionnée dans ce milieu si affiné, si propre à l'analyse des passions. Tout cela était bien fait pour plaire à Montaigne, si soucieux de connaître l'enchaînement des faits et de pénétrer leurs intimes causes. Aussi les historiens italiens abondaient-ils dans la bibliothèque du philosophe. On a retrouvé plusieurs ouvrages portant sa signature en tête de leurs feuillets : les histoires de Jean Villani, l'histoire universelle de Léonard Arétin, Paul Jove et Pierre Justiniani, *le Antichita di Roma* de Lucio Mauro et les considérations de Francesco Sansovino sur l'art de gouverner un état. Il y en avait d'autres encore qui ne nous sont point parvenus, ne serait-ce que Guichardin, que Montaigne avait attentivement feuilleté.

C'est un des traits les plus saillants de la nature de Montaigne que ce désir de connaître ainsi en détail l'histoire et l'humeur des peuples étrangers. On peut affirmer que sa bibliothèque contenait tout ce qui avait paru en son temps de plus propre à satisfaire cette curiosité. Les livres que nous possédons encore justifient amplement cette remarque. Parmi ceux-ci, il y a une histoire de Pologne, une des Flandres, une de Chypre, un recueil de chroniques hongroises et un autre de chroniques germaniques, deux histoires de Portugal, à cause apparemment des rapports que Montaigne avait eus avec ce petit pays par les ascendants de sa mère. Tout lui était bon pour apaiser son désir de savoir :

aux historiens consommés il demandait la raison des événements ; aux autres, le récit consciencieux des faits. De tous il tirait un enseignement profitable que son merveilleux esprit savait ensuite s'approprier.

Il importait pour ces motifs de ressusciter de la sorte, sinon dans tous ses détails, du moins dans ses lignes principales, la bibliothèque dont Montaigne était entouré. C'est le cadre véritable qu'il faut donner à ses méditations. Jetons un dernier coup d'œil avant de passer outre ; c'est de ses livres que Montaigne tirera le plus souvent les éléments qu'il s'assimilera en les rajeunissant. Précisons donc encore davantage et essayons de coordonner définitivement ces richesses. On l'a vu, soixante-quinze volumes environ ayant fait partie de cette glorieuse collection sont parvenus jusqu'à nous. Quelques-uns d'entre eux pourraient paraître douteux ; écartons-les sans examen. Tenons-nous-en seulement à ceux dont la provenance est indiscutable, certaine. Un peu plus d'une soixantaine de volumes sont dans ce cas. Si on les examine au point de vue de la langue dans laquelle ils sont écrits, on y trouve un livre espagnol, douze livres français et treize italiens, et, pour les langues mortes, cinq livres grecs et trente-deux latins. Si, au contraire, nous considérons ces ouvrages selon les matières qui y sont traitées, voici quelle en est la répartition : il y a trois volumes théologiques (la *Bible* et deux ouvrages hétérodoxes sur l'un desquels Montaigne a écrit lui-même : *Liber prohibitus*) ; — un livre de médecine ; — deux de droit ; — un roman, l'*Amadis* espagnol; — onze poètes; — vingt-huit ouvrages historiques, — et quinze autres ouvrages dont le classement est plus difficile et qui comprennent soit des commentaires des auteurs anciens, soit les traités moraux et civils dont nous avons déjà parlé. En résumé, les rares ouvrages qui nous sont parvenus me paraissent donner la physionomie exacte de la bibliothèque de Montaigne. On peut apprécier, d'après eux, dans quelles proportions chaque sorte d'écrit figurait dans le cabinet du philosophe. C'est à cet égard seul que les calculs précédents peuvent offrir de l'intérêt.

Tel était donc l'horizon de Montaigne en écrivant. D'un coup d'œil il embrassait, rangés autour de lui, les volumes qui servaient à stimuler sa pensée. N'est-ce pas aussi l'horizon de tout son siècle qui ne savait guère regarder au delà des livres que l'antiquité lui avait légués? Livres grecs, livres latins et livres italiens, n'est-ce pas là-dedans que chacun allait chercher ses impressions et ses pensées? Les plus maladroitement respectueux s'efforçaient d'y prendre même la forme; lui, fut plus avisé et se garda d'une telle erreur. Aussi instruit que son siècle, Montaigne sut mieux que personne mettre en œuvre les livres qu'il avait lus. Au lieu de prendre « vert et sec », de piller sans discernement, il choisit ce qui lui parut de bon aloi, s'en empara et l'enchâssa dans sa propre prose avec le tact d'un artiste. Au surplus, il y avait quelque artifice à tout cela : nul ne réclamerait si le madré philosophe laissait aux anciens la responsabilité de ce qu'ils avaient pensé et dit avant lui. Les citations, les découpures sont souvent, dans son œuvre, un calcul destiné à dépister la critique. Un lecteur superficiel trouvera, de prime abord, au plus personnel des livres un aspect bien étrange. Il ne faut pas un long examen pour reconnaître combien ces juxtapositions sont factices et combien l'auteur est toujours visible sous un masque étranger, comment il se découvre dans le langage qu'il emprunte aux autres et comment il demeure maître de son sujet sous l'amas des matériaux qui semble devoir opprimer sa pensée.

Ce qui épargna à Montaigne cette faute de goût, ce fut tout d'abord la nature même de son esprit, si soucieux des pensées des auteurs qu'il consultait et moins épris de la forme qu'ils leur avaient donnée. Ce fut aussi la manière dont il consultait ces auteurs. Certes, Montaigne avait pratiqué autant de livres qu'aucun de ses contemporains; il les avait pratiqués autrement. Il lisait tout, ou à peu près, mais il ne lisait pas tout de la même manière. Les livres dont il ne croyait pas pouvoir tirer d'enseignement, il les lisait sans grande attention; tant mieux s'il restait ensuite dans son esprit quelque profit d'un commerce dont il n'avait rien attendu. Au contraire, son attention se concentrait sur les ouvrages dont il voulait tirer parti; pour ceux-ci, il consacrait tout le temps nécessaire à leur lecture, il les annotait, les résumait en quelques traits saillants. Soulignant les passages heureux ou analysant les observations neuves, rien ne lui échappait alors. Nous savons par lui-même ce qu'il avait écrit ainsi en tête de ses exemplaires de Guichardin, de Commines et des *Mémoires* de Du Bellay. Montaigne avait lu ces trois volumes au début de sa solitude, peut-être même avant d'avoir pris le parti de se retirer du monde. Ce jugement écrit a donc une date assez nettement déterminée et elle sert à connaître l'état d'esprit du philosophe. L'opinion y est modérée et juste. Guichardin, notamment, est parfaitement analysé et son caractère déterminé avec une grande sûreté de vues, un sens très exact du caractère italien. Commines et Du Bellay, eux aussi, sont sainement appréciés. Mais on peut supposer que Montaigne, avant de nous livrer son opinion, l'a retouchée à cet effet. De quel prix serait cette pensée si on la surprenait dans sa sincérité native, dans son expansion première !

Un volume nous est parvenu qui offre cet incomparable intérêt : c'est l'exemplaire des *Commentaires* de César que Montaigne a annoté en le lisant [1]. César

---

[1]. *C. Julii Cæsaris Commentarii, novis emendationibus illustrati. Ejusdem librorum qui desiderantur fragmenta, ex bibliotheca Fulvii Ursini Romani.* Antuerpiæ, ex officina Christoph. Plantini. 1570. Petit in-8º de 499 pages chiffrées, plus 16 pages non chiffrées au commencement et 16 autres pages également non chiffrées à la fin. La 14º de ces pages de la fin contient la grande page autographe de Montaigne, et la 15º deux lignes de son écriture. — Ce volume fut trouvé sur les quais par un bibliophile, M. Parison, qui l'acheta au prix de quatre-vingt-dix centimes. A la mort de Parison, cet exemplaire fut acquis pour le compte de M. le duc d'Aumale et il fait aujourd'hui partie de l'admirable bibliothèque de Chantilly. On peut consulter à son sujet les *Documents inédits de Montaigne* du Dr J.-F. Payen (nº 3, Paris, 1855, in-8º, p. 29), et aussi deux articles de Cuvillier-Fleury publiés sous ce titre, *le César de Montaigne*, dans le *Journal des Débats* (nᵒˢ des 16 et 23 mars 1856), et reproduits dans le *Bulletin du Bibliophile* de mars de la même année.

n'était pas, pour Montaigne, un auteur de chevet comme le furent Sénèque et Plutarque, une de ces sources fécondes où le philosophe venait sans cesse puiser. Il l'avait cependant longuement pratiqué et consacra près de cinq mois à l'étude des *Commentaires,* ce bréviaire de tout homme de guerre, pour prendre à Montaigne une de ses expressions. Commencée le 25 février 1578 par les trois livres de la *Guerre civile,* cette lecture s'acheva le 21 juillet de la même année par la *Guerre des Gaules.* C'est donc deux ans avant la publication de ses propres *Essais* que Montaigne suivait d'un œil si attentif l'autobiographie du grand Romain. Plus de six cents notes, inégalement réparties sur les marges de trois cent trente-six pages du livre, attestent le souci du lecteur; et, à la fin du volume, au verso d'un des derniers feuillets qu'il occupe tout entier, un jugement d'ensemble sur César écrit par Montaigne d'une main rapide, sous le coup de l'impression que cette lecture avait faite en lui. Le penseur est pris là sur le vif, et c'est pour cela que ce précieux volume mérite de nous retenir.

Quel enseignement y a-t-il à tirer de ces annotations nombreuses? Les unes sont de simples sommaires destinés à appeler l'œil de Montaigne sur les endroits principaux, comme les traits dont il soulignait les passages dignes de remarque. Il est déjà intéressant de voir l'endroit où Montaigne s'arrête et comment il condense l'auteur. Il est plus intéressant encore de voir comment, parfois, ces annotations marginales apprécient d'un mot le texte de César, le traduisent et le resserrent dans une phrase qui enferme en une brève formule l'esprit et le sens du latin. Il ne peut être question ici d'examiner en détail les remarques de Montaigne; pousser à bout cette analyse serait trop long, sinon trop fastidieux. Contentons-nous de tirer en gros ce qui importe à la connaissance de l'esprit de Montaigne. Le jugement manuscrit porté sur César facilite cette tâche.

Le voici: « Somme, c'est César un des plus grands miracles de Nature. Si elle eût voulu ménager ses faveurs, elle en eût bien fait deux pièces admirables : — le plus disert, le plus net et le plus sincère historien qui fut jamais, car en cette partie il n'en est nul romain qui lui soit comparable, et suis très aise que Cicero le juge de même; — et le chef de guerre en toutes considérations des plus grands qu'elle fît jamais. Quand je considère la grandeur incomparable de cette âme, j'excuse la victoire de ne s'être pû défaire de lui, voire en cette très injuste et très inique cause. Il me semble qu'il ne juge de Pompeïus que deux fois (208, 324)[1]. Ses autres exploits et ses conseils, il les narre naïvement, ne leur dérobant rien de leur mérite; voire parfois il lui prête des recommandations de quoi il se fût bien passé, comme lorsqu'il dit que ses conseils tardifs et considérés

---

[1]. Ces chiffres sont ceux de deux pages de l'exemplaire même du César de Montaigne, auquel il renvoie. Dans le premier cas, César reproche à Pompée une ambition peu scrupuleuse sur le choix des moyens; dans le second, une fausse manœuvre sur le champ de bataille. — Le troisième chiffre, qu'on voit quelques lignes plus bas, se rapporte évidemment à un passage du *De bello civili*, III, 82.

étaient tirés en mauvaise part par ceux de son armée ; car par là il semble le vouloir décharger d'avoir donné cette misérable bataille, tenant César combattu et assiégé de la faim (319). Il me semble bien qu'il passe un peu légèrement ce grand accident de la mort de Pompeïus. De tous les autres du parti contraire, il en parle indifféremment, — tantôt nous proposant fidèlement leurs actions vertueuses, tantôt vitieuses, — qu'il n'est pas possible d'y marcher plus consciencieusement. S'il dérobe rien à la vérité, j'estime que ce soit parlant de soi ; car si grandes choses ne peuvent être faites par lui qu'il n'y ait plus du sien qu'il n'y en met. C'est ce livre qu'un général d'armée devrait continuellement avoir devant les yeux pour patron, comme faisait le maréchal Strozzi qui le savait quasi par cœur et l'a traduit ; non pas je ne sais quel Philippe de Commines que Charles cinquième avait en pareille recommandation que le grand Alexandre avait les œuvres d'Homère (et) Marcus Brutus Polybius l'historien. »

Chose remarquable, l'analyse que Montaigne faisait alors pour lui-même sur les gardes de son volume du caractère de César est moins sévère que celle qu'il tracera en maints endroits des *Essais*. Le lecteur était encore sous le charme de sa lecture. Dans cette première vue d'ensemble, un seul côté de la nature de César frappe Montaigne : le mérite de l'historien. L'homme de guerre reste au second plan, à peine apprécié. Plus tard, au contraire, en reprenant dans son livre le portrait de César, Montaigne, dont le regard sera plus net et l'esprit plus dégagé, insistera

a Mōtes le 25 feu. 1578. 45/ So me ceǣt cesar
un des plus grās miracles de Nature si elle
eut bien menagé ses faueurs. Elle en eut bien faict
deus pieces admirables. Le plus disert, le plus net
et le plus sincere historien qui fut iamais. Car
en cete partie il n'i est nul romain qui lui soit
cōparable. Et suis bien d'aise que Cicero le iuge de mesme
si le chef de guerre en toutes cōsideratiōs de plus grands
qu'elle fit iamais. Quand ie cōsidere la grandur
inesparable de cete ame, i'escuse la uictoire de
ne s'estre peu desfaire de lui uoire en cete
infinie et tres inique cause. et me sable qu'il
ne iuge de Pōpeius que deus fois/208/324/Ses autres
exploits et ses cōseils il les narre naifuemēt ne leu
derobant rien de leur merite, Voire par fois il leur
prete des recōmandatios de quoi il se fut bien passé. Come
lors qu'il dict que ses cōseils tardifs et cōsiderés eurēt
tirés en mauuese part par ceus de sō armée, c'ar pas la
isla, le uouloir descharger d'auoir donné cete mēora
ble bataille tenant cesar cō Batisté assiegé de bfeur/319/
et me sable bien qu'il passe un peu legieremēt ce grād
accidēt de la mort de Pōpeius. De tous les autres siē
par cōtrere il en parle indifferēmēt louant tantost
nous proposāt fidelemēt leurs astiōs uertueuses tantos
uitieuses qu'il n'ist pas possible d'y marcher plus
asseurēsemēt. S'il se robe rien à la uérité, i'estime
que ce soit par lāt de soi, car si grādes choses ne
peuuet pas ētre faictes par lui qu'il n'y aie plus
du siē qu'il n'y en met. Cest ce liure qu'un general
d'armee deuroit cōtinuelemēt auoir deuāt les yeus
pour patrō come fou soit le marechal Strozzi qui le
sauoir quasi par ceur. s'il ā traduit n'est pas ie ne sçai quel
philippe de clines que charles cinquieme auoit
e cōmette recōmandant que le grād Alexādre auoit les
ceuures de Homere Marcus Brutus Polybius l'historic

i'acheue de lire les liures des guerres de
Gaule le 21 Juil. 1578 45/

sur les deux faces du génie du grand homme : le général semblera même alors l'emporter sur l'écrivain dans son admiration. Montaigne retouchera, pour les accentuer, bien des traits qu'il avait seulement indiqués dans sa première ébauche; il précisera bien des aspects à peine entrevus de cette physionomie multiple. Montaigne alors aura trouvé le vrai point de vue. Il ne se dissimulera ni les vices de César ni les lâchetés de sa politique; il ira jusqu'à le traiter de « brigand ». Malgré tout, le César analysé dans les *Essais* sera bien le même que celui que Montaigne avait d'abord essayé de fixer sur les gardes de son propre exemplaire des *Commentaires*. La plupart des lignes du premier portrait sont demeurées dans le second, mieux marquées et plus fermes. La première fois César était vu de trop près pour que l'œil du lecteur n'éprouvât pas encore quelque confusion. Avec le recul, l'ensemble se détache, et chaque détail prend sa valeur véritable. C'est pour cela qu'il est instructif de comparer les deux points de vue, de rechercher dans l'ébauche primitive l'expression non altérée des sentiments originels, de retrouver dans le dernier tracé ce que le temps a mieux défini et achevé. Dans la note manuscrite on surprend le primesaut d'une appréciation qui se répand pour elle-même avec l'ardeur de la nouveauté; plus tard, au contraire, la pensée est mûre, complète, et l'on n'y retrouve les premiers éléments qu'assagis et précisés.

En fin de compte, si Montaigne lut beaucoup de volumes et s'il tira profit de ses lectures, on peut dire cependant qu'il n'étudia qu'un petit nombre d'auteurs. C'était un mérite dans un siècle qui n'eut jamais pour devise : *Timeo hominem unius libri.* Il choisit de son mieux ces auteurs et essaya de les prendre le plus conformes qu'il put à sa propre nature. Les *Essais* nous ont déjà montré, pour Sénèque et Plutarque par exemple, comment Montaigne essayait de faire passer les pensées étrangères au milieu de ses réflexions. L'examen du volume de César vient de nous apprendre que le lecteur n'épargnait rien pour que cette analyse lui fût profitable. Il ne ménageait pas son temps, puisqu'il mettait cinq mois à lire César; il ne ménageait pas davantage sa peine, puisqu'il annotait sans cesse le texte de l'historien latin. Quand le livre était d'importance, il n'en fallait rien laisser perdre. Au contraire, les ouvrages de moindre valeur dont il a été question plus haut n'offrent aucune trace d'examen prolongé. A peine si quelque historien porte, réduit à deux ou trois lignes, un jugement sommaire écrit par le critique. Qu'en conclure sinon que Montaigne gardait l'intensité de son observation pour quelques auteurs de choix qu'il étudiait minutieusement et dans le détail ? Les autres volumes venaient par surcroît, pour occuper les heures en variant l'emploi du temps. Cherchant à stimuler ses propres réflexions, il aimait, après avoir lu quelques passages d'un auteur, à laisser errer sa fantaisie; il se remémorait ainsi ses lectures ou ses propres observations, et les faits se groupaient dans son esprit, rapprochés les uns des autres par leurs affinités. Les idées se nouaient et s'enchaînaient ; les rapports se précisaient. Comme sa mémoire était fort courte, Montaigne se forgeait, comme il le dit, une mémoire de papier, enregistrant lui-même ou faisant noter tout ce qui se rattachait à l'objet ordinaire de ses méditations. Il pillait de la sorte ses devanciers, leur prenait non pas la forme plus ou moins heureuse qu'ils avaient su donner à une pensée, mais la pensée elle-même, la déguisant parfois et la « difformant » pour en mieux tirer profit. C'est ainsi qu'il commettait ses larcins, et ensuite il reste sans remords maître du butin. « Je feuillette les livres, je ne les étudie pas, avoue-t-il ; ce qui m'en demeure c'est chose que je ne reconnais plus être d'autrui. »

Montaigne avait la vue vite fatiguée. Ses yeux portaient loin, mais suivre de près des caractères d'imprimerie le lassait promptement. Il évitait donc de lire longtemps, et, pour amortir la blancheur du papier, il plaçait dessus une plaque de verre plus sombre. Parfois aussi, il se faisait lire à haute voix les auteurs par quelque valet, auquel il dictait ensuite ses réflexions. Les *Essais* furent écrits de la sorte, dans cette bibliothèque qui lui devenait de jour en jour plus chère et où son esprit se retrouvait aisément. *Cella continuata dulcessit*, dit l'*Imitation*. A fréquenter ainsi cet endroit solitaire, Montaigne trouva le charme des pensées, des observations intimes. Cet horizon devint familier à son esprit ; il en avait besoin pour s'analyser et se saisir lui-même. C'est là seulement que furent composés les *Essais*, et la dureté du temps n'eût pas permis qu'ils le fussent ailleurs. La préparation de l'œuvre correspond aux huit années que Montaigne passa confiné dans sa tour; elle fut l'occupation principale de ce long isolement; maintenant, aux yeux de la postérité, elle en est la glorification. Pour mieux comprendre le livre, il était donc besoin de montrer l'auteur tel qu'il vécut au moment où il le rédigeait, dans son cabinet peuplé de volumes et constellé d'inscriptions philosophiques. Bientôt nous jugerons l'œuvre qui sortit de cette solitude. Il suffit, pour le moment, de laisser Montaigne en tête-à-tête avec ses livres, allant de l'un à l'autre, au hasard de sa fantaisie, les feuilletant ou se les faisant lire, écoutant d'une oreille distraite ce qui lui paraît superflu, mais suivant d'un œil attentif tout ce qui stimule ses propres réflexions. Il suffit de le montrer méditant, loin du bruit de sa maison, dans le grand silence de la campagne, le regard perdu sur les solives de sa bibliothèque ou sur les fresques de son cabinet, écrivant quand « une trop lâche oisiveté » le presse, ou dictant ses remarques à un secrétaire. Il s'en va à l'aventure, guidé par son humeur et par ses lectures, amusé par cette besogne qui le charme chaque jour davantage. Montaigne s'est mis à coucher par écrit ses fantaisies pour se faire honte à lui-même de l'inconstance de son imagination. Mais voici que la pénitence lui semble douce; volontiers il prendrait en affection ses travers pour le plaisir qu'il a de les confesser. Le secrétaire aussi s'intéresse à ces confidences, et, un beau jour, il détale non sans dérober au manuscrit de son maître « plusieurs pièces choisies à sa poste ». Avant que de paraître les *Essais* charmaient déjà leur lecteur. Le larcin dut secrètement flatter le volé. Les admirateurs de Montaigne s'en consoleraient moins aisément s'il était prouvé que ce procédé les eût privés de quelques pages du livre.

L'apparente oisiveté de ces huit années de solitude fut donc bien employée, puisque Montaigne composa, dans cet intervalle, les deux premiers livres de son ouvrage, tels qu'il les livrait à l'imprimeur en 1580. Faut-il croire que cette retraite ne fut point absolue, comme le suppose gratuitement un biographe de Montaigne[1], et que celui-ci s'empressait de l'interrompre, chaque fois qu'il le pouvait, par des absences prolongées et même par des séjours à la cour de France ? Rien ne justifie une semblable hypothèse et tout concourt, au contraire, à la faire écarter. En même temps qu'il était retenu au logis par le souci du travail entrepris, Montaigne l'était aussi par des intérêts domestiques et par la douceur de la vie de famille. Marié depuis peu, c'est pendant cette période qu'il eut à cœur de peupler son foyer. De 1570 à 1577, cinq enfants lui naquirent en sept ans, — cinq filles dont une seule survécut, Léonore, née le 9 septembre 1571. Celle-ci devait être plus tard l'unique rejeton d'une union pourtant féconde. Pour le moment, son père se désintéressait de son

---

1. Alphonse Grün, *la Vie publique de Montaigne*, p. 150. Les absences de plusieurs mois, auxquelles Montaigne fait allusion (*Essais*, l. II, chap. XXXVII), étaient apparemment des séjours à Bordeaux, où de grands intérêts le retenaient.

éducation, qu'il laissait à sa mère, car il disait que « la police féminine a un train mystérieux » et qu'il en faut abandonner la conduite aux femmes elles-mêmes. Aussi ne s'avisait-il pas de s'aventurer en pays inconnu.

Certes, si le ciel, au lieu de lui donner des filles, lui eût donné des garçons comme héritiers de son nom, Montaigne n'eût pas laissé à d'autres le soin

CACHET DE MONTAIGNE.

de leur première éducation, car il aimait que l'âme des êtres s'éveillât à la vie, il se plaisait à voir poindre les signes de l'intelligence. Quoiqu'on ait prétendu le contraire, Montaigne portait à l'enfance une profonde affection; il est vrai que cette affection diffère en bien des points des idées communément reçues aujourd'hui et mises en pratique. Montaigne n'aimait pas les enfants quand ils étaient encore en bas âge. « Je ne puis goûter cette passion, dit-il, de quoi on embrasse les enfants à peine encore nés, n'ayant ni mouvement en l'âme ni forme reconnaissable au corps par où ils se puissent rendre aimables. » Et il ajoute plus tard : « Je ne les ai pas souffert volontiers nourris près de moi. » Au contraire, à mesure que l'intelligence grandit en eux, l'affection paternelle dont on les entoure doit grandir aussi. Et quand les enfants sont parvenus à l'âge d'être initiés aux choses de la vie, Montaigne veut que leurs parents n'aient plus pour eux de sévérité et de froideur, mais qu'ils s'efforcent de nouer avec eux une liaison d'amitié respectueuse et bienveillante. Renversons alors toutes les barrières qui éloignent les pères des enfants ; rapprochons plutôt par tous les moyens ces êtres issus du même sang. Au XVIe siècle, on usait plus volontiers de rigueur à l'égard des enfants, quel que fût leur âge ; l'abandon manquait dans les rapports familiers, et l'on employait communément des appellations trop froides et trop cérémonieuses. Montaigne le comprit. Dans sa famille, il veut qu'on l'appelle *père,* et il ajoute : « Quand je pourrais me faire craindre, j'aimerais mieux me faire aimer. »

C'est bien la règle de conduite que Montaigne choisit, en effet. Désireux d'être aimé avant tout, il y réussit et fut chéri des siens, parce que lui-même les chérissait par-dessus tout. La passion de Montaigne pour la méditation et pour la solitude ne diminuait en rien l'affection qu'il portait à ceux qui l'entouraient. Il se demande, il est vrai, s'il n'eût pas préféré engendrer quelque bel ouvrage du commerce des Muses que de procréer un enfant du commerce de sa femme. Rien ne permet de supposer qu'en réalité il préférât ses écrits à ses enfants, pas plus qu'on ne saurait dire que sa retraite volontaire lui ait jamais fait oublier ses devoirs de citoyen. S'il est certain que Montaigne chercha toujours à s'abstraire des passions de son temps, s'il évita avec un soin jaloux de son repos de se mêler aux querelles des partis, il est non moins assuré qu'il ne refusait pas d'entrer dans la lutte quand sa conscience parut l'exiger. L'époque que le philosophe passait ainsi au milieu de ses livres était singulièrement troublée. Les flots des discordes civiles venaient, il est vrai, se briser aux pieds de sa tour, sans ébranler sa tranquillité d'esprit. Il ne jugeait que mieux, du haut de sa sagesse isolée, les menées des partis. Dominant les passions du jour, il suivait les événements d'un œil plus lucide et savait distinguer, au milieu des agitations stériles, le vrai rôle du patriote. Un exemple nous permet de dire que Montaigne ne manquait pas alors de s'engager lui-même dans cette voie, et qu'il n'hésitait pas à interrompre, pour un moment, le calme de son existence, quand cette vie paisible aurait pu devenir coupable.

Nul n'ignore combien le crime de la Saint-Barthélemy fut inutile. Loin d'apaiser les révoltes qu'il était destiné à éteindre, il raviva l'ardeur des Huguenots et fournit un prétexte à leur haine. Aussitôt leur stupeur passée, ceux-ci se soulevèrent en masse pour venger leurs chefs si lâchement assassinés. C'est La Rochelle qui donna le signal de la révolte, et l'autorité royale ne fut pas assez forte pour châtier cette première audace. Alors, la rébellion gagna de proche en proche, si bien qu'une bonne partie du royaume lui appartenait peu après. En Poitou, le propre lieutenant du roi, La Haye, donne l'exemple de l'insoumission; en Dauphiné, en Auvergne, en Quercy, les protestants s'emparent de positions importantes; en Normandie enfin, Montgomery débarque avec des secours venus d'Angleterre et ranime le courage de ses coreligionnaires. Puis, au sein même de la cour, un nouveau parti se forme, le parti des Politiques, qui conspire aussitôt pour essayer de faire arriver au trône de France le duc d'Alençon, à la place de son aîné le duc d'Anjou, qui avait accepté le trône de Pologne, et la maladie persistante de Charles IX permet de supposer que la vacance ne va pas tarder à s'ouvrir.

Telle était la situation au commencement de 1574, c'est-à-dire moins de deux ans après les cruautés de la Saint-Barthélemy. Elle ne pouvait être plus critique, car la révolte faisait chaque jour des progrès et la santé de Charles IX, au contraire, donnait de moins en moins d'espérance. Ce fut la reine-mère qui fit tête à l'orage et parvint à le surmonter. Elle para à tous les dangers avec une énergie virile. Écartant tout d'abord le péril d'une conspiration, elle fait arrêter et exécuter La Môle et Coconas, et garde plus étroitement le roi de Navarre et le duc d'Alençon prisonniers à Vincennes. Puis, malgré le vide du trésor, elle lève trois armées, dont la plus importante est envoyée en Normandie, et les deux autres vont en Languedoc et en Poitou.

L'armée du Poitou, destinée à combattre La Noue, était placée sous les ordres du duc de Montpensier, qui groupa autour de lui les gentilshommes de la région restés fidèles au roi. Dès le commencement de mai, Montpensier entrait en campagne, et, après avoir séjourné quelques jours à Parthenay, il se fixait

CATHERINE DE MÉDICIS.
(Médaillon de bronze. — Musée du Louvre.)

à Sainte-Hermine, pensant bien que l'ennemi ne refuserait pas la bataille. Mais celui-ci, au contraire, ne cessait de temporiser. Persuadé que les retards ne pouvaient qu'affaiblir des adversaires sans cohésion, La Noue, en général habile, laissait se prolonger un état de choses qui devait servir à sa cause. La mort du roi était imminente, et cette disparition, en augmentant le désarroi des Catholiques, profiterait aux Huguenots. Ceux-ci crurent même au décès de Charles IX avant qu'il ne fût survenu. Ils supposaient qu'on leur cachait cette fin pour permettre à Henri III de rentrer de Pologne ; aussi s'agitaient-ils beaucoup par-dessous mains plutôt que de combattre, pour gagner le plus de partisans à leur cause et susciter le plus d'ennemis au futur roi de France, qu'ils méprisaient à l'égal de son frère. C'est au milieu de ces atermoiements et tandis que les religionnaires manœuvraient de la sorte que Montaigne fut chargé d'une mission de confiance à Bordeaux.

Le duc de Montpensier « dépêcha » Montaigne du camp de Sainte-Hermine auprès du Parlement de Bordeaux pour porter des instructions écrites et fournir verbalement un exposé plus explicite de la situation. Investi de cette délégation, Montaigne partit aussitôt et vint communiquer avec la cour. Son ancien titre de conseiller lui donnait droit de prendre séance au Parlement et d'y parler au milieu de ses collègues. C'est ce qu'il fit le 11 mai 1574. Lui-même en a noté le souvenir dans le volume d'*Éphémérides* sur lequel il mentionnait les principaux événements de son existence[1]. Les registres du Parlement de Bordeaux confirment eux aussi ce témoignage. Prévenus de l'arrivée de Montaigne, les membres de la Cour délibérèrent sur la façon dont il

---

1. Dr Payen, *Documents inédits sur Montaigne,* n° 3, 1855, p. 14 et 20. — Bigorie de Laschamps, *Michel de Montaigne,* 1860 (2e édition), in-12, p. 15.

devait être accueilli parmi eux. Ils décidèrent qu'en sa qualité d'ancien conseiller le messager serait « assis et mis au milieu du bureau de la Grand'-Chambre parmi les autres conseillers d'icelle Chambre ». Ainsi procéda-t-on. On accorda à Montaigne

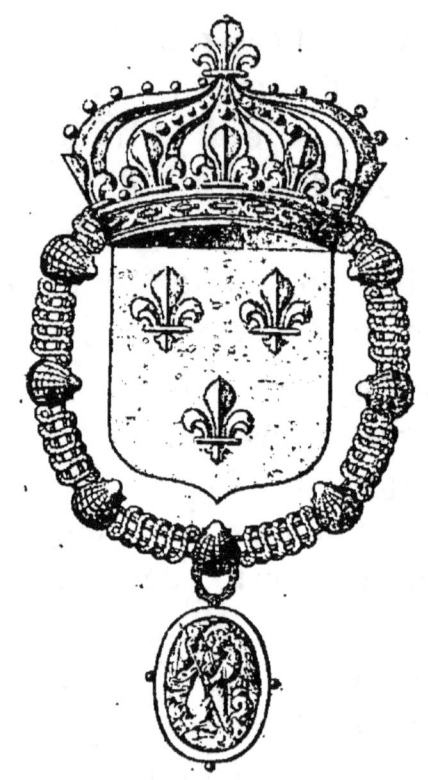

COLLIER DE L'ORDRE DE SAINT-MICHEL.

de prendre séance, honneur auquel les envoyés du roi n'avaient pas droit. Les registres mentionnent, en outre, que, « étant ledit de Montaigne entré, a présenté les lettres du sieur de Montpensier adressantes à la Cour, dont lecture a été faite, et, après, ledit de Montaigne a fait un long discours. »

Ce discours n'a pas été conservé par les registres du Parlement de Bordeaux. Les biographes de Montaigne regrettent d'avoir perdu cet échantillon de l'éloquence du grand homme. Certes, si l'on ne saurait se flatter de suppléer à l'expression donnée par Montaigne à ses avis, il me semble qu'on peut aisément retrouver ce que ces avis durent être. Jamais la situation de la royauté n'avait été si critique qu'à cette heure. Charles IX se mourait et son successeur était en Pologne. Profitant des événements, les Huguenots avaient surpris un grand nombre de places dont les plus rapprochées de Bordeaux étaient Rochefort, Tonnay-Charente, Brouage, Royan et Pons. On pensait bien qu'ils ne s'en tiendraient pas là. Ils étaient à peu près maîtres de l'embouchure de la Gironde, rançonnant les bateaux et empêchant le commerce; on supposait avec vraisemblance qu'ils tenteraient quelque coup de main sur Blaye pour aller ensuite à Bordeaux. Élisabeth d'Angleterre favorisait ouvertement ces entreprises et semblait préparer une descente sur nos côtes de l'Atlantique. Le mot d'ordre transmis par la prudence de Catherine de Médicis était donc de veiller. Elle mandait directement à Montferrand, grand sénéchal de Guyenne, de ne cesser de se tenir en garde. « Je vous prie, lui disait-elle dans sa lettre[1], en insistant, incontinent la présente reçue, ne faillir de donner si bon ordre en l'étendue de votre charge qu'il ne puisse advenir aucun changement; étant aussi bon besoin, au temps où nous sommes, que vous preniez pareillement bien garde, autant au dedans qu'au

---

[1]. *Archives historiques de la Gironde,* t. Ier, p. 236. Lettre du 28 mai 1574.

dehors, en m'assurant de votre bonne affection, et vigilemment que vous n'y oublierez rien. »

Tel était aussi le langage du duc de Montpensier. Informé des visées des Protestants, il se hâta de prémunir les Bordelais contre une attaque inopinée et de préparer à tout événement les autorités, le Parlement et le Corps de ville. Il envoya dans ce sens un message que Montaigne devait apporter, en appuyant de vive voix sur la gravité de la situation. Les paroles du messager furent pressantes ; on le sent aux mesures prises. L'énergique attitude de Montaigne ne fut pas inutile à la sauvegarde de la ville. Sur ses instances, Bordeaux prit ses précautions. Partout on redouble de vigilance ; la garnison du Château-Trompette est augmentée ; les conseillers du Parlement s'entendent avec les membres du Corps de ville pour accroître la sécurité et pour parer ensemble aux événements[1]. En un mot, toutes les précautions nécessaires sont exécutées sans retard, et lorsque, quelques jours plus tard, la mort de Charles IX survint, elle n'aggrava pas les dangers d'une situation qui était prévue.

Le rôle de Montaigne en tout ceci fut donc celui d'un patriote soucieux par-dessus tout des intérêts de son pays. En venant trouver en Poitou le duc de Montpensier, comme l'avait fait toute la noblesse restée fidèle au roi, Montaigne lui apportait le secours de son bras. Montpensier, mieux avisé, vit quel concours plus précieux il pouvait tirer de cet

---

1. Jean Darnal, *Supplément des Chroniques de la noble ville et cité de Bourdeaux*, 1620, in-4°, f° 51 r°.

auxiliaire. Il confia à Montaigne la mission délicate dont nous venons de parler et fut bien inspiré : les résultats le prouvent. Ils prouvent aussi que Montaigne, isolé chez lui, ne se désintéressait pas absolument des agitations du dehors et qu'il savait entrer en ligne quand son devoir l'exigeait. Sans doute que dans d'autres circonstances, il ne manqua pas d'intervenir de même ; les événements purent lui en fournir, hélas ! bien des occasions. Le souvenir de ces actes ne nous est point arrivé [1]. D'ailleurs, aucun exemple ne saurait être plus topique que celui que nous connaissons. Il nous montre Montaigne n'hésitant pas à entrer en lutte à une heure où il était difficile de bien juger les partis en présence, distinguant nettement, au milieu des convoitises diverses, le droit chemin à suivre. Et s'il est toujours méritoire d'agir selon sa conscience, ce mérite s'accroît singulièrement quand il y a du danger.

On ne saurait donc prétendre, après cela, que Montaigne ait ménagé son repos par-dessus tout, qu'il ait, pour ne pas troubler sa quiétude, suivi d'un œil impassible les discordes qui ensanglantaient sa patrie. En un temps « où la justice est morte » et où « la religion sert de prétexte », il essaie de se soustraire en sa maison « à la tempête publique », comme il essaie de soustraire « un coin » de son âme aux vaines agitations. Voilà tout. Peut-on lui repro-

1. Il s'intéressait aussi à la bonne renommée du Collège de Guyenne, et, si on en croit Philibert de Lamare, c'est Montaigne qui fit confier, en 1575, la rhétorique de cet établissement à Jean Guijon, d'Autun. Voy. les *Opera varia* des quatre frères Guijon publiés par Ph. de Lamare (Dijon, 1658, in-4°, préface, p. 26).

cher un éloignement qui prouve sa hauteur d'esprit ? Ce n'est pas un timide que la peur de prendre parti effraie ; c'est un sage qui ne veut pas se mêler à des luttes dont il voit mieux que personne la criminelle inutilité. Il se contente de se tenir à l'écart, dans sa maison solitaire, n'attirant et ne redoutant personne, ouvrant sa porte à tous les étrangers qui viennent y frapper. « Je n'ai, dit-il lui-même, ni garde ni sentinelle que celle que les astres font pour moi. »

Cela suffit, paraît-il. Cette demeure si mal défendue ne fut jamais attaquée. Les actions du propriétaire ne le désignaient pas à la vengeance des sectaires ; aussi ne songea-t-on pas à le troubler. Bien plus, Montaigne, par son attitude fort nette, s'attira la faveur des deux camps rivaux. Les honneurs vinrent des deux côtés le trouver dans sa retraite. Déjà, le 18 octobre 1571, le roi Charles IX l'avait fait chevalier de son ordre de Saint-Michel, pour ses « vertus et mérites », et, deux jours après, Montaigne recevait le collier des mains de Gaston de Foix, marquis de Trans[1]. Je sais bien que Brantôme prétend que cette faveur est due uniquement au marquis de Trans, qui était « un grand moqueur » et qui la demanda en plaisantant pour l'ancien conseiller au Parlement de Bordeaux. Mais on ne doit pas accepter sans contrôle cette affirmation de Brantôme à l'égard d'un compatriote dont il enviait la renommée. Puis, six ans après, le 30 novembre 1577, Henri de Navarre

---

1. Dr Payen, *Documents inédits sur Montaigne*, n° 3, 1855, p. 13, et *Nouveaux Documents*, 1850, p. 47.

octroyait à Montaigne des lettres patentes de gentilhomme de sa chambre[1]. Apparemment que le roi de Navarre rendait justice à la correction de l'attitude de celui qu'il distinguait ainsi et qui n'avait pas brigué cet honneur.

En résumé, si Montaigne, pendant les années qu'il passa solitaire en sa maison, avait les regards plus volontiers tournés en lui-même, il ne perdait pas de vue pour cela les événements du dehors. Il en suivait le cours avec intérêt, prêt à intervenir quand son abstention eût pu être coupable. Contraint de rester aux champs pour des raisons d'économie domestique, il s'efforça d'y mener l'existence la plus conforme à ses goûts. Sa nature ne le portait guère à vivre ainsi au milieu des soucis d'un ménage rustique; pourtant il sut s'y accoutumer sans trop de peine et, avec l'aide de sa femme, se ménagea un repos profitable à tous égards. Il passa de la sorte huit ans éloigné des affaires, sans regrets, sinon avec plaisir. « J'arrête bien chez moi le plus ordinairement, dit-il lui-même, mais je voudrais m'y plaire plus qu'ailleurs. » Dans son isolement, il prit le goût de la lecture et de la méditation. Retiré dans le cabinet que nous avons décrit et qu'il avait disposé selon sa convenance, il passait le temps à feuilleter ses livres, essayant d'en tirer le plus de profit. C'est ainsi que, stimulée par la pensée d'autrui, sa propre pensée se découvrit elle-même et s'analysa.

---

1. Dr Payen, *Documents inédits sur Montaigne,* n° 3, 1855, p. 15.

Ces huit années furent, au contraire, singulièrement agitées pour la France. Montaigne ne se mêla

GUY DU FAUR DE PIBRAC.

à aucun trouble, mais nous avons vu que, si les circonstances l'exigeaient, il n'hésitait pas à sacrifier sa tranquillité à son devoir. Supérieur aux discordes, dominant les événements, il s'était haussé vers un idéal de sagesse tolérante, et, presque seul de son siècle, il entrevit la liberté de conscience au milieu des crimes que les sectaires commettaient au nom de leurs convictions. Nous trouverons dans les *Essais* une philosophie accommodante et humaine qui tranche singulièrement sur la vivacité des passions du moment.

On a dit que Montaigne était *désabusé*. De quelle source viendrait donc ce désenchantement? Donnons plutôt tout le mérite de cette modération à la raison du philosophe, et n'oublions pas que lorsqu'il se retirait du monde, il avait à peine quarante ans. Il est vrai qu'il se considérait déjà comme « engagé dans les avenues de la vieillesse », bien que sa santé fût excellente. Petit de taille, trapu et d'une complexion solide, il n'était ni sujet à la maladie ni enclin à la mélancolie. Le corps dispos et l'esprit allègre, lui-même dit : « Mes conditions corporelles sont, en somme, très bien accordantes avec celles de l'âme. » La maladie ne vint que plus tard et interrompit les méditations du philosophe. « Je me suis envieilli de sept ou huit ans depuis que je commençai, écrit-il à la fin des *Essais*; ce n'a pas été sans quelque nouvel acquêt; j'y ai pratiqué la colique par la libéralité des ans. » La propension à la gravelle, que Montaigne tenait de son père, s'était aggravée avec l'âge, et les souffrances étaient passées à l'état aigu. Les dix-huit derniers mois de la composition des *Essais* furent attristés par ces douleurs; elles changèrent l'humeur du philosophe et firent tomber la plume de ses mains. Pour essayer de calmer son mal, il voulut voyager et quitta sa retraite. Mais auparavant il avait livré à l'imprimeur le fruit de ses méditations, l'œuvre produite durant ce solitaire enfantement, les *Essais*.

CHAPITRE V

LES ESSAIS

Quand les *Essais* parurent pour la première fois, en 1580, à Bordeaux, chez Simon Millanges, imprimeur ordinaire du roi, ils ne comprenaient que deux livres in-8° d'inégale grosseur et inégalement compacts. Le premier volume avait 496 pages, si on s'en tient à la numérotation assez fautive de l'imprimeur, et renfermait tout le premier livre; le second livre, au contraire, se trouvait en entier dans le second volume, dont il occupait les 650 pages[1]. Comme on le voit par ce simple énoncé,

---

1. En tête de la plupart des exemplaires de cette première édition des *Essais* se trouve un titre sur lequel ne figure pas la marque de l'imprimeur; elle est remplacée par un fleuron (voy. p. 193). Au contraire, en tête de quelques exemplaires beaucoup plus rares, se voit un titre qui porte la marque de Millanges. Nous publions également un fac-similé de ce frontispice (p. 197). Mais, comme dans l'exemplaire que nous avons eu sous les yeux, le titre du premier livre des *Essais* n'était pas assez bien conservé pour donner une bonne épreuve photographique, nous avons préféré faire reproduire le titre du livre second.

l'ouvrage de Montaigne différait sensiblement alors de ce qu'il devait être dans la suite, divisé en trois livres et accru d'innombrables additions. Nous examinerons ces divergences; il suffit de les signaler maintenant, et de dire que, sous cette première forme, le livre eut le plus grand succès. Il fut lu avidement, car ce qu'il disait de nouveau et de hardi était dit à la mode du temps : il séduisait sans effaroucher. Aussitôt que son œuvre eut vu le jour, Montaigne vint à Paris en faire les honneurs à la cour, et aussi jouir de son triomphe en sa fleur. Ne fallait-il pas consacrer par les suffrages des beaux-esprits cette renommée de province? Son beau-frère, Geoffroy de La Chassaigne, qui se piquait également de moraliser, avait présenté au roi, au sortir du siège de La Fère, quelques épîtres de Sénèque traduites en français, et le roi avait favorablement accueilli cet hommage [1]. Montaigne ne pouvait rester en arrière. Lui aussi fit présent de son livre à Henri III, et comme le prince avait du goût, il comprit vite la valeur du cadeau. Il complimenta l'auteur, en

---

1. *Epistres de L. Annœæ Seneque, philosophe très excellent, traduictes en François; avec le Cleandre, ou de l'honneur et de la vaillance. Seconde édition.* A Paris, chez Guillaume Chaudière, rue Saint-Jacques, à l'enseigne du Temps et de l'Homme sauvage, 1586; in-8º de 224 feuillets, plus 8 feuillets liminaires et 16 à la fin pour la table. Le privilège est daté de Paris le 5 août 1581, et la dédicace au roi, de Pressac le 18 janvier 1582. On trouve à la suite du volume : *Continuation des Epistres de Seneque, traduictes en Françoys.* A Paris, chez Guillaume Chaudière, 1587, in-8º de 56 feuillets. La dédicace au roi de ce nouveau recueil, datée du 12 février 1587, nous apprend que la traduction des premières épîtres avait été présentée à Henri III « au retour du siège de La Fère ».

ESSAIS
DE MESSIRE
MICHEL SEIGNEVR
DE MONTAIGNE,
CHEVALIER DE L'ORDRE
du Roy, & Gentil-homme ordi-
naire de sa Chambre.

LIVRE PREMIER
& second.

A BOVRDEAVS.
Par S. Millanges Imprimeur ordinaire du Roy.
M.D.LXXX.
AVEC PRIVILEGE DV ROY.

(Fac-similé du titre des Essais.)

disant que l'ouvrage lui plaisait extrêmement[1]. Ce haut suffrage résumait l'opinion de tous, mais ne troubla pas l'écrivain.

« Sire, répondit le fin Gascon, il faut donc que je plaise à Votre Majesté, puisque mon livre lui est agréable, car il ne contient autre chose qu'un discours de ma vie et de mes actions. »

C'est là, en deux mots, de la bouche de Montaigne, ce qu'il avait voulu mettre dans son œuvre. Isolé, comme il l'avait été, enfermé au milieu des livres, il n'avait pas le choix des sujets à traiter. Méprisant l'érudition, il ne voulait pas perdre son temps à étudier un texte, à chercher par la philologie la véritable pensée d'un écrivain ancien : la besogne lui semblait inutile et stérile. Loin des agitations, qu'il suivait d'un œil indépendant sans jamais s'y mêler, Montaigne eût pu, il est vrai, écrire une histoire de son temps singulièrement impartiale. Il ne le voulut pas et, « pour la gloire de Salluste, » il ne l'eût pas entrepris. Il paraît croire que les véritables qualités de l'historien lui faisaient défaut. Malgré cela, il s'y fût peut-être essayé. Ce qui l'en détourna, c'est que sa nature trop franche, son jugement trop sain lui eussent fait condamner trop de gens. Il ne voulait pas, en approuvant les uns, critiquer les autres et se faire des ennemis; il tenait trop à son repos et ne se souciait pas d'y renoncer. Montaigne préféra s'étudier et dire leurs vérités aux autres en ayant l'air de les dire à soi-même. De la sorte, qui pourrait lui en

---

1. La Croix du Maine, *Bibliothèque françoise*. Paris, 1584, in-f°, f. 329 r°.

vouloir ? Mais ce dessein ne se présenta pas à son esprit ainsi tout tracé. Il ne prit corps qu'insensiblement. Chez lui, Montaigne s'était mis à lire, pour occuper les loisirs d'un repos volontaire. Parmi les livres qu'il parcourait, beaucoup l'intéressèrent sans le stimuler ; ils furent pour lui un simple passe-temps. Un plus petit nombre, au contraire, excita son activité intellectuelle et provoqua ses réflexions. Il s'arrêta sur ces ouvrages et les médita. « Les livres, reconnaît-il lui-même, m'ont servi non tant d'instruction que d'exercitation. » Il y cherchait matière à penser, et l'y trouva. Le contact avec l'opinion des autres lui fit formuler la sienne propre ; elle prit corps à ses yeux par suite du contraste. Montaigne reconnaît sans peine que ses premiers *Essais* « sentent à l'étranger ». C'est vrai. Un simple coup d'œil jeté sur les premiers chapitres montre ce qu'ils ont d'impersonnel, de général, de pris ailleurs. Ce sont des commentaires un peu vagues, banals parfois, sur un événement remarquable trouvé dans quelque historien ; Montaigne est encore trop absorbé par ses lectures pour regarder en soi. Il évite de se mettre en scène, ou le fait timidement. Il ne pénètre en lui-même que graduellement et ne se résout que petit à petit à entretenir les autres de son analyse. Tout d'abord son attitude est contrainte ; il fuit les confidences et évite volontiers de préciser son individualité.

Comment, en effet, ne parler que de soi-même ? Il y avait là un danger que Montaigne voyait mieux que personne. Quelle forme donner à une semblable confession? Cela le préoccupa dès l'abord. De son gré, Montaigne eût choisi le genre épistolaire « pour publier ses verves », et cette opinion est, tout ensemble, judicieuse et pleine de goût. Qui peut mieux qu'une lettre rendre les impressions les plus intimes de celui qui écrit? On ne saurait faire un reproche à quelqu'un de trop nous entretenir de lui-même, puisque la lettre familière a pour objet avoué de nous parler de celui qui l'envoie. Montaigne ne l'ignorait pas, et le ton négligé du genre épistolaire lui plaisait singulièrement. Déjà il s'y était essayé avec succès. En tête de chacun des opuscules de La Boétie, il avait placé des épîtres dédicatoires dans lesquelles se montre l'originalité de l'écrivain. La lettre qui raconte la mort de La Boétie, bien qu'elle n'ait pas le laisser-aller du genre, est un pur chef-d'œuvre et mérite de figurer parmi les plus belles pages de Montaigne. Mais à quel correspondant adresser les confidences qu'il se disposait à faire? Montaigne n'avait personne parmi ses amis à qui il pût se découvrir de la sorte. Fallait-il simuler un correspondant imaginaire? Le procédé eût trop refroidi le style et la confession de l'écrivain. Ah! si la mort n'avait pas prématurément pris La Boétie, il est certain qu'au lieu de posséder les *Essais* sous leur forme actuelle, nous aurions, en leur place, une série de lettres, quelque chose sans doute comme la correspondance de Sénèque, qui charmait tant Montaigne. Doit-on le regretter? Certes, on doit vivement regretter que Montaigne n'ait pu soumettre son œuvre au jugement de son ami; l'opinion d'un

ESSAIS
DE MESSIRE
MICHEL SEIGNEVR DE
MONTAIGNE CHEVALIER
de l'ordre du Roy, & Gentil-homme
ordinaire de sa Chambre.

LIVRE SECOND.

A BOVRDEAVS.
Par S. Millanges Imprimeur ordinaire du Roy.
M.D.LXXX.
AVEC PRIVILEGE DV ROY.

(Fac-similé d'un second titre des Essais.)

tel conseiller aurait grandement servi à la perfection de cette œuvre. Quant à la forme même des *Essais,* il serait puéril de s'en plaindre. Si Montaigne eût donné à ses réflexions la forme de lettres, auraient-elles eu plus d'abandon, une allure plus libre, moins réservée? Je ne le crois pas. Le souci du lecteur ne gêna guère Montaigne — du moins en avançant en âge, lorsqu'il eut pris l'habitude de parler de lui, — et il est des confidences qu'il eût pu ne pas se permettre sans que personne y trouvât à redire. A une époque où les genres littéraires n'étaient pas parfaitement délimités, ils empiétaient volontiers les uns sur les autres; les lettres n'eussent pas sensiblement différé de ce que sont les chapitres actuels des *Essais.* Dans l'un et l'autre cas, la personnalité de Montaigne se fût affirmée d'une manière aussi éclatante, en marquant le tout de l'empreinte de son génie. Quelques chapitres des *Essais* semblent conserver encore maintenant cette forme de lettres [1]. Montaigne les a-t-il remaniés pour les mettre en harmonie avec l'ensemble? Toujours est-il qu'ils ne diffèrent pas des autres, de ce qui les précède ou de ce qui les suit.

Toutefois n'exagérons pas les incertitudes de Montaigne sur la composition de son livre. Le hasard y eut plus de part que cela : je veux dire le hasard de ses lectures et de sa solitude. A la vérité, ce sont là ses deux sergents de bande, comme il disait. Nous

---

1. *Essais* (1580), l. I, ch. XXVI, *de l'Institution des enfants,* à Madame Diane de Foix, comtesse de Gurson (éd. Dezeimeris et Barckhausen, t. Ier, p. 100); — l. II, ch. VIII, *de l'Affection des pères aux enfants,* à Madame d'Estissac (*ibid.*, t. Ier, p. 317).

avons vu qu'il lisait beaucoup, poussé par une grande curiosité d'esprit, et qu'il s'arrêtait longuement sur les auteurs qui le faisaient penser. Nous savons comment, des courtes appréciations qu'il inscrivait sur ses livres, Montaigne passa aux réflexions moins intimes des *Essais*. Il prit aisément goût à la chose et s'enhardit chaque jour davantage. Sa connaissance des hommes n'était pourtant ni bien vaste ni bien profonde, quand il eut, à quarante ans, la fantaisie de se cloîtrer; il n'avait pas manié de grandes affaires, il n'avait pas pris part à de difficiles négociations. Lui-même ne se connaissait qu'assez imparfaitement; il se jugeait plutôt sur ce dont il était capable que sur ce qu'il avait déjà fait. Aussi ne pénètre-t-il dans son analyse intime qu'indirectement, par une voie détournée. Il philosophe sur un fait passé sous ses yeux, sur un sentiment personnel, sur une manière de voir particulière; une lecture étrangère sert de cadre aux propres réflexions de l'auteur, et voilà comment Montaigne se livre tout d'abord au lecteur — de biais, pour ainsi dire —. Il en résulte quelque incertitude dans la composition de l'ouvrage et dans la connaissance de l'homme. Mais le tempérament même de Montaigne ne perd rien à ces ornements superflus qu'il sait mettre en œuvre à leur place. Il était de loisir, et, bien que la philologie ne le charmât pas outre mesure, il prenait un évident plaisir à se parer de l'esprit des autres, à bien enchâsser une citation ou à piller délicatement un auteur du temps passé.

La solitude de Montaigne n'a, en effet, rien

d'absolu. Ce n'est pas l'isolement douloureux d'un esprit blessé qui se replie sur lui-même. C'est la retraite d'un homme qui veut s'abandonner en paix à une aimable paresse intellectuelle pour ne pas suivre de trop près les discordes de ses contemporains. Bien qu'elle moralise, cette solitude n'est ni mystique ni ascétique. Rien ne ressemble moins à la solitude du chrétien qui médite en secret et s'entretient avec sa conscience. En s'enfermant chez lui, Montaigne renonce moins que personne à ce que Bossuet appellera plus tard « la vie des sens », pour s'occuper exclusivement de « la vie de l'honneur ». S'il recherche les erreurs de ses sens, ce n'est pas pour s'en corriger. Tel qu'il est, il se plaît à lui-même et ne songe pas à s'amender, car il ne rougit pas de défaillances qui lui agréent et qu'il avoue avec candeur, sans repentir. Il sait que, par l'essence même de sa nature, l'homme est sujet à l'erreur; pourquoi se lamenter de chutes inévitables? Montaigne aime à se perdre en de continuels examens de conscience, parce que la curiosité de son esprit trouve son plaisir à cette perpétuelle analyse. Il suit heure à heure ses faiblesses et les note, non pour en tirer une règle de conduite, mais sans autre motif que la satisfaction de les connaître. Ce n'est pas un Marc-Aurèle avançant chaque jour dans la perfection morale, parce que chaque jour il impose un but précis à ses efforts. Chez Montaigne, le progrès moral est nul, parce que l'effort lui déplaît. Pour être maître de son âme, Marc-Aurèle ne la laisse pas errer en de vagues méditations. Bien au contraire,

Montaigne adore les contemplations indéterminées, où la pensée se perd à l'aventure, et il a retiré un profit suffisant de sa rêverie s'il en a suivi les détours. Chemin faisant, s'il surprend l'inanité de notre pauvre nature, il la constate et en sourit, sans se soucier davantage de réagir et de s'améliorer.

Le manque de noblesse morale est évident. Il y a aussi des dangers que Montaigne n'évita pas tous. Quand on ne rougit pas de ses défauts, on est bien près de les excuser. Montaigne y est tout porté. Pour expliquer ses faiblesses, il remarque surtout, dans ses lectures, les faiblesses d'autrui et les énumère dans son œuvre avec une satisfaction mal déguisée. Il s'arrête volontiers aux bigarrures de la bête humaine afin qu'on ne voie pas trop les siennes propres et qu'on ne les juge pas sévèrement. Il regarde toute défaillance sans émotion et la prend en note curieusement. S'il recherche les causes ou les effets de ces faiblesses, ce n'est toujours pas pour y porter remède; il lui suffit de constater leur existence. Cette indifférence est presque aussi nuisible qu'une approbation. De questions en questions, Montaigne s'en pose à lui-même dont la solution ne tournerait pas à l'avantage de la morale. De subtilités en subtilités, il s'abandonne à des rapprochements, dont il ne tire pas, il est vrai, de conclusion nette, mais qui n'en sont pas moins dangereux parce qu'ils évoquent des pourquoi qu'il convient de ne pas s'adresser.

« Tes pourquoi, dit le dieu, ne finiraient jamais. »

. Il faut savoir couper court à la curiosité oiseuse; elle est malsaine en bien des points. On ne peut sonder les bassesses que pour en chercher le remède ; en les étalant, il faut les flétrir ou les guérir. Et Montaigne n'y a pas songé.

Il y a d'autres dangers. C'en est un que de renoncer à l'action et de s'abstraire en soi-même quand nos forces nous pousseraient encore à agir. L'énergie morale se perd dans cette oisiveté; le ressort, sans cesse détendu, se relâche et s'affaiblit. Jamais Montaigne n'aima l'action ; cependant, dans sa jeunesse, sa nature enthousiaste s'échauffait aisément et ne répugnait pas à l'effort, quand il était prompt et court. Mais dans la tranquillité de sa retraite, Montaigne laissa croître sa mollesse, comme les ronces envahissent les allées d'un parc inculte. Son jugement intellectuel se développait, tandis que sa volonté s'affaiblissait, faute d'être exercée. Il en arrivait insensiblement à ne considérer presque que le souci exclusif de son repos, trouvant un plaisir égoïste, un dilettantisme peu généreux à analyser ce repos, à sentir combien peu de choses pourraient le troubler. C'est l'ataraxie épicurienne. Le danger pourtant eût pu être plus grand encore. Nous savons que Montaigne ne poussa jamais à l'extrême cette abstention et qu'il intervint dans la lutte quand son devoir de bon citoyen l'exigea. C'est un point qu'il ne faut pas perdre de vue.

Et cette perpétuelle analyse intérieure ne pouvait-elle pas avoir d'autres périls ? « Ceux qui ne sortent pas d'eux-mêmes sont tout d'une pièce, » a dit Vauvenargues. Tel n'est cependant pas Montaigne. Son humeur n'est ni absolue, ni tyrannique, ni fanatique. Avant tout, soucieux de sa tranquillité, il souhaite aussi la paix aux autres : s'il ne va pas jusqu'à la leur procurer, il indique les moyens de l'acquérir et montre que ces moyens ne sont pas hors d'atteinte puisqu'il les pratique. Dans sa solitude, il demeure compatissant et humain. Son mérite fut de ne jamais s'enfermer exclusivement en lui-même ; il en sortait au contraire perpétuellement et jetait sans cesse des regards à l'entour. Les termes de comparaison lui faisaient défaut, il est vrai ; il usa de tous ceux qui étaient à sa portée. Il se compare aux personnages dont il lit les actions, aux voisins qu'il rencontre dans son isolement : anciens ou modernes lui fournissent une sorte d'étiage moral sur lequel il fixe les yeux et sur lequel il se mesure. Le défaut capital de Montaigne fut de ne pas assez songer à s'élever ; il demeura toujours, sur cette échelle, au point où son tempérament l'avait porté naturellement. Mais si cette méditation solitaire manqua trop de sanction, l'esprit de Montaigne y gagna et s'y assouplit. Quoique isolé, il reste abordable, familier ; il se familiarise avec l'antiquité comme avec tous les êtres qui sont auprès de lui. Et, pour reprendre un mot de Vauvenargues, la familiarité n'est-elle pas « l'apprentissage des esprits » ? C'est elle qui rend « l'esprit souple, délié, modeste, maniable ». Montaigne se moque trop allègrement de ceux qui « se prélatent jusqu'aux intestins », pour être tenté de les imiter, même quand rien ne le prévient de sa méprise. On a dit qu'il n'y avait pas de grand homme pour son valet de chambre. Auparavant, Montaigne avait remarqué que peu d'hommes ont été admirés par leurs domestiques. Aussi ne se guinde-t-il jamais; il ne se hausse ni sur des échasses ni sur un piédestal : c'est trop fragile ou trop prétentieux. Et lui-même considère tout le monde comme il se considère, sans exagération et de plain-pied.

C'est bien de plain-pied aussi que la postérité considère Montaigne. On n'arrive pas sans détours à le connaître; pour y réussir, il n'est pas besoin de se hausser. Sa morale est peu élevée; elle peut guider plus de gens. Son idéal est terre-à-terre; on ne le distingue que mieux du regard. Le triomphe de Montaigne, c'est le triomphe de la sagesse aisée, contente de soi, se laissant aller au fil d'une humeur tempérée. *Non plus sapere quam oportet sapere, sed sapere ad sobrietatem,* a dit l'apôtre. Montaigne se range à l'avis de saint Paul et veut que l'on soit sage avec sobriété. Il se contenterait même plus facilement que saint Paul, et, sans doute pour rebuter moins de monde, il restreindrait singulièrement les devoirs nécessaires. C'est par là qu'il plaît; il est si facile d'être honnête homme avec lui. La lecture des *Essais* retient parce qu'elle apaise. A ceux que tourmente la crainte de l'inconnu, elle montre le doute aimable et souriant. Nous ignorons tant de choses qu'il est superflu de chercher l'au delà. Montaigne réconforte en nous détachant insensiblement des choses, en montrant quels fragiles liens nous unissent à l'être et combien il est téméraire de vouloir

PORTRAIT DE MONTAIGNE

Par Chéreau.

les multiplier. « Nous n'avons aucune communication à l'être, parce que toute humaine nature est toujours au milieu entre le naître et le mourir, ne baillant de soi qu'une obscure apparence et ombre. » Qui pourrait dire même si cette vie n'est pas un songe et si nous ne nous leurrons pas à la savourer ? « Euripide dit être en doute si la vie que nous vivons est vie ou si c'est ce que nous appelons mort qui soit vie. ». A quoi bon, dès lors, s'agiter et se tourmenter ? « Les hommes sont tourmentés par les opinions qu'ils ont des choses, non par les choses mêmes. » Essayons de regarder autour de nous sans parti pris. Jugeons sainement ce qui tombe sous nos sens et ne nous laissons pas prendre à des fantômes. Nous-mêmes nous ne sommes que fantômes. Pourquoi troubler par des chimères une existence qui passera bientôt sans laisser plus de traces que le vol de l'oiseau dans l'air ? « Dieu a fait l'homme semblable à l'ombre, de laquelle qui jugera quand, par l'éloignement de la lumière, elle sera évanouie. »

Sans doute, ces pensées ne sont pas nouvelles, et Montaigne ne les donnait pas comme venant de lui. Elles ne sont pas stimulantes. Il ne les prêchait pas, non plus, pour ranimer les courages. C'est à peu près le langage désabusé de l'*Ecclésiaste*. Parvenu au milieu du chemin de la vie, Montaigne voit surtout ce que la route a de plat et de monotone. Il considère tristement le voyageur qui ne sait d'où il vient et ignore où il va. Montaigne plaint la faiblesse et la solitude de l'homme; il ne réconforte pas ses défaillances, il ne donne pas un but à ses efforts.

Dans cette longue traversée du berceau à la tombe, combien de dangers menacent l'être débile qui va ainsi à l'aventure! Montaigne les signale un à un, sans encourager celui qui les affrontera. Et si l'homme les surmonte, quel langage tiendra Montaigne? « Bourbe et cendre, qu'as-tu à te glorifier? » s'écrie-t-il avec l'*Ecclésiaste*. Mais il n'ajoute pas qu'il est beau d'avoir lutté. Il ne dit pas la grandeur de l'homme, surpassant les éléments qui l'écrasent. Pascal n'y manquera pas : Montaigne est muet. Il n'épargne aucun des signes de la faiblesse de l'homme, sans la redresser et sans la défendre. Il lui suffit de dévoiler la chute et de laisser croire qu'elle est moins douloureuse parce qu'elle est inévitable et commune à tout le genre humain.

Comme on le voit, si Montaigne a parfois recours aux livres saints, ce n'est pas pour leur emprunter leurs maximes les plus élevées, ni l'essence de leur doctrine. Dans la pratique de la vie, Montaigne fut catholique et pratiqua décemment la religion de ses pères, comme Molière communiant à certains jours. La mollesse de son esprit l'eût éloigné du trouble qu'entraîne avec lui tout changement de croyance. Il s'accommoda de telle sorte avec sa conscience de catholique que sa liberté de penseur n'eut pas à en souffrir. Mais on ne saurait dire que Montaigne soit un philosophe chrétien. La Bouderie l'a voulu prétendre dans un livre assez naïf sur le *Christianisme de Montaigne*, qui ferait sourire celui qui en est l'objet. N'a-t-on pas écrit aussi — et plus naïvement encore — une étude sur *Voltaire chrétien?* En rapprochant quelques traits, en les isolant de l'ensemble de l'œuvre, en les privant de l'atmosphère intellectuelle où la pensée d'un auteur vit et se meut, on peut faire des *Essais* un livre de morale chrétienne; mais l'impression générale est païenne, comme le style. A travers toutes les précautions dont il entoure sa pensée, des habiletés dont il surcharge son langage, Montaigne se montre assez pour qu'on le puisse découvrir. Sainte-Beuve a écrit fort justement : « Je concevrais un chapitre intitulé le *Dogmatisme de Montaigne*... L'appareil est géométrique chez Spinoza, il est sceptique chez l'autre, mais le fond ne me paraît pas plus douteux[1]. » Cela est vrai : l'appréciation ne saurait être contredite par quiconque lit les *Essais* comme ils furent originairement composés et dans leurs premières éditions. Là, Montaigne se montre plus à nu, sinon sans réticences. La croyance qui domine en lui est un déisme un peu vague, mais surtout tolérant. Sa conviction ne s'attarde pas aux formes : elle monte plus haut et considère l'idée plutôt que l'expression dont on la revêt. En 1580, dans la première édition des *Essais*, Montaigne insérait ce passage, remarquable par la modération de la pensée et qui paraît résumer ses propres sentiments : « De toutes les opinions humaines et anciennes touchant la religion, celle-là me semble avoir eu plus de vraisemblance et plus d'excuse, qui reconnaissait Dieu comme une puissance incompréhensible, origine et conservatrice de

---

1. C.-A. Sainte-Beuve, *Port-Royal*, t. II, p. 431.

toutes choses, toute bonté, toute perfection, recevant et prenant en bonne part l'honneur et la révérence que les humains lui rendaient, sous quelque visage et en quelque manière que ce fût : car les déités auxquelles l'homme, de sa propre invention, a voulu donner une forme, elles sont injurieuses, pleines d'erreur et d'impiété. Voilà pourquoi, de toutes les religions que saint Paul trouva en crédit à Athènes, celle qu'ils avaient dédiée à une Divinité cachée et inconnue lui sembla la plus excusable [1]. » Nul ne savait mieux que Montaigne ce que le nom de saint Paul venait faire à la fin de son raisonnement. N'oublions pas que Montaigne écrivait de la sorte à un moment où l'on se massacrait encore au nom de croyances qui commandaient au contraire la mansuétude et le pardon. On prêtait si communément alors aux livres saints des opinions étranges, on justifiait avec eux tant d'actes subversifs, qu'il faut se réjouir de voir l'autorité de saint Paul couvrir et faire passer le langage de la saine raison. Le stratagème était habile et réussit. Plus tard, avisé par ses discussions avec les théologiens à Rome, Montaigne revint au procédé, et servit, sous le couvert des autres, des opinions qui, sans cela, eussent fait scandale et peut-être mérité le fagot. C'est une précaution qu'il ne faut pas perdre de vue en lisant les *Essais*, mais qu'on ne saurait reprocher à quelqu'un qui voulait défendre sa manière de penser jusqu'au feu *exclusivement*.

1. *Essais*, l. II, ch. XII (éd. Dezeimeris et Barckhausen, t. II, p. 100).

Il n'est pas surprenant que Montaigne ait perdu de sa foi dans ses perpétuelles pérégrinations à travers les livres :

> Rarement à courir le monde
> On devient plus homme de bien,

ou du moins on y laisse beaucoup d'illusions. Que dire de l'école buissonnière intellectuelle ? En musant de tous côtés, sans cesse le nez au vent, l'esprit devient curieux et prend plaisir à tout. Il veut tout voir pour satisfaire cette curiosité qui le possède et qui l'allèche. Puis, après avoir vu, il rapproche, il compare, et y gagne insensiblement un goût critique qui finit, tôt ou tard, par tout envahir et par endommager ce que, dès l'abord, il devait préserver. Tel est bien Montaigne. La suite de ses lectures, le vagabondage de ses méditations le poussèrent vers le scepticisme intellectuel. A trop voir tour à tour le pour et le contre, à force de trouver des effets contraires produits par une même cause, on arrive aisément à dire avec Sextus Empiricus : Πάντι λόγω λόγος ἴσος ἀντίκειται. « Il n'y a nulle raison qui n'en ait une contraire, dit le plus sage parti des philosophes. » Au milieu de ces contradictions, on ne se prononce pas : « Cela peut être et cela peut ne pas être, » ἐνδέχεται καὶ οὐκ ἐνδέχεται. Le doute augmente et s'affirme : « Il n'est non plus ainsi qu'ainsi ou que ni l'un ni l'autre ». On dit : « Que sais-je ? » et on prend pour emblème une balance dont les plateaux ne penchent d'aucun côté. C'est la route suivie par Montaigne. La diversité des opinions philosophiques qu'il rencontrait chemin faisant le poussa au scepticisme, comme l'inanité des querelles théologiques, la cruauté des dissensions religieuses qui se déchaînaient sous ses yeux, le rendirent tolérant. Perdu au milieu de l'étrangeté des discussions spéculatives, isolé au sein des passions de son temps, Montaigne sentit l'impuissance de ses forces. Il voyait nettement, dans son esprit, la stérilité de toutes ces agitations. Dans le calme de sa pensée, il rêvait la paix de la patrie, le repos des consciences, tout un idéal de fraternité et de justice, auquel quelques esprits d'élite crurent seuls avec lui : La Boétie, La Noue, Pasquier, entrevirent cette paix; L'Hospital essaya de la réaliser; seul le génie de Henri IV parvint à la fixer un instant. Certes, dans ce désarroi, Montaigne aurait eu raison de douter de tout, comme Kant, jusqu'à ce qu'il eût découvert le devoir. Mais découvrit-il le devoir? le chercha-t-il seulement? Le tort de Montaigne fut de ne pas travailler au triomphe de ses idées. Devant la démence générale, il se découragea. Oubliant qu'il est beau de lutter seul, de succomber pour une cause sans espoir, il perdit courage avant de combattre, et, regardant de loin la mêlée, il sourit ironiquement.

Puisque les livres eurent tant d'action sur la formation des idées philosophiques de Montaigne, il importe de déterminer à quelles sources il puisa et comment il y puisa. Lui, qui prenait à la sagesse sacrée ses préceptes les plus faciles à suivre, et qui recourait si volontiers au génie pratique de saint Paul, que prit-il à la sagesse païenne? Nous ne par-

lerons pas ici des historiens, bien qu'ils fussent la
« droite balle » de Montaigne ; ceux-ci satisfaisaient
sa curiosité d'apprendre et augmentaient seulement
sa science. Nous voulons parler des philosophes,
de tous ceux dont la lecture stimulait les propres
pensées de Montaigne et éveillait ses réflexions.
Comment les consulta-t-il ? Comment s'assimila-t-il
leur expérience ? Montaigne ne suit pas indistinctement tous les philosophes : il choisit et veut à ses
guides une conduite déterminée. Pour lui, il écoute
la philosophie quand elle s'applique à l'étude de
l'homme, « où est, dit-il, sa plus juste et laborieuse
besogne. » Mais, « quand elle perd son temps dans
le ciel, » c'est-à-dire quand les penseurs se perdent
dans les nuages de leurs conceptions, Montaigne
trouve cette prétention téméraire et n'apprécie pas
le résultat. En d'autres termes, et pour spécifier
davantage, Montaigne fait deux parts dans la philosophie, dont il admet l'une et rejette l'autre. Il
admet l'étude de l'homme, l'analyse psychologique,
dont il fait dépendre la morale, assez sommaire,
comme il la conçoit ; il rit, au contraire, de la métaphysique et de ses spéculations. L'*Apologie de Raymond de Sebonde* fournit des preuves surabondantes
à cet égard. Non seulement Montaigne se moque des
« dogmes » des métaphysiciens : il ne croit pas même
à leur sincérité, considère leurs efforts comme un
pur exercice intellectuel et s'étonne qu'ils aient pu
donner au public « pour argent comptant » toutes ces
rêveries.

Ses goûts portaient donc Montaigne vers la lecture

CHATEAU DE MONTAIGNE AVANT SA RESTAURATION.
(Vue prise de la porte d'entrée et de la cour.)

des moralistes, mais il ne pouvait se livrer à cette lecture en toute liberté : il lui fallait consulter auparavant les forces de son esprit. Plusieurs des philosophes anciens — et des plus grands — demeuraient pour lui lettre morte, parce qu'il n'entendait pas leur langue et ne suivait pas leur pensée d'original. Il juge Aristote et Platon sans les comprendre suffisamment. Peu versé dans le grec, dont il avait négligé l'étude, Montaigne ne saisit ni l'ampleur solide du premier ni la grâce souple du second. Socrate lui-même, le plus grand de tous, Montaigne ne l'entrevit guère qu'à travers Xénophon, et il ne savoura pleinement ni l'habileté de sa méthode ni la douceur savante de son ironie. Au temps de Montaigne, Aristote était plus commenté que traduit, et l'échafaudage dont on l'entourait continuellement masquait son œuvre. Montaigne en fut éloigné par cet appareil. S'il eût pu entendre sa langue, il n'eût peut-être pas saisi la prodigieuse fécondité d'un esprit qui ne se livre pas sans effort. Montaigne l'essaya pourtant, et, parmi les débris de sa bibliothèque, on retrouve aujourd'hui un commentaire de Pierre Vettori sur Aristote, portant sur le titre la signature de l'ancien possesseur. Platon, lui, était moins ardu et moins vaste ; aussi Montaigne le comprit-il mieux et lui fit-il plus d'emprunts. Dans les livres de Montaigne qui ont été sauvés, on retrouve également quelques traces des commentateurs platoniciens. Mais la lecture de Platon ne laissa pas, dans l'esprit de Montaigne, une impression prépondérante, parce qu'il me semble que Montaigne a plus connu les disciples que le maître, le néo-platonisme que le platonisme : Plotin, par exemple, qu'il avait dans sa bibliothèque, ou Hermès Trismégiste, dont son ami François de Foix de Candale venait de traduire le *Pœmander* et de le publier à Bordeaux. Pour Montaigne, les *Dialogismes* de Platon ne sont pas assez courts, assez rapides, et manquent de consistance; il les qualifie de « traînants », en s'accusant de sa « sacrilège audace ». De toute la doctrine il ne retient que quelques traits; encore, ces traits font-ils plutôt partie de l'histoire même de Platon que de l'histoire de ses idées.

Il en fut ainsi de Socrate. Montaigne suivit avec plus d'intérêt le récit de la vie du philosophe que le développement de son enseignement. Il lut Xénophon, qui nous donne une image plus vraie de son maître que ne le fait Platon; mais il consulta surtout Diogène de Laerte, dont le recueil était encore trop peu abondant, au gré des désirs de Montaigne. Il est vrai que les détails de la vie de Socrate portaient avec eux leur enseignement, et qu'ils entraient naturellement dans le plan que Montaigne s'était tracé. « Je recherche bien curieusement, dit-il dans une phrase des *Essais* qui a disparu ensuite, non seulement les opinions et les raisons diverses des philosophes anciens sur le sujet de mon entreprise, et de toutes sectes, mais aussi leurs mœurs, leurs fortunes et leur vie. » Chez Socrate, ce qui frappa le plus Montaigne, ce fut la noble existence du philosophe, cette sagesse presque surhumaine qui éclatait dans tous ses actes. Montaigne assemble volontiers toutes ces belles actions; il les cite et ne cache pas son admiration. Quant à la doctrine, elle le charme sans le séduire : il ne la pénètre pas et n'en voit pas tous les mérites, bien qu'il la loue. Pour Montaigne, le plus éclatant de ces mérites, fut que Socrate donna à l'homme conscience de sa propre valeur et fournit aussi un modèle accompli de ce que pouvaient les efforts d'une âme bien née. C'est Socrate, « c'est lui qui ramena du ciel où elle perdait son temps, la sagesse humaine, pour la rendre à l'homme, où est sa plus juste et plus laborieuse besogne. » Mais ce merveilleux résultat fut obtenu en prêchant d'exemple, et c'est ce que Montaigne marque par une admiration sans réserve. Socrate « a fait grand service à l'humaine nature de montrer combien elle peut d'elle-même ». En résumé, Montaigne entoure la personne de Socrate du respect attendri dont les siècles la saluent ; quant à son enseignement, ce n'est pas une de ces sources où il venait s'alimenter sans cesse, bien qu'il y puisât fréquemment.

Où Montaigne s'alimentait-il donc ? Ce n'est pas davantage dans la lecture des œuvres de Cicéron, quoique Montaigne y puisât encore très fréquemment, mais pour des raisons autres que celles qui lui faisaient aimer Socrate. Montaigne ne se sentait pas porté par nature vers Cicéron. Il trouvait sa philosophie flottante, indécise, mal faite pour convaincre et pour servir de guide. « Fussé-je mort moins allègrement avant d'avoir lu les *Tusculanes ?* » se demandait Montaigne. Et sa réponse est négative, tant il trouve que les raisonnements de Cicéron sont à côté du sujet, « tournent autour du pot ». Les reproches de Montaigne à Cicéron s'adressent aussi bien à l'homme qu'à l'écrivain, au caractère comme au talent. Il le trouve ambitieux et faible, car Montaigne admire la force d'autrui et note volontiers les traits de décision, non pour les imiter, il est vrai. Selon Montaigne, Cicéron était « bon citoyen; débonnaire, comme sont volontiers les hommes gras et gosseurs tel qu'il était, mais de mollesse et de vanité ambitieuse, il en avait, sans mentir, beaucoup ». Le jugement est dur; il le serait davantage venant d'un homme sacrifiant moins à son repos que Montaigne. Ne prenons donc pas ces paroles au pied de la lettre. Montaigne a plus souvent recours à Cicéron qu'on ne serait tenté de le croire après cela. Qu'il s'y complût ou non, Montaigne avait profondément étudié Cicéron, et il en tira plus de profit qu'il ne l'avoue. Son éducation avait été toute cicéronienne; — nous savons combien elle l'était au Collège de Guyenne. — Cicéron régnait partout comme un maître incontesté de beau langage, véritable modèle de la jeunesse. Plus tard, en dépit qu'il en eût, Montaigne revint à Cicéron. C'était un retour peu enthousiaste; les rancunes de l'écolier se retrouvaient dans ce tardif hommage. Mais la nature des deux hommes, malgré ses divergences, n'était pas assez dissemblable pour les séparer tout à fait. Sans doute, Cicéron est avant tout un orateur et Montaigne un penseur. Si le premier donnait trop d'importance à la parole, à laquelle il devait ses plus beaux succès, le second négligeait moins qu'il ne le confesse le soin de son style. Trop oratoire, parfois boursouflée, combien la science de Cicéron est variée, attrayante! Montaigne lui doit bien des traits, bien des exemples qu'il transporte dans son livre, comme il lui emprunte bien des réflexions morales, bien des enseignements ingénieux. Tour à tour rhéteur et écrivain épistolaire, orateur et historien, Cicéron manque souvent de nerf; il ne sait pas être court, et ses éloquents défauts le suivent dans tous ses ouvrages. Cela suffit-il pour justifier les reproches exagérés de Montaigne? Montaigne prend Cicéron à partie avec une sorte d'antipathie personnelle. On dirait qu'il veut lui faire porter la peine d'avoir accaparé sa jeunesse. On sent la mauvaise humeur, l'impatience d'un homme qui entend trop unanimement prôner quelqu'un. Mais Cicéron possédait Montaigne, le tenait depuis l'école, et les *Essais* portent l'indéniable témoignage de cette influence profonde.

Les deux livres de chevet de Montaigne, ceux qu'il ne se lasse pas de lire et qu'il s'efforce de s'assimiler, ce sont les ouvrages de Sénèque et ceux de Plutarque. Montaigne les pratique avec ardeur, non qu'il juge l'un ou l'autre plus grand que Platon ou même que Cicéron, mais parce que leur manière lui plaît davantage, qu'il goûte mieux leurs propos. Sénèque et Plutarque traitaient la philosophie comme Montaigne le souhaitait : développant un point de morale dans une lettre ou dans un court traité, ils épuisaient leur sujet en quelques pages, sans qu'il fût besoin, pour les suivre jusqu'au bout, d'un grand effort d'attention et sans perdre le temps à des prolégomènes oiseux. Aussi Montaigne les affectionne-t-il particulièrement l'un et l'autre. A deux reprises différentes, il les met en parallèle, dans les *Essais*, et il balance si bien leurs mérites et

PIERRE DE RONSARD.
(D'après le portrait attribué à Nicolas Denisot.)

leurs défauts, qu'on ne saurait dire de quel côté penchent les préférences. Si Plutarque est « plus uniforme et constant », Sénèque est « plus ondoyant et divers ». Plutarque a « les opinions douces et accommodables », Sénèque les a « plus commodes et plus fermes ». Le premier « ravit notre jugement », et l'autre « le gagne ». Si quelqu'un ose comparer à Sénèque le cardinal de Lorraine, Montaigne s'y oppose, comme il défend Plutarque contre les attaques de Jean Bodin. Les termes alternent si bien qu'il est malaisé de dire la prédilection de Montaigne ou s'il en eut une. Mais en y regardant de près, on peut déterminer ce que Montaigne prit à l'un et à l'autre, à Sénèque et à Plutarque, ce qu'il recherchait le plus volontiers dans la lecture de leurs ouvrages.

On le sait, il ne faut pas espérer trouver dans Sénèque le corps de la doctrine stoïcienne. Jamais les stoïciens ne furent des moralistes bien systématiques, et Sénèque ne paraît pas l'avoir été davantage ; il est vrai que ses livres dogmatiques sont perdus. Dans ses petits traités, dans ses lettres, qui sont, aux yeux de Montaigne, « la plus belle partie de ses écrits et la plus profitable, » Sénèque ne se montre pas comme un philosophe de profession qui tient école, mais bien comme un sage exerçant une influence philosophique étendue, une sorte de confesseur laïque consulté sur des cas de conscience qu'il discute et résout à sa façon. Donnant à des personnes assez diverses des conseils à suivre, Sénèque devait être clair et pratique : il ne pouvait se perdre dans un dogmatisme qui eût été hors de saison. C'est pour cela qu'il plaît à Montaigne ; il le séduit par la variété de ses aperçus, par la souplesse de sa méthode, qui se plie si bien aux besoins de chacun. Grand connaisseur du cœur humain, Sénèque sait en analyser les faiblesses et proportionner les secours à chaque cas. Il ne prêche pas une morale abstraite, il formule des règles de conduite. Sa correspondance n'est qu'une suite de consultations. Elle devait retenir Montaigne par ce sentiment du devoir possible. Pour n'éloigner personne, Sénèque donne à la vertu un tour aisé, aimable; il ne demande pas les renoncements héroïques, les sacrifices hors de portée. Sa sagesse s'accommode du monde, et il n'expose pas les dogmes de l'école dans toute leur raideur. Aussi Montaigne ne s'effrayait-il pas d'un stoïcisme atténué de la sorte; il lui agréait d'être vertueux à si bon compte. Montaigne adore Sénèque, et c'est à peine s'il indique d'un trait les défauts de cette philosophie qui « nie d'abord pour se raidir et s'assurer ». Comme Calvin ou comme Malherbe qui aimaient le style de Sénèque, Montaigne ne se déplaît pas aux redites de l'écrivain, à ces belles raisons, parfois puériles, s'enchaînant l'une à l'autre avec une symétrie si calculée, à ce papillotage de style à facettes, contourné et ingénieux jusqu'à la fatigue. Ce n'est assurément pas Montaigne qui aurait dit de Sénèque ce qu'en dit Malebranche : « que son style ressemble aux danseurs, qui finissent toujours là où ils ont commencé. »

Montaigne savourait ces finesses dans l'original et sans le secours d'un intermédiaire. Il n'en est pas ainsi pour Plutarque ; Montaigne ne le lisait que depuis qu'il était « français », c'est-à-dire depuis qu'Amyot l'avait mis, en le traduisant, à la portée de tout le monde, en France. L'entreprise d'Amyot avait été longue, mais la fin coïncidait avec le commencement des *Essais*[1]; aussi Montaigne avait-il pu venir puiser, dès l'abord, à cette source nouvelle. Il s'y abreuva avec délices, et nul, dans son siècle, n'a salué avec plus d'enthousiasme que Montaigne l'apparition de cette onde abondante. « Nous autres ignorants étions perdus, confesse-t-il, si ce livre ne nous eût relevés du bourbier; sa merci, nous osons à cette heure et parler et écrire; les dames en régentent les maîtres d'école : c'est notre bréviaire. » Le mot est juste et pittoresque. La traduction d'Amyot fut bien le bréviaire de Montaigne. Personne ne comprit mieux que lui les grâces de l'esprit d'Amyot, et ne le loua de meilleur cœur, bien qu'il ne vît pas très nettement toutes les difficultés de ce labeur. Se mesurant sans cesse avec les anciens qu'il essayait de traduire et d'enchâsser dans son livre, Montaigne savait apprécier le mérite d'une pareille œuvre. Sans doute Montaigne n'est pas un traducteur de profession; il prend avec ceux qu'il traduit des libertés de génie; tirant plutôt le sens que la lettre, il représente merveilleusement l'esprit de ce qu'il copie. De plus, il choisit, il butine : il ne s'approprie une pensée qu'après que son expérience lui en a montré la justesse; il fait sienne par l'observation une réflexion étrangère et la rattache à une remarque de son cru. Mais, quelque liberté qu'il s'arroge, ce travail est encore un travail de traduction et il dis-

---

[1]. La première édition de la traduction française des *Vies des hommes illustres* de Plutarque par Amyot parut en 1559, et celle des *Œuvres morales* en 1572 seulement.

posait Montaigne à apprécier Amyot quand même l'affinité de leurs deux natures ne les eût pas poussés

JOACHIM DU BELLAY

l'un vers l'autre. Bien des raisons les unissaient, il est vrai. Aussi Montaigne met-il sans restriction

Amyot au premier rang de nos écrivains. Selon Montaigne, Amyot n'a pas son rival pour la pureté de la langue, pour le tour original de l'expression ; le temps a confirmé ce jugement. Et n'est-ce rien que d'avoir eu la constance de mener à bien, comme l'a fait Amyot, une si longue tâche ? « Mais sur tout je lui sais bon gré, écrivait Montaigne en terminant ce panégyrique d'Amyot, d'avoir su trier et choisir un livre si digne et si à propos pour en faire présent à son pays. » Mis en goût par cette belle œuvre, Montaigne « résignait » Xénophon à Amyot, pour qu'il employât sa vieillesse à le traduire et complétât ainsi sa bienfaisante action sur les lettres françaises.

Le fait est que cette traduction de Plutarque venait singulièrement à son heure. D'un coup, Amyot mettait en circulation, et à portée de tous, le résumé de l'antiquité tout entière : son histoire dans les *Vies parallèles ;* dans les *Œuvres morales*, les philosophies et les mœurs de jadis. C'était fournir un ample butin à des esprits avides d'apprendre. Venu tard, à la fin du monde antique, Plutarque avait rassemblé et coordonné les résultats de la sagesse grecque et romaine : il était, pour ainsi dire, le greffier de cette longue enquête. Historien et moraliste, il avait touché à tout avec la liberté d'allures d'un esprit très personnel. Il traitait les sujets sans les épuiser, en indiquant au passage plutôt qu'en déduisant l'enseignement qu'ils contenaient. Chez lui, pas de redites comme chez Sénèque. Les histoires comme les petits traités moraux de Plutarque sont tout ensemble une mine inépuisable de faits et un riche répertoire de réflexions justes, de pensées ingénieuses, dites souvent incidemment, mais toujours avec bon sens et à-propos. Aussi, combien Montaigne aimait à revenir à Plutarque : sa curiosité y trouvait presque une nourriture à sa faim, et il passait de l'historien au moraliste avec la satisfaction de pouvoir apaiser aussi bien ici que là son ardeur d'apprendre. « Il guigne seulement du doigt par où nous irons, s'il nous plaît, disait Montaigne, parlant de Plutarque, et se contente quelquefois de ne donner qu'une atteinte dans le plus vif d'un propos; il les faut arracher de là et les mettre en place marchande. » Et Montaigne s'acquittait complaisamment de cette besogne, qui avait pour lui tant d'attrait. Il prenait à pleines mains parmi ces richesses et s'efforçait ensuite de mettre en bon lieu, au milieu de ses propres réflexions, ce qu'il s'était approprié de la sorte. Au reste, sa confiance en Plutarque était grande. Contenu dans l'expression de ses idées, moins verbeux que Sénèque, Plutarque est aussi plus calme dans ses opinions. Montaigne lui trouve le « jugement plus libre » qu'à Sénèque, et il y recourt plus volontiers. Vivant loin de Rome et du despotisme des Césars, Plutarque, en effet, pouvait être plus indépendant que Sénèque, et c'est pour cela que Montaigne se fie davantage à lui; il trouve que, s'il émeut moins que Sénèque, Plutarque nous « contente davantage et nous paie mieux ».

Poussons jusqu'au bout la comparaison. A tant fréquenter les ouvrages d'un philosophe, il est rare qu'on ne lui emprunte que l'expression de ses idées ; on finit par se modeler plus ou moins sur lui-même et par l'imiter en bien des points. L'existence de Montaigne, solitaire dans sa tour, n'est-elle pas celle de Plutarque vivant retiré, à Chéronée, loin des bruits du dehors, au milieu des historiens et des préceptes des sages ? Montaigne médite et compare comme Plutarque, dans le recueillement, après avoir beaucoup lu, beaucoup cherché ailleurs des faits et des exemples topiques. A tous deux il faut ce secours étranger pour éveiller leur activité intellectuelle. Ni l'un ni l'autre ne se préoccupe du présent : ils remontent le cours des âges et demandent aux livres les souvenirs du passé. Quand ils parlent des choses contemporaines, c'est en passant et sans s'y abandonner. Ce silence est plein de mécontentement, et n'est-ce pas condamner les mœurs du temps que rappeler ainsi sans cesse les années d'autrefois ? De Sénèque, au contraire, Montaigne tire une autre leçon : il apprend de lui à accepter le présent sans récriminer, à se plier aux circonstances quelle que puisse être son opinion sur les hommes et sur les choses.

> Mon Dieu, des mœurs du temps mettons-nous moins en peine,

semble-t-il dire. Comme Sénèque, il sait le prix de tout. Il ne fuit pas le plaisir, mais il n'ignore pas combien il est fragile et périssable. Point d'anxiétés, point de révoltes stériles. Il accepte telle qu'elle est la faiblesse de l'homme puisqu'elle est générale. Son esprit ne se cabre pas devant la loi universelle de l'anéantissement final. Il accepte tout cela, puisque la règle est immuable; il la subit et s'y conforme sans murmurer inutilement. « Ne pouvant régler les événements, je me règle moi-même et m'applique à eux, s'ils ne s'appliquent à moi. » Telle est la règle de conduite qu'il s'était donnée et dont il se départit le moins qu'il put.

Que prouvent tous ces rapprochements, indispensables à la connaissance de Montaigne ? Pour pénétrer celui-ci à fond, il faut refaire le chemin qu'il suivit lui-même et savoir combien le secours étranger lui servit à se retrouver. C'est en approfondissant les auteurs à son goût que Montaigne s'apprécia lui-même. Doit-on conclure qu'il resta alourdi par ces influences extérieures ? A vrai dire, sa philosophie n'est pas nouvelle. Moraliste, on sent qu'il étudie les hommes dans les livres plutôt qu'il ne les observe sur le vif. Sa doctrine manque d'ensemble et son regard de profondeur. Montaigne avoue lui-même qu'il ne veut connaître que « l'homme en général »; s'il cherche la vérité, il ne néglige pas la variété et la diversité. Et comme c'est « un sujet merveilleusement vain, divers et ondoyant que l'homme », ainsi qu'on l'apprend au seuil des *Essais,* comme « il est malaisé d'y fonder un jugement constant et uniforme », ne nous étonnons pas outre mesure que le philosophe se perde en des circuits et qu'après tous ces détours il se garde de conclure. Son œil s'arrête trop volontiers aux dissemblances de l'écorce, s'y attarde et ne pénètre pas plus avant. A lire les *Essais,* l'homme semble trop « ondoyant » et trop

« divers »; il paraît plein de bigarrures, qui toutes sont notées sans qu'un fil discret les rattache entre elles et les explique en les rapprochant. Montaigne n'est pas un observateur qui découvre un important ressort caché des actions humaines et le fait jouer à sa guise. Il n'analyse pas davantage un travers, un défaut, un vice, en poussant jusqu'au bout la minutie de son examen et en groupant avec méthode ce qu'il a remarqué. Montaigne voit les choses de moins près : il s'égare et marque d'un trait heureux ce qu'il rencontre chemin faisant. Comme dans la composition de son livre, la fantaisie a une large part dans sa façon d'observer; elle l'entraîne de-ci de-là, un peu au hasard, et sans qu'il soit toujours facile de la suivre ; mais que d'ingénieuses trouvailles en route, que d'horizons nouveaux ouverts et entrevus! C'est ainsi que Montaigne se découvrit lui-même, et nous savons tout le prix de cette découverte!

« Les idées que je m'étais faites naturellement de l'homme, dit Montaigne, je les ai établies et fortifiées par l'autorité d'autrui et par les sains exemples des anciens, auxquels je me suis rencontré conforme en jugement. » Apparemment, c'est parce que Montaigne trouva dans ses lectures la confirmation de ce qu'il pensait sur la nature humaine qu'il exposa ses idées propres. Si son opinion avait trop sensiblement différé de l'opinion commune, se fût-il enhardi jusqu'à la divulguer ? Eût-il osé s'analyser lui-même et, en publiant son analyse, se montrer à nu à ses contemporains, s'il avait été si différent d'autrui ? Je ne le pense pas. A l'inverse de J.-J. Rousseau, dont on

JEAN-ANTOINE DE BAÏF
(D'après les *Icones virorum illustrium* de J.-J. Boissard et Th. de Bry.

rapproche si souvent les *Confessions* des *Essais*, Montaigne, en se cherchant, cherchait surtout l'homme en lui, tandis que Rousseau est avant tout préoccupé de ce que son individualité a de personnel et d'unique. Au cours de ses réflexions, Montaigne fait la remarque que « chaque homme porte la forme entière de l'humaine condition ». Il s'analyse donc, certain de trouver en soi les éléments constitutifs de la nature humaine. Au reste, aucun sujet n'est plus à sa portée. Il s'exhibe tel qu'il se voit, parce que le lecteur pourrait trop aisément juger de la sincérité de l'écrivain en rapprochant sa propre personnalité. Montaigne eût compris l'âme humaine à la façon de Leibnitz, comme un miroir où l'univers se reflète. Le miroir est-il étroit ou mal conformé, il reproduit trop peu de choses et les reproduit mal. Aussi Montaigne tâchait d'augmenter par le savoir la portion d'univers que sa propre âme réfléchissait. Il se penche curieusement sur lui-même pour y considérer le spectacle des choses. Il observe avec attention cette vision intérieure et, en l'observant, il s'observe aussi et apprend à se connaître. Trop souvent l'image réfléchie est flottante, et Montaigne se perd dans ses contours. Mais si parfois l'observateur ne voit pas assez nettement les choses, toujours il perçoit nettement l'impression qu'il en ressent; il est trop maître de son sujet quand il s'observe lui-même, pour n'y pas voir clair et juger sainement.

Un métaphysicien assez alambiqué du XVIIIe siècle disait que l'homme accompli est celui qui ressemble à tout le monde et à qui personne ne ressemble.

N'est-ce pas le cas de Montaigne? Chacun croit se reconnaître en lui par ce que le portrait a de général, mais, de fait, il reste lui-même et ne ressemble qu'à lui-même. Quelque caractérisée que soit sa personnalité, il y a du type dans Montaigne. D'autres avant lui sont plus grands, plus géniaux dans leurs défauts même, Rabelais par exemple. Aucun ne résume et ne symbolise mieux le caractère français. Les *Essais* sont le premier exemplaire vraiment complet des qualités de notre race. On les trouve ailleurs assurément, et bien avant, mais éparpillées, disséminées et sans cohésion. Là, elles sont en leur place, au complet, se répondent et se font valoir l'une l'autre. En Montaigne, le Gascon forme le fond primitif et gouverne l'instinct; c'est lui qui en guide l'allure. Du Gascon, Montaigne a les saillies primesautières, les surprises, les ressauts; son style se coupe brusquement, se perd en digressions qui l'amusent. Ces qualités natives sont visibles dans la première édition des *Essais*, quand l'auteur est content de lui, que sa santé est régulière et son esprit clair et rapide. Mais toujours elles furent tempérées par un bon sens général, le bon sens français. Au-dessus du Gascon, turbulent par nature, se montre le Français, qui modère l'autre, fait entrer dans l'ordre son exubérance. La malice de Montaigne est grande, mais elle ne s'exerce pas à faux : il raille ce qui doit être raillé. Sa pensée gambade, mais les bonds en sont gracieux et point extravagants. Parfois, si la mémoire se déverse trop abondamment, si la verve s'abandonne avec trop de liberté, la mesure, d'ordinaire, ne fait défaut ni dans l'idée ni dans l'expression. Sous un abandon apparent qui semble l'entraîner sans qu'il y résiste, Montaigne au contraire ne perd de vue ni où il va ni comment il y va. On a pu écrire avec raison que s'il est l'homme de France qui sait le moins ce qu'il va dire, il est celui qui sait le mieux ce qu'il dit.

Nous l'avons dit, le but de Montaigne, dans les *Essais*, était l'analyse de l'homme considéré en général. Prenant partout, principalement dans les œuvres de l'antiquité, les traits qui se rapportent à son sujet, il les rapproche et les confirme par les résultats de ses propres observations. Il est à lui-même la mesure sur laquelle il compare et il juge les faits étrangers. Ainsi entendue, l'entreprise était nouvelle. D'autres écrivains avant Montaigne avaient étudié l'homme, mais la fantaisie se mêle trop à leur étude, comme pour Rabelais ; la théologie gâte leur philosophie, comme pour Calvin. Aucun n'avait encore fait cette analyse avec une attention si soutenue et si impartiale. Le mérite de Montaigne fut de s'y tenir. L'homme, malgré tout, reste l'objet des méditations du philosophe, et on peut dire qu'il y songe même quand il paraît s'en écarter le plus. Le mérite aussi, pour Montaigne, fut de faire cette étude avec discernement. Rabelais, avant lui, l'avait faite trop librement, et Calvin n'avait pas assez respecté la liberté humaine. Tous deux manquaient d'un juste terme de comparaison. En se choisissant soi-même comme terme de comparaison, Montaigne pouvait passer pour prétentieux, mais il n'aurait su trouver mesure plus à sa taille. Tant vaudrait l'homme, tant vaudrait l'œuvre. Cette fois, l'ouvrier était de génie : l'œuvre le fut. Montaigne ne se méprenait pas sur lui-même : il s'analysa si judicieusement, qu'en se décrivant il donna les traits caractéristiques de l'homme de son temps et de tous les temps.

Il fallait un œil singulièrement net pour se reconnaître, au XVIe siècle, au milieu du choc des idées et de l'agitation des partis. Nul ne le pouvait mieux que Montaigne. Aucune fumée ne troublait son cerveau. Homme de parti, il ne le fut jamais, et sa politique s'éleva au-dessus des querelles intestines, guidée par les vrais intérêts de la patrie. Philosophe, il n'était inféodé à aucun système, et cherchait la vérité avec les libres allures d'un esprit indépendant. C'est ce qui fait de son ouvrage un livre unique à cette date. Alors que tout le monde s'agite, Montaigne se recueille ; tandis qu'on combat, il médite. Tout le distingue et le met à part. Il n'est l'homme d'aucune lutte ni d'aucune passion. Dès l'abord l'éloquence antique avait, comme un vin généreux, grisé les esprits et leur enlevait la pleine possession d'eux-mêmes. Montaigne, au contraire, faisait partie de cette seconde période de la Renaissance qui ne se laissait plus éblouir par les lettres anciennes sans en juger la splendeur. On veut que l'étude soit profitable et on l'entreprend avec plus de discernement. On ne goûte plus sans comparer. Tel est Montaigne : il s'affranchit avec les anciens, et n'accepte pas sans contrôle ce qu'ils ont dit avant lui. Il raille fort vivement ceux qui font un livre avec des « provisions inconnues », et qui ne mettent du leur « que l'encre et le papier ». Lui, puise partout, il est vrai, et prend ses allégations « assez ailleurs qu'en leur source »; mais il « dérobe ses larcins », et ce qu'il a pris il ne le reconnaît plus pour étranger : ce qu'il a passé au crible de son expérience, il le fait sien. C'est l'éveil de l'esprit critique, et, bien que trop souvent, dans les *Essais,* comparaison ne soit pas raison, comparer, c'est essayer de comprendre et réfléchir avant de s'assimiler.

Un des traits dominants du génie de Montaigne est donc de peser au préalable ce qu'il veut s'approprier et ce qu'il emprunte à l'antiquité. On peut ajouter que tous les butins ne lui semblent pas de bonne prise. Je m'explique. Déjà, au cours de ce travail, nous avons examiné un à un les auteurs que Montaigne lisait. Nous avons essayé de déterminer le profit qu'il y gagna. Maintenant nous devons tirer de tout ceci des conclusions plus générales. Le goût de Montaigne, autant que son éducation, le portait vers l'antiquité romaine, et sa prédilection pour Plutarque confirme plutôt qu'elle contredit cette affection. Il importe beaucoup de faire remarquer une pareille tendance. Jusqu'alors la Renaissance avait été plutôt grecque que latine, et le culte mal entendu du grec avait retardé l'essor de notre langue. Par amour du grec, on avait imposé au français des tournures nouvelles, des néologismes imités de l'antiquité, qui répugnaient à son génie. C'est l'erreur de Rabelais; c'est surtout celle de

Ronsard. Par la nature comme par l'éducation de son esprit, Montaigne en fut préservé. Il s'écarta, sur ce point, des opinions les plus communément admises de son temps, et son œuvre s'en ressentit. On s'explique ainsi que Montaigne ne goûtât pas absolument Rabelais et le plaçât au rang des auteurs « simplement plaisants ». L'inspiration de l'un était trop différente pour que l'autre la comprît en entier. Quant à Ronsard et aux poètes de son école, si Montaigne en parle avec une admiration sans réserve, c'est, de sa part, une inconséquence. Mais on se montrait alors plus indulgent pour les poètes que pour les prosateurs : témoin Estienne Pasquier, qui reproche à Montaigne d'être « trop épais en figures », tandis qu'il ne voit pas ce défaut chez Ronsard. Dans la prose, en effet, le goût naissait et s'affinait peu à peu. Déjà on était plus exigeant pour la prose parce qu'on y cherchait des qualités plus solides que dans la poésie, parce qu'on y voulait de l'ordre et de la clarté. Quoiqu'il ne tournât pas tout à fait à son avantage, Montaigne fut un des premiers artisans de ce revirement. Plus tard, quand la prose, désormais assagie, aura trouvé son cours régulier, on fera à Montaigne des querelles injustes, sans tenir compte de ses efforts. Mlle de Gournay, il est vrai, le défendait avec plus de chaleur que de bon sens. Ce qu'il eût fallu dire, c'est que Montaigne, en restant dans la tradition latine, était resté dans la vraie voie et avait ainsi préparé l'épanouissement de l'esprit français. Comme on l'a remarqué depuis longtemps, nous sommes les fils des Latins et nous avons l'esprit pratique de Rome [1]. En recourant à peu près exclusivement aux sources romaines, Montaigne renouait la véritable tradition. Il marque dans le développement intellectuel de la France un échelon nécessaire. Avant lui, la curiosité, trop en éveil, se répand en tous sens avec une volupté qu'anime le désir de tout connaître. Avec Montaigne, la curiosité n'est certes point calmée, mais elle a réduit son cercle d'action; elle borne ses recherches à un milieu plus favorable, et, si elle prend encore de toutes mains, elle examine cependant, et ne s'approprie guère que le butin qui lui paraît de bon aloi. Ce ne sont plus les énumérations à la Rabelais, s'amusant à dresser la liste de cent quatorze jeux : c'est un pas en avant vers le discernement consciencieux. A l'imitation pure et simple de l'antiquité succède son assimilation, et Montaigne y est pour beaucoup. On quitte la Grèce pour Rome; l'esprit français y perdra quelque fantaisie, mais il y gagnera la sagesse et la raison.

Montaigne, dans ses lectures, se préoccupe de ce qui forme les mœurs, et, comme il le dit de lui-même, il songe moins à apprendre les histoires qu'à en juger. Si ce dessein se montre dans son livre, il se fait jour surtout dans ce qu'il dit de l'éducation. Quand on lit le plan d'études que Montaigne propose à son siècle, on voit alors quelles divergences le séparent de son temps, combien sa nouveauté est hardie. Par exemple, qu'on mette en parallèle le pro-

---

1. Désiré Nisard, *Histoire de la littérature française*. Paris, 1844, in-8°, t. I, p. 430.

LA TOUR DE MONTAIGNE.
État actuel.

gramme d'éducation dressé par Rabelais et celui que Montaigne préconise ; on embrassera d'un seul coup d'œil non seulement la différence des deux maîtres, mais encore la différence des deux périodes. Il est des points sur lesquels leur génie se rencontre : tous deux recommandent, comme le dit Montaigne, « qu'on fasse d'abord trotter devant soi » le jeune esprit qu'il s'agit de dresser « pour juger de son train naturel ». Mais ensuite les rêveries se mêlent étrangement aux procédés de Rabelais ; des billevesées grandioses accompagnent les conseils pratiques. Il veut faire apprendre beaucoup de leçons à son élève, logeant la science dans le cerveau du jeune homme comme il lui ingurgite les viandes énormes de ses repas. Digérera-t-il tout cela ? Oui, si l'estomac est solide ; mais on doit reconnaître que le précepteur ne l'y aura guère aidé. Montaigne, au contraire, veut que le maître « fasse tout passer par l'étamine et ne loge rien » dans la tête de l'enfant « par simple autorité et à crédit ». Nous trouvons naturel maintenant que Montaigne prêche qu'une *tête bien faite* vaut mieux qu'une *tête bien pleine*. Nous sourions et nous pensons que c'est là l'idée de quelqu'un dont la mémoire ne fut jamais le fort. Pourtant il y avait quelque mérite à le faire entendre à cette époque, car la mémoire avait trop longtemps tenu sans conteste le premier rang : vouloir qu'on examinât tout et que le raisonnement tînt une place prépondérante dans les plans d'éducation était donc un progrès réel. Montaigne le comprit et le déclara. C'est pour cela qu'il a écrit sur la formation intellectuelle et morale de l'homme quelques-unes des plus belles paroles de son siècle et de tous les siècles.

Entraîné par l'esprit de réaction, Montaigne va jusqu'à méconnaître le prix de la science étudiée pour elle-même ; il est injuste à l'égard de ceux qui apprennent pour l'unique plaisir d'apprendre et de meubler leur cerveau, sans tirer de tout ceci quelque règle de mœurs. Écoutez-le : il n'a pas assez de dédains pour ces savants *pituiteux, chassieux* et *crasseux* qui veulent « mourir et apprendre à la postérité la mesure des vers de Plaute et la vraie orthographe des mots latins ». En haine du pédantisme, Montaigne tombe ici dans un pédantisme à rebours ; il oublie qu'à trop éviter de paraître pédant, on court risque de l'être d'une autre façon; et c'est ce que Malebranche appelle justement être « pédant à la cavalière ». Dédain bien aristocratique, au reste. A suivre Montaigne de près, on ne tarde pas à reconnaître qu'il voulait faire du savoir l'apanage des gens de naissance, le retirer des mains « viles et basses » qui le détiennent trop souvent pour le remettre entre les mains de ceux qui doivent diriger les grandes affaires. Ce n'est, de la part de Montaigne, ni sincère ni généreux. Je sais bien qu'il y faut ménager la part de l'exagération, et je ne méconnais pas l'admirable éloge que Montaigne a fait du savoir vrai en louant Turnèbe. Le sentiment n'en est pas moins affecté et blâmable. Comme Montesquieu plus tard, Montaigne ne pensait pas déroger en livrant ses pensées au public, mais il voulait que cette occupation passât pour un délassement. Il se serait cru amoindri s'il avait avoué qu'il travaillait son œuvre et qu'il s'efforçait de l'améliorer. La besogne n'eût sans doute pas été digne d'un gentilhomme, et c'est ainsi qu'il se piquait d'écrire; non en grammairien qui pèse les syllabes. Montaigne a soin de nous en prévenir et ne voudrait pas qu'on s'y méprît. Nous sommes avertis par lui-même qu'il ne donne aucune attention au style ni à la composition de son œuvre, car il n'a jamais voulu faire métier d'écrire, et il est moins faiseur de livres que de toute autre besogne.

La déclaration est nette. S'ensuit-il qu'on doive s'y tenir sans réserve? Parce que Montaigne se flatte de jeter sa pensée comme elle lui vient, sans y corriger, faut-il le prendre au mot? Pareille confiance se justifierait peut-être pour le texte primitif des *Essais,* et encore serait-il bon d'y ajouter quelque restriction. Alors, en effet, les ornements étrangers la surchargent moins, et la pensée de Montaigne se dérobe moins sous les emprunts à autrui. Plus qu'ailleurs elle se montre dans son complet abandon. Elle est hardie dans l'expression, elle a le ton haut et résolu de celui qui s'émancipe. Plus tard, au contraire, elle baissera la voix, comme on la baisse pour dire des choses graves, dont on sait la portée. Pour le moment, c'est l'humeur un peu cavalière du gentilhomme qui domine. En revisant son livre, en le complétant comme il le faisait dans l'intervalle de chaque édition nouvelle, Montaigne y mettra plus de désordre apparent, mais aussi plus de système. Sa pensée deviendra spéculativement plus hardie;

par contre, elle usera de bien des atténuations qui lui étaient inconnues dès l'abord. L'homme a vieilli, et, chemin faisant, l'écrivain s'est révélé. D'une part, le philosophe connaît mieux la matière qu'il traite pour l'avoir plus longtemps observée, et s'abandonne parfois à des confidences plus intimes; d'autre part, l'écrivain a appris le secret de son art et il en sait les artifices. Au début, Montaigne laisse courir sa plume, écrivant ce qu'elle veut comme elle veut l'écrire; si l'écrivain existe, il ne s'est pas encore découvert. Il ne se pique pas outre mesure de correction, et peu lui importe que le gascon se mêle à son français. Mais, en cheminant, Montaigne découvre un à un les secrets de cet art, qu'il pratiquait sans le posséder. Et, comme il goûte la gloire de l'écrivain, il veut aussi en avoir les mérites. Sans doute, le culte de la forme ne domina jamais entièrement Montaigne, et c'est un aveu qu'il eût malaisément laissé échapper. Chaque jour, néanmoins, Montaigne s'attache davantage à son style. Il efface maintenant ces gasconnismes qui ne le choquaient pas jadis, et, chose étonnante, il s'efforce désormais d'obtenir par artifice ce naturel auquel il arrivait d'instinct. Il sait le prix d'un mot, d'une phrase bien frappée; il n'ignore pas le charme d'une image en sa place, et il en use. Maître de son art, réglant sa nature, il est maintenant un écrivain complet.

Le style! voilà bien l'éternelle grâce de cet esprit toujours jeune, la magie la plus séduisante de cet enchanteur! Son observation est à fleur de peau et sa philosophie manque de nouveauté. Il en recueille les éléments de toutes parts. Mais ce qu'il prend aux autres, Montaigne le fait sien par le charme si personnel de l'expression. « Quelqu'un pourrait dire de moi, remarque-t-il lui-même, que j'ai seulement fait ici un amas de fleurs étrangères, n'y ayant fourni du mien que le filet à les lier. » Qui tiendrait pareil langage serait bien injuste. Il faudrait noter tout au moins en même temps le talent de l'artiste, qui sait si bien choisir les couleurs et les grouper. Malgré cela la comparaison ne saurait être exacte. Bouquet est synonyme d'éphémère, et les fleurs assemblées dans les *Essais* sont toujours éclatantes de fraîcheur. Ce n'est pas l'image d'un bouquet destiné à se flétrir bientôt que cette lecture éveille; elle évoque au contraire la vision souriante d'un continuel printemps. Montaigne ne coupe pas les fleurs qu'il a choisies; il les cueille avec les attentions d'un homme expert. D'ordinaire, ainsi transplantées, elles se fanent et périssent, loin du sol qui les vit naître. Montaigne leur offre un riche terroir et une culture appropriée : en les faisant changer de climat, il sait aussi changer de soins. Il ne les transporte pas d'une main brutale, mais s'efforce de les accommoder au pays qui va les recevoir. Loin d'être un bouquet de fleurs desséchées, sans couleur et sans odeur, à force d'avoir passé de livres en livres, les *Essais* sont un parterre de fleurs vivantes, colorées, odorantes, affinées par la culture, qui ont gardé leur première saveur et doivent à des soins nouveaux un parfum plus pénétrant.

Parterre bien varié certes, car Montaigne aime la

diversité. Il voudrait saisir les infinis changements de l'être et s'efforce de les exprimer. Au physique, Montaigne se vante d'avoir la vue longue et perçante. Il n'en est rien au moral. Son œil s'attache à la multiplicité du détail, qu'il scrute et veut exprimer. Il n'a pas d'horizon étendu, car il n'embrasse pas l'ensemble. Aussi son style est-il en une perpétuelle nuance pour suivre de plus près la continuelle mobilité des choses. Les images succèdent aux images, ne cessant pas plus que la vie ne cesse de s'écouler. Si Montaigne n'a pas su dégager de loi qui régisse ces changements, comme il les a tous suivis curieusement, comme il en a noté et rendu tous les reflets ! « Du flux et du reflux, il ne semble en avoir cure, dit excellemment Sainte-Beuve, ni de la grande loi régulière qui enchaîne la mer aux cieux : mais les flots en détail, il en sait de toute couleur et de toute risée ; il y plonge en des profondeurs diverses, et en rapporte des perles et toutes sortes de coquilles. Surtout il s'y berce à la surface, et s'y joue, et les fait jouer devant nous sous prétexte de se mirer, jusqu'à ce qu'il en vienne un tomber juste à nos pieds, et qui soit notre propre miroir : par où il nous prend et nous ramène. »

C'est ainsi que Montaigne plaît et instruit. Il nous charme par la grâce d'un style sans cesse en mouvement, plein de trouvailles exquises et d'images riantes qui renouvellent les sujets les plus divers. Puis, quand il a fini de caqueter, musant après les historiettes et battant les buissons de toutes parts, il résume en un trait heureux quelque vérité qui nous éclaire brusquement et nous fait voir en nous. L'adage est-il toujours neuf? Qu'importe! Il perdrait davantage à être moins piquant. Le tour original de l'expression, voilà en effet ce qui donne la saveur à la pensée de Montaigne et une justesse nouvelle à son bon sens. D'autres sont plus pénétrants; nul n'est plus judicieux ou mieux avisé. Sa sagesse est courte, mais elle plaît, rit et éclaire. Un grain de malice l'anime. Pour exposer ses idées, Montaigne sait les parer de toutes les ressources de son esprit. Tantôt l'expression est pleine d'abandon, tantôt l'image étincelle et ravit le regard. Personne ne mit jamais plus de séduction au service de sa raison. Mais l'art se cache si bien qu'on l'en croirait absent. La pensée semble couler de source, comme le style, aussi limpide, aussi naïve que lui. Naïf, le mot a souvent été appliqué à Montaigne, et cette candeur apparente lui a valu bien des amis qu'un peu plus de malice eût éloignés. Naïf, rien n'est plus faux pourtant, si on entend par là le laisser-aller d'un esprit qui s'ignore, la franchise naturelle d'une pensée qui se livre sans réticence et sans apprêt. Montaigne, au contraire, choisit ce qu'il veut dire et comme il veut le dire, et rien n'est mieux calculé que l'abandon de ses confidences. S'ensuit-il qu'il faille le traiter de faux sincère, avec Jean-Jacques? Si l'on veut, et si l'existence des *vrais sincères* était bien et dûment constatée. Mais Montaigne, avec ses aimables réticences, n'est-il pas, à tout prendre, aussi près de la vérité que Jean-Jacques avec sa perpétuelle outrance et son affectation de franchise

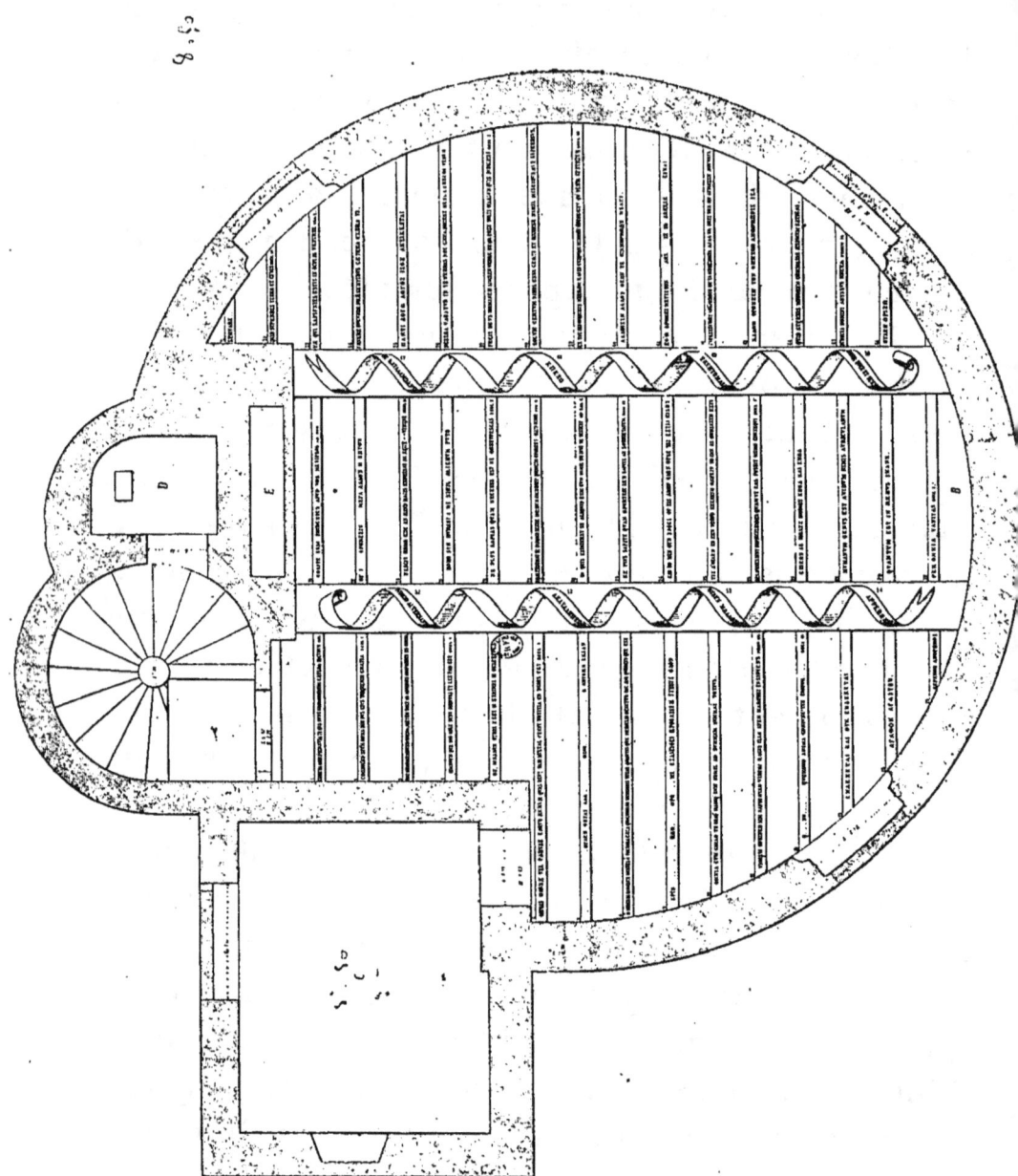

PLAN ET PLAFOND DU SECOND ÉTAGE DE LA TOUR DE MONTAIGNE.

brutale? Ne croyons trop ni l'un ni l'autre; c'est encore Montaigne qui trouvera ce soupçon le moins injurieux. A l'entendre, il lui importe peu de donner telle ou telle forme à des rêveries dont il sait la valeur. Si le français ne peut parvenir à exprimer ces songes, que le gascon s'y emploie et que tout soit dit. Affectation exagérée et qui ne dura pas — nous l'avons constaté — si un moment elle put être vraie. A cet instant, à l'heure où il venait d'abandonner pour la première fois au public ses *Essais* tels qu'il les avait composés dans sa solitude campagnarde, Montaigne était plus sincère qu'il ne le fut jamais. Quoique plus avare de révélations sur son propre compte, il se montre mieux à nos yeux qu'il ne le fera quand il nous instruira davantage sur les particularités de son être. Ici, l'individualité se laisse entrevoir sans arrière-pensée; elle se découvre sans songer qu'on la puisse deviner. Dans la suite, au contraire, les confidences seront moins rares, mais aussi moins spontanées, et, partant, elles auront moins de prix.

Au début, c'est bien le Gascon qui domine en Montaigne; il apparaît dans la bonne humeur de la pensée, dans la crânerie avec laquelle il la met en avant. Montaigne le sait et s'en vante. Il n'ignore pas que son style se ressent de la « barbarie » de son cru, mais il n'en rougit pas. Écoutez-le vanter le langage gascon; ne croirait-on pas, quand il en énumère les qualités, qu'il dénombre les siennes propres? Plus tard, il est vrai, il éteindra les feux de cette ardeur première. Quand il aura voyagé, il lui plaira moins de se montrer si ouvertement de son pays. Le goût s'est affiné par la comparaison, et Montaigne effacera dans son œuvre ce qui sentira trop le terroir. Il cherchera avec juste raison à donner à son livre un caractère moins particulier et voudra qu'il parle la langue même de la France. Est-ce un motif suffisant pour ne pas rechercher les qualités primitives ? Ce mot de Gascon éveille en nous des idées fausses. De nos jours, nous y attachons un sens défavorable, et cette défaveur est injuste. Elle est surtout injuste quand on l'étend à Montaigne et à ses contemporains, parce qu'elle n'atteint pas les vrais défauts de la race. Telle que nous l'entendons aujourd'hui, la mauvaise réputation du Gascon ne remonte guère au delà de Louis XIII et, comme il arrive fréquemment chez nous, son origine est littéraire et procède du roman. Hâbleur et homme d'expédients, menteur mâtiné de bravache, la bourse vide et la langue bien pendue, le Gascon ainsi bâti ressemble bien plus à un personnage de convention qu'il ne se rapproche de la réalité. C'est, si l'on veut, le baron de Fœneste. Puis, les défauts augmentent et deviennent plus ridicules. Soyez sûrs que la comédie s'en emparera, tandis que surgissent quelques vrais originaux qui semblent vouloir incarner le modèle, depuis « l'impécunieux » Marc de Maillet et le comte de Cramail jusqu'à Cyrano qui, au reste, était bien et dûment Parisien.

On ne pensait pas ainsi, au temps de Montaigne. Lui-même, qui s'y connaissait, écrit que « le faire est plus naturel aux Gascons que le dire ». L'éloge semble paradoxal, pourtant il est vrai. La race alors était en sa fleur, et sa pétulance naturelle la poussait vers l'action. Dans les guerres d'Italie, nul n'avait combattu avec plus d'entrain que les Gascons, et la liberté des consciences ne trouva, dans la suite, nulle part des défenseurs plus déterminés qu'au delà de la Garonne. Le calme de Montaigne étonne au milieu de l'agitation générale. Il serait inexplicable si on ne tenait compte d'un autre trait de la race. Souvent entraîné par les événements, le Gascon en est rarement la dupe; même dans les passes difficiles il ne perd pas son clair bon sens et juge vite et bien. L'ardeur de son sang l'échauffe sans l'aveugler; si elle le porte à quelque extrémité, soyez sûr qu'il sera le premier à reconnaître sa faute et qu'il en plaisantera avant tous. A l'heure où Montaigne comprit la vanité de ces agitations, peu de gens s'en étaient rendu compte, mais la conviction allait croissant et le plus grand nombre devait finir par le reconnaître. Cette notion des choses possibles est caractéristique chez Montaigne. Nous la retrouvons chez Henri IV, et nous savons combien tous deux s'entendaient sur ce point. Pour l'un comme pour l'autre c'est un trait de nature : tenir la balance égale entre les opinions philosophiques est aussi méritoire que d'apaiser un à un les partis; savoir s'abstenir quand tout le monde affirme est aussi louable que de désarmer les dissensions. Le doute de Montaigne égale la tolérance d'Henri IV; le « Que sais-je ? » du philosophe est aussi profond et aussi juste, à cette date, que le mot de l'homme d'état : « Paris vaut bien une messe. » C'est l'affirmation qu'en ce monde, où le relatif domine, il ne faut pas se croire le seul et l'infaillible défenseur de la vérité. Tous deux sont venus à cette conclusion par la même voie : ils ont vu sans se leurrer les passions de leurs contemporains ; ils n'ont été dupes ni des autres ni d'eux-

INTÉRIEUR DE LA BIBLIOTHÈQUE DE MONTAIGNE.

mêmes, et, s'analysant avec justesse, ils ont su juger les autres et comprendre leurs vrais besoins.

Ce tempérament se montre à nu dans la première édition des *Essais*. En adoucissant son style, en ne lui laissant du terroir que ce qui ne pouvait pas choquer les délicats, Montaigne atténue aussi la netteté de sa pensée. Ce n'est plus la belle décision du début, la gaieté souriante des premiers jours. L'auteur se complaît en détours comme s'il voulait égarer le lecteur à sa suite. Il a perdu en entrain ce qu'il a gagné en expérience. Une plus ample fréquentation des hommes a émoussé la personnalité de Montaigne, si elle lui a fourni de plus nombreux traits d'observation. D'ailleurs, a-t-il profité de ces nouvelles richesses? De la première à la dernière édition, le sujet des *Essais* est resté le même et c'est Montaigne plus que jamais qui fait le fond de son œuvre. Lui-même n'a guère changé au contact des hommes et des choses. « Il s'est envieilli, » comme il le dit, et voilà tout. Dans un des chapitres qui paraissent le plus être un fragment de son examen de conscience, — le chapitre de la *Présomption*, — Montaigne nous a laissé un portrait de lui-même qui, entre autres mérites, a celui d'être daté. Il remonte à 1573 ou un peu plus tard. Relisez-le. C'est à mon sens le vrai portique des *Essais*, la voie par laquelle il faut pénétrer dans la connaissance de l'auteur. Vous y trouverez indiqués tous les traits de caractère qui s'accuseront davantage en vieillissant. « Ce que j'ai à dire, je le dis toujours de toute ma force, » déclare Montaigne, et c'est exact alors, bien que, plus tard, à la vérité, il doive effacer cette déclaration, ne la sentant plus exacte. Lui-même il détermine les pensées maîtresses qui guident sa plume et dirigent sa conduite. Si Montaigne n'estime pas l'homme, c'est parce que celui-ci s'estime trop. Si l'homme prisait moins haut ses qualités, Montaigne prendrait moins de plaisir à énumérer ses défauts. Plaisante infaillibilité, en vérité, qui choppe à chaque instant! Et, pour prêcher d'exemple, Montaigne affecte de ne pas être

plus dupe de lui-même qu'il n'est dupe des autres.
Il y a du mécontentement dans son humilité, et il
laisse percer cette mauvaise humeur. Montaigne eût
voulu jouer un rôle plus actif : admis au spectacle
des événements contemporains comme un simple
spectateur, il use de son droit de critique et, de sa
place, juge les faits sans complaisance. Sa misan-
thropie procède, pour une large part, du regret de
n'avoir pu donner la mesure de sa valeur. Le plus
souvent Montaigne s'est tenu à l'écart des affaires
publiques, soit parce qu'il en coûtait trop à son
repos de s'y mêler, soit parce que de plus habiles
savaient y faire meilleure figure et le devançaient,
quoique inférieurs en mérite. Ces mécomptes désa-
busèrent vite son âme, naturellement fière ; puis, à
l'heure de l'examen de sa conscience, quand il se
demande compte à lui-même des jours déjà écoulés,
il rabaissera d'instinct ces hauteurs auxquelles il n'a
pas su atteindre. C'est l'éternelle fable *du Renard et
des Raisins*. C'est par ce trait si humain que Montaigne plaît tant à ceux qui croient avoir à se plaindre
de la destinée, parce qu'il déprécie l'action et vante
le repos. Certes, il serait souverainement injuste de
considérer le chemin que fait un homme dans le
monde comme la mesure exacte de son mérite. Mais
on serait plus coupable si, tombant dans une extrémité contraire, on recommandait l'inaction à ceux
que l'effort décourage et qui répugnent à la lutte.
Montaigne ne s'y méprit point. Il n'exagéra pas ses
blessures d'amour-propre, sans doute parce qu'il
découvrit en lui d'excellentes raisons pour ne pas

s'alarmer outre mesure des injustices du présent. L'avenir lui ménageait la plus triomphante revanche, et ce retour aurait dû apaiser son âme et satisfaire son ambition. Le pli était pris alors. La vieillesse était venue, et, avec elle, son cortège accoutumé d'hôtes incommodes qui nous envahissent et nous chassent peu à peu de chez nous. Elle avait accru l'indifférence de Montaigne pour les choses extérieures : ce qui ne le touchait pas directement le laissait désormais indifférent. Avec l'âge son égoïsme est plus profond et moins déguisé. « J'en suis-là, écrit-il, que sauf la santé et la vie, il n'est chose pourquoi je veuille ronger mes ongles et que je veuille acheter au prix du tourment d'esprit et de la contrainte. » C'est dans cette disposition nouvelle qu'il corrigera les *Essais* et qu'il les augmentera dans les éditions successives qu'il en donnera jusqu'à sa mort.

CHAPITRE VI

MONTAIGNE EN VOYAGE

MONTAIGNE voyage comme il écrit : on ne sait jamais où le conduira sa fantaisie; mais en quelque endroit qu'il aille ou qu'il s'arrête, il voit bien ce qu'il voit et le décrit comme il le voit. Car il a « cette humeur avide de choses nouvelles et inconnues », et il l'exerce volontiers sur ce que ses pérégrinations lui montrent ou sur ce que ses livres lui apprennent : ou plutôt lectures et voyages ne sont pour lui qu'un même moyen de satisfaire sa curiosité. A vrai dire, les années qu'il venait de passer chez lui n'avaient été qu'une longue excursion au milieu du passé, et jamais solitude ne fut plus peuplée que la sienne. Mais il y manquait ce qui fait l'attrait du voyage : la nouveauté des sites et la variété des gens. Aussi éprouva-t-il le besoin de se décarêmer, après sa retraite. Il voulut remplacer le spectacle qu'il s'était donné à lui-même — assis dans son fauteuil devant ses livres de travail — par un spectacle plus varié et plus changeant. Il voyagea effectivement et continua, au milieu de ses contemporains, les pérégrinations qu'il avait déjà entreprises parmi les souvenirs du passé.

Sa santé en fut le prétexte. En réalité, Montaigne était fort aise de pouvoir se livrer ainsi à son goût du déplacement et fournir à son jugement de nouveaux termes de comparaison. « Les voyages, disait-il, ne me blessent que par la dépense. » Précisément le séjour qu'il avait fait sur ses terres lui avait permis de réaliser des économies et de se payer quelques fantaisies. L'impression des *Essais* fut la première et la plus noble : car Montaigne devait payer alors pour publier son œuvre, et le temps n'était pas encore venu où les imprimeurs se disputeraient l'honneur de rééditer les *Essais*. Il venait de passer à peu près une année[1] à surveiller cette mise au jour, corrigeant les épreuves et guidant le typographe, et, bien que cette besogne ait été assez sommaire, elle dut coûter beaucoup à l'écrivain. Quand elle fut terminée, il éprouva sans doute plus vivement que jamais le désir de se reposer en voyageant. Moins de quatre mois après l'achèvement du volume, Montaigne quittait son château, le 22 juin 1580, pour n'y rentrer qu'assez longtemps après, le 30 novembre 1581.

Au retour, quand il reprit son livre et qu'il l'accrut de ses réflexions nouvelles, Montaigne ne manqua pas d'y indiquer en gros l'itinéraire de

---

1. Le privilège de la première édition des *Essais* est daté du « 9ᵉ jour de may 1579 », et l'avis au lecteur porte la date du « premier de mars 1580 ».

VUE DE BADE.
(D'après la *Cosmographie* de Munster et de Belleforest.)

cette longue excursion et d'y consigner bien des observations cueillies chemin faisant. On savait de la sorte qu'il avait visité l'Allemagne, la Suisse et l'Italie, autant en quête d'impressions inconnues qu'à la recherche d'eaux thermales pour adoucir ses douleurs. Quelques traits avaient été enchâssés ainsi, et nous n'ignorions pas l'émotion que plusieurs lieux célèbres avaient causée au voyageur. On n'ignorait pas davantage comment Montaigne se comportait dans ses courses, ne pouvant souffrir ni coches ni bateaux, et préférant chevaucher pendant de longues heures sans en être trop fort incommodé. On savait tout cela en général, mais le voyageur n'avait pas été pris sur le vif, au milieu du plaisir de ses découvertes ou dans l'attrait de ses excursions.

C'est là ce qu'un journal de voyage pouvait seul donner, et Montaigne en tenait un. Il a été découvert, au siècle dernier, par le chanoine Prunis parmi les papiers du château de Montaigne et publié, en 1774, par le littérateur Meusnier de Querlon, qui se substitua, on ne sait trop comment, à l'inventeur[1]. Ce manuscrit formait alors un petit volume in-folio de 178 pages, dont un tiers environ était écrit de la main du domestique de Montaigne,

---

1. *Journal de voyage de Michel de Montaigne en Italie, par la Suisse et l'Allemagne, en 1580 et 1581; avec des notes par M. de Querlon.* Rome et Paris, 1774, in-4°, de LIV-416 pp. — L'édition la plus récente est celle qu'a donnée le professeur Alessandro d'Ancona sous ce titre : *L'Italia alla fine del secolo XVI; giornale del viaggio di Michele de Montaigne in Italia nel 1580 e 1581* (Città di Castello, 1889, in-8° de XV-719 pp.).

qui tenait la plume sous la dictée de son maître ; quelques feuillets du début en avaient déjà été perdus. Depuis sa publication, ce précieux manuscrit a été égaré ; déposé, dit-on, par l'éditeur à la Bibliothèque royale, on ignore ce qu'il est devenu. Il faut donc s'en tenir, sans contrôle, au texte mis au jour par Meusnier de Querlon.

Ainsi que l'a remarqué Sainte-Beuve [1], le *Journal* du voyage de Montaigne n'a rien de curieux littérairement parlant ; mais moralement, et pour la connaissance de l'homme, il est plein d'intérêt. Je le crois aussi de grand secours pour la psychologie de l'écrivain. Dicté ou écrit par Montaigne, ce récit me paraît représenter assez exactement ce que dut être le premier jet de la composition des *Essais*, que leur auteur écrivit aussi ou dicta alternativement. Avant d'être apaisée et clarifiée, la verve de Montaigne devait se répandre, j'imagine, comme elle le fait dans son *Journal*, entraînant avec elle bien des éléments étrangers qu'elle éliminera plus tard. Emporté par sa curiosité, Montaigne prend en note tout ce qui le frappe, pour choisir ensuite et faire le triage de son butin. Je ne sais si je m'abuse, mais il me semble que, dans ces remarques ainsi prises, l'écrivain se trahit autant que le voyageur, et, dans les éditions postérieures des *Essais*, nous retrouverons, « en place marchande », nombre de réflexions que l'auteur a tirées de ses brouillons pour les intercaler dans son œuvre, comme il y insérait les jugements inscrits d'abord sur les marges de ses livres.

[1]. C.-A. Sainte-Beuve, *Nouveaux Lundis*, t. II, pp. 156-177.

Le voyageur, lui, est charmant : appliqué à tout voir et à tout comprendre, il voyage pour le plaisir de voyager. Ce perpétuel changement le ravit, et il voudrait toujours pousser plus avant, tant son esprit est en éveil et son désir d'apprendre insatiable. Tout l'intéresse, parce qu'il n'ignore pas que tout spectacle porte en lui un enseignement pour qui sait l'en tirer. Aussi, s'il s'efforce de ne rien laisser échapper, il voit tout avec un grand souci d'impartialité. Il se prête aux usages des pays qu'il traverse, afin de mieux saisir l'humeur des habitants. Ce qui le frappe le plus et ce qu'il note surtout, ce sont les traits particuliers, les petits faits, les menus incidents de la vie quotidienne. Il saisit tout, tant l'œil est accoutumé à l'analyse, et il mentionne curieusement sur ses tablettes les détails qu'il a ainsi observés. Son *Journal* de voyage, c'est l'album de l'artiste en route : on y trouve tous les croquis, les ébauches informes et incohérentes, pris et notés aux hasards du chemin. Ne demandez pas à ces essais de la réflexion ou de l'esprit de suite. Plus tard, l'auteur y choisira ce qu'il voudra terminer. Pour le moment, c'est un recueil de photographies instantanées, saisies sur le vif par l'œil le plus amoureux du détail qui fut jamais ; sans doute, cette comparaison étonnerait quelque peu Montaigne : elle ne saurait le fâcher.

Après avoir quitté son domaine, Montaigne s'arrête assez longuement à Paris, ou du moins à la cour. Il voulait faire les honneurs de son livre à ceux qui dispensaient la réputation, et nous savons que le roi Henri III accueillit favorablement et l'œuvre et l'auteur. Tandis que son beau-frère, G. de la Chassaigne, présentait au prince la traduction de quelques épîtres de Sénèque et un discours moral de sa façon sur l'honneur et la vaillance, Montaigne lui offrait la première édition de ses *Essais*. Le présent fut reçu avec une particulière bonne grâce. On était alors au siège de La Fère, mais l'opération ne semblait pas assez importante pour que les esprits en fussent uniquement préoccupés. Confié à Matignon, qui savait le prix du temps, il traînait en longueur et n'était troublé par aucune attaque, si bien qu'on le nomma le *siège de velours*. Pourtant, Philibert de Gramont, le mari de *la belle Corisande* et l'ami de Montaigne, y trouva la mort. Frappé par un obus qui lui emporta le bras, Philibert de Gramont trépassa quatre jours après, le 6 août 1580. Montaigne accompagna à Soissons les restes du défunt et leur rendit les derniers devoirs[1]. Puis, cet office accompli, il se mit en route pour sa longue excursion.

Nous ne connaissons ni la date du départ ni les premières étapes de ce voyage, car le début du *Journal* fait défaut. L'itinéraire ne commence véritablement qu'à Meaux, le 5 septembre 1580. Nous savons que Montaigne était accompagné du dernier de ses frères, Bertrand de Montaigne, seigneur de Mattecoulon, alors âgé de vingt ans, et d'un seigneur de Cazalis qui était peut-être son allié, Bertrand de

---

1. *Essais*, l. III, ch. IV; Payen, *Documents inédits sur Montaigne*, n° 3, p. 15 (Notes sur les éphémérides de Beuther).

Cazalis, seigneur de Fraiche, qui avait épousé Marie de Montaigne le 28 septembre 1579. Deux autres gentilshommes encore accrurent la petite troupe, le seigneur du Hautoi, gentilhomme lorrain, et le seigneur d'Estissac. Bien qu'il fût fort jeune, celui-ci semble avoir été, avec Montaigne, la personne de marque de la compagnie; c'était sans doute le fils de cette dame d'Estissac, à laquelle un chapitre des *Essais* est dédié[1], et il allait se perfectionner au delà des monts. Le roi de France et la reine-mère attachaient même quelque importance à ce que cette éducation fût aussi complète que possible, car ils donnèrent au jeune homme des lettres de recommandation pour le duc de Ferrare[2]. Montaigne semblait donc chaperonner ses compagnons. Nous verrons qu'au milieu de cette jeunesse il ne fut ni le moins jeune ni le moins ardent.

Telle était, au complet, la petite troupe qu'escortaient des gens de service, des muletiers et des mulets. En ce temps, on ne pouvait voyager sans se faire suivre de quelque équipage, et Montaigne ne voulait pas débarquer en pays inconnu dans un piètre appareil. A Meaux, il visite la ville et va voir le trésorier de la cathédrale, Just Terrelle, qui avait vécu en Orient et en avait rapporté quelques singularités. Puis, traversant Epernay, Châlons, Vitry-le-François, Bar-le-Duc, les voyageurs se dirigent vers Plombières, par Vaucouleurs, Neufchâteau,

---

1. *Essais*, l. II, ch. VIII, *De l'affection des pères aux enfants.*
2. Elles sont publiées par M. d'Ancona dans son édition du *Journal de voyage*, p. 708.

Mirecourt et Épinal. Bien qu'en chemin il examinât les curiosités de la route et qu'il se fît conter, au gîte, les histoires du pays, c'est en effet vers Plombières que Montaigne tendait et vers les bains qui déjà en faisaient la renommée.

Montaigne arriva à Plombières dans l'après-dînée du vendredi 16 septembre 1580, et 'y séjourna jusqu'au 27 du même mois; ce n'était pas trop de dix jours pour suivre un traitement qui, d'ordinaire, durait un mois. Les eaux thermales de Plombières commençaient à être en faveur. Auparavant elles n'étaient fréquentées que par les Allemands, et les jeunes époux y venaient, dit-on, volontiers faire leur voyage de noces. Mais, depuis quelque temps, les Français y affluaient aussi. Quatre ans avant que Montaigne n'y passât, Jean Le Bon, médecin du roi et du cardinal de Guise, avait publié, en un petit opuscule, un abrégé de *la Propriété des bains de Plommières* [1], qui attira encore plus sur eux l'attention du public. On y trouve, plus longuement exposées, les observations que Montaigne put faire en quelques jours. Citons seulement, à titre de rapprochement, ce que Le Bon dit de la manière dont on prend les bains : « L'homme y entre avec des marronnes ou braies; la femme avec sa chemise d'assez grosse toile... On se baigne pêle-mêle, tous ensemble, d'allégresse joyeuse. Les uns chantent, les autres jouent d'instruments; les autres y mangent, autres y dorment, autres y dansent, de manière que

---

1. Paris, Charles Macé, 1576, in-12. — Réimprimé en 1876 (Epinal), avec préface de L. Jouve.

la compagnie ne s'y ennuie point, ni jamais n'y trouve le temps long. »

C'est bien aussi ce que Montaigne rapporte. Pour justifier un pareil usage, on invoquait déjà son ancienneté; il paraît que les choses n'ont pas beaucoup changé depuis lors, sauf que les sexes sont à peu près séparés. Montaigne, il est vrai, s'il se baigna cinq fois, absorba surtout cette eau en boisson; précisément, elle produisait un grand effet pour la gravelle et les maladies de la vessie. Il y but, pendant onze matinées, d'abord neuf verres par jour, puis sept verres. Mais le résultat ne fut pas appréciable. Le *Journal* nous l'apprend, car, ne l'oublions pas, c'est autant un journal de santé qu'un journal de route. Au reste, l'humeur de Montaigne ne s'en altère point : il ne s'attriste pas de ses incommodités, et, bien que trop souvent en proie à de cuisantes douleurs, son voyage n'en sera ni moins gai ni moins heureux.

En quittant Plombières, Montaigne laissa à son hôtesse ses armoiries sculptées sur un écusson en bois : c'est une politesse que les voyageurs de marque faisaient volontiers au départ, et nul ne s'y conforma avec plus d'empressement que Montaigne. Puis, par Remiremont, Bussang et Thann, il se dirige vers la Suisse. Les propriétés des eaux de Bussang n'étaient pas encore découvertes; comme pour Contrexéville, on ne commença véritablement d'en parler qu'au XVIIIe siècle. Aussi Montaigne ne s'y arrête-t-il pas. Il hâte son voyage vers la Suisse, qu'il atteindra bientôt en abordant à Mulhouse, qui faisait partie, en ce temps-là, du canton de Bâle. Montaigne y admire « la liberté et bonne police » de la ville et loue l'esprit d'égalité qui y règne. Le patron de l'auberge du *Raisin,* où les voyageurs sont descendus, vient les servir à table au sortir d'une séance du Conseil de ville qu'il a présidée dans « un palais très magnifique et tout doré ». Désormais la frontière de France est franchie et les mœurs vont se modifier de plus en plus sensiblement.

A travers ce pays inconnu, où tout lui est nouveau, les hommes et les lieux, Montaigne sera tout yeux et tout oreilles, prenant sans cesse en notes de minutieuses observations afin de ne rien omettre. Il finira par y trouver plus de plaisir même qu'il ne s'en était promis, et, au cours de son excursion, il se repentira de ne pas s'y être suffisamment préparé. Nous surprenons sur le vif l'expression de ce mécontentement, qui se fait jour dans le *Journal.* Au cœur de la Suisse, sur le lac de Constance, Montaigne regrettera d'avoir omis trois choses : 1° de n'avoir point amené avec lui un cuisinier pour s'instruire des recettes allemandes et les pratiquer au retour; 2° de n'avoir pas pris un valet allemand ou de ne pas s'être donné pour compagnon de route quelque gentilhomme du pays, afin de ne pas se trouver tout à fait à la merci d'un bélître de guide; 3° enfin, de n'avoir pas lu d'avance les ouvrages qui signalent les curiosités du pays et de n'avoir pas son *Munster* dans ses coffres — nous dirions aujourd'hui notre *Joanne.* — Tels sont ces regrets, que nous avons reproduits dans leur ordre; ils font mieux comprendre la façon dont Montaigne s'efforçait d'observer. Désireux avant tout d'apprendre, il ne méprise rien et veut tout voir sans parti pris ; il juge donc avec impartialité. Son esprit s'arrête aussi complaisamment aux détails de la vie quotidienne qu'aux traits de mœurs et aux remarques historiques. Si les observations culinaires se mêlent aux conversations avec les savants étrangers et tiennent autant de place dans les notes de Montaigne, c'est plus par curiosité que par gourmandise. Sans doute, il cherche son bien-être et se propose de mettre à profit chez lui les bons renseignements qu'il a saisis au passage ; il sait aussi que l'humeur des gens se fait jour surtout dans les menus incidents de l'existence, et il tient à bien connaître les étrangers pour se mieux apprécier, lui et ses compatriotes.

Bâle est « une belle ville », dont les maisons sont ornées de vitres aux fenêtres, couvertes de tuiles bigarrées, pavées avec art et meublées avec luxe. « Les vins y sont fort bons, » et on les boit sans eau. Si les habitants négligent la propreté des chambres et du coucher, ils sont, en revanche, excellents cuisiniers ; leur principal défaut est de trop « asséchir » les viandes, et Montaigne les aime « peu cuites ». Tel est le ton ordinaire de ces remarques ; il montre bien que le voyageur ne trouve rien indigne de lui et examine tout. L'esprit et le corps y tiennent également leur place. Il y avait dans la ville quelques gens de savoir avec lesquels Montaigne ne manque pas de converser. Il s'entretient avec le Huguenot François Hotman, Français réfugié à Bâle depuis 1579, avec

Simon Grynœus, avec Théodore Zwinger, l'auteur du *Theatrum vitæ humanæ*, avec le médecin Félix Platter, dont l'herbier l'émerveille, et de tout cela il tire des conclusions fort personnelles et fort nettes.

A Bade, où il se rend et où il séjourne quelques jours pour y prendre des bains, Montaigne peut continuer ses remarques sur la diversité des façons, car il continue à se laisser servir « à la mode du pays », quelque difficulté qu'il y trouve. Au surplus, il en usera ainsi tant qu'il sera hors de chez lui. Les eaux de Bade paraissent à Montaigne plus actives que celles dont il a essayé jusqu'ici; il en boit avec grand effet, mais le souci de sa cure ne l'empêche pas de jeter les yeux autour de lui. Il est frappé de l'empressement que la plupart des habitants, qui sont catholiques, mettent à pratiquer leur religion, et il se confirme dans cette opinion que la dévotion devient plus sévère pour elle-même, quand elle s'exerce sous le regard de l'opinion contraire.

Pendant tout le trajet qui se prolonge, même abondance d'observations que Montaigne insère « toutes naturelles » dans son livre de route, comme le médecin Félix Platter insère les plantes dans son fameux herbier; les unes et les autres ne perdront pas beaucoup de leur éclat primitif. Si Montaigne omet quelque curiosité, il n'y a pas de sa faute; trop souvent les gens du pays auxquels on s'adresse « ne savent ce que vous leur demandez ». En quittant Bade, les voyageurs suivent le Rhin, dont ils voient la chute à Schaffouse, et, laissant à main droite Zurich, où est la peste, ils arrivent à Constance.

Les étapes commencent à se succéder assez rapidement, car Montaigne préfère voir le pays que séjourner longuement en un même endroit; il se détourne plus volontiers de la route qu'il ne s'attarde sur place. Partant le matin sans avoir déjeuné, « on lui apportait une pièce de pain sec qu'il mangeait en chemin, et était parfois aidé des raisins qu'il trouvait, les vendanges se faisant encore dans ce pays-là et le pays étant plein de vignes. » La cuisine continue à être agréable et appétissante, mais les hôtelleries sont toujours mal disposées pour le coucher; Montaigne le constate avec humeur, car il en est incommodé plus qu'un autre : « Si j'ai quelque curiosité à mon traitement, dit-il ailleurs, c'est plutôt au coucher qu'à autre chose. » Bien nourri, mal couché, mais chez des gens qui ne le volent pas, argumentant, quand l'occasion s'en présente, avec des théologiens réformés, il visite ainsi Constance, Marckdorf, Lindau, Wangen, Isny, Kempten, Pfronten, Füssen, Schongau, Landsberg, non sans avoir surpris, au passage, le secret de la fabrication de la choucroute.

Ce n'était pas là l'itinéraire primitivement tracé : un accident survenu au mulet des bagages avait obligé d'en changer et fait décider qu'on gagnerait Trente par la voie la plus courte. Mais Montaigne n'y put tenir; il prenait de plus en plus goût à cette exploration et fut d'avis qu'on se permît quelques détours « pour voir certaines belles villes d'Allemagne ». C'est ainsi que les voyageurs visitèrent Augsbourg, « qui est estimée la plus belle ville

VUE DE VENISE.
(D'après la *Cosmographie* de Munster et Belleforest.)

d'Allemagne, comme Strasbourg la plus forte ». Le corps de ville leur fit offrir le vin d'honneur par des sergents en livrée ; on les traita comme des barons ou des chevaliers, et Montaigne, qui avait ses raisons pour ne pas détourner les gens quand sa vanité trouvait son compte à leur erreur, laissa faire sans détromper personne. Suivant sa coutume, Montaigne employa les quatre ou cinq jours qu'il demeura à Augsbourg à en visiter les curiosités. Mais l'hiver qui s'avançait — on était au 19 octobre — l'empêcha d'aller voir le Danube, qui coulait à une journée de là. Il fallait, sans perdre de temps, songer à gagner le pays du soleil. La petite caravane achève donc de traverser la Bavière, passe à Munich sans y séjourner, et aborde bientôt le Tyrol.

Là, on devait s'engager dans les montagnes, mais la température continuait d'être clémente : « Nous nous engouffrâmes tout à fait dans le ventre des Alpes, dit Montaigne, par un chemin aisé, commode et amusément entretenu, le beau temps et serein nous y aidant fort. » La route dévale maintenant à flanc de ravins. Les sites deviennent plus pittoresques et Montaigne y prête une plus grande attention; la vue de cette nature si variée lui inspire des accents pleins de vérité et de grâce. « Ce vallon semblait à M. de Montaigne, écrit le secrétaire qui tient la plume à la place de son maître, représenter le plus agréable paysage qu'il eût jamais vu, tantôt se reserrant, les montagnes venant à se presser, et puis s'élargissant astheure[1] de notre côté, qui étions à main gauche

---

1. A cette heure, *locution gasconne*.

de la rivière, et gagnant du pays à cultiver et à labourer dans la pente même des monts, qui n'étaient pas si droits, tantôt de l'autre part; et puis découvrant des plaines à deux ou trois étages l'une sur l'autre, et tout plein de belles maisons de gentilshommes et des églises. »

La ville d'Insbruck est bâtie au fond de cet agréable vallon. Les voyageurs y séjournèrent un peu, avant de gagner Trente, par Sterzing, Brixen, Kolmann, Bosen et Branzoll. La petite troupe voyageait encore en pays inconnu, mais chaque pas en avant la rapprochait de l'Italie, dont Montaigne connaissait mieux les mœurs et l'histoire, bien qu'il n'eût pas encore visité le pays. Cette excursion à travers un monde ignoré, au milieu de gens dont on n'entendait pas la langue et dont les humeurs étaient fort différentes, n'avait pourtant pas été sans charmes. Montaigne y prit grand plaisir, comme il s'amusait au défilé de toutes les choses neuves et changeantes. Analysant ses impressions de touriste, il disait « qu'il s'était toute sa vie méfié du jugement d'autrui sur le discours des commodités des pays étrangers, chacun ne sachant goûter que selon l'ordonnance de sa coutume et de l'usage de son village, et avait fait fort peu d'état des avertissements que les voyageurs lui donnaient; mais, en ce lieu, il s'émerveillait encore plus de leur bêtise, ayant, et notamment en ce voyage, ouï dire que l'entre-deux des Alpes en cet endroit était plein de difficultés, les mœurs des hommes étranges, chemins inaccessibles, logis sauvages, l'air insupportable. Quant à l'air, il remerciait Dieu de l'avoir trouvé si doux, car il inclinait plutôt sur trop de chaud que de froid, et, en tout ce voyage, jusques lors, n'avions eu que trois jours de froid, et de pluie environ une heure; mais que du demeurant, s'il avait à promener sa fille, qui n'a que huit ans, il l'aimerait autant en ce chemin qu'en une allée de son jardin; et quant aux logis, il ne vit jamais contrée où ils fussent si dru semés et si beaux, ayant toujours logé dans belles villes, bien fournies de vivres, de vin, et à meilleure raison qu'ailleurs. »

Avant de quitter pour toujours cette région qui lui agréait ainsi, Montaigne voulut même faire part de son sentiment à quelqu'un qui pût le comprendre. Il prit pour confident François Hotman, qu'il avait vu à Bâle, et, de Bozen, Montaigne lui mandait : « qu'il avait pris si grand plaisir à la visitation d'Allemagne, qu'il l'abandonnait à grand regret, quoique ce fût en Italie qu'il allât; que les étrangers avaient à y souffrir comme ailleurs de l'exaction des hôtes, mais qu'il pensait que cela se pourrait corriger qui[1] ne serait pas à la merci des guides et truchements, qui les vendent et participent à ce profit. Tout le demeurant lui semblait plein de commodité et de courtoisie, et surtout de justice et de sûreté. »

Montaigne sortait donc enchanté de cette longue excursion, et, bien qu'il se dirigeât vers Rome, il eût volontiers prolongé sa route en pays inconnu, si ses compagnons n'y avaient pas vu trop d'incon-

1. *Qui* a ici le sens de *si, si on,* que Montaigne lui donne assez fréquemment.

vénients. Il y a, à ce propos, dans le *Journal de voyage*, une page bien caractéristique et qui montre trop clairement l'état d'esprit du philosophe pour ne pas la citer ici. « Je crois à la vérité, dit le secrétaire, en parlant de Montaigne, que, s'il eût été seul avec les siens, il fût allé plutôt à Cracovie ou vers la Grèce par terre, que de prendre le tour vers l'Italie; mais le plaisir qu'il prenait à visiter les pays inconnus, lequel il trouvait si doux que d'en oublier la faiblesse de son âge et de sa santé, il ne le pouvait imprimer à nul de la troupe, chacun ne demandant que la retraite. Là, où il avait accoutumé de dire, qu'après avoir passé une nuit inquiète, quand au matin il venait à se souvenir qu'il avait à voir une ville ou une nouvelle contrée, il se levait avec désir et allégresse. Je ne le vis jamais moins las ni moins se plaignant de ses douleurs, ayant l'esprit, et par chemin et en logis, si tendu à ce qu'il rencontrait et recherchant toutes occasions d'entretenir les étrangers, que je crois que cela amusait son mal. Quand on se plaignait à lui de ce qu'il conduisait souvent la troupe par chemins divers et contrées, revenant souvent bien près d'où il était parti (ce qu'il faisait, ou recevant l'avertissement de quelque chose digne de voir, ou changeant d'avis selon les occasions), il répondait qu'il n'allait, quant à lui, en nul lieu que là où il se trouvait, et qu'il ne pouvait faillir ni tordre sa voie, n'ayant nul projet que de se promener par des lieux inconnus; et, pourvu qu'on ne le vît pas retomber sur même voie, et voir deux fois même lieu, qu'il ne faisait nulle faute à son dessein. Et, quant à Rome, où les autres visaient, il la désirait d'autant moins voir que les autres lieux, qu'elle était connue d'un chacun, et qu'il n'avait laquais qui ne leur pût dire nouvelles de Florence et de Ferrare. Il disait aussi qu'il lui semblait être à même [1] ceux qui lisent quelque fort plaisant conte, d'où il leur prend crainte qu'il vienne bientôt à finir, ou un beau livre : lui de même prenait si grand plaisir à voyager qu'il haïssait le voisinage du lieu où il se dût reposer, et proposait plusieurs desseins de voyager à son aise, s'il pouvait se rendre seul. »

Ici Montaigne se montre tout entier et à nu ; en reproduisant ces paroles, le secrétaire nous permet de juger des sentiments intimes de son maître. C'est un véritable document humain sur Montaigne voyageur. Il va devant lui, emporté par l'attrait de l'inconnu, grisé par le plaisir des longues chevauchées en pays nouveau, à travers le changement perpétuel des sites et des hommes. La satisfaction de voir le charme à la fois et l'instruit, lui fait oublier même sa santé si précaire et adoucit la douleur qui l'assaille en chemin. Il semble qu'il suffise, pour que son corps soit en repos, que sa curiosité se satisfasse, et, dans cette excursion, elle trouve à chaque pas matière à s'alimenter. S'intéressant à tout, tout l'attire et le retient, pourvu que le détail soit particulier et permette une remarque ou une comparaison. Il n'est pas besoin, pour plaire à Montaigne, de spectacles rare sou de faits inouïs; ce qui est neuf l'amuse également, tant le plaisir de

---

[1]. De même que.

la découverte le séduit. Il aime le voyage pour le voyage même, pour les émotions sans cesse renaissantes que donne un perpétuel déplacement. Ce qu'il voit le met en appétit de voir davantage; plus allègre et plus dispos que jamais, le soir, à l'étape, il rêve de repartir le lendemain et de retrouver les mêmes satisfactions, musant toujours aux singularités de la route et préférant par caprice le chemin des écoliers. Montaigne continue ainsi les flâneries qu'il faisait auparavant, — et de la même sorte, — au travers des livres; d'une et d'autre part, il se laisse guider par sa fantaisie, par son humeur buissonnière, et, ici comme là, il retrouve cette succession rapide de mœurs si variées, si contraires, qui viennent confirmer si fortement ce qu'il pense de l'homme, « sujet merveilleusement vain, divers et ondoyant ».

Quelle que fût sa préférence intime, Montaigne s'engagea en Italie au lieu d'aller où il aurait voulu, et se dirigea vers Rome avec ses compagnons. Après avoir visité Trente, qui n'est « guères plaisante », traversé Rovère et Torbolé et vu le lac de Garde, la première ville italienne de quelque importance où les voyageurs abordèrent fut Vérone, d'où ils aperçurent Mantoue, qu'ils négligèrent. Dès ce premier pas sur leurs terres, Montaigne put remarquer un trait du caractère des Italiens : « Ils n'ont pas faute d'inscriptions, s'écrie-t-il, car il n'y a rhabillage de petite gouttière où ils ne fassent mettre, et en la ville et sur les chemins, le nom du podesta et de l'artisan. » Puis, par Vicenze et Padoue, se détournant légèrement de leur itinéraire, ils allèrent à Venise, car Montaigne déclarait « qu'il n'eût su arrêter ni à Rome ni ailleurs en Italie en repos sans avoir reconnu Venise ».

Ils y séjournèrent donc pendant une semaine, et Montaigne observa du plus près qu'il put les mœurs de cette République célèbre. Sa première visite fut pour le jurisconsulte Arnaud Du Ferrier, notre ambassadeur. C'était un dimanche matin : bien qu'il penchât d'une façon évidente « vers les innovations calviniennes », Du Ferrier amena Montaigne à la messe et le retint ensuite à dîner. Nul ne pouvait mieux que son hôte donner au nouvel arrivé les renseignements nécessaires. Ambassadeur pour la seconde fois à Venise, où il représentait la France depuis plus de dix ans, Du Ferrier était un homme d'une grande science, que ses deux séjours dans la ville des doges avaient mis au courant de tout. Causeur peu brillant, manquant de « vivacité et de pointe », mais diplomate aux idées larges, à l'esprit libéral, Du Ferrier apprit à son convive ce que son expérience lui avait enseigné à lui-même. Il lui indiqua comment il convenait de se tenir dans cette cité soupçonneuse pour ne pas éveiller la susceptibilité du pouvoir.

Mais Montaigne ne venait pas à Venise avec les devoirs d'un chargé d'affaires ; il voyageait pour s'instruire et n'avait d'autre mesure à garder que celle de son bon goût. Lui qui, en parcourant l'Allemagne, observait jusqu'à la façon dont on y tournait la broche, il voulut, sur l'autre versant des

LA LOCANDA DELL' ORSO, A ROME.
(D'après une photographie.)

Alpes, connaître les dessous des mœurs italiennes qui l'intéressaient si fort. Il vit de près ce monde de la galanterie, qui donnait à Venise un caractère si particulier, et « les plus nobles » d'entre les femmes qui y « font trafic » de leur beauté. C'est ainsi qu'il connut Veronica Franca, qui avait été l'une *delle principali et più honorate cortigiani* de la sérénissime République. Celle-ci — Aspasie au petit pied ou Ninon de Lenclos avant la lettre — avait abandonné l'*onorato mestiere* pour se livrer à la poésie et aux belles-lettres. Elle fit offrir à Montaigne un volume de *Lettres* qu'elle venait de publier [1], comme elle avait dédié deux sonnets à Henri III qu'elle vit à Venise à son retour de Pologne. Pour reconnaître ce présent, Montaigne fit donner deux écus à l'homme qui le lui apporta : c'était, dit-on, le prix dont on payait jadis des faveurs moins platoniques de la « gentilfemme ».

Au demeurant, Venise ne produisit pas sur Montaigne tout l'effet qu'il en attendait. « La police, la situation, l'arsenal, la place de Saint-Marc et la presse des peuples étrangers lui semblèrent les choses les plus remarquables » ; pourtant il disait, en quittant la ville, « l'avoir trouvée autre qu'il ne l'avait imaginée, et un peu moins admirable ». S'il n'a pas été enthousiasmé, Montaigne part aussi sans regret, car il espère revenir à Venise et la voir encore plus

---

[1]. *Lettere familiari a diversi della S. Veronica Franca.* Petit in-quarto de VIII-87 pp. La dédicace à Monseigneur Louis d'Este, cardinal, est datée du 2 août 1580. Le volume était donc dans sa fleur quand Montaigne le reçut.

à loisir. Retournant donc sur ses pas à Padoue, la petite troupe y laisse M. de Cazalis, qui « s'y arrête en pension » pour suivre les cours universitaires, et continuant sa route vers le sud, elle gagne Ferrare, après avoir visité les bains d'Abano et ceux de Battaglia. Maintenant qu'on a quitté les montagnes, le paysage change, et les voyageurs suivent un chemin « relevé, beau, plain[1] et qui doit être en la saison plein d'ombrage ». « A nos côtés, dit Montaigne, des plaines très fertiles ayant, suivant l'usage du pays, parmi leurs champs de blés, force arbres rangés par ordre, d'où pendent leurs vignes. » Puis, ce sont les marais et les alluvions de l'Adige que nos voyageurs traversent et ils parviennent à Ferrare, après avoir passé à Rovigo.

A Ferrare, Montaigne et M. d'Estissac furent reçus en audience par le duc Alphonse d'Este, pour lequel M. d'Estissac avait des lettres d'introduction du roi de France et de la reine-mère. Montaigne y fit aussi une autre visite qui lui laissa une plus pénible impression, bien qu'il n'en parle pas dans son *Journal de voyage*. Il alla voir Le Tasse, déjà enfermé comme atteint de folie. Le spectacle de cette belle intelligence ainsi obscurcie attrista profondément Montaigne, et il ne put s'empêcher d'exprimer son sentiment quand les *Essais* reparurent. « J'eus plus de dépit encore que de compassion, dit le philosophe en parlant du poète dément, de le voir à Ferrare en si piteux état, survivant à soi-même, méconnaissant et soi et ses ovvrages,

---

1. Plénier.

lesquels, sans son su, et toutefois à sa vue, on a mis en lumière, incorrigés et informes. »

Après Ferrare, Bologne, où l'on aborde par des chemins fangeux, à travers les terrains gras de la Lombardie. De là Montaigne eût voulu se rendre à Rome par Imola, la Marche d'Ancone et Lorette, mais il paraît que le pays n'était pas sûr et qu'on y commettait des vols fréquents. Il préféra donc prendre par Florence, et il y arrivait peu après, non sans avoir visité au préalable la somptueuse villa de Pratolino que le grand-duc venait de faire construire. A Florence, Montaigne observe, comme il l'a fait ailleurs, les mêmes détails de l'existence; il les compare à ce qu'il a déjà appris, et le résultat de ce parallèle n'est pas toujours à l'avantage des Italiens. Il découvre ainsi que les logis sont moins commodes qu'en France ou en Allemagne, que les aliments ne sont ni si variés ni si bien apprêtés qu'en Allemagne. L'art le touche peu; il le charme sans le ravir. C'est à peine si Montaigne mentionne Michel-Ange et déclare « excellents » les chefs-d'œuvre qui s'offrent à ses regards. Il voit le Dôme sans s'extasier. Les mièvreries des jardins italiens lui plaisent davantage. « Je ne sais pourquoi, déclare-t-il, cette ville est surnommée belle par privilège; elle l'est, mais sans aucune excellence sur Bologne, et peu sur Ferrare, et sans comparaison au-dessous de Venise. » Le panorama de la cité est cependant beau à contempler du haut du Dôme. « Il fait, à la vérité, beau découvrir de ce clocher l'infinie multitude de maisons qui remplissent les collines tout autour, à bien deux ou trois lieues à la ronde, et cette plaine où elle est assise, qui semble en longueur avoir l'étendue de deux lieues, car il semble qu'elles se touchent tant elles sont dru semées. »

On était alors à la fin de novembre, et Montaigne avait hâte d'atteindre Rome. Pourtant, passant à

LE TASSE.

Sienne, « il la reconnut curieusement, notamment pour le respect de nos guerres ». Nous savons, en effet, que le père de Montaigne avait guerroyé au delà des monts, et le souvenir des exploits de nos armes devait toucher particulièrement le philosophe voyageur. Au reste, Sienne méritait qu'on la visitât; car, bien qu' « inégale, plantée sur un dos de colline », elle était du nombre des belles villes d'Italie. Mais ensuite les étapes n'ont plus d'importance, sauf

Montalcino, que Montaigne voulut voir « pour l'accointance que les Français y ont eu » et Ronciglione. Enfin, le 30 novembre, dans l'après-dînée, les voyageurs arrivaient à Rome, après avoir cheminé sur « un terrain nu, sans arbres », à travers un pays « fort ouvert tout autour à plus de dix milles à la ronde » et « fort peu peuplé de maisons » ; ils pénétrèrent dans la Ville éternelle par la porte *del Popolo*, non sans qu'on leur eût, au préalable, fait quelques difficultés, à raison de la peste qui désolait l'Italie.

Ils descendirent à la *locanda dell'Orso*, qui était alors l'hôtellerie à la mode où venaient les gens de qualité. Cet antique établissement existe encore, mais il n'est guère fréquenté maintenant que par les gens du commun, marchands ou rouliers. Montaigne n'y séjourna que trois jours, jusqu'à ce qu'il eût trouvé un pied-à-terre plus convenable. L'édilité romaine a cependant voulu consacrer le souvenir de ce court passage, et elle a décidé, il y a quelques années, qu'on poserait sur cette vieille demeure une plaque de marbre rappelant le nom de l'hôte glorieux qu'elle abrita si peu de temps. Cet hommage mérité serait mieux placé sur la maison que Montaigne habita ensuite vis-à-vis de *Santa-Lucia della Tinta*, si l'emplacement de celle-ci pouvait être aussi sûrement déterminé[1]. Ce fut là, en effet, que le voyageur s'établit à Rome pour la durée de son séjour. « Nous y étions bien accommodés, nous dit-il lui-même, de

---

1. M. d'Ancona suppose que la maison habitée par Montaigne, en face de Sainte-Lucie, est celle qui porte actuellement le n° 25 de la *via Monte-Brianzo*.

trois belles chambres, salle, garde-manger, écurie, cuisine, à vingt écus par mois. » Le gîte trouvé, il ne restait plus à Montaigne qu'à étudier la ville; c'est ce qu'il ne manquera pas de faire avec la conscience qu'il met à satisfaire sa curiosité.

Nourri comme il l'avait été de la moelle des Latins, Montaigne devait souhaiter voir en détail la cité qui fut leur capitale et les traces qu'ils laissèrent de leur passage dans le monde. Ce que Montaigne cherche dans Rome, c'est Rome, et, à peine débarqué, il se plaint d'y trouver plus de Français qu'il n'eût souhaité. Il s'efforcera donc de saisir tous les aspects de la ville, non en antiquaire, mais en observateur avisé qui veut connaître « les humeurs de ces nations et leurs façons », « frotter et limer sa cervelle contre celle d'autrui ». Archéologue, il ne l'est pas plus qu'il n'est humaniste, et ne voyage pas à la mode de la noblesse française « pour savoir combien de pas a *Santa Rotonda*, ou, comme d'autres, combien le visage de Néron, de quelque vieille ruine de là, est plus long ou plus large que celui de quelque pareille médaille ». S'il agit ainsi, c'est par inclination naturelle, et non faute de lumières; il a, au contraire, des notions exactes sur tous ces points et juge bien, à première vue, que la topographie de la Rome moderne diffère sensiblement de celle de la Rome antique. « Il jugeait par bien claires apparences que la forme de ces montagnes », sur lesquelles Rome est assise, « et des pentes était du tout changée de l'ancienne, par la hauteur des ruines, et tenait pour certain qu'en plusieurs endroits nous marchions sur le faîte des maisons tout entières. Il est aisé à juger, par l'arc de Sévère, que nous sommes à plus de deux piques de l'ancien plancher, et, de vrai, on marche sur la tête des vieux murs, que la pluie et les coches découvrent. » Mais il ne cherchera pas par le menu la preuve de cette remarque, et soyez assuré qu'il ne se perdra pas dans l'examen de chaque débris respecté par les âges.

Faut-il s'en plaindre? Chateaubriand[1] et, après lui, Stendhal[2] reprochent à Montaigne, voyageant au milieu des merveilles dont les arts avaient couvert l'Italie, de n'en rien dire et de ne pas nommer leurs auteurs. Doit-on en conclure que Montaigne n'en comprit pas les beautés et que l'*esprit,* comme le veut Stendhal, empêche de sentir les chefs-d'œuvre de l'art? Il serait plus juste de dire que la culture intellectuelle ne s'était pas encore élevée, en France, au niveau qu'elle avait déjà atteint en Italie, et qu'on ne connaissait pas, de ce côté-ci des monts, le lien étroit, indissoluble qui relie l'un à l'autre le développement artistique et le développement littéraire. Tous les progrès, au physique comme au moral, sont solidaires, et on l'ignorait; nos compatriotes n'avaient pas remarqué l'influence philosophique des beaux-arts, l'action du sculpteur ou du peintre sur les esprits de son pays et de son temps. Montaigne ne le comprit pas; je ne sais personne alors

---

1. Chateaubriand, *Mémoires d'outre-tombe.* Bruxelles, 1850, t. IV, p. 376.
2. Stendhal, *Promenades dans Rome.* Paris, 1873, t. II, p. 237.

chez nous qui l'entendît davantage, et ce n'est assurément pas Rabelais, venu à Rome avant Montaigne sans être touché plus que lui des belles œuvres qu'elle contenait. On considère l'art comme un délassement, fort noble sans doute, mais sans portée et sans influence. Évidemment Montaigne est en défaut de négliger de la sorte tout un aspect de l'âme italienne, et lui plus que personne, puisqu'il veut, avant tout, connaître les mœurs des nations qu'il visite, devait essayer d'en pénétrer les secrets mobiles. Il écarte ainsi un élément indispensable pour apprécier l'Italie, mais il n'en reste pas moins un observateur fort consciencieux et très avisé. Son champ d'observation est trop limité ; d'accord. En revanche sa vue est claire, nette, et ne le trompe pas. Nous en pourrions avoir la preuve à chaque pas, et les notes très documentées du nouvel éditeur du *Journal de voyage* ne sont qu'un continuel hommage à la véracité de l'auteur : on peut appuyer sur bien des traits, on n'en saurait corriger que fort peu, car Montaigne voit juste du premier coup d'œil.

A tout seigneur, tout honneur. Le jour de Noël, Montaigne alla à Saint-Pierre entendre la messe du Pape et se trouva assez bien placé pour ne rien laisser échapper de la cérémonie. « Il lui sembla nouveau, et en cette messe et autres, que le Pape et cardinaux et autres prélats y sont assis, et quasi tout le long de la messe, couverts, devisant et parlant ensemble. Ces cérémonies semblent être plus magnifiques que dévotieuses. » Quatre jours après, notre ambassadeur, Louis d'Abain de La

Rochepozay, qui était depuis longtemps l'ami de Montaigne comme il était celui de Scaliger, fit donner par le Saint-Père audience aux voyageurs et les amena dans son carrosse au Vatican. Là, Montaigne vit mieux et de plus près Grégoire XIII, qui occupait alors le siège apostolique. Il en profite pour nous faire du pontife un portrait très précis, sans omettre, pour cela, de détailler les minutieuses formalités du baisement de la mule, — elles ont fort peu changé depuis lors. — « C'est un très beau vieillard, nous dit Montaigne, d'une moyenne taille et droite, le visage plein de majesté, une longue barbe blanche, âgé lors de plus de quatre-vingts ans, le plus sain pour cet âge et vigoureux qu'il est possible de désirer, sans goutte, sans colique, sans mal d'estomac et sans aucune sujétion; d'une nature douce, peu se passionnant des affaires du monde, grand bâtisseur, et en cela il laissera à Rome et ailleurs un singulier honneur de sa mémoire; grand aumônier, je dis hors de toute mesure... Les charges publiques pénibles, il les rejette volontiers sur les épaules d'autrui, fuyant à se donner peine. Il prête tant d'audiences qu'on veut. Ses réponses sont courtes et résolues, et perd-on temps de lui combattre sa réponse par nouveaux arguments. En ce qu'il juge juste, il se croit. » Toute distance gardée, ce dernier trait pourrait s'appliquer à Montaigne; d'ordinaire, il se tient à son premier coup d'œil. Le croquis, ici, est exact au physique et au moral. Il y manque un trait sur la vigueur de ce vieillard, et Montaigne n'oubliera pas de l'ajouter. Grégoire XIII aimait beaucoup à monter à cheval et à parcourir ainsi la ville ; malgré son grand âge, il montait sans le secours d'écuyer. L'ayant vu passer de la sorte sous ses fenêtres, entouré d'une escorte de cardinaux et de soldats, Montaigne en fut frappé et l'ajouta sur ses tablettes.

Il était naturel que Montaigne cherchât à observer

TIVOLI (TIBUR).

ainsi le souverain de Rome dans les divers actes de son ministère, au Vatican ou à Saint-Pierre, recevant des visiteurs ou bénissant le peuple. Il était plus naturel encore que le voyageur s'efforçât de connaître et la ville et les habitants qui la peuplaient. C'est à cela qu'il s'employa surtout, ne laissant rien passer de ce que lui offrait le hasard et qui pouvait l'instruire. Il voit le supplice d'un criminel et la circoncision d'un juif, l'exorcisme d'un *spiritato* et la pompe exotique d'un ambassadeur moscovite, et à tout cela Montaigne prête une attention également soutenue. Mais il saisit surtout les mœurs romaines par ce qu'elles ont d'apparent et d'extérieur. « Je ne l'ai connue, dit-il en parlant de Rome, que par son visage public et qu'elle offre au plus chétif étranger. » On ne trouve pas, dans le *Journal de voyage*, de description du grand monde clérical qui gouverne l'Église; pas de révélations à son sujet; peu ou point d'observations. Sous la plume de Montaigne, il n'y a pas, comme dans les *Regrets* de Joachim du Bellay par exemple, de ces fins petits croquis qui peignent si vivement les travers des hauts personnages *porporati*, leurs passions, leur goût de l'intrigue. En revanche, les aspects changeants de la rue sont notés avec soin. Nulle part la promenade au *Corso* n'est rendue par des traits plus vivants; les plaisirs du Carnaval sont animés et vus par quelqu'un qui n'en veut rien perdre du haut de l'échafaud où il s'est placé pour mieux regarder la foule. Comme à Venise, Montaigne observe aussi les courtisanes romaines; il suit leurs manèges, fréquente leur compagnie pour jouir de leur conversation, et prend en note leurs prétentions, les contrastes plaisants que leur inspire une dévotion hors de propos.

Tout ce mouvement en plein air plaît à Montaigne, mais ne l'entraîne pas. Il ne s'y mêle qu'autant qu'il le veut et quand il le veut. D'ordinaire, il préfère se livrer à un plaisir studieux et solitaire, à une promenade à travers les ruines ou dans la *vigna* de quelque riche propriétaire. Ce sont là deux passe-temps qu'il adore et dont il use fréquemment. Les *vignes* étaient alors un des attraits de Rome, et Montaigne lui-même nous informe que ce sont « des jardins et lieux de plaisir de beauté singulière ». C'est là que le voyageur français apprit « combien l'art pouvait se servir bien à point d'un lieu bossu, montueux et inégal » ; car le sol de Rome est ainsi fait et pourtant on en tire de très pittoresques arrangements. Ces « beautés sont ouvertes à quiconque s'en veut servir », et les possesseurs ne sont pas jaloux de leurs biens. Montaigne va donc tantôt s'asseoir et deviser à la vigne du pape Jules ou à celle de *Madama*, tantôt aux *orti Farnesiani* ou à la *villa Cesi*. Son temps se passe souvent ainsi, et il trouve Rome « une plaisante demeure ».

On y pouvait goûter d'autres plaisirs que ceux dont le climat est prodigue, et Montaigne ne s'en faisait pas faute. Dans ce lieu privilégié, autour duquel l'histoire du monde a si longtemps gravité, la main de l'homme a entassé assez de merveilles pour occuper les loisirs d'un touriste. Le passé y parle à chaque pas, et il suffit de l'interroger et de prêter l'oreille pour entendre sa voix. Vieux livres ou vieilles pierres, Montaigne interrogera tout, comme il se mettra en communication avec ceux qui connaissent mieux que lui ces témoins des siècles écoulés. Il visite la Bibliothèque Vaticane que gardait alors avec un soin jaloux le savant cardinal Sirleto. Ce n'était pas chose facile que d'en franchir les portes ; Montaigne y parvient et devant lui les armoires s'ouvrent à deux battants. Il voit ainsi quelques manuscrits remarquables par leur antiquité, notamment un manuscrit de Sénèque, un de Plutarque, un de Virgile, sur lequel il fait, bien que peu versé dans la philologie, des remarques pleines de sens. Il voit encore d'autres volumes curieux à divers titres : le bréviaire de Saint Grégoire, un manuscrit avec des corrections autographes de Saint Thomas d'Aquin « qui écrivait mal », — « une petite lettre pire que la mienne », dit Montaigne, — la Bible polyglotte de Plantin, un livre chinois. Il fut conduit partout à travers cette admirable collection « et convié par un gentilhomme d'en user » quand il le voudrait.

Mais cette fréquentation trop courte, si elle stimulait l'ardeur d'apprendre de Montaigne, ne suffisait pas pour lui donner les connaissances qui lui manquaient. Il s'en aperçut un jour que, dînant avec Muret et d'autres savants chez l'ambassadeur d'Abain de La Rochepozay, il se mit à parler de la traduction française de Plutarque par Amyot et à vanter la fidélité du traducteur. On lui montra par des exemples que les fautes d'Amyot étaient moins vénielles qu'il ne le croyait. Ces doctes propos étaient bien en situation à Rome, car nulle part plus que là ne se trouvaient des gens capables de les tenir. Toute une génération de savants y avait grandi, qui étudiait l'histoire des jours anciens et s'efforçait parfois avec honneur d'en retracer la suite. C'étaient le cardinal Gulielmo Sirleto, Latino Latini, Fulvio Orsini, dont Montaigne possédait plusieurs publications dans sa bibliothèque[1]. Dans cette Rome laborieuse, moins raffinée, mais aussi moins corrompue que celle de l'âge précédent, ne manquaient pas les hommes d'une haute valeur intellectuelle, et à ces savants italiens étaient venus s'ajouter des *forestieri*, aussi savants qu'eux. Montaigne y retrouvait Muret, qui avait été son maître; il y trouvait aussi Paul Vialard, qui occupait une chaire à la *Sapienza*, et se portait mieux à Rome qu'en France.

C'est précisément ce qui arrive à Montaigne : il se porte mieux à Rome que chez lui, parce qu'il a moins le loisir de s'analyser; au milieu de ces nouveautés qui le captivent il prend moins garde aux fluctuations de sa santé. « Je n'ai rien si ennemi à ma santé, nous apprend-il lui-même, que l'ennui et l'oisiveté; là, j'avais toujours quelque occupation, sinon si plaisante que j'eusse pu désirer, au moins suffisante à me désennuyer. » Pourtant les douleurs physiques de Montaigne deviennent plus fréquentes qu'aux premiers jours de son voyage, soit parce que la fatigue de cette longue excursion les a éveillées, soit parce que l'entrain du touriste décroît à mesure qu'il s'attarde. A Rome, sa curiosité n'est plus en sa fleur; sans avoir jamais vu la ville auparavant, il s'y trouve presque en pays connu, tant il sait les phases de son histoire. Au début du voyage, en traversant des régions ignorées, dont il ne soupçonnait pas les usages, tout cet inconnu entrevu aux

---

1. Notamment le *Cæsar* (Plantin, 1575, in-8°) et les *Carmina novem illustrium feminarum*. Voy. P. de Nolhac, *La Bibliothèque de Fulvio Orsini*, pp. 29 et 68.

détours de la route le transporte, l'excite, le grise légèrement. Ici, à Rome, le sentiment est plus profond et plus calme; c'est l'admiration, mêlée de regrets, pour cette ville unique, la plus grande qu'ait portée la terre, si imposante par les restes d'un passé puissant.

Écoutez Montaigne parler de Rome. Tout d'abord il essaie de comparer la Rome d'alors au Paris contemporain. Il tente de rapprocher ces deux cités, lorsqu'il est tout fraîchement débarqué dans l'une d'elles, mais plus tard, quand il aura appris à mieux apprécier Rome, il la laissera à son rang de Ville éternelle. Un incident le contraint à étudier Rome de plus près. A son arrivée, il avait pris un guide français; voici que, pour des raisons diverses, celui-ci abandonne le voyageur. Montaigne se pique au jeu : il se met lui-même à l'ouvrage et visite la ville sans aucun secours étranger; bientôt il est de force à en remontrer aux *ciceroni* les plus habiles. Désormais il connaît Rome et il l'apprécie. Après de nombreux examens des ruines, après des heures passées dans l'observation de ces témoins muets des autres âges, il sent toute la grandeur de Rome et il essaie de l'exprimer dans une page qui est un digne hommage à la gloire du lieu.

« Il disait, — c'est le secrétaire de Montaigne qui parle, mais on sent derrière lui son maître qui lui dicte, — il disait qu'on ne voyait rien de Rome que le ciel sous lequel elle avait été assise, et la place de son gîte : que cette science qu'il en avait était une science abstraite et contemplative, de

FRANÇOIS HOTMAN.
(D'après les *Icones virorum illustrium* de J.-J. Boissard et Th. de Bry.)

laquelle il n'y avait rien qui tombât sous les sens ; que ceux qui disaient qu'on y voyait au moins les ruines de Rome, en disaient trop ; car les ruines d'une si épouvantable machine rapporteraient plus d'honneur et de révérence à sa mémoire ; ce n'était rien que son sépulcre. Le monde, ennemi de sa longue domination, avait premièrement brisé et fracassé toutes les pièces de ce corps admirable, et parce qu'encore tout mort, renversé et défiguré, il lui faisait horreur, il en avait enseveli la ruine même. — Que ces petites montres de sa ruine, qui paraissent encore au-dessus de la bière, c'était la fortune qui les avait conservées, pour le témoignage de cette grandeur infinie que tant de siècles, tant de feux, la conjuration du monde réitérée à tant de fois à sa ruine, n'avaient pu universellement éteindre. Mais qu'il était vraisemblable que ces membres dévisagés[1] qui en restaient c'étaient les moins dignes, et que la furie des ennemis de cette gloire immortelle les avait portés premièrement à ruiner ce qu'il y avait de plus beau et de plus digne ; que les bâtiments de cette Rome bâtarde qu'on allait astheure attachant à ces masures antiques, quoi qu'ils eussent de quoi ravir en admiration nos siècles présents, lui faisaient ressouvenir proprement des nids que les moineaux et les corneilles vont suspendant en France aux voûtes et parois des églises que les Huguenots viennent d'y démolir. Encore craignait-il, à voir l'espace qu'occupe ce tombeau, qu'on ne le

---

1. Sans visage, sans forme.

reconnût pas tout, et que la sépulture ne fût elle-même pour la plupart ensevelie. — Que cela de voir une si chétive décharge, comme de morceaux de tuiles et pots cassés, être anciennement arrivée à un monceau de grandeur si excessive, qu'il égale en hauteur et largeur plusieurs naturelles montagnes[1] — car il le comparait en hauteur à la motte de Gurson, et l'estimait double en largeur, — c'était une expresse ordonnance des destinées, pour faire sentir au monde leur conspiration à la gloire et prééminence de cette ville par un si nouveau et extraordinaire témoignage de sa grandeur. Il disait ne pouvoir aisément faire convenir, vu le peu d'espace et de lieu que tiennent aucuns de ces sept monts, et notamment les plus fameux, comme le Capitolin et le Palatin, qu'il y rangeât un si grand nombre d'édifices. A voir seulement ce qui reste du Temple de la Paix, le long du *Forum Romanum*, duquel on voit encore la chute toute vive, comme d'une grande montagne, dissipée en plusieurs horribles rochers, il ne semble que de tels bâtiments pussent tenir en tout l'espace du mont du Capitole, où il y avait bien vingt-cinq ou trente temples, outre plusieurs maisons privées. Mais, à la vérité, plusieurs conjectures qu'on prend de la peinture de cette ville ancienne, n'ont guère de vérisimilitude, son plan même étant infiniment changé de forme, aucuns de ces vallons étant comblés, voire dans les lieux les plus bas qui y fussent : comme, pour exemple, au

1. *Il monte Testaccio*. — Gurson, château appartenant au marquis de Trans.

lieu du *Velabrum*, qui pour sa bassesse recevait l'égout de la ville et avait un lac, s'est haut levé des monts de la hauteur des autres monts naturels qui sont autour de là, ce qui se faisait par le tas et monceau des ruines de ces grands bâtiments; et le *Monte Savello* n'est autre chose que la ruine d'une partie du théâtre de Marcellus. Il croyait qu'un ancien Romain ne saurait reconnaître l'assiette de sa ville, quand il la verrait. Il est souvent avenu qu'après avoir fouillé bien avant en terre, on ne venait qu'à rencontrer la tête d'une fort haute colonne, qui était encore en pied au-dessous. On n'y cherche point d'autres fondements aux maisons, que des vieilles masures ou voûtes, comme il s'en voit au-dessous de toutes les caves, ni encore l'appui du fondement ancien ni d'un mur qui soit en son assiette. Mais sur les brisures mêmes des vieux bâtiments comme la fortune les a logés, en se dissipant[1], ils ont planté le pied de leurs palais nouveaux, comme sur des gros lopins de rochers, fermes et assurés. Il est aisé à voir que plusieurs rues sont à plus de trente pieds profonds au-dessous de celles d'à cette heure. »

Tel est le sentiment de Montaigne pour Rome quand il la connaît. Ainsi exprimée et résumée, cette impression ressemble à celles dont Montaigne aimait à couvrir la garde de ses livres, après une lecture qui l'avait captivé quelque temps: comme au sortir d'un commerce prolongé avec une œuvre maîtresse

---

1. En se désagrégeant.

de l'humanité, Montaigne veut se ressaisir après avoir examiné Rome; il cherche à coordonner et à réunir les mouvements divers qui l'agitent et il dicte à son secrétaire ce premier jugement. C'est l'ébauche hâtive où les émotions du peintre se montrent à vif, palpitantes de sincérité. Dans la suite, nous trouverons les divers traits de cette esquisse enchâssés

NOTRE-DAME-DE-LORETTE.

dans les *Essais*, révisés et mis au point. Maintenant nous surprenons le sentiment de Montaigne voyageur, comme on surprend celui de Montaigne critique, par exemple, sur la garde de son exemplaire de César; on mesure sa passion pour la Rome antique et la mélancolie qui l'envahit en présence de ces restes dont il entend si profondément l'histoire.

Car il s'inquiète peu de la Rome pontificale; s'il s'y mêle, c'est parce qu'il n'est pas possible d'y vivre sans s'y mêler, mais non par goût. Ce qu'il en apprendra se sera offert de lui-même plutôt qu'il ne l'aura cherché. Demeurant à Rome, il en faut essuyer les désagréments. La police papale était soupçonneuse et mal faite ; elle avait des exigences vexatoires. Montaigne n'en fut pas exempt. A peine débarqué, on lui prend, pour les examiner, les livres qu'il apportait avec lui. Dans le nombre se trouvent les *Essais*. Quatre mois après on lui rend ses livres, non sans en avoir retenu quelqu'un et épluché le sien propre. Les critiques qu'on fit des *Essais* étaient anodines, et celui qui fut chargé de l'examen de l'œuvre paraît l'avoir assez mal comprise. On s'en remit donc à la conscience de l'auteur pour « rabiller » ce qu'il trouverait de mauvais goût. Quand Montaigne vint prendre congé du *maëstro del sacro palazzo*, on alla plus loin encore dans la voie des concessions ; celui-ci me pria, nous dit Montaigne, de « ne me servir point de la censure de mon livre en laquelle autres Français l'avaient averti qu'il y avait plusieurs sottises ; qu'il honorait et mon intention et affection envers l'Église et ma suffisance, et estimait tant de ma franchise et conscience qu'il remettait à moi-même de retrancher en mon livre, quand je le voudrais réimprimer, ce que j'y trouverais trop licencieux, et entre autres choses, les mots de *fortune*[1] ». En somme, l'aventure finissait à l'avantage de Montaigne ; mal renseignée comme elle l'était parfois alors, l'Église ne censura pas les *Essais*, et le

---

1. On reprochait à Montaigne d'avoir trop souvent employé le mot *Fortune*, hasard.

volume ne fut officiellement mis à l'*Index* que bien postérieurement, par un décret du 12 juin 1676 [1].

Se terminant ainsi, ce procès de tendances ne pouvait amoindrir l'enthousiasme de Montaigne pour la Ville éternelle. En la quittant, il emportait un reconnaissant souvenir pour les jours qu'il y avait vécus à visiter les ruines, dans un continuel commerce avec l'antiquité. Les excursions qu'il avait faites au dehors, à Tivoli notamment, n'étaient elles-mêmes que des hommages au passé. Plusieurs mois il avait pu se croire le citoyen de Rome. Il voulut que l'illusion se prolongeât davantage : avant de partir, il sollicita le diplôme de citoyen romain et l'obtint à son grand contentement. « C'est un titre vain, » dit-il; il employa pourtant « ses cinq sens de nature » pour qu'on le lui conférât, et, le possédant, il s'en montra très fier, « ne fût-ce que pour l'ancien honneur et religieuse mémoire de son autorité. » Au reste, cette faveur n'était pas prodiguée. Muret l'obtint pour avoir célébré la victoire de Lépante. Il est vrai qu'un autre ami de Montaigne, Juste Lipse, se montrera plus difficile à l'endroit de cette distinction, qu'il eût acceptée si on la lui avait offerte, mais qu'il ne veut pas qu'on sollicite pour lui. Montaigne fit moins le renchéri, et désormais il s'écrie avec satisfaction : « N'étant bourgeois d'aucune ville, je suis bien aise de l'être de la plus noble qui fut et qui sera oncques. »

1. *Catalogue des ouvrages mis à l'Index contenant le nom de tous les livres condamnés par la cour de Rome, depuis l'invention de l'imprimerie jusqu'en 1825, avec la date des décrets de leur condamnation.* Paris, 1826, 8º, p. 226. L'ouvrage est interdit *ubicumque et quocumque idiomate impressus.*

Le 19 avril 1581, Montaigne quittait Rome après y avoir séjourné plus de quatre mois et demi. Il la laissait sans regret, car la séparation n'était pas définitive. Plusieurs amis vinrent accompagner ce départ; puis, s'engageant sur l'ancienne *via Flaminia*, Montaigne se dirigea au nord-est, vers Spolète, Lorette et la Marche d'Ancône. Il fallait traverser les Apennins et suivre une route accidentée et pittoresque. Le *Journal de voyage* note complaisamment les sites agréables entrevus en chemin. Montaigne s'égaie aux aspects divers que prend le paysage, et sa plume retrouve quelques-uns des mots gracieux qu'elle avait eus auparavant pour peindre le Tyrol. Voici un petit tableau tracé au sortir de Foligno : « Nous nous rejetâmes au chemin de la montagne, où nous retrouvions force belles plaines, tantôt à la tête, tantôt au pied du mont. Mais, sur le commencement de cette matinée, nous eûmes quelque temps un très bel objet de mille diverses collines, revêtues de toutes parts de très beaux ombrages, de toutes sortes de fruitiers et des plus beaux blés qu'il est possible, souvent en lieu si coupé et si précipiteux, que c'était miracle que seulement les chevaux puissent avoir accès. Les plus beaux vallons, un nombre infini de ruisseaux, tant de maisons et villages par ci par là qu'il me ressouvenait des avenues de Florence, sauf que ici il n'y a nul palais ni maison d'apparence; et là le terrain est sec et stérile pour la plupart, là où en ces collines il n'y a pas un pouce de terrain inutile. Il est vrai que la saison du printemps les favorisait. Souvent, bien loin, au-dessus de nos têtes, nous voyons un beau village, et sous nos pieds, comme aux antipodes, un autre, ayant chacun plusieurs commodités et diverses ; cela même n'y donne pas mauvais lustre que, parmi ces montagnes si fertiles, l'Apennin montre ses têtes renfrognées et inaccessibles, d'où on voit rouler plusieurs torrents qui, ayant perdu cette première furie, se rendent là tôt après dans ces vallons des ruisseaux très plaisants et très doux. Parmi ces bosses, on découvre, et au haut et au bas, plusieurs riches plaines, grandes parfois à perdre de vue par certains biais du prospect. Il ne me semble pas que nulle peinture puisse représenter un si riche paysage. » Pour être ainsi crayonné rapidement, le croquis n'est pas sans charme et montre que Montaigne, si amoureux qu'il fût du passé, savait goûter les beautés naturelles et essayait de les exprimer à l'occasion.

A Lorette, Montaigne ne manque pas de visiter la *Santa Casa* et y fait ses dévotions. Il séjourna trois jours dans ce célèbre lieu de pèlerinage et ne voulut pas le quitter sans y laisser un souvenir de son passage. Il offrit à la Madone un tableau d'argent représentant le donateur, sa femme et sa fille agenouillés et placés sous la protection de Notre-Dame. Au-dessous, une inscription latine rappelait les noms des personnages ainsi figurés. Ensuite, traversant Ancone, Senigaglia, Fano, Fossombrone, Urbin, puis Florence, où il repasse sans séjourner, Pistoie et Lucques, Montaigne arrive aux bains della Villa, où il vient faire une cure que le mauvais état de sa santé rendait nécessaire.

Montaigne est malade et son humeur s'en ressent. Nous savons que le journal de son voyage est aussi celui de sa santé; nous savons que la médecine y joue un grand rôle et s'y mêle à tout. Ici, elle prend le pas sur toute chose. Le récit du séjour de Montaigne aux bains n'est plus que le récit de son traitement; c'est la suite de ces petits papiers, de ces « brevets », sur lesquels il analysait minutieusement pour lui-même ses propres souffrances et qu'il ne destinait pas au public. Plaignons le pauvre grand homme et ne nous attardons pas avec lui à examiner la nature de ses sécrétions. Montaigne s'installe aux eaux le plus commodément qu'il peut, et y demeure — avec quelques intervalles — quatre mois environ, du 8 mai au 12 septembre 1581. Il se drogue et se met au régime avec conviction. Sans doute, il observe toujours ce qui se passe autour de lui, prenant en note les particularités dont il ne veut pas perdre le souvenir; mais son grand souci est en lui-même. Sa curiosité, moins alerte, et son esprit, moins dispos, s'abandonnent moins volontiers aux délassements extérieurs. Sa santé le préoccupe trop pour qu'il prenne plaisir au défilé des choses. Il a des tristesses, des mélancolies; un matin, en écrivant à celui qui fut plus tard le cardinal d'Ossat, il se mit à songer si longuement à La Boétie que ce souvenir douloureux lui fit grand mal.

Pourtant il se distrait, et, pour cela, il essaie des moyens les plus divers. Montaigne donne un bal à ceux qui, comme lui, sont en traitement, et leur offre ensuite à souper. Il garde même, parmi les convives, l'improvisatrice Divizia, pauvre paysanne qui avait le génie poétique et avait déjà fait beaucoup de vers en l'honneur du voyageur. Le hasard aussi lui offre quelques occasions de se dérider. Montaigne dut sourire bien ironiquement quand les médecins qui soignaient le neveu du cardinal Césі vinrent le prier d'entendre leurs avis, pour les départager, et de prendre ensuite une décision que le patient devait suivre. Pauvre neveu! D'autres fois, Montaigne fait des excursions au dehors; il revient à Pistoie et à Florence, où il demeure quelques jours; il y voit plusieurs spectacles intéressants et étudie les particularités de la vie florentine, qu'il n'avait qu'entrevues auparavant. Il visite Pise et y séjourne assez pour en apprécier les curiosités et lier connaissance avec quelques gens de savoir. Ensuite, traversant Lucques pour la seconde fois, il revient faire aux bains della Villa une deuxième cure qui dure un mois entier.

Montaigne s'y trouvait lorsque, le 7 septembre au matin, on lui remit des lettres de M. du Tauzin, écrites de Bordeaux le 2 août précédent, et lui annonçant que, la veille, il avait été élu maire par le Corps de ville. Certes, il était bien loin de s'attendre à un pareil honneur qu'il n'avait pas brigué, et auquel il voulait tenter de se soustraire. Pour le moment, ce choix venait à la traverse des projets du voyageur. Cinq jours après, Montaigne quittait les eaux et, descendant vers le sud, il se dirigeait par Sienne et Viterbe, vers Rome, où il arriva le dimanche 1er octobre. Son séjour y fut de courte durée, car, en arrivant, il y avait trouvé la lettre par laquelle les jurats de Bordeaux lui notifiaient officiellement son élection et le priaient de venir sans retard auprès d'eux. Abandonnant donc la pensée qu'il avait eue de visiter l'extrémité méridionale de l'Italie, Montaigne laisse Rome au bout de quinze jours, employés à préparer ce départ définitif, et regagne la France. Son frère Mattecoulon et M. d'Estissac, au contraire, y demeurent.

Montaigne revient donc sur ses pas et refait, sans se presser toutefois, une partie du chemin qu'il avait précédemment parcouru. Il revoit Ronciglione, Sienne, Lucques et remonte vers le nord. Parvenu à Sarzana, il se demande s'il fera un crochet vers Gênes pour se rendre à Milan ; mais, outre que les chemins ne sont pas sûrs, il ne veut pas trop se détourner de sa route. Montaigne traverse Pontremoli, Fornoue, Plaisance, Marignan et Pavie, et atteint Milan le jeudi 26 octobre. Il n'y reste qu'un jour ; d'ailleurs, la ville ressemble assez à Paris et a beaucoup de rapports avec les villes de France. On n'y trouve pas les beaux palais de Rome ou de Florence, mais elle l'emporte en grandeur et l'affluence des étrangers n'y est pas moindre qu'à Venise. De là, Montaigne se dirige sur Turin, qu'il trouve ni trop bien bâti ni trop agréable, et, cette étape franchie, le voyageur n'a guère plus qu'à passer les Alpes pour atteindre la France.

Maintenant Montaigne se hâte, et à mesure qu'il s'approchera de chez lui, la longueur du trajet lui paraîtra plus ennuyeuse. La dernière émotion est

de gravir le mont Cenis, encore est-elle fort peu
dangereuse : « c'est un plaisant badinage, mais sans

LE CARDINAL D'OSSAT.

hasard aucun. » « Je passai, nous dit-il, la montée
du mont Cenis moitié à cheval, moitié sur une chaise

portée par quatre hommes, et autres qui les rafraîchissaient. Ils me portaient sur leurs épaules. La montée est de deux heures, pierreuse et malaisée à chevaux qui n'y sont accoutumés, mais autrement sans hasard et difficulté; car la montagne se haussant toujours en son épaisseur, vous n'y voyez nul précipice ni danger que de broncher. Sous nous, au-dessus du mont, il y a une plaine de deux lieues, plusieurs maisonnettes, lacs et fontaines, et la poste; point d'arbres, ou bien de l'herbe et des prés qui servent en la douce saison. Lors, tout était couvert de neige. »

De ce côté-ci des monts, Montaigne traverse Chambéry, passe le Rhône et va à Lyon par Saint-Rambert. Lyon lui plut beaucoup, aussi y séjourna-t-il une semaine entière; mais cette distraction fut la seule qu'il s'accorda. Reprenant aussitôt sa route, il traverse la petite ville industrieuse de Thiers, renommée pour ses fabriques de couteaux et de cartes à jouer, et passe à Clermont-Ferrand et à Limoges, où il s'arrête légèrement. Enfin, après avoir traversé Périgueux, il arrivait à Montaigne le jeudi 30 novembre 1581, après une absence qui avait duré, ainsi qu'il le constate lui-même, dix-sept mois et huit jours. L'année précédente, à pareil jour, il était arrivé à Rome.

Si, en débarquant chez lui, Montaigne conservait encore l'espoir de se soustraire à l'honneur dont les suffrages de ses compatriotes l'avaient investi et qui avait hâté son retour, son illusion dut être de courte durée. En effet, le roi de France était intervenu pour manifester son sentiment sur cette désignation et dire comment il entendait que les choses se passassent. Henri III, qui ignorait le retour de Montaigne et le croyait toujours en Italie, lui écrivit une lettre qui ne laissait subsister aucun doute à cet égard. « Monsieur de Montaigne, disait le roi [1], pour ce que j'ai en estime grande votre fidélité et zélée dévotion à mon service, ce m'a été plaisir d'entendre que vous ayez été élu major de ma ville de Bordeaux, ayant eu très agréable et confirmé ladite élection et d'autant plus volontiers qu'elle a été faite sans brigue et en votre lointaine absence. A l'occasion de quoi mon intention est, et vous ordonne et enjoins bien expressément, que sans délai ni excuse reveniez au plutôt que la présente vous sera rendue faire le dû et service de la charge où vous avez été si légitimement appelé. Et vous ferez chose qui me sera très agréable, et le contraire me déplairait grandement. » C'était un ordre formel et sans réplique ; il n'y avait qu'à se soumettre : c'est ce que Montaigne fit.

---

[1]. Paris, le 25 novembre 1581. *Suscription* : à Monsieur de Montaigne, chevalier de mon ordre, gentilhomme ordinaire de ma chambre, estant de présent à Rome. — Découverte par Buchon aux archives de Bordeaux, cette lettre a été publiée par lui dans sa notice littéraire sur la *Chronique des seigneurs de Foix et de Béarn*. — Voy. aussi Champollion-Figeac, *Documents historiques inédits*, t. II, p. 483 ; le Dr Payen, *Documents inédits sur Montaigne*, p. 28 ; Grün, *Vie publique de Montaigne*, p. 209.

CHAPITRE VII

MONTAIGNE MAIRE DE BORDEAUX.

En quel état Montaigne trouva-t-il les choses à Bordeaux et en Guyenne, au retour de son long voyage? Comment son élection s'était-elle effectuée? Pourquoi ses concitoyens l'avaient-ils choisi pour maire, lui absent, et fort peu soucieux d'accepter une pareille charge? Pourquoi enfin le roi lui-même intervint-il et commanda-t-il au nouvel élu de se soumettre aux suffrages du Corps de ville de Bordeaux? Nous essaierons de le dire et de déterminer quelle était la situation en Guyenne au moment de cette entrée en fonctions.

Le maréchal de Biron, auquel Montaigne allait succéder comme maire de Bordeaux, avait mécontenté à peu près tout le monde. Les Bordelais lui reprochaient de les traiter avec une rigueur parfois hors de saison et voyaient sans regrets approcher la fin de cette magistrature. Les derniers mois furent pleins de tiraillements. Ses qualités mêmes suscitaient des ennemis à Biron : très valeureux, trop ardent à la lutte, sa vaillance lui avait aliéné le roi de Navarre et la reine Marguerite. Ceux-ci ne s'entendaient guère entre eux; tous deux s'unirent pourtant pour combattre Biron. Chargé de s'opposer aux empiétements du roi de Navarre, le maréchal l'avait fait avec beaucoup de courage et une fortune assez heureuse pour qu'Henri de Navarre ne lui pardonnât pas des avantages, d'ailleurs fort honorablement acquis. Leur caractère était aussi bouillant, aussi téméraire, et, comme dit Brantôme, « de capricieux à capricieux et de brave à brave, malaisément la concorde y règne ». Quant à la reine, Biron, un jour, lui manqua gravement d'égards : passant avec sa troupe sous les murs de Nérac, où Marguerite se trouvait alors, il avait fait tirer trois coups de canon sur la ville. A bon droit offensée de cette hardiesse, la reine en garda à son auteur un vif ressentiment.

L'effet de ces animosités ne tarda pas à se ressentir. Le vent était maintenant à la pacification. Harcelé par Biron, Henri de Navarre avait dû faire intervenir le duc d'Anjou auprès du roi de France. Sur les instances de sa sœur bien-aimée la reine Marguerite, le duc d'Anjou avait bien voulu s'entremettre, et il eut au Fleix, chez le marquis de Trans, une conférence avec son beau-frère le roi de Navarre. Les résultats en furent pacifiques. Henri III, qui ne savait plus guère quel moyen employer pour mettre fin aux troubles et qui passait alternativement de la rigueur à l'indulgence, accepta cette trêve avec empressement. Seul, Biron ne s'en montra pas satisfait. Mécontent sans doute

BORDEAUX AU XVIe SIÈCLE.

D'après la *Cosmographie* de Munster et Belleforest.

de voir lui échapper le fruit des avantages acquis par sa bravoure, trop ardent pour savoir se contenir dans ses ambitions, il envoyait sans cesse au roi des nouvelles alarmantes. On l'accusait même de stimuler par-dessous mains le zèle des catholiques et de favoriser leurs entreprises, ce qui irritait Henri III. Biron avait beau protester de ses intentions d'obéir loyalement à son maître et parler des services rendus, sa présence en Guyenne entravait la politique qu'on y voulait suivre, et, pour ce motif, il importait que le maréchal allât ailleurs.

C'est dans de semblables circonstances qu'eut lieu l'élection du maire de Bordeaux, le 1er août 1581. Biron, sentant qu'on voulait le « bailler en holocauste et sacrifier pour apaiser les dieux contraires »[1], et qu'on méditait de l'éloigner, désirait vivement être réélu dans ses fonctions. Une première fois déjà, il avait été continué comme maire de Bordeaux, et de nouveaux suffrages, en resserrant ce lien, eussent peut-être retardé son départ de la Guyenne. Le maréchal s'efforçait donc d'amener ce résultat. Sans se montrer dans la ville, il y faisait défendre sa candidature par ses partisans, se promettant bien de paraître lorsqu'il en serait besoin. Henri III l'en empêcha, sans doute à l'instigation du roi de Navarre. « Sire, écrit le maréchal au roi de France[2], pour la crainte que j'avais qu'on fît quelque remue-

---

[1]. Lettre de Biron à Henri III, du 27 avril 1581 (*Archives historiques de la Gironde*, t. XIV, p. 182).
[2]. Lettre de Biron à Henri III, du 27 juillet 1581 (*Ibid.*, t. XIV, p. 191).

ment à Bordeaux, à l'élection de cette mairie, j'étais quasi prêt de m'y acheminer, de peur de quelque inconvénient, afin que je ne fusse en peine de m'excuser, mais ayant reçu les lettres de Votre Majesté et voyant qu'elle y envoie, je me suis arrêté en ce lieu (à Biron), afin que le roi de Navarre ne trouve aucun prétexte. » Le plan de cette campagne n'échappait pas à celui-ci. Henri de Navarre avait les yeux fixés sur Biron, et lui-même écrivait de son côté : « Nous sommes assez avertis (que le maréchal) est maintenant à faire ses pratiques, pour la mairie de Bordeaux, de laquelle il sort ce premier jour d'août, prétendant se faire continuer ou substituer son fils, ou bien le sieur de Duras ou quelque autre fait à sa poste [1]. » Ainsi déjoué, Biron ne put réussir : ni le père ni le fils ne furent élus. Les Bordelais leur préférèrent Montaigne, et ce choix cadrait trop parfaitement avec les préoccupations du moment pour croire qu'il fut tout à fait spontané.

Sans doute, en portant ses suffrages sur Montaigne, le Corps de ville de Bordeaux avait voulu honorer la renommée naissante de son compatriote. Il est permis de croire qu'il n'y eût pas si effectivement songé si on n'avait eu le soin de lui rafraîchir la mémoire. Certes, Montaigne ne prit aucune part à la brigue, mais ses amis, le marquis de Trans, Henri de Navarre lui-même, stimulèrent apparemment la bonne volonté des Bordelais et leur rappelèrent les

---

[1]. Lettre de Henri de Navarre à M. de Bellièvre, du 6 juillet 1581. *Lettres missives de Henri IV,* publiées par Berger de Xivrey, t. I, p. 286.

mérites de l'absent : l'un et l'autre portaient assez de sympathie à Montaigne pour activer, s'il en fût besoin, une élection qui secondait leurs vues.

Henri de Navarre souhaitait la paix et il voulait que les idées de conciliation pénétrassent dans les esprits sous les auspices d'hommes modérés. Il désirait aussi maintenir sa situation en Guyenne et ne se souciait pas que l'apaisement des passions fût nuisible à son autorité. Pour appliquer la nouvelle politique, il ne fallait pas être antipathique à sa personne. Ne pouvait-il pas compter sur Montaigne à cet égard ? Jusque-là, Montaigne ne s'était inféodé à aucun parti et le soin qu'il avait pris de ne servir d'aucun côté ne l'avait rendu suspect à personne. Peut-être qu'il y avait aussi, de la part du roi de Navarre, un calcul plus secret. Bordeaux était la clef de la Guyenne. Maîtresse par sa situation du haut et du bas de la Garonne, c'était une position très importante sur laquelle les Protestants avaient les yeux fixés ; à elle seule, elle valait mieux que toutes leurs autres possessions. Comment ce philosophe, accoutumé jusqu'alors à la vie retirée et fort peu fait pour l'action, allait-il se tirer de ses nouvelles fonctions ? Sans doute, le souci de cette place importante ne pesait pas tout entier sur lui seul ; pourtant sa charge était assez haute pour qu'un manque de vigilance pût avoir, dans des circonstances critiques, les conséquences les plus graves. Si le roi de Navarre nourrit jamais l'espoir caché de profiter d'une pareille nonchalance, l'avenir vint le désabuser.

Montaigne n'accepta pas sans hésitation d'être

maire de Bordeaux. Lui aussi se demanda s'il était bien fait pour une pareille charge, et peut-être l'eût-il refusée si une haute intervention ne l'avait contraint d'accepter. En rentrant chez lui de son voyage d'Italie, le 30 novembre 1581, il trouva une lettre du roi Henri III, du 25 du même mois, qui le pressait de remplir ces fonctions. Déjà nous avons reproduit le texte de cette missive et on a pu voir que le langage en était trop net et, en même temps, trop flatteur pour que Montaigne ne s'y conformât pas aussitôt. Comme Henri de Navarre, le roi de France voyait un grand avantage à ce qu'un homme qui ne s'était pas mêlé aux discordes civiles fût ainsi placé à la tête de la municipalité bordelaise. Henri III connaissait Montaigne, qui était chevalier de son ordre et gentilhomme de sa chambre et lui avait déjà donné des preuves de son dévouement. Aussi le roi était-il en droit de compter sur le zèle du nouveau maire de Bordeaux.

Montaigne accepta donc les fonctions que ses concitoyens lui avaient confiées; mais il semble qu'il n'entra pas en charge aussitôt. Après être demeuré si longtemps éloigné de chez lui, il prenait plaisir à se retrouver là où s'étaient écoulées les années les plus heureuses de son existence; il avait besoin de reprendre possession de lui-même et de se retremper dans un repos réparateur. La première lettre de lui en qualité de maire qui nous soit parvenue est destinée à excuser son absence auprès des jurats de la ville de Bordeaux. « Vous avez mis tout l'ordre qui se pouvait aux affaires qui se présentaient, leur écrit-il, le 21 mai 1582, c'est-à-dire plus de cinq mois après sa rentrée à Montaigne[1]. Les choses étant en si bons termes, je vous supplie excuser encore pour quelque temps mon absence que j'accourcirai sans doute autant que la presse de mes affaires le pourra permettre. J'espère que ce sera peu; cependant vous me tiendrez, s'il vous plaît, en votre bonne grâce et me commanderez, si l'occasion se présente, de m'employer pour le service public. » Le besoin ne paraît pas s'en être fait immédiatement sentir. La Guyenne était alors moins troublée qu'auparavant et l'office de Montaigne était surtout honorifique.

Quel était le caractère véritable des fonctions de maire de Bordeaux au moment où Montaigne en fut investi? L'origine de cette charge est fort ancienne: elle remonte tout au moins au commencement du XIIIe siècle, et nous ne saurions mentionner, même brièvement, les modifications qui y furent apportées dans la suite des temps. Disons seulement qu'au début le maire de Bordeaux était élu par les jurats de la ville et qu'il en fut ainsi jusqu'en 1261. A partir de cette date, le maire fut nommé par le roi d'Angleterre, puis par le roi de France quand la Guyenne cessa d'appartenir aux Anglais. C'est Henri II, en 1550, qui rendit de nouveau la mairie de Bordeaux élective, en restituant à cette ville les privilèges

---

1. Découverte par M. Gustave Brunet aux Archives de la ville de Bordeaux et publiée par lui dans le *Bulletin du Bibliophile*, juillet 1837. — Voy. aussi Champollion-Figeac, *Documents inédits*, t. II, p. 484; — Dr Payen, *Documents inédits ou peu connus sur Montaigne*, 1847, p. 19; — Grün, *Vie publique de Montaigne*, p. 245.

PORTRAIT DE MONTAIGNE.

D'après Ficquet.

qui lui avaient été enlevés après la révolte de la Gabelle, en 1548. Nous avons déjà vu que Pierre Eyquem fut un des premiers maires nommés de cette manière. Depuis lors toutes ses anciennes franchises avaient fait peu à peu retour au Corps de ville, et lorsque Michel de Montaigne fut désigné par le suffrage de ses concitoyens, l'autorité du maire n'avait plus à souffrir d'aucun démembrement.

En fait, les fonctions de maire devinrent alors plus honorifiques qu'actives. Pour en rehausser l'éclat, les Bordelais les avaient confiées à des hommes de guerre, Lansac, Montferrand ou Biron, que leur devoir de veiller à la tranquillité du pays éloignait fréquemment de Bordeaux. Peu à peu ceux-ci laissèrent aux jurats tout le souci de la police intérieure de la cité, se contentant de figurer dans les cérémonies publiques en tête du Corps de ville ou de prendre en mains les intérêts de Bordeaux quand il s'agissait de quelque affaire d'importance. La réalité de l'administration quotidienne avait ainsi été dévolue aux jurats, bien que le pouvoir du maire n'eût pas été amoindri. Mais les Bordelais aimaient les pompes municipales; aussi fallait-il que leurs élus s'entourassent de magnificence quand ils devaient se montrer en public, et qu'ils eussent à leur tête quelque personnage de marque. « Il y a devant eux, quand ils sont en corps, relate complaisamment la *Chronique bourdeloise*, quarante archers du guet couverts de belles casaques d'écarlate, et tous les officiers de la ville; Monsieur le Maire, vêtu d'une robe de velours blanc et rouge, avec les parements de brocatelle, marche deux ou trois pas avant les dits sieurs jurats, et iceux sieurs marchent deux à deux, et le procureur et le clerc de ville, qui sont du corps aussi, de même au dernier rang, avec leurs robes et chaperons de damas blanc et rouge. Aux entrées des gouverneurs, les dites robes sont de satin blanc et rouge; aux entrées des rois, de velours blanc et rouge, doublé de tafetas rouge, et celle de Monsieur le Maire de brocatelle [1]. » Tel est le décor dans lequel on peut se figurer Montaigne; il montre tout ensemble la vigueur de l'esprit municipal à Bordeaux et aussi l'éclat que de semblables représentations avaient pris. Les Bordelais en étaient fiers à plus d'un titre et se plaisaient à cette ostentation. Peu de cités déployaient autant de pompe, et le chroniqueur bordelais note avec complaisance qu' « à présent cela a beaucoup plus de lustre, selon le jugement des personnes qui ont vu les autres villes ».

Il semble donc que Montaigne eût pu accepter sans hésitation la désignation de ses concitoyens, car la contrainte qui devait en résulter pour lui-même ne paraissait pas devoir être considérable. Mais, outre que sa santé le préoccupait, il redoutait d'enchaîner sa liberté de quelque manière que ce fût. L'exemple de son père, qu'il avait eu sous les yeux, l'en détournait davantage. Dans les périodes troublées, l'office de maire pouvait, en effet, entraîner de périlleuses responsabilités. « Toute la ville se reposait principalement sur lui, » comme le dit la

[1]. *Supplément des chroniques de la noble ville et cité de Bourdeaus*, par Jean Darnal. Bordeaux, 1640, in-4°, f° 23 v°

Chronique, et c'était à lui d'apaiser le tumulte ou de pourvoir à la sûreté des habitants. Un tel devoir était bien fait pour effrayer Montaigne, d'autant que l'administration de son père avait causé de nombreux tracas à celui-ci. A l'époque où Pierre Eyquem fut appelé à la mairie, Bordeaux était encore privé de plusieurs de ses droits, comme cité rebelle. Homme de conscience, le nouveau maire n'avait pas accepté seulement les honneurs de la charge qu'on lui offrait; il en comprenait aussi les dangers. Il s'était promis de se dévouer aux intérêts de ses compatriotes, et il le fit avec tant d'ardeur que sa santé en fut ébranlée. S'il admirait la noblesse de cet exemple domestique, dont il sentait tout le prix, Montaigne ne voulait pas l'imiter. Il accepta l'office qu'on lui offrait, mais il prévint ceux qui l'avaient élu du choix qu'ils avaient fait. « A mon arrivée, dit-il, je me déchiffrai fidèlement et consciencieusement tout tel que je me sens être : sans mémoire, sans vigilance, sans expérience et sans vigueur; sans haine aussi, sans ambition, sans avarice et sans violence : à ce qu'ils fussent informés et instruits de ce qu'ils avaient à attendre de mon service. » Et, comme le souvenir du père n'avait pas nui au choix du fils, Montaigne eut bien soin de prévenir ses compatriotes qu'il ne comptait pas prendre sa charge si à cœur. « Je leur ajoutai bien clairement, nous dit-il lui-même, que je serais très marri que chose quelconque fît autant d'impression en ma volonté, comme avaient fait autrefois en la sienne (celle de son père) leurs affaires et leur ville pendant qu'il l'avait en gouvernement, en ce même lieu auquel ils m'avaient appelé. » De la sorte, les Bordelais se trouvaient bien et dûment avertis. Pour

LE MARÉCHAL DE BIRON.

le connaître, ils n'avaient pas à attendre leur nouveau maire à l'œuvre. Voyons cependant comment il réalisa ce pronostic.

Les premiers temps de la mairie de Montaigne furent très calmes. Le vent était à la conciliation des partis, et le maréchal de Matignon, qui avait succédé à Biron comme lieutenant-général du roi en Guyenne, n'était pas homme à exciter les passions dans son gouvernement. Il avait beaucoup de finesse et d'habileté, et sa bravoure ne manquait pas de tact. Brantôme, qui n'aimait pas Matignon, déclare que celui-ci « battait froid » autant que Biron « battait chaud », mais il reconnaît aussi que « c'était le capitaine le mieux né et acquis à la patience » qu'il eût jamais vu. Soldat heureux autant que politique consommé, Matignon avait été de bien des façons mêlé aux affaires de son temps et s'était distingué par son courage et par sa réserve. C'était donc bien l'homme qu'il fallait pour essayer de pacifier la Guyenne ; nul n'y pouvait travailler mieux que lui. Comment s'y employa-t-il et pourquoi ses efforts demeurèrent-ils impuissants ? Nous le saurons en détail quand la correspondance du maréchal aura été mise au jour[1]. Les documents qui émanent de lui, nous feront mieux connaître Matignon, et préciseront les traits dominants de son caractère : sa prudence habile, son courage plein de ressources. Tel que nous le connaissons, nous pouvons dire que son rôle en Guyenne fut le plus conciliant qu'il put. C'en était assez pour que Montaigne secondât Matignon dans toute la mesure de sa charge et

---

1. Elle est conservée tout entière dans les archives princières de Monaco, et la publication doit en être entreprise à brève échéance.

s'attachât à lui avec une déférence affectueuse. Tous deux s'étaient rencontrés déjà au siège de La Fère. J'ignore s'ils y avaient noué des relations étroites. Quand les devoirs de leurs destinées les rapprochèrent de nouveau, ils agirent toujours de concert pour faire triompher la concorde et la paix.

Pendant les premiers temps de sa mairie, on ne suit guère la trace de Montaigne. Les documents se taisent, apparemment parce qu'ils n'ont rien à enregistrer et que les événements se déroulent dans un ordre naturel. Quand on rencontre le nom du nouveau maire, c'est pour l'accomplissement d'un office de courtoisie relevant de sa charge. Le jeudi 8 février 1582, il vient à Cadillac, accompagné des jurats, saluer le roi et la reine de Navarre, qui s'y trouvaient de passage [1]. Marguerite quittait alors la cour de son mari, où elle devait si peu reparaître, pour se rendre à la cour de France, et Henri de Navarre la conduisait jusqu'en Poitou, où la reine-mère viendrait à la rencontre de sa fille. Ce même jour, le roi et la reine de Navarre tinrent sur les fonts baptismaux une fille du comte de Gurson, fils du marquis de Trans, l'ami de Montaigne, puis le lendemain vendredi, dans l'après-dînée, ils reprirent leur route vers Coutras et Saint-Jean-d'Angély.

Quelques jours auparavant, le vendredi 26 janvier 1582, Montaigne assistait également, en sa qualité de maire, à la séance solennelle d'ouverture

---

1. *Journal de François de Syrueilh, chanoine de Saint-André de Bordeaux, archidiacre de Blaye* (dans les *Archives historiques de la Gironde*, t. XIII, p. 336).

de la nouvelle Cour de Justice de Guyenne que le roi avait instituée à Bordeaux. Un article de la convention signée au Fleix par le duc d'Anjou et Henri de Navarre portait, en effet, qu'il serait établi à Bordeaux une Chambre de Justice composée de membres tirés des autres parlements du royaume et du Grand Conseil, au nombre de quatorze, y compris deux présidents, un avocat général et un procureur général, et chargés de juger définitivement toutes causes, procès, différends et contraventions concernant le dernier Édit de Pacification, dont la connaissance avait précédemment été attribuée à la Chambre tripartie du Parlement, c'est-à-dire comprenant un tiers de membres protestants. C'était une atteinte aux prérogatives du Parlement de Bordeaux. Malgré les démarches de celui-ci, cette nouvelle Cour de Justice arriva à Bordeaux au commencement de 1582 et s'y installa solennellement dans le couvent des Jacobins. Elle était formée d'hommes distingués et choisis avec soin, dont les plus éminents étaient le président Pierre Séguier, les conseillers Claude Dupuy, Jacques-Auguste de Thou, Michel Hurault de L'Hospital, petit-fils du grand chancelier et gendre du président de Pibrac, l'avocat général Antoine Loisel et le procureur général Pierre Pithou. C'est Antoine Loisel qui parla dans la séance d'ouverture. Il y prononça une remontrance intitulée *De l'œil des rois et de la justice;* Montaigne, qui l'entendit, prit plaisir à la noblesse de son langage et lui fit compliment de la modération de ses sentiments. C'est bien là la modération que les juges de la Cour devaient prêcher en Guyenne, en essayant d'y faire triompher la légalité. On avait désigné pour cela des magistrats zélés pour le bien public, droits et intègres, fermes et conciliants. Des hommes aussi distingués s'empressèrent de rechercher la société de Montaigne, dont la renommée était déjà éclatante. Il se lia de la sorte avec Antoine Loisel et Pierre Pithou, car on ne pouvait guère être l'ami de l'un sans devenir l'ami de l'autre, avec les conseillers Claude Dupuy et Jacques-Auguste de Thou, qui rassemblait déjà les matériaux de sa grande histoire. De Thou lui-même en rend le témoignage ; il reconnaît qu'il « tira bien des lumières de Michel de Montaigne, alors maire de Bordeaux, homme franc, ennemi de toute contrainte, et qui n'était entré dans aucune cabale ; d'ailleurs fort instruit de nos affaires, principalement de celles de la Guyenne, sa patrie, qu'il connaissait à fond »[1].

Cette juridiction nouvelle était destinée à « purger les provinces et rendre justice à un chacun sur les lieux ». On espérait désarmer les partis en attribuant à chacun ce qui lui était dû et en faisant respecter la loi par tous. Il n'en fut rien : non par la faute des magistrats, dont la compétence était haute et l'impartialité hors de conteste, mais parce que cette facilité de plaider éveilla les instincts processifs des habitants et fit naître bien des contestations qui

---

1. *Mémoires de la vie de Jacques-Auguste de Thou, conseiller d'État et président à mortier au Parlement de Paris* (traduits du latin en français). Rotterdam, 1711, in-4°, p. 58.

n'eussent pas été soulevées si elles avaient dû se trancher moins aisément. Le nombre des affaires ainsi entamées fut considérable et les magistrats firent preuve de zèle en les examinant avec soin. Il n'est guère de personnage en vue à cette époque qui n'ait été appelé devant eux. Montaigne, lui aussi, fut du nombre. Dans un volume en parchemin qui contient le *Registre des dépôts des procès civils et criminels* faits au greffe de la Chambre de Justice pendant le cours de ses quatre sessions en Guyenne, on voit inscrit, sous la date du 25 mai 1582, un procès ainsi spécifié : *Pour Bertrand de Strasbourg contre Michel de Montaigne*[1]. Quel était le demandeur et que réclamait-il ? Montaigne était-il défendeur en son nom personnel ou comme maire de Bordeaux ? Je l'ignore, car aucune autre indication n'accompagne cette mention. Il convient pourtant de la relever. Serait-ce là une trace sommaire d'une unique contestation survenue à ce grand ennemi de la chicane ? Montaigne se vantait de n'avoir jamais eu de procès et préférait un mauvais arrangement à un débat juridique. Peut-être transigea-t-il avec son adversaire, par horreur de la discussion ? En tout cas, la procédure entamée eut quelque importance, à en croire un petit renseignement supplémentaire indiquant que les pièces remplissaient *quatre* sacs à procès. Peut-être encore que c'était là une des préoccupations de Montaigne lorsqu'il écrivait la lettre datée du 21 mai de la même année,

---

1. E. Brives-Cazes, *La Chambre de Justice de Guyenne en 1583-1584*. Bordeaux, 1874, p. 4, note 1.

que nous avons citée plus haut et qu'il adressait aux jurats de Bordeaux.

Aux termes de l'édit qui les organisait en Cour de Justice, les magistrats envoyés en Guyenne devaient « servir deux ans entiers au dit pays » et changer « de lieu et séance de six mois en six mois ». C'est pour obéir à cette injonction que, lorsque la période réglementaire de leur séjour à Bordeaux fut écoulée, ils se rendirent à Agen, puis à Périgueux et enfin à Saintes. La séance de clôture de leurs travaux à Bordeaux eut lieu le 22 août 1582, et elle fut aussi solennelle que l'avait été l'audience d'ouverture. Comme au début, Antoine Loisel y prit la parole : il continua à parler de la justice, mais il rendit, en traitant son sujet, un hommage particulier à cette Guyenne qu'il avait appris à connaître et aux hommes de loi qu'elle avait produits. Il salua les noms des magistrats éminents qui en étaient originaires : Ranconnet, Bouhier, La Chassaigne, Ferron, Alesme, Malvin, La Boétie, Montaigne, et d'autres qu'il énumère avec complaisance. Un tel langage dut charmer Montaigne, d'autant que l'orateur semblait faire une allusion plus prolongée à lui. « Encore qu'aucuns des dessus dits ne soient point natifs de Bordeaux, disait Loisel, si les puis-je néanmoins appeler Bordelais, selon les lois et statuts de la ville, en ce qu'à l'exemple des deux plus célèbres villes du monde, Rome et Athènes, vous n'estimez pas moins vos bourgeois *allectos in civitatem vestram*, que sont les propres et originaires citoyens natifs en icelle, les faisant tous également participer et leur communiquant vos principaux honneurs de mairie, jurades et autres dignités et offices de la ville. »

Faire entendre en même temps que Montaigne était tout ensemble maire de Bordeaux et citoyen romain, on ne pouvait tourner un plus aimable compliment! Rien ne nous indique que Montaigne ait assisté à l'audience où se tint un langage si flatteur pour lui. Aussi, par un surcroît d'attention, Loisel adressa-t-il sa harangue à Montaigne avec une lettre plus expresse encore; et, quand il l'imprima, il la lui dédia[1]. « Monsieur, disait alors Loisel à Montaigne, si vous prîtes quelque contentement d'ouïr ce que je dis à l'ouverture de notre première séance, comme vous m'en fîtes dès lors quelques démontrances, j'espère que vous en recevrez autant ou plus en lisant ce que je vous envoie avec la présente. D'autant mêmement que vous y trouverez plus de particularités de vos ville et pays de Bordelois. Comme de fait je ne saurais à qui mieux adresser cette clôture qu'à celui qui étant maire et l'un des premiers magistrats de Bordeaux est aussi l'un des principaux ornements non seulement de la Guyenne, mais aussi de toute la France, je vous prie donc la recevoir d'aussi bon cœur que je vous l'envoie. »

1. Antoine Loisel, *De l'œil des rois et de la justice*. Paris, Langelier, 1595, in-8°. La dédicace est placée à la fin de la brochure. On la retrouve également dans le recueil de ses harangues que Loisel publia, en 1605, sous le titre de *La Guyenne*, mais elle y est insérée de telle sorte qu'on peut croire qu'elle s'applique à la troisième harangue, tandis qu'elle concerne là seconde.

JACQUES-AUGUSTE DE THOU
Président au Parlement de Paris.

Cet hommage spontané, venant d'un homme si éclairé, toucha grandement Montaigne. Il ne voulut pas demeurer en reste de politesse, et, quelques années plus tard, lorsqu'il donna une nouvelle édition des *Essais*, il ne manqua pas d'en adresser un exemplaire à Loisel. Lui aussi mit en tête le témoignage de sa gratitude et il écrivit ces lignes [1], qui rappellent le passé : « C'est mal se revancher des beaux présents que vous m'avez fait de vos labeurs, mais tant y a que c'est me revancher le mieux que je puis. Monsieur, prenez, pour Dieu, la peine d'en feuilleter quelque chose, quelque heure de votre loisir, pour m'en dire votre avis, car je crains d'aller en empirant ». La *revanche* de Montaigne était aussi flatteuse que la dédicace de Loisel.

Revenons à la mairie de Montaigne. Je me suis attardé à cet échange de bons procédés parce qu'il est un trait des mœurs des hommes érudits d'alors : le langage respectueux de Loisel montre la haute considération dont on entourait l'auteur des *Essais;* la réponse bienveillante de celui-ci prouve qu'il n'était pas oublieux des offices courtois qu'on lui rendait. En sa qualité de maire, Montaigne alla à Paris, à cette époque, pour une mission dont je ne saurais préciser ni la date ni l'objet. La *Chronique bourdeloise*, qui enregistre ce fait, dit simplement : « Monsieur de Montaigne, maire, envoyé en cour

---

1. Cette dédicace manuscrite et autographe se lit en tête d'un précieux exemplaire des *Essais* (édition de 1588), actuellement conservé dans la riche bibliothèque de M. de Lignerolles. — Voy. la notice que le Dr Payen a consacrée à ce volume dans ses *Recherches sur Montaigne,* n° 4. Paris, 1856, in-8°.

pour les affaires de la ville, avec amples mémoires et instructions. » Quel était le but de cette démarche ? quel en fut le résultat ? Sans nul doute il s'agissait d'obtenir quelque exemption pour la ville ou la confirmation d'un avantage. Qu'est-ce que Montaigne était chargé d'obtenir ? Y réussit-il ? Faut-il attribuer à ses efforts la confirmation des privilèges des bourgeois de Bordeaux que le roi Henri III signa, en juillet 1583, à la demande du maire et des jurats de la ville ? Rien ne contredit à cette hypothèse, qui paraît vraisemblable, mais rien aussi ne spécifie le rôle que Montaigne put bien jouer en tout ceci.

Mentionnons encore un autre détail qui a son importance, bien qu'il ne nous soit pas entièrement connu. On lit le passage suivant dans une lettre qu'Henri III adressait à Matignon, le 9 mai 1583 : « Combien que la permission qui a été expédiée au maire de Bordeaux de bâtir sur la place qu'il prétend lui appartenir près de mon château Trompette ait été faite en conséquence des précédentes, toutefois ayant vu le mémoire que m'a présenté le baron de Vaillac sur ce fait, et considéré aussi ce qu'il m'en a représenté de bouche, j'ai estimé devoir, pour le bien de mon service et la sûreté du dit château, duquel dépend celle de ma dite ville de Bordeaux, surseoir l'exécution de la dite permission, jusqu'à ce que j'aie été encore informé plus particulièrement et au vray de la conséquence d'icelle. Au moyen de quoi vous défendrez de ma part au dit maire de s'en aider jusqu'à ce que j'en aie autrement ordonné, et m'enverrez un plan fait au vrai du dit château et de la dite place, où la distance qui est entre l'un de l'autre sera spécifiée; et me manderez aussi ce qu'il vous semble qui s'en doit faire, et si le contenu au mémoire présenté par le dit baron de Vaillac est véritable et si vous jugez qu'il fût à propos de révoquer la dite permission de bâtir en la dite place. Je serai content l'acheter du dit maire, afin qu'il n'ait occasion de se plaindre, car je ne désire lui faire aucun tort; partant vous lui en pourrez faire ouverture, si vous jugez qu'il soit besoin, et me manderez sa réponse[1]. » Comment ce différend se régla-t-il? Nous verrons quelle fut la réponse de Matignon. C'était là une des difficultés qui surgissaient parfois entre le maire de Bordeaux et le gouverneur du château Trompette. Pendant que la ville était privée de ses privilèges, le gouverneur du château Trompette avait été investi de prérogatives exceptionnelles, comme celle, par exemple, de garder les clés de la ville, qui étaient auparavant entre les mains du maire et des jurats. Pour rendre ces droits au Corps de ville, souvent il fallait donc en priver le capitaine du château, et cela n'allait pas sans peine. Le baron de Vaillac, notamment, n'était pas homme à se laisser dépouiller sans défense. Plein de ressources, il mettait tout en œuvre pour sauvegarder ses intérêts. Nous verrons un peu plus tard, à la fin de la mairie de Montaigne, comment s'acheva, assez piteusement, l'exercice de ce gouverneur du château Trompette.

---

1. Bibliothèque nationale, Cabinet des Manuscrits, Fonds français, n° 3357, f° 3, v°.

Les pouvoirs de Montaigne, comme maire, arrivaient à expiration le 31 juillet 1583, c'est-à-dire au moment où le roi confirmait, à la demande du maire et des jurats, les privilèges des bourgeois de Bordeaux. De perpétuelle qu'elle était à l'origine, Henri II, en la rétablissant, avait fait bisannuelle la charge de maire de Bordeaux. Élu le 1er août 1581, Montaigne était donc soumis à une élection nouvelle, car le maire sortant pouvait être continué dans ses fonctions. Il fut réélu ; le maréchal de Biron avait précédemment eu cet honneur ; il en fut de même pour Montaigne. En définitive, il avait rempli soigneusement son office. Les temps, à la vérité, étaient relativement calmes, mais Montaigne avait su défendre, quand il en était besoin, les intérêts de la cité qu'il dirigeait ; il ne s'était pas refusé aux démarches nécessaires pour assurer la sauvegarde de ses franchises. Montaigne méritait donc d'être maintenu à un poste qu'il occupait avec plus de conscience qu'il n'avait promis d'en montrer. Son amour du repos avait été mis à une moins dure épreuve qu'il ne le redoutait au début ; aussi accepta-t-il sans contrainte cette nouvelle marque de la confiance de ses concitoyens [1].

---

[1]. Mentionnons, pour être complet, un fragment d'inscription, datée de 1581, où le nom de Montaigne est mêlé à ceux des jurats. Découverte en 1864, la plaque de marbre qui le contient fait actuellement partie du Musée lapidaire de Bordeaux ; une moitié seulement en ayant été sauvée, elle est trop incomplète pour qu'on puisse déterminer à quelle occasion elle fut posée. Voy. *Compte rendu des travaux de la Commission des monuments et documents historiques de la Gironde (exercice 1862 à 1864).* Bordeaux, 1865, in-8º, p. 69.

Cette deuxième élection de Montaigne fut pourtant attaquée. Quelques mécontents se plaignirent, non tant de Montaigne que des jurats dont la nomination avait coïncidé avec la sienne. Ils adressèrent au roi une requête « tendant à ce que l'élection faite le premier jour d'août de la personne du sieur de Montaigne pour être continué maire de la dite ville les deux années prochaines après l'avoir été les deux précédentes, et que l'élection aussi faite le même jour des personnes des sieurs de Budos, de Lapeyre et Claveau pour être nouveaux jurats de la dite ville seront l'une et l'autre déclarées nulles et abusives, et comme telles cassées et annulées, et, ce fait, être procédé à nouvelle élection d'autres maire et jurats de ladite ville [1]. » Henri III consulta son Conseil d'État sur cette prétention, et, comme les moyens invoqués contre Montaigne étaient mal fondés, les membres du Conseil s'empressèrent de demander que le maire de Bordeaux fût mis hors de cause. Ils proposèrent son maintien au roi, « bien estimant, dit la délibération, pour aucunes bonnes considérations qu'il sera bon que l'élection du dit Montaigne pour cette fois demeure confirmée et lui continué en la dite charge de maire, les deux ans qui lui sont prorogés, sans ce tirer à conséquence, défendant aux habitants de Bordeaux de plus user de semblables prorogations en l'élection dudit maire outre et par dessus les deux ans qui sont à ce préfixés par l'ordonnance du feu roi Henri en l'an 1550,

---

1. Alphonse Grün, *La Vie publique de Montaigne, étude biographique.* Paris, 1855, in-8º, p. 256.

sinon que par expresse concession de Sa Majesté il leur fut permis en user ainsi. »

Quant aux jurats attaqués, le Conseil d'État décidait, le 4 février 1584, qu'ils devaient être assignés devant lui pour être entendus, et le roi, par un mandement signé le même jour à Saint-Germain-en-Laye, leur ordonnait d'obéir à cette injonction et leur défendait, en attendant, « de s'immiscer en ladite charge de jurats ». Ceux-ci voulurent députer à la cour le procureur-syndic de la ville pour y défendre leurs intérêts, mais le maréchal de Matignon jugea bon de ne permettre à personne d'abandonner son poste à Bordeaux. Le clerc de ville de Pichon se contenta d'adresser au roi, au nom du Corps de ville, une requête exposant que les statuts avaient été parfaitement observés à l'élection des jurats mis en cause et que le service public souffrait grandement de leur suspension [1]. Consulté à cet égard, le maréchal de Matignon prit la défense des jurats de Bordeaux, et l'affaire paraît s'être terminée peu après à la satisfaction des intéressés [2].

La période qui s'ouvrait ainsi pour Montaigne fut

---

1. Requête du 5 mars 1584. Bibliothèque nationale, cabinet des manuscrits, collection de Harlay, n° 3297, f° 154. — Grün, *La Vie publique de Montaigne*, p. 258.

2. *Lettres de Nicolas de Neufville, seigneur de Villeroy, ministre et secrétaire d'Etat, écrites à Jacques de Matignon, maréchal de France, depuis l'année 1581 jusqu'en l'année 1596*. Montélimar, in-12, XXXVIe lettre, p. 100, et XXXVIIe lettre, p. 103. — Rectifions une hypothèse erronée de Grün. S'il n'est plus question, dans les lettres de Villeroy, d'un jurat, le sieur de Budos, c'est parce qu'il mourut à la fin de mars ou au commencement d'avril de la même année.

plus agitée que la précédente. Les premiers mois furent encore tranquilles, mais les partis commençaient à se remuer. Les impôts surtout étaient mal répartis, et, partant, rentraient fort mal. Le peuple se plaignait. Moins d'un mois après sa réélection, le 31 août 1583, Montaigne devait, de concert avec les jurats, adresser au roi une remontrance qui montre clairement que le mal empirait à Bordeaux et aussi dans le ressort de la sénéchaussée de Guyenne. Au milieu de réclamations particulières, sur lesquelles nous reviendrons, il lui fallait présenter quelques considérations générales sur les besoins du pays, et il le fit dans un langage plein de dignité et d'un véritable amour du bien public. Nous reproduirons ici quelques-uns de ces passages qui font honneur à celui qui les a signés et prouvent combien il savait prendre à cœur l'intérêt de ses concitoyens. « En premier lieu, jaçoit que [1] par les ordonnances anciennes et modernes de Votre Majesté, conformes à la raison, toutes impositions doivent être faites également sur toutes personnes, le fort portant le faible, et qu'il soit très raisonnable que ceux qui ont les moyens plus grands se ressentent de la charge plus que ceux qui ne vivent qu'avec hasard et de la sueur de leur corps, toutefois il serait advenu, puis quelques années et même en la présente, que les impositions qui auraient été faites par votre autorité, outre le taillon et cens et gages des présidiaux, tant pour les extinctions de la traite

---

[1]. *Jaçoit que*, déjà soit que, bien qu'il soit que.

LA GROSSE CLOCHE.

(D'après une eau-forte de M. Rochebrune.)

foraine et subvention, réparation de la tour de Cordouan, paiement de la Chambre de Justice et frais de l'armée de Portugal, suppression des élus, que reste des années précédentes, les plus riches et opulentes familles de ladite ville en auraient été exemptes pour le privilège prétendu par tous les officiers de justice et leurs veuves, officiers de vos finances, de l'élection, vice-sénéchaux, lieutenants, officiers de la vice-sénéchaussée, officiers domestiques de Votre Majesté et des roi et reine de Navarre, officiers de la chancellerie, de la monnaie, de l'artillerie, montepaie des châteaux et avitailleurs d'iceux, et, d'abondant, par arrêt de votre cour du Parlement sollennellement prononcé le 6e jour d'avril de la présente année, tous les enfants des présidents et conseillers de votre cour auraient été déclarés nobles et non sujets à aucune imposition. De sorte que, désormais, quand il conviendra imposer quelque dace ou imposition, il faudra qu'elle soit portée par le moindre et le plus pauvre nombre des habitants des villes, ce qui est du tout impossible, si par Votre Majesté il n'y est pourvu de remèdes convenables, comme les dits maire et jurats l'en requièrent très humblement........ Comme par la justice les rois règnent et que par icelle tous états sont maintenus, aussi il est requis qu'elle soit administrée gratuitement et à la moindre foule du peuple que faire se peut. Ce que Votre dite Majesté connaissant très bien et désirant retrancher la source du principal mal aurait par son édit très saint prohibé toute vénalité d'offices de judicature, toutesfois, pour l'injure du temps, la multiplication des officiers serait demeurée, en quoi le pauvre peuple est grandement travaillé, et même en ce que, puis un an en ça, les clercs des greffes en la dite ville et sénéchaussée auraient été érigés en titre d'office avec augmentation de salaire; et, ores que du commencement il n'y eût apparence de grande altération au bien public, toutesfois il y a été connu depuis et se voit journellement que c'est une des grandes foulles et surcharges au pauvre peuple qu'il ait souffert piéça : d'autant que ce qui ne coûtait que un sol en coûte deux, et, pour un greffier qu'il fallait payer, il en faut payer trois, savoir est : le greffier, le clerc et le clerc du clerc; de façon que les pauvres, comme n'ayant le moyen de satisfaire à tant de dépenses, sont contraints le plus souvent quitter la poursuite de leurs droits, et ce qui devrait être employé à l'entretènement de leurs familles ou à subvenir aux nécessités publiques, est, par ce moyen, déboursé pour assouvir l'ambition de certains particuliers, au dommage du public..... Et, de tant que la misère du temps a été si grande, puis le malheur des guerres civiles que plusieurs personnes de tous sexes et qualités sont réduites à la mendicité, de façon qu'on ne voit par les villes et champs qu'une multitude effrénée de pauvres, ce qui n'adviendrait si l'édit fait par feu de bonne mémoire le roi Charles, que Dieu absolve, était gardé, contenant que chaque paroisse serait tenue nourrir ses pauvres, sans qu'il leur fût loisible de vaguer ailleurs. A cette cause, pour remédier à tel désordre et aux maux qui en surviennent journellement, plaira à Votre Majesté ordonner que le dit édit, qui est vérifié en vos cours de Parlement, sera étroitement gardé et observé, avec injonction à tous sénéchaux et juges des lieux, de tenir la main à l'observation d'icelui, et que, en outre, les prieurs et administrateurs des hôpitaux, lesquels sont la plupart de fondation royale, qui sont dédiés pour la nourriture des pèlerins allant à Saint-Jacques et autres dévotions, soient contraints, sur peine de saisie de leur temporel, nourrir et héberger les dits pèlerins pour le temps porté par la dite fondation, sans qu'ils soient contraints aller mendier par la ville, comme il se fait journellement, au grand scandale d'un chacun.....[1]. »

Ce langage était singulièrement courageux et hardi, malgré les protestations de fidélité qui étaient de style en pareil cas. On y retrouve quelques-unes des idées chères à Montaigne, et dont l'exposition diffère assez avec l'allure ordinaire de ces documents. Je ne sais si elles furent partout bien accueillies : une pareille liberté de parole dut mécontenter grandement ceux qu'elle attaquait, et surprendre ceux à qui elle s'adressait. Montaigne savait sans doute que sa fidélité était assez éprouvée pour qu'on lui permît de s'exprimer de la sorte. Il est vrai aussi que Montaigne, pour faire passer ses

---

[1]. Cette remontrance a été découverte par M. d'Etcheverry, archiviste de la ville de Bordeaux, et publiée par M. Jules Delpit, dans le *Courrier de la Gironde* du 21 janvier 1856. Voy. aussi *Recherches sur Montaigne, documents inédits*, recueillis et publiés par le Dr J.-F. Payen. N° 4. Paris, 1856, in-8°, p. 58.

réflexions, prend soin de les rattacher à des faits qui sont de son ressort, de les entremêler de réclamations n'ayant qu'une portée locale. Il parle de la réparation de la tour de Cordouan, à laquelle plus tard il contribuera dans la sphère de ses moyens. Il se plaint des taverniers et cabaretiers qui s'arrogent le droit de vendre du vin sans l'autorisation du maire et des jurats; il se plaint encore du gouverneur du château Trompette qui empiète sur les droits du Corps de ville pour les gardes et les rondes et s'approprie certaines places qui ne lui appartiennent pas, mais sont à la cité, quoique le maréchal de Matignon reconnaisse le bien-fondé des prétentions de Bordeaux. Tout ceci prouve que Montaigne s'occupait du détail de son office; il y paraît surtout qu'en mêlant ainsi les choses, les signataires de la remontrance espéraient faire accepter ce qu'elle renfermait de hardi et d'un peu hors de leurs attributions.

Au milieu des préoccupations les plus hautes, Montaigne, en effet, ne perdait pas de vue les devoirs quotidiens de sa charge. Sans parler des corps de métiers bordelais, qui demandèrent des statuts nouveaux ou des règlements particuliers — parcheminiers, bouchers, épingliers — et sur lesquels le maire et les jurats devaient se prononcer, nous retrouvons Montaigne, à cette date, remplissant un office qui lui agréa certainement. Il s'agissait d'approuver le règlement du Collège de Guyenne. Élie Vinet, principal du Collège de Guyenne après André de Gouvéa, voulant fixer définitivement le programme d'études inauguré par son prédécesseur et auquel lui-même se conformait, le résuma en quelques pages pour le faire imprimer. Auparavant, il fallait soumettre cet opuscule aux magistrats municipaux, qui devaient en approuver la publication. C'est ce qui eut lieu. A la fin du petit volume de Vinet, nous trouvons, en latin, la constatation de ce fait. En voici la traduction : « L'an de grâce 1583, le 10 septembre, les autorités de la ville de Bordeaux, Michel de Montaigne, chevalier de l'ordre du roi, maire ; Godefroi d'Alesmes, Jean Galopin, Pierre Reynier, Jean Lapeyre, Jean Claveau, jurats ; et avec eux Gabriel de Lurbe, procureur-syndic de la même cité, et Richard Pichon, clerc de ville, s'étant réunis, suivant la coutume, à la maison commune de la ville, et le syndic de Lurbe ayant fait un rapport sur le petit livre qui a pour titre : *Le Collège de Guyenne,* les membres du Corps de ville ont approuvé le livre et ont été d'avis qu'il fallait le publier le plutôt possible, pour que la règle observée jusqu'à aujourd'hui dans leur collège de Bordeaux fût bien connue et ne pût jamais s'altérer facilement. » Certes, Montaigne fut heureux de donner, de concert avec la jurade, cette marque d'affection à son vieux collège. Et, avant la fin de l'année, l'imprimeur des *Essais,* Simon Millanges, imprimeur royal de la ville de Bordeaux et lui-même ancien régent du collège, mettait au jour le petit volume, précédé d'une préface explicative d'Élie Vinet et suivi de l'approbation des magistrats bordelais[1].

---

1. Sur cet opuscule, voy. ci-dessus, p. 33.

Les infractions à la convention du Fleix devenaient de jour en jour plus fréquentes en Guyenne. Le parti du roi de Navarre avait repris des forces et l'inaction commençait à lui peser; aussi s'agitait-il volontiers, et son chef, qui commençait lui-même à trouver la prudence de Matignon un peu trop clairvoyante, n'empêchait pas ces tentatives aussi rigoureusement qu'il l'eût pu, prêt à profiter de toutes les causes de mécontentement des populations. Le principal commerce de Bordeaux se faisait alors par la rivière : la libre communication avec les villes situées en amont ou en aval sur la Garonne intéressait donc grandement la prospérité de la cité. Voici que les habitants du Mas de Verdun se refusaient à laisser passer devant leur ville les bateaux chargés qui descendaient vers Bordeaux. Montaigne et la jurade bordelaise s'en émurent. Ils rédigèrent aussitôt une remontrance fort nette, adressée au roi de Navarre, en sa qualité de gouverneur de la Guyenne, dans laquelle ils exposaient combien cette voie de fait aggraverait encore la situation déjà si misérable des populations de cette région. Montaigne profitait de cette circonstance pour reproduire hardiment quelques-unes des réclamations présentées au roi de France, sur le paiement des soldats et de la Chambre de Justice rétribués jusqu'alors par le peuple qui succombe sous le poids de ses charges[1]. Ce langage

---

[1]. Ce projet, découvert par M. d'Etcheverry, a été publié par M. Dosquet dans le *Compte rendu des travaux de la Commission des monuments et documents historiques du département de la Gironde pour l'année 1854-1855*, p. 41.

ne dut pas sembler en sa place à l'égard d'un prince qui n'était, à tout prendre, que le gouverneur de la Guyenne. Les membres du Corps de ville de Bordeaux se contentèrent donc d'appeler l'attention du prince sur le seul fait litigieux et sur les conséquences directes qu'il pouvait avoir. Ils le firent avec bon sens et avec énergie. Ils désignèrent Montaigne et de Lurbe pour se rendre vers le roi de Navarre et leur donnèrent des pouvoirs dans ce sens. « Ils remontreront au dit seigneur roi de Navarre, disait la requête emportée par les envoyés, que les provinces et villes ne peuvent être maintenues et conservées en leur état sans la liberté du commerce, laquelle, par la communication libre des uns avec les autres, cause que toutes choses y abondent et, par ce moyen, le laboureur, de la vente de ses fruits, nourrit et entretient sa famille, le marchand trafique des denrées et l'artisan trouve prix de son ouvrage, le tout pour supporter les charges publiques ; et d'autant que le principal commerce des habitants de cette ville se fait avec les habitants de Toulouse et autres villes qui sont sises sur la Garonne, tant pour le fait des blés, vins, pastels, poissons que laines, et que les dits maire et jurats ont été avertis par un bruit commun que ceux du Mas de Verdun sont résolus, sous prétexte de défaut de paiement des garnisons des villes de sûreté octroyées par l'Édit de Pacification, d'arrêter les bateaux chargés de marchandises, tant en montant qu'en descendant par la dite rivière de Garonne, ce qui reviendrait à la totale ruine de ce pays [1]. »

1. Remontrance du 10 décembre 1583, publiée d'abord par

LE MARÉCHAL DE MATIGNON.

(D'après le portrait de Lochon.)

Henri de Navarre ne voulait pas mécontenter la municipalité bordelaise et ne se souciait pas davantage d'éteindre l'ardeur de ses partisans. Il recommanda donc de prendre patience d'une et d'autre part, et répondit à Bordeaux une de ces lettres comme il savait les faire, pleine de politique sous un apparent abandon, protestant de ses sentiments personnels, mais s'accusant d'impuissance. « Messieurs, disait-il, vous ayant toujours porté une affection particulière et en volonté de vous gratifier par-dessus tous autres, je suis très marri de ce que maintenant je ne le puis faire selon mon désir, en ce que le sieur de Montaigne, votre maire, et Delurbe, votre procureur et syndic, m'ont requis de votre part, vous priant de ne l'imputer à aucune mauvaise volonté, mais à une urgente nécessité. Car vous pouvez assez juger que les soldats étant en garnison aux villes de sûreté qui sont pauvres et mal garnies de commodités sont réduits à la fin pour n'avoir rien reçu depuis quatre mois, encore que les deniers de leur entretènement aient été imposés et levés. J'en ai écrit à M. le maréchal de Matignon, j'en ai parlé à M. de Bellièvre, et néanmoins il n'y a point jusques ici été pourvu, et la nécessité croît tous les jours, par laquelle il semble qu'on tende à deux points : l'un à me contraindre de permettre l'arrêt et saisie des bateaux pour s'en plaindre, et afin de

---

Champollion-Figeac, dans les *Documents historiques inédits pour servir à l'histoire de France*, 1843, in-4°, t. II, p. 485. Cf. Payen, *Documents*, p. 25, et *Nouveaux Documents*, p. 45; Grün, *Vie publique de Montaigne*, p. 262.

me faire porter dommage à quelque particulier qui n'est cause du mal, et me rendre, à mon grand regret, odieux à ceux de qui je désire être aimé et que je voudrais supporter; l'autre est afin d'amener les soldats en telle extrémité qu'ils soient contraints de se jeter par-dessus les murailles, ou les réduire à commettre quelques actes dont on vienne aux plaintes. Sur quoi, j'ai dit aux sieurs maire et procureur syndic ce que je puis faire, vous priant conjoindre vos instances et poursuites avec les miennes vers ceux qui ont les dits deniers en mains ou en peuvent disposer pour payer les dits soldats. Et, au reste, faites état certain et assurance de mon amitié partout où les moyens et occasion s'offriront [1]. »

Cette lettre est datée de Mont-de-Marsan, le 17 décembre 1583. A la fin de novembre précédent, Henri de Navarre s'était emparé de cette ville par un coup de main assez hardi, mais il ne voulait pas que cette initiative parût rouvrir les hostilités. Ménageant beaucoup l'opinion publique, comme il le faisait toujours, il désirait que la responsabilité d'une nouvelle prise d'armes retombât sur le roi de France et sur le maréchal de Matignon. Henri III avait gravement manqué d'égards à son beau-frère en traitant la reine Marguerite comme il l'avait publiquement traitée. Matignon, au contraire, patient comme il l'était et sachant le prix du temps, traî-

---

1. *Compte rendu des travaux de la Commission des monuments et documents historiques du département de la Gironde pendant l'année 1854-1855.* Paris, 1855, in-8º, p. 41.

nait tout en longueur, atermoyait et tergiversait pour affaiblir le roi de Navarre. Mais celui-ci était conseillé par d'habiles politiques et n'y voyait pas moins clair que ses deux adversaires. Brusquement, il se décida à un double coup d'éclat : il refusa tout à coup de recevoir sa femme, qui venait le rejoindre en Gascogne et que le roi de France avait publiquement déshonorée; puis, prétextant quelques infractions à l'Édit de Pacification commises à Bazas, il s'empara de Mont-de-Marsan et s'y installa.

Cette détermination était fort inattendue et stupéfia tout le monde. Pour qu'on ne l'accusât pas de ce brusque revirement, Henri de Navarre s'empressa d'en divulguer les causes et de les faire connaître le plus qu'il put. A cette époque où les gazettes n'étaient pas encore inventées, on s'écrivait pour se communiquer les événements. Précisément, Du Plessis-Mornay, confident du roi de Navarre, était en correspondance suivie avec Montaigne. « Si mes lettres vous plaisent, écrivait le huguenot à celui-ci, les vôtres me profitent, et vous savez combien le profit passe le plaisir. » Pourquoi ne pas user d'un pareil intermédiaire avec Montaigne, dont l'opinion avait tant de poids, à cause de sa haute raison et de sa charge de maire d'une ville si importante ? Le 9 novembre 1583, Du Plessis-Mornay écrivait à Montaigne. Il énumère les mesures nouvelles que le maréchal de Matignon a prises contre les réformés, de concert avec M. de Bellièvre, puis explique aussitôt le changement des sentiments d'Henri de Navarre à l'égard de la reine, sa femme. « Ce prince a jugé qu'on le voulait mener, à ce qu'on prétend, par force; et que ces deux (Matignon et Bellièvre), bien que par diverses voies, tendaient à même but. Vous savez la profession qu'il fait de courage : *flectatur fortè facilè, at frangatur nunquam*. Ainsi, il a prié M. de Bellièvre de surseoir la proposition de sa principale charge, jusqu'à ce que ces rumeurs d'armes fussent accoisées[1]. Cela fait, il aura les oreilles plus disposées, et peut-être, par les oreilles, le cœur. Un festin préparé, si le feu prend à la cheminée, on le laisse pour courir à l'eau : nous étions préparés à la réception, le feu se prend en un coin de ce royaume; même sous notre foi, nos amis sont en danger; qui trouvera étrange qu'on désire qu'il y soit pourvu avant de passer outre? Ajoutez que ce prince veut avoir le gré tout entier de ce qu'il veut faire, sans qu'il en soit rien imputé à autre considération quelconque. On m'a lâché un mot que les auteurs de ce conseil pourraient se repentir. Le maître a assez d'esprit pour le prendre de soi-même, et M. de Bellièvre serait marri que tous les conseils de France lui fussent imputés. Les persuasions peuvent beaucoup sur ma simplicité, les menaces fort peu sur la résolution que j'ai prise. Et vous saurez bien juger pour vos amis en quelle opinion on en parlera. Je ne vous dirai plus qu'un mot : l'affaire pour laquelle il était venu mérite sa gravité et expérience; mais il se tient tant sur la réputation du roi,

---

1. *Accoisées,* apaisées. — Bellièvre était en Guyenne, pour traiter avec le roi de Navarre la question du retour de la reine Marguerite.

qu'il semble avoir peu de soin de la nôtre; et qui vient pour satisfaire une injure, non tant prétendue que reconnue, bien qu'il ait affaire avec l'inférieur; ne doit tant payer d'autorité que de raison [1]. »

On le voit, c'est une justification en règle d'Henri de Navarre. On sent que Mornay et son maître veulent mettre en garde Montaigne pour qu'il n'embrasse pas de confiance le parti de Matignon et de Bellièvre, que le maire de Bordeaux ne soit pas le serviteur aveugle du roi de France s'il n'est pas celui du roi de Navarre. Cette précaution était trop intéressée pour qu'elle fût efficace, et le bon sens de Montaigne n'avait pas besoin qu'on lui traçât ainsi le chemin. Henri de Navarre tenait pourtant à ce que ses actes ne fussent pas dénaturés. Aussitôt après la prise de Mont-de-Marsan, lui-même en donnait avis à Montaigne. Cette lettre ne nous est pas parvenue, mais, dès le lendemain de celle ci, Du Plessis-Mornay écrivait à son tour au maire de Bordeaux, et lui narrait le détail de la détermination du roi de Navarre. La parole du secrétaire suppléera convenablement à celle du maître, et c'est pour cela que nous reproduisons cette longue mais intéressante missive.

« Monsieur, mandait Mornay à Montaigne, le roi

---

[1]. Cette correspondance de Du Plessis-Mornay avec Montaigne se trouve depuis longtemps publiée dans les *Mémoires de Du Plessis-Mornay* (Voy. le t. Ier, p. 273 de l'édition in-4° de 1624, et le t. II, p. 382, de l'édition in-8° donnée en 1824 par Auguis). Plus récemment, Feuillet de Conches l'a reproduite d'après les originaux à lui appartenant, dans ses *Causeries d'un Curieux* (t. III, p. 99). C'est le texte que nous suivons ici.

de Navarre vous a écrit comme il est entré en sa ville de Mont-de-Marsan. L'insolence extrême de ses sujets, et les remises sans fin de M. le Maréchal lui ont fait prendre cette voie. Vous savez que toutes nos affections ont quelque borne; il était malaisé que sa patience n'en eût, même puisque leur folie n'en voulait point avoir. Cependant, Dieu nous a fait la grâce que tout s'est passé avec fort peu de sang et sans pillage, et vous puis assurer que, sans la crainte du contraire, il y a six mois que nous pouvions être dedans. J'estime que par gens de considération, cette action ne sera mal interprétée. L'intention du roi, selon ses édits et mandements, était que nous y rentrissions (sic); la seule obstination de ceux de la ville supportés, comme les lettres que nous avons en mains nous témoignent, nous y faisait obstacle. C'est comme si les maréchaux des logis du roi nous avaient donné un logis, et, que, sur le refus de l'hôte, nous fissions obéir la craie[1]; et j'ose vous dire plus, que, sans encourir un mépris public que je redoute plus que la haine, nous ne pouvions allonger notre patience. A ceux qui en eussent pu prendre ou donner l'alarme, nous avons soigneusement écrit de toutes parts, et ne doivent présumer de cette reprise de possession, ordinaire au moindre gentilhomme de ce royaume, rien de public ni extrême. A vous qui n'êtes, en cette tranquillité d'esprit, ni remuant ni remué pour peu de

---

1. Mornay fait allusion à la coutume qu'avaient les maréchaux des logis et fourriers du roi de marquer à la craie sur la porte d'un logement le nom de celui auquel il était réservé.

chose, nous écrivons à autre fin, non pour vous assurer de notre intention, qui vous est prou connue et ne vous peut être cachée, soit pour notre franchise, soit pour la pointe de votre esprit, mais pour vous en rendre plège[1] et témoin, si besoin est, envers ceux qui jugent mal de nous faute de nous voir et par voir plus tôt par les yeux d'autrui que par les leurs. Que voulez-vous plus ? M. de Castelnau l'a fait ; c'est votre ami, qui plus est non suspect pour la religion, mais ému de la seule équité de notre cause. *Si quid peccatum dicunt in formâ, compensetur velim in materiâ ;* ce que certes nous faisons, avons fait et ferons, leur montrant par effet qu'il nous est plus naturel de pardonner les fautes, qu'il ne leur serait peut-être de les amender. Sur ces entrefaites, nous arrive M. de Bellièvre et vous savez pourquoi. *Gravitati ego sanè silentium opponam.* C'est la sœur de mon roi, la femme de mon maître, l'un agent en ce fait, et l'autre patient prudent, qui emploie sa prudence à ne s'y employer point. Si on parle d'une satisfaction d'injure, ce n'est au serviteur à estimer celle de son maître. Et qui n'est légitime estimateur de l'injure, de la satisfaction ne le sera-t-il point ? Je le vous ai dit et le redis encore, si j'étais déchargé de ce faix, je sauterais, ce me semble, sous le bât et entre les coffres que je porte ; mais Dieu a voulu essayer mes reins sous une charge plus forte, et je me confie en lui qu'elle ne m'accablera point. *Hæc tibi, et tuo*

---

1. *Plège,* garant.

judicio. Au reste, faites état de notre amitié comme d'une très ancienne, et toutefois toujours récente; et de même foi je le ferai de la vôtre, que je pense connaître en la mienne mieux qu'en toute autre chose. Vous en ferez la preuve où et quand il vous

LE PALAIS GALLIEN A BORDEAUX.
(D'après une vue du XVIe siècle.)

plaira, et me trouverez sans exception votre très humble et très obéissant et dévoué serviteur.[1] »

J'ignore ce que Montaigne répondit à toutes ces belles raisons. La détermination du roi de Navarre

---

1. De Mont-de-Marsan, 25 novembre 1583. — Feuillet de Conches, *lib. cit.*, t. III, p. 101.

avait quelque apparence d'une reprise d'hostilités, et le ton si décidé de Du Plessis-Mornay n'était pas fait pour atténuer cette apparence. Montaigne accepta-t-il d'expliquer les choses comme on le lui demandait instamment? A voir comment les esprits si exaltés alors finirent par se calmer, il n'est pas téméraire de croire que Montaigne soit intervenu pour les apaiser. Mais, en ce moment, on ne songe qu'à entrer en lutte. Matignon veut user de représailles; il renforce les garnisons de Bazas et de Condom, de façon à mieux menacer Nérac. Tandis que Henri de Navarre s'en plaint directement au maréchal, Du Plessis-Mornay écrit à Montaigne une nouvelle lettre, aussi explicite que la première, pour protester encore des bonnes intentions du prince. « Monsieur, lui dit-il, nous apercevons par les lettres que M. de Bellièvre écrit au roi de Navarre, que le roi a été mal informé de ce qui s'est passé ici. Sur fausses présuppositions on ne peut que conclure faux, et j'espère, quand il aura su la vérité tant par lettres de M. de Bellièvre que par les nôtres, qu'il prendra le tout en meilleure part. Ce qui est véniel à M. de Joyeuse ne nous doit point être mortel. Encore notre action, en toute circonstance, est-elle plus supportable. Cependant, on nous circuit de garnisons, pour tirer la chose en conséquence. On n'a point ainsi procédé contre les autres, et cette inégalité ne peut procéder que de la passion de quelques-uns. Ce prince ne pense qu'à la paix, et je désire fort qu'on ne le presse point outre mesure. Vous le connaissez : même lorsqu'il doit craindre, il ne veut pas. Je pense que la prudence de M. de Bellièvre modérera toutes choses. Ces inconvénients appaisés, *video cœtera proclivia;* et vous en aurez des marques, mais qui doivent être aidées[1]. »

Mornay n'était pas si rassuré qu'il voulait le paraître sur ce qui pouvait s'ensuivre; mais auprès de quelqu'un qui ne souhaitait que la paix et la tranquillité du pays, il était habile d'invoquer ainsi le bouillant courage du roi de Navarre et de faire entrevoir les résultats déplorables que pouvait avoir une reprise des hostilités. A vrai dire, Henri de Navarre songeait plutôt à se disculper qu'à attaquer, à négocier qu'à combattre. Il y avait trop à perdre à une lutte nouvelle pour ne pas réfléchir avant de s'y engager. Mornay le savait mieux que personne et il en convient quand il récrit à Montaigne quelques jours après, le 31 décembre 1583. « Monsieur, lui dit-il, nos conseils dépendent en partie des lieux où vous êtes, car nous ne parons que les coups. Si on nous laisse en paix, nous n'aurons point de guerre : gens qui ne peuvent que perdre n'y entrent pas volontiers que pour sortir d'un plus grand mal; et nous avons assez d'esprit pour connaître qu'au lieu que les autres, nous la faisant, acquièrent des biens et des dignités, nous, au contraire, hasardons humainement les nôtres. Si on nous assaut, — et je crois que ce n'est la volonté du roi, — ce prince n'est pas né pour céder à un désespoir, et quittera toujours son manteau au vent du midi plutôt qu'au septentrion.

1. De Mont-de-Marsan, le 18 décembre 1583. Feuillet de Conches, *lib. cit.,* t. III, p. 104.

Vous savez l'histoire de Plutarque. Nous apercevons que le roi s'offense. C'est, à mon avis, sur les fausses nouvelles qu'on lui a pu écrire; autrement il n'est croyable que la prise d'Aleth fut entendue de lui avec moins de mécontentement que celle de cette ville. Vous savez les circonstances des deux. Ce qu'il y a d'inégalité est pour nous et à notre avantage. Du voyage de M. de Ségur, nous en satisfaisons à Sa Majesté. Notre but n'a été que de montrer que nos paisibles déportements ne procédaient de nécessité, ains de bonne volonté. Ce prince a connu qu'on interprétait sa patience à faute de moyens; il désire dorénavant qu'elle retienne le nom de patience, de modération et de vertu. Je vous en écris franchement à ma façon. Nous sommes prou avertis des préparatifs qu'on fait. Si on continue au moins ne pourra-t-on trouver étrange que nous mettions la main au devant. Je sais que vous y apportez le bien que vous pouvez. Croyez que, de ma part, je n'y omets rien[1]. »

Ce désir de vivre en paix avec le roi de France était bien le fruit de la réflexion. Tout d'abord, Henri de Navarre avait essayé de se procurer des renforts étrangers, et François de Ségur fut son intermédiaire auprès des princes allemands pour en obtenir des secours. Mais cette négociation ne semblait pas devoir amener les résultats espérés. Abandonné à ses propres forces, réduit à l'appui de ses coreligionnaires, dont un grand nombre

---

1. De Mont-de-Marsan, le 31 décembre 1583. Feuillet de Conches, *lib. cit.*, t. III, p. 106.

répugnait à la guerre, Henri de Navarre devait donc songer à la paix. Il ne voulait cependant pas que cette résignation pût paraître de la faiblesse, ni sembler reculer après avoir attaqué. Contraint de

LES PILIERS DE TUTELLE, A BORDEAUX.
(D'après une vue du xvɪe siècle.)

négocier, il le fit avec une certaine hauteur, mêlant étroitement les besoins de son parti et ses mésaventures conjugales, faisant de l'abandon des villes dans lesquelles une garnison avait été récemment mise une condition indispensable pour reprendre sa femme. Il entra en pourparlers avec Bellièvre et avec Charles de Birague, et cette fois encore Du

Plessis-Mornay nous dira ce qu'il pensait de ce projet de raccommodement. « Monsieur, écrivait-il à Montaigne dans la dernière lettre qui nous soit parvenue, nous avons ouï M. de Bellièvre. A dire vrai, il n'a proposé autre satisfaction à l'indignité faite à la reine de Navarre, que l'autorité et liberté qu'a un roi à l'endroit de ses sujets. Raison, comme vous savez, qui tient plus du vinaigre que de l'huile, et mal propre à une plaie si sensible et en partie si nerveuse, et, je ne sais si j'ose dire, peu convenable à la grandeur de nos princes français, qui ont toujours attrempé leur souveraine puissance d'une équité gracieuse, et n'ont jamais disposé de l'honneur de leurs moindres sujets que de gré à gré. Toutefois, le roi de Navarre a voulu montrer qu'il aimait mieux rendre le roi satisfait que de l'être en soi-même. Et, pour cet effet, s'est résolu de ployer son honneur sous le respect de ses commandements, se résolvant d'aller voir et recevoir la reine sa femme en sa maison de Nérac, seulement qu'on levât les garnisons qu'on avait mises aux environs, tant afin que cette réception n'eût aucune apparence de force, que pour la sûreté de leur séjour. Vous savez s'il est civil de la recevoir en maison empruntée ou incivil de demander liberté en la sienne. M. de Bellièvre toutefois en a fait difficulté très grande; et, de ce pas, a été dépêché ce jourd'hui M. de Clervant vers la reine de Navarre, et de là tirera vers Leurs Majestés, lesquelles, à mon avis, se représentant le fait passé et le considérant en la personne du roi de Navarre, ne le voudront éconduire en si petit accessoire, puisqu'en chose de telle importance il a cédé le principal. Jugez en quelle peine ces gens nous mettent. Nous avions réduit tout à meilleur point que presque il n'était à espérer, et maintenant ils marchandent sur un rien, et nous font perdre crédit, si notre sincérité n'était bien connue envers notre maître.[1] »

Les choses allaient donc s'arranger et le roi de Navarre n'y perdrait rien, puisque sa complaisance à l'endroit de la reine Marguerite devait amener la retraite des garnisons trop voisines de ses domaines. Montaigne n'avait pas attendu la lettre de Du Plessis-Mornay pour faire pressentir cette bonne nouvelle à Matignon. Quatre jours auparavant, il lui écrivait que ceux qui avaient vu le roi de Navarre n'en avaient « rapporté que de l'inclination à la paix »[2]. On pouvait donc commencer à respirer plus librement; le nuage s'était dissipé, bien que les protestants continuassent à se réunir en grand nombre, notamment à Sainte-Foy, à deux pas du château de Montaigne. Mais, entré dans cette voie, Henri de Navarre voulait essayer d'écarter tout malentendu, de recouvrer toute la bonne grâce du roi de France. Il usa d'un procédé habile qui devait lui concilier des sympathies. Mornay passait pour être le principal instigateur des coups d'audace de son maître. Pour montrer que toute idée de lutte

1. De Mont-de-Marsan, le 25 janvier 1584. Feuillet de Conches, *lib. cit.*, t. III, p. 107.
2. De Montaigne, le 21 janvier 1584. Publiée pour la première fois par MM. E. Courbet et Ch. Royer dans leur édition des *Essais*, t. IV, p. 329.

était désormais écartée, Henri de Navarre s'avisa d'envoyer Mornay lui-même à la cour. Celui-ci était chargé d'une mission délicate : il devait dévoiler à Henri III les tentatives de corruption du roi d'Espagne et les offres faites au roi de Navarre pour commencer les hostilités. Le plan réussit en partie, et Henri III en sut un certain gré à son beau-frère. Mais à quelque temps de là survint inopinément un événement qui était grave pour le roi de Navarre. Le 10 juin 1584, mourait à Château-Thierry, sans avoir été marié, le duc d'Anjou, dernier fils de Henri II et héritier présomptif de la couronne, puisque son frère, Henri III, n'avait pas d'enfants. Par la disparition de ce prince, le Béarnais devenait donc, à son tour, l'héritier du trône de France, en attendant que la mort d'Henri III le fît roi, après avoir surmonté tous les obstacles qui devaient surgir devant lui [1].

1. Pour achever de donner la véritable physionomie des rapports de Henri de Navarre avec Montaigne à cette date, signalons ici un document qui a fait partie des collections de Benjamin Fillon et qui figure dans son catalogue d'autographes sous le n° 892. Ce sont des notes écrites par Montaigne en regard de quelques-uns des soixante articles du projet de réformation des procédures et autres matières judiciaires, présentés par les syndics de Béarn à l'approbation de la Cour souveraine de ce pays, le 8 mai 1584. On y retrouve plusieurs des idées chères à Montaigne sur ce sujet. Nous reproduisons la description que le catalogue fait de ce document.

Sur la marge de l'intitulé se lisent ces mots : *Soit communiqué par le sieur Duplessis au sieur de Monteigne avec le cayer*. Cette mention, d'une écriture très fine, a dû être ajoutée sur l'ordre de Henri de Navarre.

1er article, concernant la pluralité des justices, Montaigne a écrit : *Ny avoir qu'une justice*.

8e article, sur les frais de justice en conseil : *Gratis*.

18e article, pensions, gages et bourses gratuites : *A voir*.

Sur ces entrefaites, les péripéties du démêlé entre le roi de Navarre et le roi de France avaient fatigué Montaigne, qui en éprouvait le contre-coup. Sa maladie de vessie faisait des progrès et les accès se rapprochaient de plus en plus. Heureux d'aller se reposer à Montaigne, il s'y rendit d'une traite depuis Bordeaux, ce qui le harassa, car la course est longue. Mais le séjour au pays natal ne tarda pas à le remettre, et, le 19 avril 1584, il mandait à Matignon que sa santé s'était « un peu amandée au changement de l'air » [1]. Au reste, Montaigne put goûter quelque repos, car si les Réformés s'agitaient toujours, leurs chefs les stimulaient moins. Près de chez lui, il est vrai, « des gens de bien de la Réformation de Sainte-Foy » venaient de massacrer à coups de ciseaux un pauvre tailleur, « sans autre titre que de lui prendre vingt sous et un manteau » qui en valait deux fois autant. Mais ces faits demeuraient heureu-

26e article, se rapportant au nombre des magistrats qui doivent instruire les affaires criminelles, et des juges : *Mieuls valent cinq que un.*

39e article, ayant trait à la provision d'aliments, favorable aux riches et dommageable aux pauvres : *Ne se peut.*

42e article, soulagement des juges en aggravant le sort des justiciables : *Ne se peut.*

53e article, réglementation du nombre des membres du barreau pour constituer un privilège à ceux qui en font déjà partie : *N'est guieres bon pour l'estat.*

60e article, exemption de certaines charges pour les juges, gens du roi et greffiers, mais non pour les autres officiers : *Bon.*

A la fin viennent ces mots autographes : *Tenir la mein à ce que gens de vertu, doctrine et prudhomie détiénent la justice.* MONTAIGNE.

1. De Montaigne, le 19 avril 1584. Publiée pour la première fois par MM. E. Courbet et Ch. Royer, dans leur édition des *Essais,* tome IV, p. 330.

sement isolés; c'était, pour ainsi dire, la monnaie courante des troubles, et les esprits ne s'en échauffaient pas outre mesure.

Ce calme relatif régna quelques mois encore; jusqu'à la fin de l'année le pays fut assez tranquille. Aussi voyons-nous Montaigne se préoccuper davantage de ses devoirs de maire de Bordeaux. Nous commençons à retrouver son nom mêlé à des actes administratifs, dont le plus important est le contrat passé avec « M. Louis de Foix, valet de chambre et ingénieur ordinaire du roy..., pour la réédification de la tour de Cordouan, assise au milieu de la rivière de Gironde, à l'entrée de la grande mer..., et tombée en ruine par l'impétuosité de la mer »[1]. Le besoin de cette reconstruction se faisait vivement sentir : que de désastres maritimes pouvaient être évités par l'érection d'un fanal à cet endroit dangereux! Déjà dans sa remontrance du 31 août 1583, Montaigne avait signalé au roi l'urgente nécessité de réédifier plus solidement la tour qui s'y trouvait précédemment. Maintenant l'accord était fait et les difficultés budgétaires aplanies. La tour allait être reconstruite « sous l'autorité et bon plaisir de Sa Majesté et de monseigneur Jacques, sieur de Matignon, comte de Torigny, maréchal de France et lieutenant-général pour sa dite majesté au gouvernement de Guyenne, et par l'avis de messires François de Nesmond,

---

[1]. Bordeaux, 2 mars 1584. Ce contrat a été publié par M. Alexis de Gourgues dans ses *Réflexions sur la vie et le caractère de Montaigne* (1856, in-8º, pp. 46-61), d'après une copie informe trouvée par lui dans ses papiers de famille.

chevalier, conseiller du roi en son conseil privé et président en sa cour du Parlement de Bordeaux, Ogier de Gourgues, sieur baron de Vayres, Arvayres, maître d'hôtel ordinaire de Sa Majesté, président et trésorier général de France au bureau des finances établies audit Bordeaux, et de messire Michel de Montaigne, chevalier de l'ordre du dit seigneur et maire de ladite ville de Bordeaux. »

Les plus hautes autorités de la province figuraient donc au contrat par lequel on confia la réédification de Cordouan à l'architecte Louis de Foix, dont la réputation était déjà établie en Espagne et en France par divers travaux d'hydraulique et qui avait collaboré auparavant à la construction de l'Escurial. La réédification de Cordouan devait être effectuée moyennant 38,000 écus sol, que payerait le général des finances de Guyenne, plus 5,000 écus de récompense à l'achèvement. La municipalité de Bordeaux prenait, en outre, un engagement particulier « pour la perfection et continuation d'icelle et pour icelle œuvre parfournir et parfaire, le dit sieur de Montaigne, maire, et messieurs les jurats de la présente ville l'assisteront pour le service du roi selon qu'il les en requerra, et tiendront la main que le dit de Foix ne soit contraint pour aucune chose, pour aucuns droits de coutume ou autres dûs au roi ou à la dite ville que l'on pourrait prendre tant sur les vivres que toutes autres sortes de matériaux pour la dite œuvre. »

C'était, en effet, une œuvre considérable. Afin d'en perpétuer le souvenir, il fut convenu qu'on graverait sur le marbre, au-dessus de la porte d'entrée, le portrait du roi et la date de cet événement. L'architecte voulait y ajouter, sur deux autres tables de marbre placées à droite et à gauche, les noms et qualités des commissaires qui avaient présidé à cette édification. Mais ceux-ci n'y consentirent point[1]. Qui savait, au reste, quand la tour se dresserait en face de l'océan? Si rien ne venait à la traverse, Louis de Foix s'engageait à avoir achevé son entreprise deux ans après l'avoir commencée. Mais les retards s'accumulèrent et l'empêchèrent de tenir parole. Tantôt pris par les Ligueurs, ne recevant le plus souvent pas l'argent qui lui était promis, l'architecte ne vit pas le phare terminé de sitôt, et Montaigne était mort depuis longtemps lorsque cet édifice put profiter aux matelots. Louis de Foix lui-même, paraît-il, n'eut pas le légitime orgueil de contempler son œuvre se dressant, achevée et durable!

Quelques mois après, nous retrouvons Montaigne mêlé à un petit fait qui prouve qu'il savait s'intéresser à tous les besoins des Bordelais. Voici en quelle circonstance. L'administration antérieure à la sienne avait, par un acte en date du 22 août 1579, passé un contrat avec le peintre Jacques Gaultier, qui se trouvait alors à Bordeaux[2]. C'était, dit-on, un artiste expert, et la municipalité bordelaise l'avait

[1]. Par une lettre, datée du 20 juillet 1585 et conservée aux Archives municipales de Bordeaux, les commissaires Montaigne, Gourgues et Nesmond, demandèrent à Louis de Foix de modifier ses plans.

[2]. *Archives historiques de la Gironde*, t. III, p. 147.

DU PLESSIS-MORNAY.

mandé à l'hôtel de ville pour lui proposer, au nom de la cité, la jouissance gratuite d'un logis pendant cinq ans et l'exemption de certaines charges, s'il voulait, ce temps durant, fixer sa résidence à Bordeaux. Il accepta, et, pendant les cinq années convenues, Jacques Gaultier demeura dans une maison appartenant à la ville et dépendant du Collège de Guyenne, dont il disposait en échange de l'enseignement de son art à la jeunesse bordelaise. A l'expiration de ce premier contrat, le 22 août 1584, sous l'administration de Montaigne, le peintre demanda à la municipalité nouvelle une prolongation de deux ans aux mêmes conditions et avec les privilèges dont il jouissait. Gaultier était un maître consciencieux; aussi Montaigne consentit-il avec empressement au renouvellement du contrat, bien qu'il n'y figure pas, pour conserver à la ville la possession d'un praticien de mérite dont la présence profitait aux élèves [1].

Pendant cette accalmie, et tandis que les affaires lui en laissaient le loisir, Montaigne demeurait assez volontiers aux champs et sa santé s'en trouvait mieux que d'un séjour à la ville. Cela ne veut pas dire assurément que Montaigne demeurât ainsi sans désemparer éloigné de son poste ni qu'il se désintéressât momentanément des affaires publiques parce qu'elles paraissaient aller mieux. La distance qui le séparait de Bordeaux n'était pas assez grande pour qu'il ne pût pas s'y rendre rapidement et sans effort, et ses

---

[1]. *Archives historiques*, t. XII, p. 369.

propres affaires devaient, sans doute, l'y appeler parfois. Aussi le voyons-nous, en mai 1584, servir d'intermédiaire entre le roi de Navarre et Matignon, ce qui montre bien que le prince lui avait conservé sa confiance [1]. Le 10 mai 1584, Henri de Navarre écrivait à Matignon : « Je reconnais fort votre bonne volonté au repos de ce royaume et même en mon endroit, et croyez, mon cousin, que j'en ai de la satisfaction et que je vous en sais beaucoup de gré ; en somme, jamais nuls accidents, bons ou mauvais, ne changeront mes bonnes inclinations. » Nous allons voir que les sentiments du jeune roi à l'égard de Montaigne étaient aussi pleins de gratitude et qu'ils se firent jour, peu après, d'une manière expressive.

En décembre de la même année 1584, le roi de Navarre se rendit avec sa suite à Sainte-Foy. Il était ainsi trop près de Montaigne pour que celui-ci ne se préoccupât pas de ce royal voisinage, d'autant qu'on lui avait fait prévoir que le prince le visiterait dans sa maison. Précisément les jurats de Bordeaux réclamaient leur maire, mais celui-ci ne pouvait songer à s'absenter. Il s'en excuse, leur en dit la raison : « Toute cette cour de Sainte-Foy est sur mes bras, et se sont assignés à me venir voir ; cela fait, je serai en plus de liberté. » Montaigne répondra alors à l'appel des jurats ; au reste, ceux-ci ne doivent pas trop prendre à cœur l'absence de leur maire : « Ma présence, avoue-t-il lui-même, n'y apporterait rien que l'embarras et incertitude de mon choix et

---

[1]. *Recueil des lettres missives de Henri IV,* publié par Berger de Xivrey, in-4º, t. I, p. 661.

opinion en cette chose¹.» On ne dira pas, après cela, que Montaigne exagérait à ses concitoyens l'importance de ses déterminations.

Henri de Navarre ne se fit pas attendre. Après avoir visité le Fleix et Gurson, il vint, le 19 décembre, voir Montaigne chez lui, souper et coucher en sa maison. Ce séjour fut plein d'une particulière bonne grâce. Écoutons Montaigne lui-même nous en faire le détail; il l'a mentionné sur le petit mémorial qu'il tenait, et c'est de là qu'est tiré le récit qui suit : « Le roi de Navarre, écrit-il sous la date du 19 décembre 1584, me vint voir à Montaigne, où il n'avait jamais été, et y fut deux jours servi de mes gens, sans aucun de ses officiers. Il n'y souffrit ni essai ni couvert², et dormit dans mon lit. Il avait avec lui MM. le prince de Condé, de Rohan, de Turenne, de Rieux, de Béthune et son frère de La Boulaie, d'Esternay, de Haraucourt, de Montmartin, de Montataire, de Lesdiguière, de Pouet, de Blacons, de Lusignan, de Clervan, de Savignac, du Ruat, de Sallebœuf, de La Rocque (Bénac), de La Roche, de Rous, d'Aucourt, de Luns (de Lons), de Frontenac, de Fabas, de Vivans et son fils, La Burte, Forget, Bissouse (de Viçoze), de Saint-Seurin, d'Auberville³, le lieutenant de la compagnie de M. le Prince, son

---

1. De Montaigne, le 10 décembre 1584. — Découverte par M. d'Etcheverry, aux Archives municipales de Bordeaux. Voy. Payen, *Recherches et documents sur Montaigne*, p. 10.

2. C'est-à-dire que Henri de Navarre ne se servit pas du couvert personnel qui le suivait dans son bagage, et qu'on n'y fit point l'essai des aliments destinés à son usage.

3. La plupart des noms de ces gentilshommes et la nature des

écuyer et environ dix autres seigneurs couchèrent céans, outre les valets de chambre, pages et soldats de sa garde. Environ autant allèrent coucher aux villages. Au partir de céans, je lui fis élancer un cerf en ma forêt, qui le promena deux jours[1]. » Certes, Montaigne était fier d'accueillir ainsi chez lui « la majesté royale en sa pompe ». Cet hommage s'adressait à la droiture de son caractère, à l'honnêteté de ses convictions, à la loyauté de sa conduite, et il était bien aise de le recevoir devant tant de gentilshommes qui accompagnaient le roi de Navarre. Avec un orgueil bien légitime, il a voulu en garder les noms : ce sont de glorieux témoins de l'estime du prince qui sut le mieux reconnaître la fidélité et animer le dévouement.

Les esprits étaient toujours assez tranquilles pour qu'Henri de Navarre pût se livrer sans contrainte aux plaisirs qui lui tenaient à cœur. Il chassait à Sainte-Foy, ayant amené avec lui son équipage de chasse. Mais, en Béarn, où il allait se rendre, le roi de Navarre s'abandonnait à des voluptés plus dangereuses pour sa dignité. Quelques personnes — et Montaigne était du nombre — s'en inquiétaient un peu, trouvant sans doute que ces équipées convenaient moins au prince depuis que la mort du duc

---

fonctions qu'ils remplissaient auprès du roi de Navarre se trouvent dans un *État des gentilshommes, gens de conseil et officiers de la maison du roi de Navarre* dressé à Sainte-Foy, le 1ᵉʳ janvier 1585 (*Mémoires et correspondance de Du Plessis-Mornay*, 1824, in-8°, t. III, p. 236).

1. Le Dʳ J.-F. Payen, *Documents inédits sur Montaigne*, n° 3. Paris, 1855, in-8°, p. 16.

d'Anjou l'avait fait héritier du trône de France. Voici comment Montaigne exprimait, le 18 janvier 1585, ses appréhensions au maréchal de Matignon : « Monseigneur, sur plusieurs contes que M. de Bissouze[1] m'a fait de la part de M. de Turenne du jugement qu'il fait de vous et de la fiance que ce prince prend de mes avis, encore que je ne me fonde guère en paroles de court, il m'a pris envie, sur le dîner, d'écrire à M. de Turenne que je lui disais adieu par lettre; que j'avais reçu celle du roi de Navarre, qui me semblait prendre un bon conseil de se fier en l'affection que vous lui offriez de lui faire service; que j'avais écrit à Mme de Guissen[2] de se servir du temps pour la commodité de son navire, à quoi je m'emploierais envers vous, et que je lui avais donné conseil de n'engager à ses passions l'intérêt et la fortune de ce prince; et puisqu'elle pouvait tout sur lui, de regarder plus à son utilité qu'à ses humeurs particulières; que vous parliez d'aller à Bayonne, où à l'aventure offrirais-je de vous suivre, si j'estimais que mon assistance vous pût tant soit peu servir; que si vous y alliez, le roi de Navarre, vous sachant si près, ferait bien de vous convier à voir ses beaux jardins de Pau. Voilà justement la substance de ma lettre sans autre harangue. Je vous en envoie la réponse, qu'on m'a rapportée dès

---

1. M. de Viçoze, secrétaire ordinaire des finances du roi de Navarre, qui a été mentionné ci-dessus, et non M. de Belsunce, comme Feuillet de Conches l'a imprimé à tort.

2. C'est Diane d'Andouins, comtesse de Gramont et de Guiche, *la belle Corisande,* dont il sera de nouveau question plus loin.

ce soir; et, si je ne me trompe, de ce commencement il naîtra bientôt du barbouillage, et me semble que cette lettre a déjà quelque air de mécontentement ou de crainte. Quoi qu'il dise, je les tiens où ils vont pour plus de deux mois, et là se trouvera une autre sorte de ton. Je vous supplie me renvoyer celle-ci avec les autres deux; le porteur n'a affaire qu'à votre dépêche[1]. ». Les lettres auxquelles Montaigne fait allusion ici nous donneraient assurément, si elles nous étaient parvenues, la raison du mécontentement qui commençait à se faire jour dans l'entourage du roi de Navarre; elles nous diraient aussi pourquoi quelques amis de ce prince se prenaient à redouter son séjour en Béarn.

Montaigne n'appréhendait pas seulement la passion du roi de Navarre pour la comtesse de Gramont. Il semble qu'il craignait plus encore l'influence de l'entourage du prince. Il connaissait depuis assez longtemps *la belle Corisande*, à laquelle il avait dédié, dès la première apparition des *Essais*, un chapitre particulier contenant vingt-neuf sonnets de La Boétie, pour ne pas ignorer qu'elle saurait être une femme de tête à l'occasion. C'est pour cela qu'il l'exhorte à sacrifier ses sentiments aux intérêts de son royal amant avec une liberté de langage qu'autorisait une liaison déjà ancienne. La démarche honore grandement Montaigne. Il sentait que ce séjour en Béarn, où il allait résider près de sa

---

1. De Montaigne, le 18 janvier 1585. — Publiée pour la première fois par Feuillet de Conches, *Causeries d'un Curieux*, t. III, p. 257.

maîtresse, éloignerait encore davantage le prince de la reine Marguerite, et il déplorait ce résultat, bien que la femme légitime ne fût pas digne des égards de son mari. La rupture se préparait définitive entre les deux époux, et cette préférence marquée pour la maîtresse devait la rendre inévitable. Était-ce un nouveau danger ? Montaigne, qui l'entrevoyait, eût souhaité l'éviter. Il eut recours à la comtesse elle-même pour que l'amour que lui portait le prince ne pût nuire à celui-ci. Une telle démarche pouvait-elle aboutir ? Sachons gré à Montaigne d'avoir essayé d'éveiller dans l'âme de la femme aimée le sentiment d'un chevaleresque sacrifice, mais ne nous étonnons pas que la belle Corisande n'ait pas écouté la voix du vieil ami qui lui parlait ainsi.

Demeurer trop longtemps en Béarn pouvait être encore particulièrement dangereux pour Henri de Navarre, depuis qu'il était devenu premier prince du sang. Beaucoup de gens n'admettaient pas que la mort du duc d'Anjou eût fait d'un prince huguenot l'héritier présomptif du trône de France, et se refusaient à le regarder comme tel. La Ligue, préparée par les Guises, venait de redoubler d'activité depuis lors, et elle essayait de transformer cette différence de religion en un obstacle insurmontable. Enfin, séduit par les meneurs de la Ligue, le cardinal de Bourbon, oncle d'Henri de Navarre, s'était laissé mettre en avant, et les Guises l'avaient salué héritier de la couronne et premier prince du sang, sous la protection du pape et du roi d'Espagne. La situation s'embrouillait donc et on ne pouvait guère espérer en sortir sans quelque compromis. Le roi de

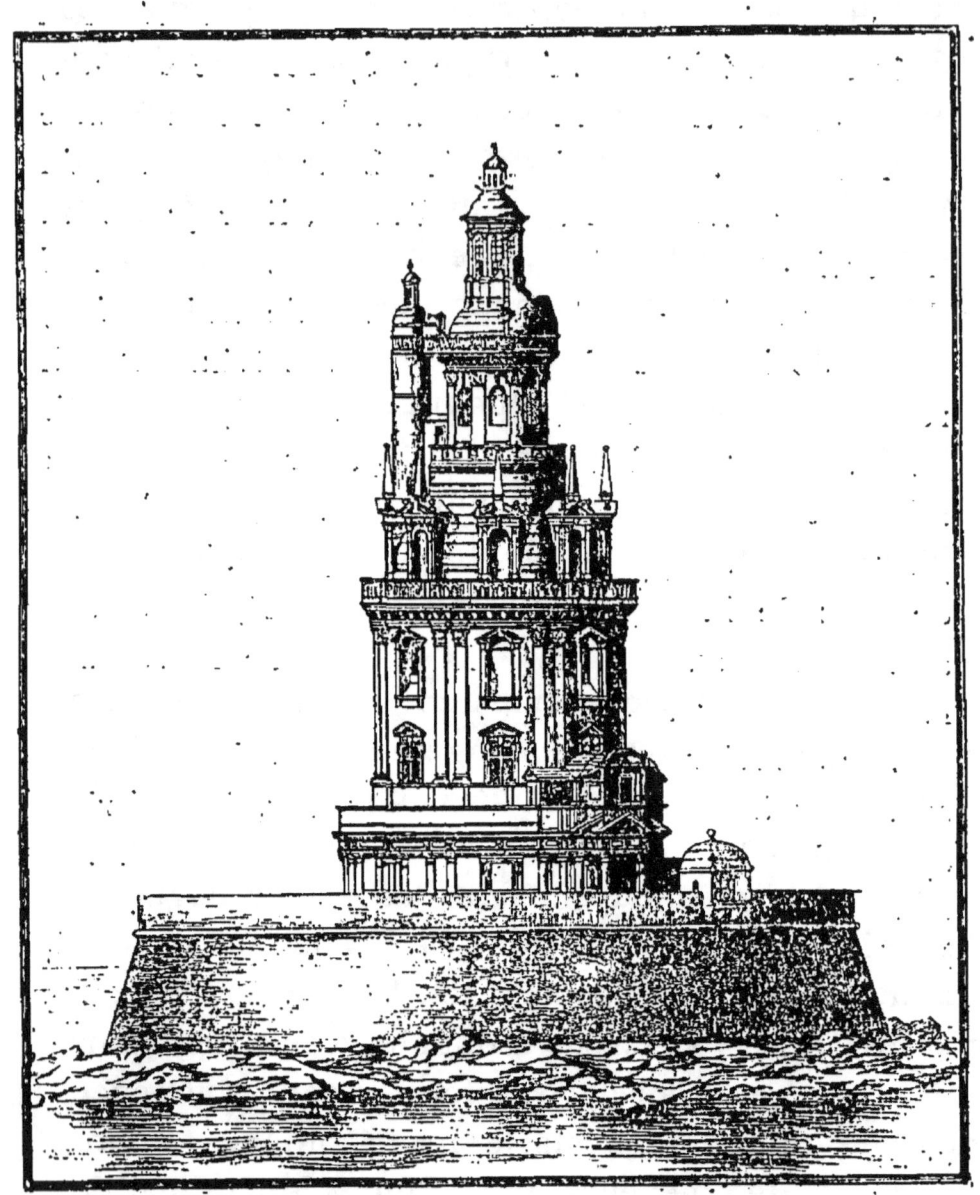

LA TOUR DE CORDOUAN AU XVIIᵉ SIÈCLE.

Navarre serait-il disposé aux concessions, au milieu de sa cour de Pau, environné de Huguenots fervents et aussi fidèles à leur foi qu'à leur prince? Certes,

Henri de Navarre avait le bon sens assez haut pour juger lui-même de ses vrais intérêts, mais un tel entourage était bien fait pour l'empêcher de céder et prêcher la résistance. Afin de préparer une entente, Montaigne eût voulu rapprocher le roi de Navarre et Matignon. S'autorisant des bons rapports qu'il entretenait avec l'un et avec l'autre, il se proposait de servir d'intermédiaire entre les deux. Bien qu'il lui donnât publiquement des marques de satisfaction, Henri de Navarre n'aimait pas le maréchal, dont il redoutait la finesse et que, dans l'intimité, il appelait « le vieux renard ». Qui sait si un rapprochement fait en temps utile entre ces deux hommes n'aurait pas une grande portée ? Montaigne y voyait un gage de plus de la pacification du pays, et, dans une autre lettre au maréchal, il s'offrait de nouveau à l'accompagner à Bayonne.

Le 26 janvier 1585, Montaigne adressait les lignes suivantes à Matignon : « Monseigneur, je n'ai rien appris depuis, encore que j'aie vu assez de gens de ce train céans. J'estime que tout a vidé, si non que M. du Ferrier y soit demeuré pour les gages. S'il vous plaît de voir une lettre que le sieur Du Plessis m'écrivit depuis, vous y trouverez que la réconciliation y fut bien entière et pleine de bonne intelligence, et je crois que le maître lui en aura communiqué plus privément qu'aux autres, sachant qu'il est de ce goût comme est aussi M. de Clervan, qui vous a vu depuis. Si je dois vous faire compagnie à Bayonne, je désire que vous maintenez *(sic)* notre délibération de retarder dans le carême, afin que je puisse prendre les eaux tout d'un train. Au demeurant, j'ai appris qu'il n'est rien qui dégoûte tant le mari que de voir qu'on s'entend avec la femme. J'ai eu nouvelles que les jurats sont arrivés à bon port, et vous baise très humblement les mains. » Puis, dans un post-scriptum plus affectueux, Montaigne protestait plus particulièrement de son dévouement : « Monseigneur, vous me faites grande faveur de vous agréer de l'affection que je montre à votre service, et vous pouvez assurer de n'en avoir pas acquis en Guyenne de plus nettement et sincèrement vôtre. Mais c'est peu d'acquêt. Quand vous devriez faire place, ce ne doit pas être en temps qu'on se puisse vanter de vous l'avoir otée [1]. »

Henri de Navarre était donc bien parti pour le Béarn. A quelques jours de là, Montaigne confirme le fait à Matignon, en lui annonçant par un billet [2] que « le roi de Navarre vient d'envoyer quérir quelque reste de train et d'équipage de chasse qu'il avait ici (à Montaigne), et que sa demeure sera plus longue en Béarn qu'il ne pensait ». Seul, Arnaud du Ferrier, notre ancien ambassadeur à Venise, maintenant chancelier de Navarre, était demeuré en arrière, retenu sans doute plus par son grand âge que par les devoirs de sa charge. D'ailleurs, comme le dit Montaigne, « le reste du pays demeure en repos et n'y a rien qui bouge ». Aussi s'attarde-t-il lui-même

---

1. De Montaigne, le 26 janvier 1585. — Publiée pour la première fois par Feuillet de Conches, *Causeries d'un Curieux*, t. III, p. 276.

2. De Montaigne, le 2 février 1585. — Publié pour la première fois par Feuillet de Conches, dans les *Causeries d'un Curieux*, t. III, p. 280.

à la campagne bien que quelque devoir de sa mairie eût réclamé sa présence en ville. Mais la chose n'a pas grande importance et il se contente d'écrire aux jurats de Bordeaux qu'il viendra les rejoindre « à la première commodité »[1].

Ce calme était à la surface. Aucune question importante n'avait été tranchée ni avec Matignon ni avec la reine Marguerite; aussi était-il évident qu'il en surviendrait quelque embarras. Les difficultés surgirent d'abord avec la reine Marguerite. Pendant que son mari vivait en Guyenne et en Béarn, occupé à d'autres passions, celle-ci vivait à Nérac, isolée et méprisée. Mais elle ne demeurait pas inactive dans sa solitude : au courant des compétitions des partis, elle intriguait et cherchait sa voie au milieu de ces menées diverses. Elle était en correspondance fréquente avec la cour du roi de France, et toutes ses lettres n'étaient pas, prétend-on, en faveur de son mari. Pour s'en assurer, Henri de Navarre fit brusquement arrêter un messager de la reine sa femme. L'esclandre fut grand, et nous en retrouvons le contre-coup dans la correspondance de Montaigne avec le maréchal. Nous y verrons aussi en quels sens variés les partis commençaient à se remuer, et nous citerons en entier quelques lettres de Montaigne, qui nous apprendront comment lui-même appréciait les événements.

---

1. De Montaigne, le 8 février 1585. — Publiée par Champollion-Figeac, *Documents historiques inédits*, t. II, p. 486; — le Dr Payen, *Documents inédits* (1847), p. 21; — Grün, *Vie publique de Montaigne*, p. 268.

Le 9 février 1585, Montaigne mandait à Matignon :
« Si les jurats arrivèrent le jour qu'on les attendait
à Bordeaux et qu'ils soient venus en poste, ils pourront vous avoir apporté des nouvelles fraîches de la
cour. On fait ici courir le bruit que Ferrand a été pris,
à trois lieues de Nérac, allant à la cour, et ramené à
Pau ; aussi, que les Huguenots ont failli à surprendre
Taillebourg et Taillemont en même temps, et quelques autres desseins pour Dax et Bayonne. Mardi,

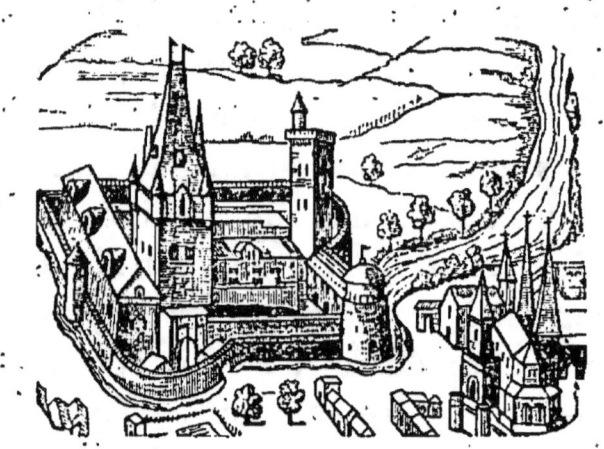

LE FORT DU HÂ AU XVIᵉ SIÈCLE.

une troupe de bohêmes, qui roule ici autour il y a
longtemps, ayant acheté la faveur et secours d'un
gentilhomme du pays nommé Le Borgne La Siguinie
pour les aider d'avoir raison de quelques bohêmes
qui sont en une autre troupe delà l'eau en la terre
de Gensac qui est au roi de Navarre, ledit La Siguinie
ayant assemblé vingt ou trente de ses amis, sous
couleur d'aller à la chasse avec des harquebuses
pour les canards avec deux ou trois desdits bohêmes,
du côté deçà, allèrent charger ceux de delà et en
tuèrent un. La justice de Gensac avertie arma le

peuple et vinrent faire une charge aux assaillants, et en ont pris quatre, un gentilhomme et trois autres, en tuèrent un et en blessèrent trois ou quatre autres. Le reste se retira deçà l'eau; et de ceux de Gensac il y en a deux ou trois blessés à mort. L'escarmouche dura longtemps, et bien chaude. La chose est sujette à composition, car de l'un et de l'autre parti il y a beaucoup de faute. Si le sieur de La Rocque, qui est fort de mes amis, se doit battre par nécessité à Cabanac du Puch, je souhaite et lui conseille que ce soit loin de vous. »

Écrite à sept jours de distance de la précédente, cette lettre montre clairement combien la tranquillité était précaire et souvent troublée par de fréquents incidents, dont on ne se tourmentait pas, au reste, outre mesure. Rapportons encore le post-scriptum important par lequel Montaigne l'achevait : « Monseigneur, ma lettre se fermait quand j'ai reçu la vôtre du 6 et celle de M. Villeroy, qu'il vous a plû m'envoyer (par un homme que le Corps de la ville m'a envoyé) de l'heureuse expédition de leurs députés. Le sieur de La Mote me mande avoir à me dire choses qui ne se peuvent écrire, et que je lui mande s'il est besoin qu'il me vienne trouver ici; sur quoi je ne fais point de réponse. Mais quant au commandement qu'il vous plaît me faire de vous aller trouver, je vous supplie très humblement croire qu'il n'est rien que je face plus volontiers et ne me rejetterai jamais si avant en la solitude, ni ne me defferai tant des affaires publiques qu'il ne me reste une singulière dévotion à votre service et affection de me trouver où vous serez. Pour cette heure, j'ai les bottes aux jambes pour aller au Fleix où le bon homme président Ferrier et le sieur de la Marselière se doivent trouver demain avec dessein de venir ici après-demain ou mardi. J'espère vous aller baiser les mains un jour de la semaine prochaine, ou vous avertir s'il y a juste occurrence qui m'en empêche. Je n'ai reçu aucunes nouvelles de Béarn; mais Poiferré qui a été à Bordeaux m'a écrit, à ce qu'on me mande, et donné la lettre à un homme de qui je ne l'ai point encore reçue. J'en suis marri[1]. »

Les petits incidents se multiplient, aussi Montaigne correspond-il plus fréquemment avec Matignon. Lui qui n'aime pas à écrire, il envoie presque chaque jour une lettre, et parfois assez longue. Dans la dernière missive, Montaigne ne faisait qu'une mention de la surprise de Ferrand, le secrétaire de la reine de Navarre qui allait à Paris. Trois jours après, le 12 février, il se hâte d'apprendre à Matignon ce que lui-même en a entendu dire. « Monseigneur, lui écrit-il, je viens d'arriver du Fleix. La Marselière s'y est trouvé, et d'autres de ce conseil. Ils disent que, depuis l'accident de Ferrand, et pour cet effet, Frontenac est venu à Nérac, auquel la reine de Navarre dit que si elle eût estimé le roi son mari si curieux, qu'elle eût fait passer par ses mains toutes les dépêches, et que ce qui s'est trouvé dans la lettre qu'elle écrit à la reine sa mère, qu'elle parle de s'en

---

[1]. De Montaigne, le 9 février 1585. — Publiée pour la première fois par Feuillet de Conches, dans les *Causeries d'un Curieux*, t. III, p. 282.

retourner en France, que c'est comme en demandant avis et en délibérant, mais non pas comme y étant résolue, et qu'elle le met en doute pour le peu de compte qu'on fait d'elle si apparemment que chacun le voit et connaît assez. Et Frontenac dit que ce que le roi de Navarre en a fait n'a été que pour la défiance qu'on lui avait donnée que Ferrand portait des mémoires qui touchaient son état et affaires publiques. Ils disent que le principal effet est que plusieurs lettres des filles de cette cour à leurs amis de France, — je dis les lettres qui se sont sauvées, car ils disent que quand Ferrand fut pris, il eut moyen de jeter quelques papiers au feu qui furent consommés avant qu'on les pût retirer, — ces lettres qui restent apprêtent fort à rire. J'ai vu en repassant M. Ferrier malade à Sainte-Foy, qui se résout à me venir voir un jour de cette semaine. D'autres y seront dès ce soir. Je ne m'attends pas qu'il y vienne et me semble, attendu son âge, l'avoir laissé en mauvais état. Toutefois je l'attendrai, si vous ne me commandez le contraire, différerai à cette cause mon voyage vers vous sur le commencement de l'autre semaine. » Et, en post-scriptum : « Le dit Ferrand avait mille écus sur lui, dit-on, car toute cette information n'est guère certaine [1]. »

En somme, l'arrestation de Ferrand n'avait eu qu'une issue plaisante. Mais, si on en croit L'Estoille, Ferrand faisait des aveux plus graves ; il sou-

---

[1]. De Montaigne, le 12 février 1585. — Publiée et reproduite en fac-similé par Feuillet de Conches, dans les *Causeries d'un Curieux*, t. III, p. 288.

tenait, paraît-il, que la reine Marguerite avait le dessein d'empoisonner son mari pour se venger du dédain qu'il lui témoignait[1]. La rupture entre les deux époux était donc imminente. Voyant ses projets de fuite découverts, la reine ne songeait plus qu'à les mettre à exécution sans entraves. On approchait du carême. Marguerite manifesta le désir de se rendre à Agen pour y faire ses dévotions et assister aux sermons d'un Père jésuite qui prêchait la station à la cathédrale de Saint-Étienne. Henri de Navarre ne s'y opposa pas et, le 19 mars, sur le soir, les habitants d'Agen voyaient arriver la reine en assez modeste équipage. Mais d'autres gens suivirent bientôt et, de jour en jour, l'affluence devint plus grande. Marguerite avait réussi : parvenue à Agen, qui lui avait été cédé pour garantir les rentes de sa dot, la reine s'y entourait de personnes sûres et capables de la défendre contre les agressions de son mari.

C'était un nouvel ennui qu'Henri de Navarre eût sans doute pu éviter avec un peu plus de circonspection. Désormais, il allait lui falloir user de plus de prudence encore, de plus de sens politique, car il lui venait de tous les côtés du royaume des adversaires prêts à profiter de ses fautes. La Guyenne pourtant continuait à demeurer à peu près calme. Montaigne, qui se plaît tant à narrer par le menu les incidents éclos sur le coin de terre qu'il habite, ne trouve à raconter à Matignon que des petits faits sans importance. On s'alarme « de quelque troupe

---

[1]. *Mémoires-journaux de Pierre de L'Estoille*. Paris, 1875, in-8º, t. II, p. 181.

de gens de cheval » qui s'est assemblée « de l'autre côté de la rivière ». Les prisonniers faits après l'échauffourée de Gensac sont même en liberté, « sauf le procureur de la terre de Montravel, qui a été pris par compagnie et rencontré n'ayant aucune participation à tout cela et s'était trouvé sur les lieux pour quelque exécution de justice »[1]. Montaigne ne semble-t-il pas s'égayer intérieurement en notant ainsi le cas de ce magistrat, surpris au milieu de son devoir et retenu enfermé, bien qu'innocent, tandis qu'on relâche les coupables? Pourtant, Matignon, qui juge les choses de plus haut, veut s'entretenir avec le maire de Bordeaux. Il le presse de revenir en ville, et Montaigne répond aussitôt qu'il va y aller. « J'attends à ce soir, lui écrit Montaigne, avec espérance de partir demain pour vous aller trouver, et ne pouvant faire à cette heure, à cause des eaux débordées partout, ce chemin d'ici à Bordeaux en une journée, je m'en irai coucher à Faubrenet, près du port du Tourne, pour vous trancher chemin, si vous partez ce pendant, et me pourrai rendre mardi matin à Podensac pour y entendre ce qu'il vous plaira me commander. Si par ce porteur vous ne me changez d'assignation, je vous irai trouver mardi à Bordeaux, sans passer l'eau qu'à la Bastide [2]. »

[1]. De Montaigne, le 13 février 1585. — Publiée pour la première fois par Feuillet de Conches, dans les *Causeries d'un Curieux,* t. III, p. 290.

[2]. Sans lieu ni date (seconde quinzaine de février 1585). — Publiée pour la première fois par Feuillet de Conches, dans les *Causeries d'un Curieux,* t. III, p. 291.

Il fallait que l'invitation de Matignon fût singulièrement pressante pour que Montaigne se mît aussi rapidement en route et vînt à Bordeaux malgré l'inondation. La Ligue commençait à s'agiter à Bordeaux, comme elle le faisait à Paris, sous l'œil indécis du roi. Mais Matignon, soldat dévoué à Henri III malgré les incertitudes de sa politique, était bien décidé à s'opposer aux entreprises des Ligueurs aussi constamment qu'il avait repoussé les efforts du roi de Navarre. Ainsi que Montaigne, le maréchal ne voulait s'engager avec aucun parti et plaçait son loyalisme au-dessus des querelles intestines. Cette politique ne faisait pas l'affaire du roi de Navarre, dont il empêchait sans cesse les empiétements. Henri de Navarre s'irritait de la constante vigilance du maréchal, auquel il reprochait de lui faire « des querelles d'Allemagne ». Bien que Matignon ne fût en Guyenne que le lieutenant du roi de Navarre, gouverneur nominal de la province, il ne prenait pas l'avis de celui-ci et dirigeait lui-même l'administration, surveillant tout et exécutant les mesures nécessaires sous sa propre responsabilité. Henri de Navarre en voulait au maréchal de le négliger ainsi et de l'effacer si complètement. Pour le moment son aigreur n'était pas déguisée ; mais il revint à une plus juste appréciation des choses quand il eut vu la belle contenance de Matignon à Bordeaux.

Les Ligueurs s'étaient ménagé assez d'intelligence dans la ville pour y tenter un coup de main. A la fin de mars et au commencement d'avril, les esprits semblaient assez échauffés pour qu'on pût redouter quelque soulèvement. Le maréchal ne perdait pas de vue les allées et venues des conspirateurs. Henri de Navarre, lui aussi, veillait de loin sur la ville, qu'il se souciait fort peu de voir tomber au pouvoir de ses pires ennemis ; dès qu'il fut prévenu du complot, il se hâta d'en informer Matignon et le Corps de ville, afin de déjouer ces desseins[1]. De concert avec quelques hommes d'ordre, le maréchal le fit avec beaucoup de prudence et d'à-propos. Le chef des Ligueurs à Bordeaux était alors le baron de Vaillac, dont nous avons déjà parlé. Gouverneur du château Trompette, il pouvait, sans trop de difficultés, se rendre maître de la ville et la réduire au pouvoir des Guises. Matignon le savait. Feignant d'avoir reçu du roi de France des ordres intéressant la province et la ville, il assemble chez lui, à une date qui ne nous est pas connue, les présidents et les gens du roi au Parlement, Michel de Montaigne, maire, et les jurats de Bordeaux, les principaux officiers de la ville, sans oublier Vaillac. « Sitôt que l'assemblée fut faite, dit l'historien de Matignon[2], Le Londel, capitaine de ses gardes, se saisit des avenues de son logis ; et, ayant mis les amis du

---

1. *Recueil des lettres missives de Henri IV,* publié par Berger de Xivrey, t. II, pp. 27 et 29.
2. *Histoire du maréchal de Matignon, gouverneur et lieutenant-général pour le roi en Guyenne,* par M. de Caillière. Paris, 1661, in-folio, p. 157. — Caillière ne précise pas la date. C'est en avril 1585. Je reproduis ici ce récit tout entier, bien qu'un peu long et lourd, parce qu'il est évidemment fait d'après un document original.

maréchal et ceux qu'il avait avertis et qu'il connaissait affectionnés au service du roi pour soutenir les gardes, le maréchal fit l'ouverture des pernicieux desseins des Ligueurs, qui, sous prétexte de religion, se révoltaient contre leur prince souverain, troublaient le repos du royaume, et voulaient élever leurs fortunes sur les ruines de celles des plus gens de bien. » Il ajoute « qu'il était averti qu'ils avaient des partisans dans Bordeaux, qui avaient promis de le livrer entre leurs mains; qu'il les avait priés de s'assembler pour leur découvrir un secret qui importait à leurs fortunes et à leurs vies; que, comme le danger était grand, le remède devait être prompt, et qu'en des matières de cette importance il fallait commencer par l'exécution. Puis, tournant les yeux sur Vaillac, qui était assis avec les autres, il lui dit que sa fidélité était suspecte au roi et que Sa Majesté, pour se délivrer de cette inquiétude, désirait qu'il remît le château Trompette entre ses mains. Vaillac, tout étonné de ce discours, auquel il ne s'attendait pas, voulut s'excuser en protestant qu'il n'avait jamais eu d'intention de rien faire contre le service du roi; qu'il suppliait le maréchal de se contenter de sa parole, ou du moins de lui donner le temps de se justifier sans le déposséder de sa charge avec cette infamie qu'il n'avait point méritée; qu'il était homme d'honneur et qu'il aimait mieux mourir que de le perdre. Le maréchal, sans lui donner loisir de haranguer davantage, lui dit que le moyen de mourir était de résister aux ordres du roi; que s'il apportait de plus longues refuites, il le tiendrait pour coupable; que s'il ne le rendait maître de la place, il lui ferait trancher la tête à la vue de sa garnison, et qu'il voulait bien qu'il crût qu'il était en état de se faire obéir. Au même temps, il fit venir Le Londel, auquel il ordonna de désarmer Vaillac et de lui donner des gardes; il commanda au maire de faire savoir les intentions du roi et les siennes à toute la ville, pour disposer les bourgeois, vrais et fidèles serviteurs de Sa Majesté, de se joindre avec ses troupes pour forcer les soldats de la garnison, si la punition de Vaillac ne les obligeait à se rendre. Vaillac, voyant que le maréchal le menait si brusquement, eut recours aux soumissions et aux prières; et, comme il n'était pas haï de ceux qui composaient l'assemblée, chacun dit quelque chose en sa faveur. Le Premier Président, prenant la parole, lui remontra qu'il devait obéir aux ordres de M. le Maréchal, puisqu'il représentait la personne du roi dans la province et dans la ville; que s'il n'était pas coupable, il n'empêcherait pas qu'il fît voir son innocence; que s'il remettait la place en dépôt entre les mains du maréchal, il serait supplié de toute l'assemblée de porter témoignage au roi de son obéissance; qu'il estimait que c'était la seule voie qu'il devait suivre dans l'occasion présente, que toute autre lui serait inutile et même dangereuse; qu'il lui conseillait d'aller trouver le roi, pour lui rendre compte de ses actions; qu'il ne devait rien craindre si sa conscience était nette et que son innocence le mettrait à couvert des calomnies de ses ennemis. Le maréchal, voyant que Vaillac contestait encore avec de faibles raisons, commanda qu'on le menât hors de la salle. Ce commandement fit redoubler les prières d'un

LE CHANCELIER DE BELLIÈVRE.

chacun au maréchal et employer de nouvelles persuasions pour résoudre Vaillac. Enfin, après quelques heures de patience, Vaillac fit de nécessité vertu, et promit au maréchal de lui mettre la place entre les mains, pourvu qu'il eût agréable de lui permettre d'en tirer ce qui lui appartenait et d'aller trouver le roi pour se justifier. De ce pas, le maréchal sortit de la salle et passa dans la rue, environné de ses gardes et de quelques gens de guerre qu'il avait à Bordeaux, suivi de toute l'assemblée et de Vaillac, auquel il fit rendre l'épée. En cet état, il alla droit à la porte du château Trompette, d'où Vaillac commanda à ses officiers et à ses soldats de sortir, la mèche éteinte, et de recevoir les ordres du maréchal. Cela fait sans tumulte et sans rumeur, Le Londel se saisit de la porte, et le maréchal, y ayant fait entrer ses gens, permit à Vaillac d'y laisser quelques-uns de ses domestiques pour en tirer ses meubles et faire inventaire, avec Le Londel, de l'artillerie, des armes, vivres et munitions qui s'y trouveraient. Le jour d'après, il fut dressé un acte par la même assemblée de l'obéissance que Vaillac avait rendue aux ordres du maréchal, pour être envoyé au roi, et le maréchal rendit compte à Sa Majesté de la chose comme elle s'était passée. »

Grâce à la prévoyance et à la fermeté de Matignon, Bordeaux demeurait donc au pouvoir du roi et les Ligueurs devaient renoncer à leurs espérances. « Si ce maréchal, comme dit Brantôme, n'eût attrapé lors cette place et par finesse et par adresse, Bordeaux eut eu de l'affaire. » Il est vrai d'ajouter que le Corps de ville était fidèle au roi et que dans cette circonstance il servit le maréchal dans la mesure de ses moyens. Après cet événement, le maire et les jurats de Bordeaux s'empressèrent de faire à Henri III une chaleureuse protestation de dévouement. « Nous sommes tendus, délibérés et résolus, écrivaient-ils au roi le 22 avril 1585, de garder et observer fidèlement et avec toute sincérité, sollicitude et vigilance tout ce que nous pourrons savoir et apprendre être de votre intention et nous ranger et conformer entièrement et de tous points à icelui par l'emploi de notre sang, de nos vies, et de tous les moyens que Dieu nous aura suscités et dont le fait et exécution fera preuve et démonstration certaine. » Puis, parlant des derniers incidents, le Corps de ville ajoutait : « Nous sommes certains que Votre Majesté sera informée amplement par M. le Maréchal de Matignon de l'état de cette ville, même de ce qui s'est passé naguères pour le fait de votre château Trompette, auquel nous avons assisté de tout notre pouvoir et rendu l'obéissance que nous devons à Votre dite Majesté et service, comme nous ferons toujours, de pareille volonté et dévotion[1]. »

Le roi pouvait se fier à d'aussi énergiques protestations de fidélité, appuyées comme l'étaient celles-ci par des actes plus probants encore. La situation n'était, en effet, complètement rassurante ni à Bordeaux, ni dans le reste de la province : en certains endroits même, les affaires continuaient à s'embrouiller davantage. Les gens de Brouage, de

[1]. *Archives historiques du département de la Gironde*, t. X, p. 401.

Royan, de Blaye et de Bourg s'étaient emparés du haut de la rivière, pillant et rançonnant les navires marchands qui montaient ou qui descendaient. Henri de Navarre ne cessait de faire des protestations de fidélité au roi; mais les chefs huguenots fortifiaient Bergerac et les places susceptibles de défense, et, par-dessous main, le prince les encourageait. Matignon ne perdait rien de tout cela de vue, se proposant bien d'intervenir dès qu'il le pourrait; d'abord, il irait à Agen, où la reine Marguerite devenait menaçante; puis il remonterait la Garonne jusqu'au Bec-d'Ambez, pour mettre les pillards à la raison. Mais Bordeaux n'était pas assez calme pour exécuter ce double projet. Les chefs Ligueurs s'agitaient toujours et cherchaient à rendre Matignon suspect, en l'accusant de s'entendre avec le roi de Navarre pour lui livrer la ville. Le maréchal tint bon. « Auparavant que me saisir du château Trompette [1], écrit-il à Henri III, le 30 avril 1585, j'avais mandé les trois compagnies du régiment du sieur d'Oraison, que j'ai fait loger près de cette ville, où je les tiendrai jusqu'à ce que je voie que les choses y soient plus assurées qu'elles ne sont. Le sieur de Gourgues vous y sert très fidèlement. Je supplie très humblement Votre Majesté lui en écrire une bonne lettre, même à l'archevêque, présidents, vos avocats et procureurs, maire et jurats. Les principaux doutent [2] fort les remuements

---

1. *Archives historiques du département de la Gironde,* t. XIV, p. 283.
2. Redoutent.

qui s'y préparent chez ce peuple, pour les exemples qu'ils en ont vu par le passé; mais j'espère si bien faire châtier le premier qui y mettra la main, que les autres craindront d'attenter rien contre votre autorité. »

C'est ce qui arriva. Grâce aux précautions de Matignon, grâce aussi au bon esprit de leur édilité, les Bordelais ne se soulevèrent point. Ayant reçu

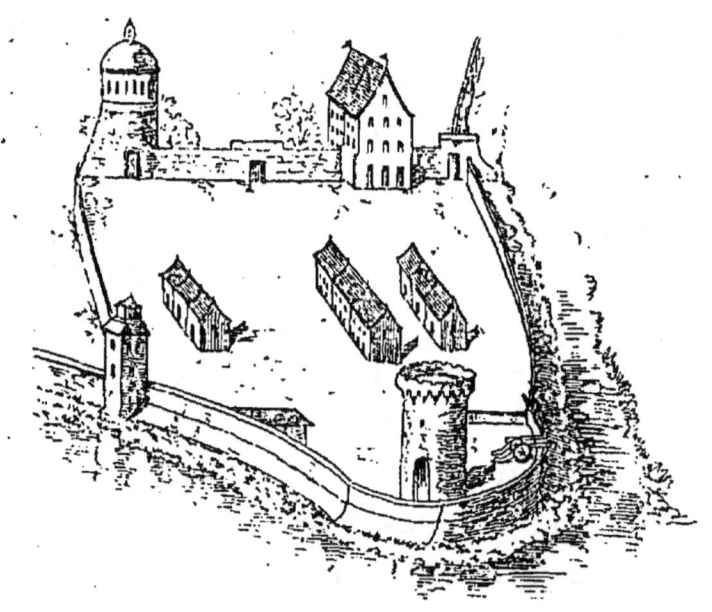

LE CHATEAU TROMPETTE AU XVIᵉ SIÈCLE.

du roi l'ordre de se rendre à Agen, où Marguerite se fortifiait chaque jour davantage, le maréchal put abandonner Bordeaux et laisser la ville à des gens de confiance, moins experts que lui aux affaires publiques. En sa qualité de maire, c'est Montaigne qui avait la haute main et devait parer à l'imprévu. Les esprits étaient toujours échauffés. Lui-même va nous apprendre comment il remplit son devoir; il nous dira ses actes, car il correspondait avec Matignon absent, et nous saurons de la sorte les incidents de cet intérim. Le 22 mai 1585, Montaigne écrivait à Matignon [1] :

« Monseigneur, j'ai reçu ce matin votre lettre, que j'ai communiquée à M. de Gourgues, et avons dîné ensemble chez M. de Bordeaux [2]. Quant à l'inconvénient du transport de l'argent contenu en votre mémoire, vous voyez combien c'est chose malaisée à pourvoir, tant y a que nous y aurons l'œil de plus près que nous pourrons. Je fis toute diligence pour trouver l'homme de quoi vous nous parlâtes. Il n'a point été ici et m'a, M. de Bordeaux, montré une lettre par laquelle il mande ne pouvoir venir trouver le dit sieur de Bordeaux comme il délibérait, ayant été averti que vous vous deffiez de lui. La lettre est de avant-hier. Si je l'eusse trouvé, j'eusse à l'aventure suivi la voie plus douce, étant incertain de votre résolution. Mais je vous supplie pourtant ne faire nul doute que je refuse rien à quoi vous serez résolu et que je n'ai ni choix ni distinction d'affaire ni de personne où il ira de votre comman-

---

1. Cette importante missive se trouve au British Museum, *Miscellaneous letters and papers, bibl. Egerton, mss. vol. XXIII, Plutarch,* f° *167,* pièce cotée 240. Découverte et signalée par Horace de Viel-Castel, elle a été publiée pour la première fois par le Dr Payen, qui en donne le fac-similé dans ses *Nouveaux Documents inédits ou peu connus sur Montaigne* (Paris, 1850, p. 10). On en trouve également le fac-similé dans une brochure de Lepelle de Bois-Gallais, concernant l'affaire Libri, et où il n'est pas autrement question de Montaigne, bien qu'elle ait paru sous ce titre : *Encore une lettre inédite de Montaigne* (Londres, 1850, in-8° de 32 pp.).
2. C'est l'archevêque de Bordeaux, Antoine Prévost de Sansac.

dement. Je souhaite que vous ayez en Guyenne beaucoup de volontés autant vôtres qu'est la mienne.

LA COMTESSE DE GRAMONT.
(D'après le portrait du Musée de Versailles.)

On fait bruit que les galères de Nantes s'en viennent vers Brouage. M. le maréchal de Biron n'est encore délogé. Ceux qui avaient charge d'avertir M. d'Uza disent ne l'avoir pu trouver et crois qu'il ne soit plus ici, s'il y a été. Nous sommes après nos postes et gardes et y regardons un peu plus attentivement en votre absence, laquelle je crains non seulement pour la conservation de cette ville, mais aussi pour la conservation de nous-mêmes, connaissant que les ennemis du service du roi sentent assez combien vous y êtes nécessaire et combien tout se porterait mal sans vous. Je crains que les affaires vous surprendront de tant de côtés au quartier où vous êtes que vous serez longtemps à pourvoir partout et y aurez beaucoup et longues difficultés. S'il survient aucune nouvelle occasion et importante, je vous dépêcherai soudain homme exprès, et devez estimer que rien ne bouge si vous n'avez de mes nouvelles, vous suppliant aussi de considérer que telle sorte de mouvements ont accoutumé d'être si impourvus que s'ils devaient avenir on me tiendra à la gorge sans me dire gare. Je ferai ce que je pourrai pour sentir nouvelles de toutes parts, et pour cet effet visiterai et verrai le goût de toute sorte d'hommes. Jusques à cette heure rien ne bouge. M. du Londel m'a vu ce matin et avons regardé à quelques agencements pour sa place où j'irai demain matin. Depuis ce commencement de lettre j'ai appris aux Chartreux qu'il est passé près de cette ville deux gentilshommes qui se disent à M. de Guise, qui viennent d'Agen, sans avoir pu savoir quelle route ils ont tiré. On attend à Agen que vous y alliez. Le sieur de Mauvezin vint jusques à Canteloup et de là s'en retourna ayant appris quelques nouvelles. Je cherche un capitaine Roux à qui Masparraute écrit pour le retirer à lui avec tout plein de promesses. La nouvelles *(sic)* des deux galères de Nantes prêtes à descendre en Brouage est certaine, avec deux compagnies de gens de pied. M. de Mercure est dans la ville de Nantes. Le sieur de La Courbe a dit à M. le président Nesmond que M. d'Elbeuf est en deçà d'Angers et a logé chez son père, tirant vers le Bas-Poitou avec quatre mille hommes de pied et quatre ou cinq cents chevaux, ayant recueilli les forces de M. de Brissac, et d'autres, et que M. de Mercure se doit joindre à lui. Le bruit court aussi que M. du Maine vient prendre ce qu'on leur a assemblé en Auvergne, et que, par le pays de Forez, il se rendra en Rouergue et à nous, c'est-à-dire contre le roi de Navarre contre lequel tout cela vient. M. de Lansac est à Bourg et a deux navires armés qui le suivent. Sa charge est pour la marine. Je vous dis ce que j'apprends et mêle les nouvelles des bruits de ville que je ne trouve vraisemblables avec des vérités, afin que vous sachiez tout, vous suppliant très humblement vous en revenir incontinent que les affaires le permettront et vous assurer que nous n'épargnerons ce pendant ni notre soin, ni, s'il est besoin, notre vie, pour conserver toute chose en l'obéissance du roi. Monseigneur, je vous baise très humblement les mains et supplie Dieu vous tenir en sa garde. Votre très humble serviteur, Montaigne.

» De Bordeaux, ce mercredi, la nuit, 22 de mai (1585). »

Et en post-scriptum : « Je n'ai vu personne du roi de Navarre; on dit que M. de Biron l'a vu. »

On sent à ce langage que Montaigne n'est pas rassuré. Il craint que les événements ne se précipitent, en l'absence du maréchal, et ne débordent sa bonne volonté. L'œil aux aguets, l'oreille aux écoutes, il enregistre les moindres bruits pour les faire savoir à Matignon. La responsabilité d'une grande ville comme Bordeaux lui pèse évidemment; il redoute d'être inférieur à sa tâche. Mais l'appréhension du danger n'altère pas le bon sens de Montaigne. Les nouvelles qu'il transmet à Matignon sont exactes et le peuvent éclairer. Le duc de Mercœur — de Mercure, comme dit Montaigne — est bien à Nantes, et le duc d'Elbeuf en Anjou. Il est vrai que le duc du Maine doive venir en Guyenne, mais le maréchal de Biron n'a pas encore quitté son logis de Biron, et, s'il n'a pas vu le roi de Navarre, celui-ci lui fait des avances. Montaigne juge aussi bien les incidents qui surviennent près de lui, et sa prudence ne l'abandonne pas dans l'action. Précisément la montre, c'est-à-dire la revue générale des habitants de Bordeaux avait lieu, en armes, chaque année au mois de mai. Dans la situation des esprits, sous la menace d'une insurrection peut-être prête à éclater, cette réunion de bourgeois armés offrait un péril particulier. La plupart des membres du Corps de ville qui devaient y figurer pensaient à restreindre le plus possible les évolutions de ces phalanges, qui pouvaient devenir si dangereuses en cet instant. Montaigne, lui, n'oubliait pas combien la faiblesse avait été funeste, quarante ans auparavent, à Tristan de Moneins et au président de La Chassaigne devant l'émeute qui grondait. Son avis fut donc de ne laisser paraître aucune appréhension. « Mon sentiment, nous apprend-il lui-même, fut qu'on évitât surtout de donner aucun témoignage de ce doute, et qu'on s'y trouvât et mêlât parmi les files, la tête droite et le visage ouvert, et qu'au lieu d'en retrancher aucune chose (à quoi les autres opinions visaient le plus), au contraire, on sollicitât les capitaines d'avertir les soldats de faire leurs salves belles et gaillardes en l'honneur des assistants et n'épargner leur poudre. Cela servit de gratification envers ces troupes suspectes, et nous engendra dès lors en avant une mutuelle et utile confidence [1]. »

Cinq jours après cette missive, qui fait si grand honneur à Montaigne et qui le montre veillant à tout, nouvelle lettre au maréchal de Matignon. Celle-ci est plus courte, mais plus pressante. Montaigne avait tout dit dans le long message précédemment envoyé; mais la situation demeure aussi tendue et le maire redoute décidément de n'y pouvoir faire face seul. D'ailleurs, loin d'aller se justifier auprès du roi comme il s'y était engagé et comme Matignon lui en avait donné les moyens [2], le baron de Vaillac continuait ses menées aux alentours de Bordeaux, cherchant à profiter du moindre manque de vigilance. Le 27 mai, Montaigne écrit à Matignon : « Le voisinage de M. de Vaillac nous remplit d'alarmes, et n'est jour qu'on ne m'en donne cinquante bien

---

1. *Essais* (1588), l. I, ch. XXIV, *Div. événem. de même conseil.*
2. Au dire de Brantôme, qui tenait ce détail de Matignon, celui-ci avait donné cinq cents écus à Vaillac pour aller trouver Henri III.

pressantes. Nous vous supplions très humblement de vous en venir, incontinent que vos affaires le pourront permettre. J'ai passé toutes les nuits ou par la ville en armes, ou hors la ville sur le port; et avant votre avertissement, y avais déjà veillé une nuit sur la nouvelle d'un bateau chargé d'hommes armés qui devait passer. Nous n'avons rien vu, et avant-hier soir, y fûmes jusques après minuit, où M. de Gourgues se trouva; mais rien ne vint. Je me servis du capitaine Saintes, ayant besoin de nos soldats. Lui et Massip remplirent les trois pataches. Pour la garde du dedans de la ville, j'espère que vous la trouverez en l'état que vous nous la laissâtes. J'envoie ce matin deux jurats avertir la cour du Parlement de tant de bruits qui courent et des hommes évidemment suspects que nous savons y être. Sur quoi, espérant que vous soyez ici demain au plus tard, je vous baise très humblement les mains, etc... » Et, en post-scriptum, Montaigne ajoute le détail suivant : « Il n'a été jour que je n'aie été au château Trompette. Vous trouverez la plateforme faite. Je vois l'archevêché tous les jours[1]. »

Certes, on conçoit aisément que chacune de ces circonstances nouvelles venant s'ajouter à une situation fort tendue par elle-même devait augmenter les craintes de Montaigne, qui n'était pas un homme d'action, et encore moins un homme de guerre. Sa charge lui imposait la vigilance pour éviter les

---

1. De Bordeaux, le 27 mai 1585. — Publiée pour la première fois par Feuillet de Conches, dans les *Causeries d'un Curieux*, t. III, p. 310.

HENRI IV.

entreprises des factieux, et nous venons de voir avec quelle conscience scrupuleuse il remplissait ce devoir. Mais qui sait s'il aurait les qualités nécessaires pour faire échouer un coup de force comme il avait déjoué les desseins cachés des mécontents? C'est pour cela que Montaigne eût voulu que Matignon revînt sans tarder veiller au salut de la grande ville. Pourtant le maréchal ne semblait pas se hâter d'accourir : la précipitation n'était pas le fait de ce « musard », comme l'appelle Brantôme. De plus, la situation de l'Agenais réclamait quelque examen. Après s'être enfermée dans Agen, voici que la reine Marguerite y prenait position et méditait de s'emparer de diverses localités voisines. Il fallait y veiller de près, et, quelque pressants que fussent les appels de Montaigne, Matignon devait garder la Guyenne tout en mettant Bordeaux à l'abri d'une surprise.

Fort heureusement la surprise ne vint pas. Le désarmement de Vaillac avait bien sauvé la ville des atteintes des Ligueurs. D'ailleurs, le roi de France commençait à ne plus cacher ses sympathies pour les Guises et leur parti. Tout d'abord Henri III s'était rapproché de Henri de Navarre et avait tenté une démarche pour ramener ce prince à la religion catholique. Mais le Béarnais ne voulut pas abjurer; il refusa de donner au roi la satisfaction qu'il donnerait plus tard à la nation, à la France. Ce refus poussa Henri III vers la Ligue; tandis que le roi de France compte sur l'appui de Philippe II d'Espagne, le roi de Navarre et les protestants sollicitent la protection de la reine d'Angleterre. Il est vrai de dire qu'au milieu de ces embarras inopinés, le sens politique du roi de Navarre s'éveille singulièrement; il essaie d'y faire face, mais avec une vue nette de ses devoirs, une sorte de prescience de ce que l'avenir lui réserve. Jusqu'alors, ses visées avaient été un peu mesquines, ses actes tracassiers, sa conduite guidée trop souvent par la passion; les ambitions s'élargissent et s'élèvent maintenant; s'il reste quelque chose du chef de parti, on peut pressentir cependant le chef futur d'une grande nation.

Il y a deux mois à peine, on eût pensé qu'Henri de Navarre deviendrait hostile à Matignon, dont la prudence lui paraissait trop cauteleuse, pleine de détours. Il reconnaît maintenant les qualités du vieux soldat, son dévouement à la couronne, et, faisant taire ses antipathies, il lui propose de s'entendre dorénavant. « À présent, lui écrit-il, laissant toutes ces choses en arrière et voyant l'ennemi si librement et sans opposition continuer ses desseins, c'est à nous de regarder ensemble à ce qui est besoin pour le service du roi, et, d'une commune main, y apporter le remède. Je vous prie donc, mon cousin, que nous prenions en ces affaires une bonne et mutuelle intelligence [1]. » Le roi de Navarre, gouverneur de Guyenne, eût désiré avoir une entrevue avec le maréchal pour se concerter avec lui. Mais Matignon n'était pas homme à répondre aux premières avances. Bien que le roi de Navarre eût quitté le Béarn et fût maintenant à Bergerac, où il veillait plus aisément à la sûreté du pays, le maré-

1. Vers le 10 avril 1585. *Lettres de Henri IV*, t. II, p. 37.

chal évitait de se rencontrer avec lui. Après la surprise du château Trompette, c'est Montaigne qui vint dire les détails au roi de Navarre, et c'est lui qui rapporta, en échange, les compliments du prince à Matignon [1]. Aucun messager ne pouvait, il est vrai, être plus agréable, et le maréchal y recourait plus volontiers que le roi de Navarre ne l'eût souhaité, lui qui désirait s'entendre directement avec le lieutenant-général en personne.

Par politique, en effet, Henri de Navarre cherchait à se rapprocher le plus qu'il le pouvait des hommes de guerre en situation de le servir ou de lui nuire. Déjà, à fin de mars, il avait eu à Castres, avec le maréchal de Montmorency, gouverneur du Languedoc, une entrevue qui tourna à l'avantage du prince, puisque le maréchal embrassa ouvertement son parti. Quel précieux renfort viendrait s'ajouter à ce secours si Matignon consentait à se prononcer dans le même sens! Aussi le Béarnais ne cessait-il de lui proposer quelque entrevue, comme il cherchait aussi à gagner Biron. Mais Matignon faisait toujours la sourde oreille. Le 30 mai 1585, au moment de partir pour Montguyon voir le prince de Condé, après la conférence de Guîtres, Henri de Navarre écrivait à Matignon de vouloir bien venir à Libourne pour s'entendre avec lui à son retour : « Je crois, ajoutait-il, qu'il en réussirait beaucoup d'utilité au service du roi [2]. » En même temps, le vicomte de

---

[1]. Lettre de Henri de Navarre à Matignon. — Bergerac, 24 avril 1585. — *Lettres missives de Henri IV*, t. II, p. 45.

[2]. Lettre d'Henri de Navarre à Matignon (de Guîtres, le 30 mai 1585). — *Lettres missives de Henri IV*, t. II, p. 68.

Turenne écrivait chaleureusement à Montaigne pour lui faire presser Matignon. « Monsieur, lui mandait-

LA REINE MARGUERITE.

il, je vous dirai comme nous partons pour aller voir M. le Prince. Au retour, le roi de Navarre se résout de voir le maréchal de Matignon; je vous prie y tenir la main, car on sait bien ici qu'à votre persuasion et selon que vous pousserez que cela se pourra faire pour le bien du service du roi : pour le bien du service, pour le roi, pour le repos du gouvernement et au contentement de tous les gens de bien. Nous avons vu l'autre maréchal [1], mais que je vous voie et je vous en dirai des particularités. Je vous prie de croire que j'affectionne infiniment votre amitié, aussi vous pourrez vous servir de moi comme de votre humble et assuré ami à vous obéir [2]. »

On n'a pas oublié combien Montaigne souhaitait un rapprochement entre le roi de Navarre et le maréchal de Matignon. Lui demander de s'entremettre, c'était être certain qu'il ferait tous ses efforts pour que ce projet réussît. Celui-ci n'aboutit pourtant pas et Montaigne fut réduit encore une fois à servir d'intermédiaire entre le prince et le maréchal [3]. Prétextant la colique, c'est-à-dire les atteintes de gravelle dont il souffrait, Matignon ne se rendit pas à Libourne. Ce contre temps dérangeait le roi de Navarre : « Ce sera pour une autre fois, » écrivait-il. L'occasion, en effet, ne se fit pas atten-

---

1. Sans doute le maréchal de Montmorency, ou peut-être le maréchal de Biron, que le roi de Navarre cherchait aussi à voir. (*Lettres missives de Henri IV*, t. II, p. 59.)
2. Cette lettre a été transcrite dans une préface que Prunis projetait de mettre en tête du *Journal de voyage de Montaigne*. (Le Dr Payen, *Nouveaux Documents inédits ou peu connus sur Montaigne*, 1850, in-8°, p. 49.) La date manque, mais il est aisé, en rapprochant la lettre de celle de Henri IV citée plus haut, de voir que toutes deux sont de la même époque et se rapportent au même fait.
3. Lettre de Henri IV à Matignon (Sainte-Foy, le 6 juin 1585).
— *Lettres missives de Henri IV*, t. II, p. 69.

dre. Pour se rendre de Bergerac à Nérac, Henri de Navarre devait traverser une partie de l'Agenais, où le maréchal se trouvait alors. Tous deux se rencontrèrent à Clairac le 12 juin 1585, et s'y entretinrent [1]. Est-ce à l'insistance de Montaigne qu'on doit attribuer ce résultat? Matignon surmonta-t-il ses répugnances sur les conseils de Montaigne? Il n'est pas téméraire de le supposer. Dès le lendemain, le maréchal, qui n'aimait pas à écrire le récit des négociations trop délicates, adressait de Marmande à Montaigne un messager chargé de le mettre au courant de ce qui était advenu [2].

La mairie de Montaigne s'acheminait ainsi vers son terme. Moins de deux mois après, le 31 juillet 1585, elle devait prendre fin, mais elle s'acheva dans de pénibles circonstances. Une de ces épidémies foudroyantes, comme il en surgissait alors à peu près périodiquement, vint, à cette époque, jeter la désolation dans Bordeaux. D'où le fléau provenait-il? avait-il pris naissance à l'extérieur, ou bien tirait-il son origine des cloaques que la ville elle-même contenait? Toujours est-il que, grâce à la mauvaise situation hygiénique de Bordeaux, le mal acquit bien vite une intensité extraordinaire. Pour essayer d'entraver la contagion, les autorités se hâtèrent d'édicter des mesures énergiques. Dès le commencement de juin, les jurats, qui avaient dans leurs attributions le soin de la santé publique, ordonnè-

---

1. *Lettres missives de Henri IV*, t. II, p. 76 (Lettre à Meslon).
2. *Archives historiques du département de la Gironde*, t. X, p. 402.

rent des précautions que le Parlement approuvait le 17 juin [1]. Ces précautions étaient minutieuses et sensées; elles demeurèrent inefficaces contre la violence du fléau. Que pouvaient-elles contre un mal dont la science d'alors n'avait pas déterminé le caractère, et dont les causes étaient trop multiples pour qu'on les pût reconnaître aisément?

Alors commence un affolement facile à comprendre. Le Parlement lui-même a pris peur et n'est plus en nombre pour siéger. Quelques magistrats seuls sont restés et essaient de rendre ainsi la justice. « Nous sommes quelque nombre, écrit au roi le conseiller Chauvin [2], qui nous sommes assurés pour retenir la face de votre justice, servir à la conservation de votre ville, et consoler le peuple par nos présences, ayant ordonné ce qui nous a semblé nécessaire pour pourvoir à cette maladie même en l'absence de M. le maréchal de Matignon, espérant que Dieu, duquel procèdent les bonnes volontés, bénira les nôtres de sa grâce, dont je lui en fais très humble requête. » Matignon vient en ville juger de la grandeur du désastre et lui aussi mande au roi des nouvelles bien alarmantes. « La peste augmente de telle façon en cette ville, écrit-il le 30 juin 1585 [3], qu'il n'y a personne qui n'ait moyen de vivre ailleurs

---

1. Ordonnance du Parlement de Bordeaux concernant la santé publique (*Archives historiques du département de la Gironde*, t. XXIII, p. 401).

2. Lettre publiée par Grün, *Vie publique de Montaigne*, p. 290, note 1, et par les *Archives historiques du département de la Gironde*, t. XIV, p. 289.

3. *Archives historiques de la Gironde*, t. XIV, p. 290.

qui ne l'ait abandonnée, et n'y a pour ce jourd'hui que les sieurs Premier Président et de Gourgues qui y soient demeurés pour l'affection particulière qu'ils ont à votre service; dont je me trouve fort empêché tant par la garde d'icelle que des châteaux où la peste est déjà, dans celui du Hâ et à la maison de ville. J'y pourvoirai et à tout ce qui sera de deçà concernant le service de Votre Majesté le mieux qu'il me sera possible. » En effet, à mesure que la contagion devenait plus violente, les rares habitants qui étaient demeurés à Bordeaux s'enfuyaient ailleurs et aucune mesure n'était assez puissante pour les y retenir. La ville maintenant était à peu près déserte, et on redoutait que le roi de Navarre ne profitât de cet isolement pour s'en emparer.

Que faisait Montaigne, dans des circonstances aussi pénibles? Où était-il? Nous avons dit que sa charge allait expirer le 31 juillet 1585; c'était le moment le plus terrible de l'épidémie, car depuis quelques jours il y avait une recrudescence dans le fléau. A cette date, Montaigne était absent de Bordeaux. Il écrivit aux jurats pour leur demander s'il devait s'y rendre et leur adressa la lettre suivante, que je reproduis en entier à cause des commentaires dont elle a été l'objet. « Messieurs, leur disait Montaigne, j'ai trouvé ici par rencontre de vos nouvelles par la part que M. le maréchal m'en a fait. Je n'épargnerai ni la vie ni autre chose pour votre service, et vous laisserai à juger si celui que je vous puis faire par ma présence à la prochaine élection vaut que je me hasarde d'aller en la ville, vu le mauvais état en quoi elle est, notamment pour des gens qui viennent d'un si bon air comme je fais. Je m'approcherai mercredi le plus près de vous que je pourrai, est à Feuillas[1] si le mal n'y est arrivé, auquel lieu, comme j'écris à M. de La Motte, je serai très aise d'avoir cet honneur de voir quelqu'un d'entre vous pour recevoir vos commandements, et me décharger de la créance que M. le maréchal me donnera pour la compagnie, me recommandant sur ce bien humblement à vos bonnes grâces et priant Dieu vous donner, Messieurs, longue et heureuse vie. Votre humble serviteur et frère, MONTAIGNE[2]. »

Le lendemain 31 juillet, Montaigne se rendait effectivement à Feuillas et de là écrivait aux jurats de Bordeaux une nouvelle lettre que voici également en entier. « Messieurs, leur disait-il, j'ai communiqué à M. le maréchal la lettre que vous m'avez envoyée et ce que le porteur m'a dit avoir charge de vous de me faire entendre, et m'a donné charge vous prier de lui envoyer le tambour qui a été à Bourg de votre part. Il m'a dit aussi qu'il vous prie faire incontinent passer à lui les capitaines Saint-Aulaye et Mathelin et faire amas du plus grand nombre de mariniers et matelots qui se pourra

---

1. Château situé sur les coteaux de Cenon, en face de Bordeaux et sur la rive droite de la Garonne.

2. De Libourne, le 30 juillet 1585. — Découverte par M. d'Etcheverry aux Archives municipales de Bordeaux, cette lettre a été publiée par lui pour la première fois dans son *Histoire des Israélites à Bordeaux* (1850, in-8°, p. 51, en note). Voyez également le Dr Payen, *Nouveaux Documents inédits ou peu connus sur Montaigne*, 1850, in-8°, p. 20, et Grün, *Vie publique de Montaigne*, p. 291.

LA PORTE DU PALAIS, A BORDEAUX.

(D'après une eau-forte de M. Rochebrune.)

trouver. Quant au mauvais exemple et injustice de prendre des femmes et des enfants prisonniers, je ne suis aucunement d'avis que nous l'imitions à l'exemple d'autrui, ce que j'ai aussi dit à mon dit sieur le maréchal, qui m'a chargé vous écrire sur ce fait ne rien bouger que n'ayez plus amples nouvelles. Sur quoi je me recommande bien humblement à vos bonnes grâces et supplie Dieu vous donner, Messieurs, longue et heureuse vie. Votre humble frère et serviteur, MONTAIGNE[1]. »

J'ai tenu à produire toutes les pièces du procès, car c'est bien un procès qu'on intente à la mémoire de Montaigne. Depuis que ces lettres ont été mises au jour, il semble qu'une tache déshonore ce nom illustre. Des écrivains fort experts sur le courage d'autrui, voulant sans doute passer pour héroïques à bon compte, ont fait un crime à Montaigne de son abstention. On a épilogué sur les termes de la première de ces deux lettres et on a trouvé de l'ironie dans le souhait qui la termine, tandis que la formule est de style et du protocole. En somme, Montaigne n'a pas quitté la ville à cause de la contagion ; il était simplement absent quand la peste vint à éclater et il n'y retourna pas. Son devoir l'obligeait-il à rentrer ? d'autres devoirs plus impérieux ne le retenaient-ils pas ailleurs ? Examinons et précisons.

---

1. De Feuillas, le 31 juillet 1585. — Également découverte par M. d'Etcheverry aux Archives de la ville de Bordeaux, cette lettre a été publiée par M. Dosquet dans les *Comptes rendus de la Commission des monuments historiques de la Gironde pour l'année 1854-1855*, p. 44. — Voy. aussi Payen, *Recherches et documents*, p. 10.

Il convient de faire remarquer qu'aucun de ses contemporains n'a reproché à Montaigne d'avoir failli à son devoir. Lui-même, s'il eût pensé que cette détermination pouvait ainsi être interprétée contre lui, n'eût assurément pas manqué de se défendre, dans les *Essais*, quand il y parle de sa mairie et de la manière dont ses concitoyens l'appréciaient. C'est nous, modernes, qui jugeons ainsi sévèrement, et, en nous prononçant de la sorte, peut-être ne nous plaçons-nous pas assez bien dans la manière de voir du moment. Nous l'avons déjà dit, la police de la ville n'appartenait pas au maire; elle incombait surtout aux jurats, et c'est eux que nous voyons, en temps d'épidémie, prendre les mesures sanitaires susceptibles d'enrayer le mal et assurer leur observation. Plus élevé et plus large, le devoir du maire était de veiller à la sûreté de la cité, de déjouer les émeutes ou d'empêcher les surprises. Montaigne a-t-il manqué à ce devoir? Le récit des anxiétés par lesquelles il a passé pendant les derniers temps de sa charge, répond assez en sa faveur. Je sais bien qu'il est délicat de faire ainsi la démarcation entre ce qui était commandé et ce qui ne l'était pas; nos façons de voir répugnent maintenant à cette distinction, et nous trouverions plus généreux de la part de Montaigne d'avoir montré pour tout le même absolu dévouement. Faut-il lui faire un crime de n'avoir pas pensé de la sorte? Il manqua d'héroïsme, non d'honnêteté. N'est-ce pas ainsi qu'il se juge lui-même : faible, aimant le bien-être et redoutant le danger? Sa philosophie, que je sache, n'a jamais été celle d'un Brutus, et c'est précisément parce qu'elle tenait grand compte de cette liberté humaine, dont on faisait si peu de cas alors, que son œuvre est vraie et féconde. Peut-on l'accuser de n'avoir pas été un héros? Hélas! les Belzunce et les Rotrou furent toujours rares. Honorons-les bien respectueusement quand l'histoire enregistre leurs noms, imitons-les, mais ne prétendons pas juger tout le monde à leur aune : trop de gens y perdraient, qui sont impitoyables pour Montaigne. Après avoir fait tout son devoir en présence des menaces du dehors et de celles du dedans, celui-ci crut que le repos lui était permis, même quand la contagion décimait la ville. Si c'est là une défaillance, le souvenir du beau rôle qu'il vient de jouer doit nous rendre indulgents pour cette faiblesse.

Au reste, le repos de Montaigne était bien troublé : il faisait alors l'expérience qu'il vaut mieux appartenir à un parti que n'être d'aucun, et que la modération est suspecte à tous. « Je fus pelaudé à toutes mains, dit-il lui-même avec amertume; au Gibelin j'étais Guelphe, au Guelphe Gibelin ». Sa maison, si libéralement ouverte à tous et que tous les partis avaient jusqu'alors respectée, est maintenant entourée de *picoreurs*, ses biens sont mis au pillage. Puis, amenée par la misère et la famine, la peste étend bientôt ses ravages jusque-là. Montaigne, qui vantait l'air salubre de sa maison et qui s'était empressé d'y laisser sa famille pendant que la contagion régnait ailleurs, est contraint de déserter son foyer, et, suivi des siens, d'aller chercher autre part la santé et la vie. Certes, s'il eût été seul, il se fût mis moins en peine : « C'est une mort qui ne me semble des pires ; elle est communément courte, d'étourdissement, sans douleur, consolée par la condition publique, sans cérémonie, sans deuil, sans presse. » Il eût pris exemple sur les pauvres paysans que la contagion terrassait à ses côtés et dont il admirait le courage stoïque. Quels beaux modèles de résignation simple et résolue il avait sous les yeux, et combien il en goûtait la sagesse ! Mais pouvait-il s'abandonner ainsi et négliger d'autres êtres dont il avait la charge ? Fils, époux et père, ne devait-il pas prendre avant tout soin des personnes attachées à son sort : de sa mère, de sa femme, de sa fille ? Jadis, quand il était jeune encore et que ces liens ne l'enchaînaient pas tous, Montaigne avait considéré la mort en face et elle ne l'avait point effrayé. C'était auprès du lit où La Boétie agonisait. Revenu depuis peu du Périgord, ravagé par la peste, celui-ci en avait rapporté les premières atteintes de son mal. Faisant effort sur lui-même, La Boétie crut devoir dire à son ami que sa maladie était contagieuse et le pria de n'être avec lui « que par boutées ». Et Montaigne ajoute simplement : « Je ne l'abandonnai plus. »

CHAPITRE VIII

LE TROISIÈME LIVRE DES *ESSAIS*
LES DERNIÈRES ANNÉES DE MONTAIGNE
SA MORT

LA peste ne cessa pas avec la mairie de Montaigne. Pendant plus de six mois le pays fut ravagé par le fléau, et celui-ci s'étendait chaque jour davantage, favorisé par la misère des populations. La plus grande partie du sud-ouest et du centre de la France devint ainsi la proie de la contagion. Toujours errant, cherchant partout un asile qu'il ne trouvait nulle part, Montaigne continuait de disputer sa famille au danger. « Je pensais déjà, nous dit-il, entre mes amis, à qui je pourrais commettre une vieillesse nécessiteuse et disgraciée. » Heureusement que la tourmente ne se prolongea pas outre mesure, et la violence du mal finit par s'apaiser. Mais le courage de Montaigne ne l'avait pas plus abandonné dans l'épreuve, que sa santé n'en avait été ébranlée. Tirant leçon des événements, comme il le faisait toujours, sa sagesse s'était affermie au spectacle de tant de douleurs muettes, stoïquement supportées. « Tant est, dit-il, que ce croûlement m'anima certes plus qu'il ne m'atterra, à l'aide de ma conscience qui se portait non paisiblement seulement, mais fièrement, et ne trouvais en quoi me plaindre de moi. » Son passage aux affaires publiques avait fait goûter encore davantage à Montaigne le prix de la solitude; la vue du malheur général lui enseigna mieux la résignation. En présence de ce mal qui terrassait les hommes, il comprit combien il fallait essayer d'être supérieur aux événements et porter en soi sa propre consolation et sa propre force. Aussi, dès que les temps le lui permirent, il vint de nouveau s'isoler chez lui, assurant son âme par de sages méditations.

Montaigne se remit donc avec joie à lire et à réfléchir. Trop longtemps des préoccupations étrangères l'avaient détourné des spéculations philosophiques. Il est vrai que de la pratique des choses il avait tiré des leçons nouvelles, comme il avait recueilli en voyageant des termes nouveaux de comparaison. Il reprit son œuvre dans la pensée de l'amender et de l'accroître. Jamais pourtant il ne l'avait perdue de vue, et, en 1582, au moment où sa charge de maire lui laissait encore des loisirs, Montaigne avait donné une seconde édition de son livre chez Simon Millanges, le typographe bordelais qui avait imprimé la première[1]. Mais ce n'était là qu'une réimpression, plus correcte néanmoins que la précédente et, en certains points, légèrement augmentée. Maintenant

---

1. Un vol. in-8º comprenant 806 pages de texte, plus 4 feuillets préliminaires.

MONTAIGNE.
(D'après la gravure d'Augustin de Saint-Aubin.)

l'auteur allait revoir son travail de plus près, le reprendre en sous-œuvre, pour ainsi dire, et en modifier assez sensiblement l'apparence. Retouchant les deux livres des *Essais* qui avaient déjà vu le jour, Montaigne y insérait des additions notables et il y ajoutait un troisième livre, aussi important que les deux premiers.

Cette refonte, Montaigne la prépara dans la solitude, comme il avait jadis composé les *Essais*. Isolé dans ses terres, ainsi qu'au temps de ses studieux loisirs, il se réfugia au milieu de sa bibliothèque, revenant aux auteurs favoris et évoquant les souvenirs des voyages passés. Lui qui n'avait rien lu depuis longtemps, il se reprit à lire et retrouva parfois des émotions inespérées. C'est ainsi qu'il découvrit Tacite, dont il se mit à « courre d'un fil » toute l'histoire, tant elle lui plut. Certes Tacite était bien fait pour retenir et pour captiver quelqu'un qui, peu auparavant, avait visité Rome en détail et en avait éprouvé un sentiment si intime. Je ne saurais dire combien de temps Montaigne s'attarda en compagnie de Tacite; l'examen fut consciencieux et approfondi. Nous ne saisissons pas sur le vif les émotions du lecteur, consignées sur les marges du livre, car l'exemplaire des *Annales* qui servit à Montaigne ne nous est point parvenu comme son volume des *Commentaires* de César. Seul, un passage des *Essais* nous éclaire en ce point. Il est assez explicite pour qu'on y puisse retrouver quelques-uns des sentiments de Montaigne. C'est l'accent, c'est la vivacité des impressions de jadis. Montaigne compare Tacite à Sénèque pour son style, et à Plutarque pour l'abondance de ses enseignements; et on sait que ce double éloge n'est pas mince sous la plume de celui qui le donne. Montaigne est transporté. « Je ne sache point, dit-il de Tacite, d'auteur qui mêle à un registre public tant de considérations des mœurs et inclinations particulières; il n'est pas en cela moins curieux et diligent que Plutarque, qui en a fait expresse profession. » Et il ajoute sur son livre que « ce n'est pas un livre à lire, c'est un livre à étudier et à apprendre ».

Montaigne ne s'en tient pas là. Revenant à sa chère solitude avec l'allégresse de celui qui revient à ses plaisirs préférés, il se sent l'esprit dispos, la curiosité éveillée, et lit avec avidité. Quelques traces de ses lectures sont ainsi parvenues jusqu'à nous. Au mois de février 1586, il achève de lire, à Montaigne, une *Histoire des roys et princes de Poloigne* traduite du latin de Jean Herburt de Fulstin par François Balduin[1]. C'était sans doute pour se dédommager de n'avoir pu pousser ses pérégrinations jusqu'en Pologne que Montaigne essayait maintenant de connaître l'histoire de ce pays. En tout cas, il prenait la précaution de résumer en une ligne son jugement sur le livre et d'inscrire la date, ce qui nous permettra d'être affirmatif. « C'est un abrégé de l'histoire, simple et sans ornement, » déclare Montaigne, de l'ouvrage assez médiocre qu'il venait de parcourir. Moins d'un mois après, le 6 mars 1586, nouvelle lecture dont nous avons encore conservé et la trace et la date. Cette fois, il s'agit

1. Bibliothèque nationale, collection Payen, n° 486.

de la *Chronique de Flandre,* anonyme, publiée par Denis Sauvage, et aussi des *Mémoires* d'Olivier de La Marche, que Montaigne venait également d'achever de lire à Montaigne[1]. Le premier ouvrage ne lui paraît pas fort recommandable. « L'histoire de Flandre est chose commune et mieux ailleurs ; l'introduction ennuyeuse de harangues et préfaces. » Montaigne est plus satisfait d'Olivier de La Marche : « *Les Mémoires,* dit-il, c'est un plaisant livre et utile, notamment à entendre les lois des combats et joutes, sujet propre à cet auteur, et dit en avoir écrit particulièrement. Sa narration exacte en toutes choses et consciencieuse. Il fait mention de Philippe de Commines, comme Philippe de Commines de lui. » Il convient de remarquer les dates de ces jugements autant que les jugements eux-mêmes. Évidemment, si Montaigne lisait à des intervalles si rapprochés des ouvrages si considérables, c'est qu'il se livrait à l'étude avec l'ardeur des anciens jours. Rien non plus ne venait le détourner, et sa solitude était absolue. Tout entier à son œuvre, il y pouvait songer aussi librement qu'au temps où il l'avait enfantée. Sans doute que, dans ces mêmes circonstances, d'autres lectures furent faites, dont nous avons perdu le souvenir. Il suffisait de montrer que Montaigne, se reprenant à penser et à écrire, a revu les *Essais* dans des conditions identiques à celles dans lesquelles il se trouvait quand il les composa.

Cette période de studieux isolement dura plus de

---

[1]. Bibliothèque nationale, collection Payen, n° 502.

deux années. On en doit, semble-t-il, faire remonter l'origine aux derniers mois de 1585, c'est-à-dire lorsque la peste cessa de ravager le pays, et en trouver la fin dans les premiers mois de 1588, lorsque Montaigne se décida à livrer de nouveau son ouvrage à l'imprimeur, afin de le publier sous sa deuxième forme. La modification qu'il fit alors subir aux *Essais* est double : reprenant, d'une part, ce qu'il en avait déjà fait paraître, il l'étend et l'augmente; d'autre part, il ajoute un troisième livre entièrement nouveau aux deux livres qui avaient précédemment vu le jour. C'est ce qu'indique le titre lui-même du volume, tel qu'il parut, en 1588, chez Abel Langelier, à Paris, dans une « cinquième édition, comme dit le titre, augmentée d'un troisième livre et de six cents additions aux deux premiers ». Le frontispice porte bien *cinquième* édition, mais nous n'en connaissons que trois précédentes; celle-ci est donc pour nous la quatrième. On a essayé d'expliquer ce fait de plusieurs manières. Il est certain que nous ne possédons pas une édition intermédiaire, parue dans l'intervalle de 1580 à 1588, entre la première édition de Millanges et celle de Langelier. Le faut-il beaucoup regretter pour l'étude même des *Essais* ? Je ne le pense pas, et j'estime que cette édition ne devait être qu'une contre-façon, imprimée sans doute à Rouen [1]. Son absence ne

---

[1]. On lit en effet dans la *Bibliothèque* de La Croix du Maine (1584, in-f°, p. 328), à propos des *Essais,* qu'après avoir été imprimés deux fois par Simon Millanges, ils le furent « et à Rouen aussi et autres divers lieux ».

me paraît pas importer essentiellement au jugement qu'on peut prononcer sur l'œuvre de Montaigne; si jamais on en retrouve quelque exemplaire, ce sera vraisemblablement un objet de curiosité plutôt qu'un sujet d'instruction.

Au contraire, l'édition de 1588 est capitale pour connaître l'auteur et pour apprécier l'œuvre : c'est une étape nécessaire entre ce que celle-ci était à sa naissance et ce qu'elle devint après la mort de Montaigne. Arrêtons-nous y donc. Montaigne augmentait ainsi son livre dans un but très déterminé; lui-même le confesse et nous en dit la raison. Il voulait plaire au lecteur par des confidences nouvelles et c'est à dessein qu'il se met en frais de révélations. Il convient avec bonne grâce que ces additions sont « une petite subtilité ambitieuse, afin que l'acheteur ne s'en aille les mains du tout vides ». C'était donc un attrait de plus; c'était aussi un danger. Le sujet que Montaigne avait choisi pour son ouvrage prêtait singulièrement aux remarques nouvelles, à l'accroissement presque indéfini des réflexions de l'auteur; il prêtait aussi aux redites, et Montaigne n'a pas su toujours éviter cet écueil. Sa pensée revient souvent sur elle-même, parfois jusqu'à la satiété, si la grâce du style ne sauvait toujours le peu de variété de l'observation. En insérant un trait de plus dans un passage, Montaigne rompt le développement, retarde la conclusion, l'alourdit. Son œuvre gauchit et est de moins belle venue, surtout, dans les deux livres ainsi remaniés; les morceaux cousus après coup apparaissent et la déforment un peu.

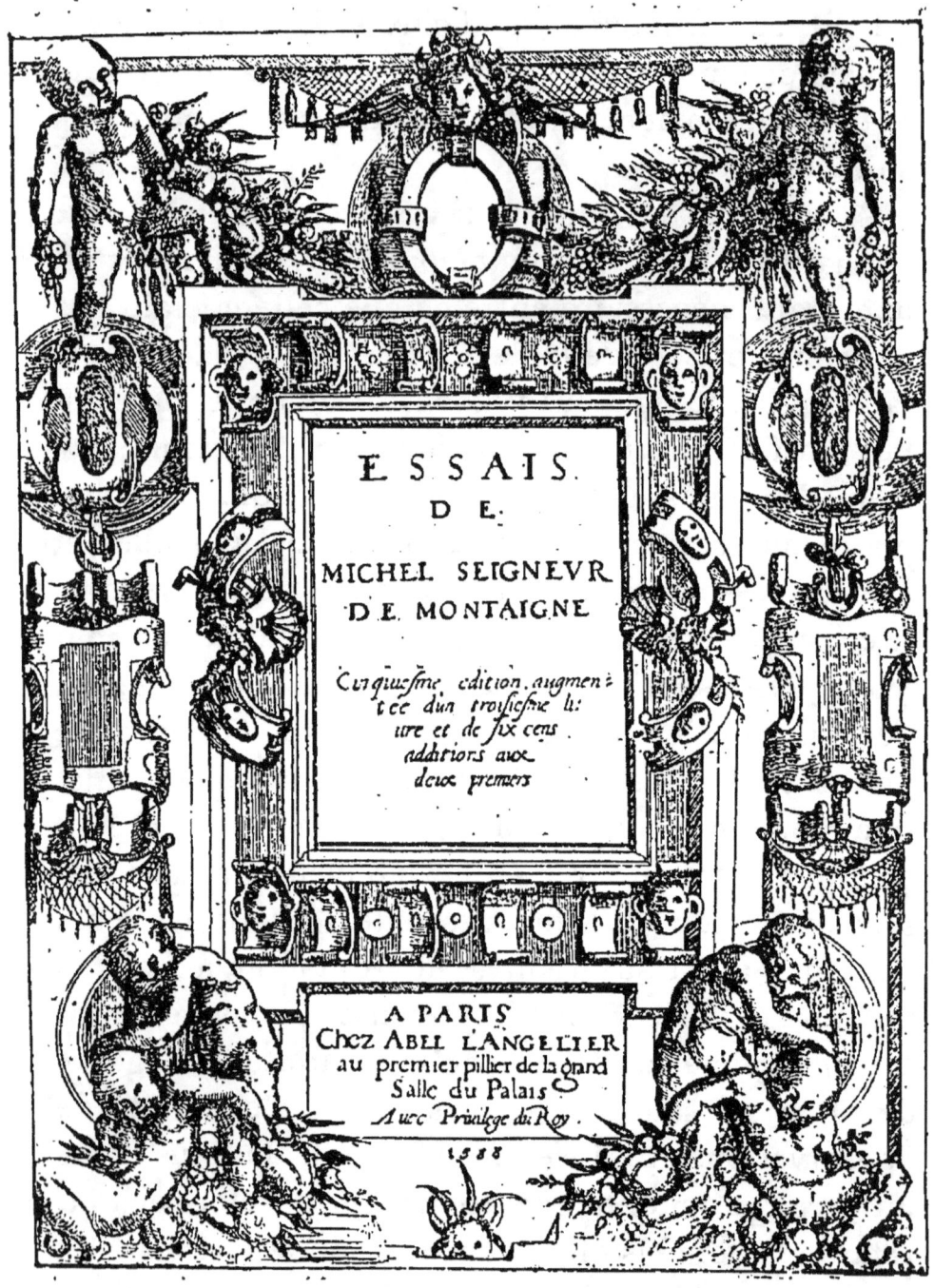

(Fac-similé réduit du titre des Essais. — Édition de 1588.)

Montaigne dit de sa besogne : « J'ajoute, mais je ne corrige pas. » C'est exact, s'il entend par là qu'il n'atténue pas les opinions précédemment émises et qu'il n'essaie pas de rattraper les confidences déjà faites. Loin d'affaiblir sa pensée, les morceaux divers qu'il soude à son œuvre la renforcent et l'appuient de témoignages nouveaux. Le raisonnement est plus éparpillé et l'effet s'en dégage moins clairement tout d'abord, mais on ne tarde pas à reconnaître que, sous toutes ces précautions de pure forme, la dose de malice a été doublée et le trait est plus vigoureux que jamais. Si on sait relier le tout et passer rapidement sur les morceaux secondaires, on jugera le penseur plus hardi, plus subtil à la fois et plus souple. « Ce surpoids », comme Montaigne l'appelle, « ne condamne point la première forme » des *Essais;* il l'étaie plutôt, en l'alourdissant, il est vrai ; il confirme l'ensemble, bien qu'il paraisse le désagréger. C'est donc dans la première édition des *Essais* qu'il faut toujours chercher le fil conducteur qui doit guider les pas : quand on l'aura saisi, ce qui viendra à la traverse détournera sans égarer. On retrouvera aisément alors le philosophe, même quand il paraît se perdre; dans son œuvre, on fera le départ entre ce qui est essentiel et ce qui est « supernuméraire ». Montaigne dit des *Essais* qu'ils sont « une marqueterie mal jointe ». Pour être mieux assemblée que son auteur ne le déclare, la mosaïque n'en est pas moins variée. Les morceaux qui la composent ne sont pas tous de même valeur, et leur rapprochement nuit assez fréquemment au coup d'œil d'ensemble; si chaque fragment est, en soi, éblouissant, il arrive que le regard ne sait plus embrasser le dessin général. C'est un défaut qui ne doit ni surprendre ni dérouter.

En même temps que Montaigne précisait l'expression de ses spéculations philosophiques, il se laissait aller aussi à parler de sa personne avec plus d'abandon et d'intimité. « La faveur publique m'a donné un peu plus de hardiesse, » reconnaît-il. Désormais il prendra donc avec ses lecteurs des familiarités qu'il ne se fût pas permises auparavant. Il les fait pénétrer en lui jusque dans les plus secrets recoins de son être, étalant complaisamment ses préférences, ses antipathies les plus cachées. C'est là une partie de l'attrait de ce troisième livre, venu après les autres, ce « troisième allongeail » de la « peinture » de Montaigne : celle-ci est plus intime, moins à fleur de peau. La touche change aussi : elle est moins réservée. Prenant le lecteur pour confident des particularités qu'il va lui révéler, Montaigne a le ton dégagé d'un entretien familier. Il converse et ne disserte point, laissant de côté les pensées générales, les maximes sentencieuses. Il veut enseigner à celui qui l'écoute ce que son expérience lui a appris à lui-même; aussi il se met plus volontiers en scène, invoque son témoignage plus fréquemment. Tant pis si, de la sorte, il dit une fadaise. « Personne n'est exempt de dire des fadaises; le malheur est de les dire curieusement. » Or, Montaigne nous prévient, dès le début de ce troisième livre, qu'il s'en gardera tant qu'il pourra. Il veut bien s'étaler, mais non comme une curiosité ; ce qu'il sent, ce qu'il écrit n'est autre chose que ce que d'autres sentent comme lui et, au besoin, pourraient relater comme lui. « Je parle au papier comme je parle au premier que je rencontre. » Nous voilà bien prévenus ; si ce que nous lisons a été écrit sans fausse honte, l'auteur ne l'a pourtant pas enregistré pour surprendre son lecteur.

La multiplicité et l'intimité de ces confidences dénotent un état particulier de l'âme de Montaigne au moment où il augmentait ainsi ses *Essais*. Luimême nous en a donné l'explication : « Je ne laisse rien à désirer et deviner de moi, dit-il. Si on doit s'en entretenir, je veux que ce soit véritablement et justement. Je reviendrais volontiers de l'autre monde pour démentir celui qui me formerait autre que je n'étais, fut-ce pour m'honorer. » Et, après avoir remarqué combien on défigure les gens, même de leur vivant, et combien il a dû lui-même défendre La Boétie contre une pareille altération, il ajoute encore : « Je sais bien que je ne laisserai après moi aucun répondant si affectionné de bien loin, et entendu en mon fait comme j'ai été au sien, ni personne à qui je voulusse pleinement compromettre de ma peinture ; lui seul jouissait de ma vraie image et l'emporta. C'est pourquoi je me déchiffre moi-même si curieusement. » L'aveu est d'autant meilleur à recueillir qu'il a disparu des éditions subséquentes. Certes, la menace qui précède est un peu bien fanfaronne, et nul mieux que Montaigne n'en sentait apparemment l'inutile jactance ; elle ne saurait retenir personne de contrôler les assertions du philosophe et de dire ce qu'il croit exact, pas plus qu'elle ne l'eût empêché lui-même de juger comme il l'entend les gens qu'il analyse. L'aveu qui suit a plus de prix parce qu'il est plus sincère. Montaigne regrette vivement de ne pas laisser après lui quelqu'un qui puisse le protéger et le défendre au besoin. Les forces affectives de son âme demeurent inoccupées, et il le déplore ; il souhaiterait se faire aimer d'un ami dont les goûts et les aspirations seraient conformes aux siens. C'est pour cela que, vieillissant, il s'attache avec tant d'ardeur à ceux qui savent le comprendre et l'entourent de leur affection. Ses sentiments pour Charron, pour Mlle de Gournay, s'expliquent ainsi ; ils sont presque aussi vifs que ceux qu'il portait à La Boétie. Cependant l'âge des enthousiasmes est passé pour Montaigne : il n'en est plus aux amitiés soudaines. Pourtant il s'abandonne à ces suprêmes liaisons avec autant de sympathie que s'il les avait rencontrées à l'époque où elles se nouent en un moment et pour toujours.

Montaigne connut Charron avant de connaître Mlle de Gournay. Leur liaison remonte précisément au temps que Montaigne passait ainsi isolé chez lui à refondre les *Essais*. Les livres de Montaigne, qui nous ont déjà appris tant de choses sur leur possesseur, ont encore gardé le souvenir de ce petit événement. En effet, sur le titre d'un *Catechismo* de Bernardino Ochino qui porte la signature de Montaigne[1], on lit aussi ces mots de la main de Char-

---

1. Bâle, 1561, pet. in-8°. — Au dessus de sa signature, Montaigne a écrit : « *Liber prohibitus.* » Ce précieux volume, qui a

ron : « CHARRON, *ex dono dicti domini de Montaigne, in suo castello, 2 julii, anno 1586.* » C'est là un de ces présents comme en échangeaient volontiers les hommes d'étude de ce siècle, pour marquer leur sympathie. Celui-ci semble nous donner la date où des relations d'amitié s'établirent entre Montaigne et Charron. Amené en Guyenne par le savant et pieux évêque de Bazas, Arnaud de Pontac, Pierre Charron s'y trouvait depuis quinze ans environ, et avait été successivement théologal des diocèses de Bazas, Dax, Lectoure, Agen, Cahors et Condom. Il fut aussi, dès 1582, chanoine et maître d'école de l'église métropolitaine de Bordeaux, et c'est sans doute ce qui le rapprocha de Montaigne, alors maire. La liaison entre eux ne tarda pas à devenir étroite : Charron « faisait un merveilleux cas » de l'auteur des *Essais*, et Montaigne aimait Charron « d'une affection réciproque ». Ils devaient donc s'entendre, et, en réalité, ils s'entendirent fort bien.

Quant à Mlle de Gournay, Montaigne ne put la rencontrer qu'à Paris, lorsqu'il y vint faire réimprimer son ouvrage tel qu'il l'avait refait, c'est-à-dire au début de 1588. Dès le mois de février, en effet, Montaigne se rendait à Paris avec le projet d'y publier son livre. Il lui survint même, en chemin, une mésaventure assez déplaisante. En traversant la forêt de Villebois, le voyageur fut arrêté par des Ligueurs qui le détroussèrent. « La tempête est tombée sur moi, qui avais mon argent en ma boîte, écrit-il à

---

fait partie des livres de A.-A. Renouard, est actuellement conservé à la Bibliothèque nationale, D^2 n° 2812 (Réserve).

IL CATE-
CHISMO, O VERO
INSTITVTIONE CHRISTIA-
na di M. Bernardino Ochino da
Siena, in forma di Dia-
logo.

INTERLOCVTORI, IL MINISTRO,
ET L'ILVMINATO.

Non mai piu per l'adietro stampato.

IN BASILEA
M. D. LXI.

Ant. Aug. Renouard. 1791.

Charron ex dono ill.mi domini de Montaigne
in suo castello 2. Julij Anno 1586.

Livre donne par Montaigne à Charron.

Matignon; je n'en ai rien recouvert (recouvré), et la plupart de mes papiers et hardes leur sont demeurés[1]. » Telle est la version de la lettre que Montaigne adressa d'Orléans, le 16 février au matin, au maréchal de Matignon. Il est probable qu'en définitive la perte fut moins considérable qu'elle ne menaçait de l'être ; les papiers de Montaigne tout au moins durent lui être rendus, et si le manuscrit des *Essais* était compris dans le butin, il fut restitué, car le livre vit le jour peu de temps après. L'auteur y faisait même allusion à cet incident de route qu'il racontait en le dramatisant. Assailli par quinze ou vingt gentilshommes masqués et par des argoulets, Montaigne est démonté et dévalisé ; on fouille ses coffres, sa boîte est prise, chevaux et équipages sont « dispersés à nouveaux maîtres ». Les uns voulaient tuer le voyageur, tous le voulaient mettre à une forte rançon. Enfin, ils avaient emporté les dépouilles, lui laissant la vie et la liberté, quand, tout à coup, le chef, se ravisant, revient à lui avec de douces paroles, fait rechercher les hardes dans sa troupe, jusqu'à la boîte, et les rend à leur propriétaire. Quelle était donc la cause de ce revirement soudain ? La contenance de Montaigne, son calme, la liberté et la fermeté de son langage.

Tel est le récit des *Essais;* il est fait avec la bonne humeur de quelqu'un qui a échappé à un mauvais

---

[1]. D'Orléans, ce 16 février, au matin (1588). — Cette lettre a été publiée pour la première fois par le Dr Payen dans ses *Documents inédits ou peu connus sur Montaigne* (1847, in-8º, p. 14). Voy. aussi Feuillet de Conches, *Causeries d'un curieux,* t. III, p. 319.

pas et se réjouit d'en être sorti à si bon compte.
D'ordinaire, on rencontre sur les grands chemins
des brigands moins accommodants. Montaigne en
est quitte pour la peur. Il arrive à Paris, et, bien
que le temps soit assez mal choisi pour cela, il s'occupe de son livre. Environ quatre mois après, les
Essais sont publiés sous leur forme nouvelle; le
privilège de l'édition est daté du 4 juin 1588, tandis
que la préface porte la date du 12 juin, bien que ce
soit la même que celle des précédentes éditions. On
était aux jours les plus troublés de la Ligue. Après
s'être fortement établie à Paris, elle y commandait
maintenant en maîtresse et avait fini par en chasser le
roi. Banni du Louvre, Henri III promenait sa petite
cour de Chartres à Vernon et de Vernon à Rouen,
tandis que le duc de Guise et ses partisans gouvernaient la capitale. Montaigne, qui avait un moment
suivi le roi de France, voulut revenir à Paris. Mal lui
en prit : regardé comme suspect, il fut traité comme
tel. Écoutons-le raconter lui-même l'avanie qui lui
arriva, à son retour de Rouen, le 10 juillet 1588 [1].

« Entre trois et quatre (heures) après-midi, étant
logé aux fauxbourgs Saint-Germain, à Paris, et malade
d'une espèce de goutte qui lors premièrement m'avait
justement saisi il y avait trois jours [2], je fus fait

---

[1]. Dr J.-F. Payen, *Documents inédits sur Montaigne*, n° 3, 1855, in-8°, p. 17 et 18. Montaigne, s'étant trompé de date, avait mentionné une première fois cet événement au 20 juillet sur les *Éphémérides* de Beuther. Plus tard, ayant reconnu sa méprise, il reporta le fait à sa vraie date. Nous complétons ici les deux versions l'une par l'autre.

[2]. « Au pied gauche ».

prisonnier par les capitaines et peuple de Paris. C'était au temps que le roi en était mis hors par M. de Guise ¹. Fus mené à la Bastille ², et me fut signifié que c'était à la sollicitation du duc d'Elbeuf et par droit de représaille, au lieu d'un sien parent, gentilhomme de Normandie, que le roi tenait prisonnier à Rouen. La reine, mère du roi, avertie ³ par M. Pinart, secrétaire d'État, de mon emprisonnement, obtint de M. de Guise 4, qui était lors de fortune avec elle, et du prévôt des marchands vers lequel elle envoya (monsieur de Villeroy, secrétaire d'État, s'en soignant aussi bien fort en ma faveur) que, sur les huit heures du soir du même jour, un maître d'hôtel de Sa Majesté me vint faire mettre en liberté, moyennant les rescrits du dit seigneur et du dit prévôt adressant au Clerc ⁵, capitaine pour lors de la Bastille. »

Montaigne à la Bastille! Nous l'en croyons aisément, quand il déclare que c'est la « première prison » qu'il eût connue d'aussi près. L'aventure choquerait davantage, même avec son dénouement immédiat, si on ne savait combien les vexations étaient fréquentes, avec quel arbitraire la Ligue tourmentait les gens,

---

1. « Je revenais de Rouen, où j'avais laissé Sa Majesté, » dit la seconde version.
2. « Sur mon cheval ».
3. « Par le bruit du peuple ».
4. « Avec beaucoup d'instance ; il en donna un commandement par écrit adressant au Clerc, qui lors commandait à la Bastille, lequel commandement fut porté au prévôt des marchands, ayant besoin de sa confirmation. »
5. Bussy Le Clerc, procureur au Parlement, qui occupait la Bastille pour la Ligue.

les privant de leurs charges ou de leurs revenus. C'était le temps où le poète Rapin était destitué de ses fonctions de prévôt de l'hôtel et chassé de Paris, malgré ses neuf enfants. Celui-ci s'en est vengé en contribuant à ridiculiser cette domination turbulente et brouillonne; par la *Ménippée* il a su mettre les rieurs et l'avenir de son côté. Moins acerbe que Nicolas Rapin, Montaigne n'a même pas fait allusion,

LA BASTILLE AU XVIe SIÈCLE.
(D'après une gravure de Du Cerceau.)

dans les *Essais*, à sa détention de quelques heures à la Bastille; le souvenir en aurait disparu si une note intime ne nous l'avait conservé.

Ces événements si déplorables étaient bien faits pour détourner Montaigne de ses préoccupations d'auteur; il était naturel qu'il oubliât un peu son livre pour s'occuper surtout de la France, ce « pauvre vaisseau que les flots, les vents et le pilote tirassaient à si contraires desseins ». Il était aussi naturel que le public donnât moins d'attention à la publication des *Essais*. Pourtant, malgré le malheur des temps, elle ne passa pas inaperçue des délicats, et le voyage de Montaigne à Paris ne fut pas ignoré de ceux qui s'intéressaient à l'œuvre et à l'écrivain. C'est ainsi que Montaigne reçut les hommages enthousiastes de Marie Le Jars de Gournay et que se noua entre le philosophe et la savante fille cette alliance littéraire qui devait si étroitement les unir l'un à l'autre. Celle-ci, vers l'âge de vingt ans, avait lu, par hasard, les *Essais*, dont la renommée n'était pas encore consacrée, et elle en conçut un tel enthousiasme qu'elle souhaita de faire la connaissance de l'auteur. Ce désir ne se réalisa pas immédiatement, mais, ayant appris que Montaigne était à Paris pour veiller à la réimpression de son ouvrage, Mlle de Gournay, qui s'y trouvait également, en compagnie de sa mère, ne manqua pas de l'envoyer saluer et de lui « déclarer l'estime qu'elle faisait de sa personne et de son livre ». Dès le lendemain, Montaigne vint remercier celle qui lui avait adressé un compliment si spontané; il traita la jeune fille avec l'affection d'un père, et désormais ces sentiments devinrent chaque jour plus remplis d'abandon. Le philosophe avait trouvé la « fille d'alliance » qui devait défendre sa mémoire, et, en donnant ce titre à Mlle de Gournay, il réalisait la secrète ambition de celle-ci. Depuis qu'elle avait lu les *Essais*, c'était bien par un pareil lien que Mlle de Gournay désirait être unie à Montaigne; c'était aussi le seul qui convînt à « la proportion de leurs âges » et de leurs mérites, à « l'intention de leurs âmes et de leurs mœurs »[1].

---

1. Tous ces détails sont pris de la vie de Mlle de Gournay écrite par elle-même et imprimée à la suite de ses *Advis ou présens* (Paris, 1641, in-4°, p. 992).

Montaigne éprouva une grande joie à se voir ainsi compris et admiré ; cet enthousiasme si sincère lui réchauffa le cœur. Il semble qu'il se crut plus sûr de l'avenir, maintenant qu'une jeune piété filiale veillerait sur sa mémoire. Un ami véritable avait été rêve de toute sa vie : au début, il en avait rencontré un que la mort lui prit bientôt, et depuis lors il n'avait cessé de regretter ce compagnon. Certes, alors que l'âge s'appesantissait sur lui, Montaigne ne pouvait espérer de recommencer cette *très sainte amitié* qui avait embelli sa jeunesse. Mais voici qu'un sentiment nouveau s'offrait à lui, fait de respect, de dévouement et d'admiration. Montaigne accepta avec reconnaissance l'affection que lui vouait ainsi Marie de Gournay, parce qu'elle ne lui rappelait son amitié pour La Boétie que par la sincérité de l'expression. En échange de cet hommage qui le touchait en l'honorant, Montaigne consacra à la jeune fille une paternelle gratitude pour la satisfaction qu'elle lui donnait. Plus tard, quand les *Essais*, encore accrus, revirent le jour, l'auteur y avait ajouté un passage fort louangeur pour Mlle de Gournay et vantait autant la justesse de son esprit que la bonté de son cœur[1]. Les termes de cet éloge étaient si chaleureux que les malveillants en médirent. Cet outrage fut très sensible à Mlle de Gournay, comme il l'eût été à Montaigne, s'il avait pu prévoir le langage des sots. Aussi la savante fille, autant par modestie que par crainte de la calomnie, effaça-t-elle ensuite des

---

1. *Essais* (1595), liv. II, ch. XVII, à la fin. Ces éloges ont disparu dans l'édition nouvelle que Mlle de Gournay donna en 1635.

Essais tout ce qui lui sembla exagéré sur son propre mérite.

Montaigne demeura à Paris sept mois environ à l'occasion de la réimpression de son livre; mais ce séjour ne fut pas continu et sans interruptions. Accompagné de son ami, le poète bordelais Pierre de Brach, nous savons qu'il vint avec la cour à Chartres et à Rouen. Puis, lorsqu'il eut noué connaissance avec sa « fille d'alliance », il ne résista pas au plaisir de l'aller visiter dans son domaine patrimonial de Gournay-sur-Aronde, en Picardie[1]. « Il y séjourna trois mois, en deux ou trois fois, avec tous les honnêtes accueils que l'on pouvait souhaiter », nous apprend Estienne Pasquier[2], et Montaigne lui-même semble faire allusion à ce déplacement[3]. Toutes ces excursions abrégèrent donc assez sensiblement le séjour effectif du philosophe dans la capitale, qu'il devait de nouveau quitter bientôt après pour se rendre aux États généraux qui s'ouvrirent à Blois le 15 octobre 1588.

Aucun mandat officiel n'exigeait, semble-t-il, la présence de Montaigne à Blois; son rôle n'y fut donc

---

1. Actuellement chef-lieu de canton de l'arrondissement de Compiègne (Oise).

2. *Les Lettres d'Estienne Pasquier* (Paris, 1619, in-8º), t. II, p. 385 (liv. XVIII, lettre I, *à Monsieur de Pelgé*).

3. *Essais* (1595), liv. I, ch. XL, *Que le goût des biens et des maux dépend en bonne partie de l'opinion que nous en avons* (« Quand je vins de ces fameux états de Blois, j'avais vu peu auparavant une fille en Picardie, etc... ». Ce passage ne se trouve qu'en 1595. Dans l'exemplaire des *Essais* annoté et conservé à Bordeaux, Montaigne ne précise pas ainsi le temps et le lieu; il dit simplement : « J'ai vu une fille pour témoigner, etc. »).

point actif. Simple spectateur des troubles, il se contentait de regarder comment le vaisseau si furieusement ballotté par les vents contraires parviendrait à surmonter les périls et à voguer en paix. Que sortirait-il de cette réunion dont on pouvait attendre

> 1588 entre trois et quatre apres midi estant logé aux fauxbourgs germein a Paris et malade d'un espece de goutte qui lors premiere mat m'avoit sesi il y avoit iustemant trois iours ie fus pris prisonier par les capiteines et peuple de Paris c'estoit au temps que le Roy en estoit mis hors par monsieur de guise fus mené en la bastille et me fut signifié que c'estoit a la sollicitation du duc d'Elbeuf lequel par droict de represailles et au lieu d'un sien parant gentilhome de normandie que le Roy tenoit prisonier à Roan. La raine mere du roy avertie par mr pinard secretere d'estat de mon emprisonemant obtint de mssieur de guise qui estoit lors de fortune aveq elle et du prevost des marchans neofs lequel elle envoia (mssieur de villeroy secretere d'estat s'en soignant aussi bien fort en ma faueur) que sur les huit heures du soir du mesme iour un maistre d'hostel de sa dicte damajesté me vint faire mettre à liberté moienant les rescrits du dict seigneur duc et du dict prevost adressa au clere capiteine pour lors de la Bastille

MONTAIGNE A LA BASTILLE.
(Fac-similé d'une note de ses *Ephémérides*.)

quelque bien ? Quels remèdes les trois ordres trouveraient-ils aux maux de la France, sur laquelle s'appesantissaient tous les fléaux : la guerre civile, l'anarchie, le fanatisme ? Évidemment cette pensée préoccupait Montaigne, puisqu'elle le retenait à Blois, où ces graves questions allaient s'agiter. Mais rien ne nous apprend de quel œil, sans doute bien attristé, il voyait se dérouler cette tragi-comédie, qui prit fin dans le sang du duc de Guise. Seul, l'écho de quelques doctes entretiens avec des hommes de savoir est parvenu jusqu'à nous. Montaigne rencontra à Blois Pasquier et de Thou, et conversait volontiers avec eux ; l'un et l'autre nous ont gardé le souvenir de ces dialogues.

Avec de Thou, que Montaigne connaissait de plus longue date, la conversation était familière et abandonnée. Montaigne conseillait amicalement à de Thou d'accepter l'ambassade de Venise, qui lui était offerte, et, pour l'y engager davantage, lui promettait de l'aller voir là-bas. On s'entretenait aussi des troubles et de leurs causes, et Montaigne en parlait librement. De Thou a noté, dans ses *Mémoires*, le langage que lui tint Montaigne à ce propos ; nous le reproduisons ici textuellement. « Montaigne lui dit qu'autrefois il avait servi de médiateur entre le roi de Navarre et le duc de Guise, lorsque ces deux princes étaient à la cour ; que ce dernier avait fait toutes les avances par ses soins, ses services, et par ses assiduités pour gagner l'amitié du roi de Navarre ; mais qu'ayant reconnu qu'il le jouait, et qu'après toutes ses démarches, au lieu de son amitié, il n'avait rencontré qu'une haine implacable, il avait eu recours à la guerre, comme à la dernière ressource qui pût défendre l'honneur de sa maison contre un ennemi qu'il n'avait pu gagner ; que l'aigreur de ces deux esprits était le principe d'une guerre qu'on voyait aujourd'hui si allumée; que la mort seule de l'un ou de l'autre pouvait la faire finir; que le duc ni ceux de sa maison ne se croiraient jamais en sûreté tant que le roi de Navarre vivrait; que celui-ci, de son côté, était persuadé qu'il ne pourrait faire valoir ses droits à la succession de la couronne pendant la vie du duc. Pour la religion, ajouta-t-il, dont tous les deux font parade, c'est un beau prétexte pour se faire suivre par ceux de leur parti, mais son intérêt ne les touche ni l'un ni l'autre; la crainte d'être abandonné des Protestants empêche seule le roi de Navarre de rentrer dans la religion de ses pères, et le duc ne s'éloignerait point de la Confession d'Augsbourg, que son oncle Charles, cardinal de Lorraine, lui a fait goûter, s'il pouvait la suivre sans préjudicier à ses intérêts; que c'étaient là les sentiments qu'il avait reconnus dans ces princes, lorsqu'il se mêlait de leurs affaires[1]. »

Le langage que de Thou prête à Montaigne ne manque pas de vraisemblance, bien qu'il paraisse, en partie, inexactement rapporté. Montaigne négocia très probablement entre le roi de Navarre et le duc de Guise, mais cela ne dut pas être alors que « les deux princes étaient à la cour ». Rapprochés, les deux rivaux auraient eu moins besoin d'intermédiaire que si la distance les eût séparés. En outre, depuis qu'Henri de Navarre s'était enfui de la cour

---

1. *Mémoires de la vie de Jacques-Auguste de Thou, conseiller d'Etat et président à mortier au Parlement de Paris* (Première édition, traduite du latin en français). Rotterdam, 1711, in-4°, p. 136.

de France, après la Saint-Barthélemy, il n'y reparut plus jusqu'à l'assassinat du duc de Guise. Or, à l'époque où ils pouvaient se rencontrer ainsi, la diversité de leurs intérêts ne désunissait pas encore les deux princes irrévocablement. C'est dans la suite, quand par la mort du duc d'Alençon Henri de Navarre devint l'héritier présomptif de la couronne et que le duc de Guise se fit le chef de la Ligue, que le dissentiment fut entre eux de jour en jour plus profond. On devait souhaiter que les deux rivaux s'entendissent avant que la séparation ne devînt irrémédiable, et peut-être que Montaigne consentit à s'entremettre pour amener cet accord, en considération du grand bien qui en pouvait résulter. N'oublions pas que Montaigne fit, en ce temps-là, un voyage à la cour que la *Chronique bourdeloise* enregistre sans en préciser la date et sans en déterminer la raison. Il ne serait pas étonnant que l'annaliste bordelais ait ignoré le vrai motif de ce déplacement. Notons enfin une dernière présomption en faveur de cette hypothèse. C'est seulement dans l'édition des *Essais* de 1588, que Montaigne fait allusion aux négociations publiques dont les princes le chargèrent, et explique en détail la manière dont il s'y comportait, ce qui fait supposer que ces missions doivent se placer entre 1580 et 1588, ou, plus exactement encore, pendant la durée de sa mairie. Il déclare formellement : « En ce peu que j'ai eu à négocier entre nos princes, *en ces divisions et subdivisions qui nous déchirent aujourd'hui*, j'ai curieusement évité qu'ils se méprissent en moi, et s'enferrassent en mon masque ». La franchise et la loyauté, voilà donc les deux éléments de sa diplomatie, comme la sincérité est le caractère de son langage à de Thou. Montaigne ajoute : « Je ne dis rien à l'un que je ne puisse dire à l'autre, à son heure, l'accent seulement un peu changé, et ne rapporte que les choses ou indifférentes, ou connues, ou qui servent en commun : il n'y a point d'utilité pour laquelle je me permette de leur mentir. »

D'ailleurs, les compétitions des partis ne troublent pas Montaigne, pas plus que ses sentiments pour leurs chefs ne l'aveuglent sur leur compte ; il est avant tout pour la loi, c'est-à-dire pour le roi, pour le pouvoir légitimement établi. « Les lois m'ont ôté de grand'peine, dit-il ; elles m'ont choisi parti et donné un maître : toute autre supériorité et obligation doit être relative à celle-là et retranchée. » Il est vrai qu'il ne manque pas de faire cette remarque : « Je suivrai le bon parti jusques au feu, mais exclusivement si je puis. » Ne nous étonnons donc pas que, voyant aussi sagement son devoir, Montaigne jugeât les autres sainement et sans parti pris. Malgré la sympathie qu'il éprouve également pour le duc de Guise et pour Henri de Navarre, il les apprécie avec justesse. Le sort ne permit pas au duc de Guise de remplir sa destinée jusqu'au bout. Pour Henri de Navarre, le sort a donné raison à Montaigne. Après tant d'horreurs accumulées, de bons esprits commençaient à se demander si les dissidences des deux cultes, orthodoxe ou réformé, valaient tout le sang répandu, tous les Français égorgés d'une et d'autre part[1]. On commençait à entrevoir une religion plus tolérante et plus haute que les Églises qui s'entre-dévoraient. Montaigne, on le sait, fut un des premiers à souhaiter cette concorde et à la prêcher. Dès 1577, Henri IV écrivait à M. de Batz : « Ceux qui suivent tout droit leur conscience sont de ma religion ; et moi je suis de celle de tous ceux-là qui sont braves et bons. » Si le roi de Navarre n'abjura pas aussitôt qu'on le lui demanda, c'était pour ne pas paraître subir une injonction ; mais, quand il abjura, il put le faire sans crainte, car une tolérance avait grandi qui planait au-dessus des deux religions combattantes et s'accommodait de l'une comme de l'autre.

Les entretiens de Montaigne et de Pasquier étaient moins intimes et moins élevés. Avec Pasquier, Montaigne parlait littérature et défendait les *Essais*. « Comme nous nous promenions dedans la cour du château, raconte Pasquier, il m'advint de lui dire qu'il s'était aucunement oublié de n'avoir communiqué son œuvre à quelques siens amis, avant de la publier ; d'autant que l'on y reconnaissait, en plusieurs lieux, je ne sais quoi du ramage gascon, plus aisément que Pollion n'avait autre fois fait le Padouan de Tite-Live : chose dont il eût pu recevoir avis par un sien ami. Et, comme il ne m'en voulut croire, je le menai en ma chambre, où j'avais son livre, et là, je lui montrai plusieurs manières de parler familières aux Français, ains seulement aux Gascons[2]. » Et, en

---

1. E. Jung, *Henri IV considéré comme écrivain*, p. 141.
2. Estienne Pasquier, *Lettres*, loc. cit.

suite de cela, Pasquier rapporte quelques-unes des critiques qu'il adressa à Montaigne. Celui-ci écouta en silence et parut si bien approuver que Pasquier crut l'avoir convaincu et estimait « qu'à la première et prochaine impression qu'on ferait de son livre, il donnerait l'ordre de corriger » ces locutions. Montaigne n'en fit rien, peut-être parce que la mort l'en empêcha. Il n'aimait guère aussi à s'amender sur les conseils d'autrui. Se dépeignant lui-même, il voulait rester tel qu'il se voyait et non se montrer tel qu'on le voyait. Au reste, la critique de Pasquier ne dut pas l'émouvoir. Esprit docte, et nourri de fortes lectures, celui-ci n'était pas fait pour savourer toute l'ironie de Montaigne, pour comprendre la grâce et le charme de sa philosophie. Tout en appréciant grandement les *Essais*, dont il sentait la haute valeur, Pasquier ne goûte pas la légèreté de l'allure, et ne découvre pas ce que l'observation a de général, sous son aspect particulier. Pour ne pas désobliger son interlocuteur, Montaigne eut l'air de se rendre à ses raisons, mais il resta lui-même et ne corrigea pas son œuvre: on ne saurait dire qu'il eut tort.

Si ces entretiens pouvaient distraire un instant Montaigne des préoccupations du jour, les événements l'y ramenaient bien vite; ils se précipitaient, en effet, et la situation devenait de plus en plus grave. Bientôt après, le meurtre du duc de Guise allait ensanglanter les États de Blois. Henri III avait cru faire un coup de maître en éliminant ainsi son ennemi le plus dangereux. Montaigne ne nous dit pas comment il apprécie cet assassinat, qu'il mentionne simplement sur ses *Éphémérides* sans le juger. « Morte la bête, mort le venin, » s'était écrié le roi de France; mais, comme le remarque Pasquier, la bête avait la queue longue. Au lieu d'étouffer les passions populaires, ce crime leur montra au contraire comment on pouvait se débarrasser d'un ennemi incommode, et, par une fatalité pareille, le roi de France tombait comme son adversaire sous le couteau d'un assassin, six mois après qu'il eut fait lui-même mettre à mort le duc de Guise et son frère le cardinal de Lorraine. Entre-temps, Catherine de Médicis était morte, elle aussi, et Henri de Navarre s'était rapproché d'Henri III; les deux monarques se réconcilièrent au Plessis-lès-Tours, et cette entente fut pour leurs armées réunies la suite de succès qui ébranlèrent sérieusement la Ligue. Celle-ci avait dû lever le siège de Senlis, puis elle avait perdu Pontoise et Saint-Cloud, et l'assaut allait être donné à Paris, quand Jacques Clément frappa le roi de France du coup de poignard dont il mourut.

Que faisait Montaigne tandis que tous ces événements se succédaient? Nous savons par Mlle de Gournay qu'il regagna la Guyenne « où la guerre de la Ligue qui lors embrasait toute la France l'attacha par le commandement et pour le service du roi ». Montaigne avait séjourné « huit ou neuf mois par deçà ». C'est donc vers la fin de l'année 1588 qu'il rentra à Bordeaux; mais nous ne saurions autrement en préciser la date ni dire à quoi il s'employa dans son pays. A la vérité, jamais Bordeaux n'appartint à la Ligue. Matignon était resté fidèle au roi de France, et même quand la politique de celui-ci agissait de concert avec les Guises, le maréchal ne s'était pas abandonné à la Sainte-Union. Aussi, après le drame de Blois, lorsque la Ligue chercha, à Bordeaux comme ailleurs, à entrer en lutte ouverte contre l'autorité royale, trouva-t-elle en Matignon un adversaire fort décidé. On accusait les Jésuites de fomenter cette résistance, à laquelle ils prêtaient assurément un fort appui. Matignon n'hésita pas à sévir : aidé par le Parlement, il les bannit de la ville, et, grâce à cette mesure, celle-ci demeura en son pouvoir.

On ne voit pas ce que Montaigne put faire dans ces conjonctures. Sans doute son loyalisme s'accordait avec celui de Matignon, mais aucun fait ne vient le confirmer. On saisit mieux son attitude à l'égard d'Henri de Navarre. Montaigne n'avait jamais cessé d'entretenir avec ce prince des relations cordiales ; par exemple, quatre jours après la bataille de Coutras, le 24 octobre 1587, le roi de Navarre avait été l'hôte du philosophe et avait dîné chez lui[1]. Maintenant donc que la mort d'Henri III faisait du roi de Navarre le vrai roi de France, le bon sens et le devoir de Montaigne se trouvaient d'accord pour le considérer comme le monarque légitime. Mais il y avait de grands obstacles à franchir avant que cette royauté fût effective et ainsi acceptée par la plus grande partie des Français ;

---

1. *Séjours et itinéraire de Henri IV avant son avènement au trône de France*, à sa date, 24 octobre 1587 (*Recueil des lettres missives de Henri IV*, t. II, p. 602).

Montaigne ne l'ignorait pas, et il savait combien les dernières difficultés qui séparaient Henri de Navarre du trône seraient dures à surmonter. S'entretenant un jour avec Agrippa d'Aubigné, Montaigne s'en était expliqué. Il avait fait la remarque que, fréquemment, le peuple juge assez beaux comme princes des seigneurs qu'il ne juge pas assez beaux pour être rois. Et Montaigne ajoutait « que les prétendants à la couronne trouvent tous les échelons jusqu'au marchepied du trône et petits et aisés, mais que le dernier ne se pouvait franchir pour sa hauteur[1]. »

C'est bien ce qui advint à Henri de Bourbon; on lui avait reconnu comme roi de Navarre des qualités qu'on lui marchandait comme roi de France. Le pape se hâte de l'excommunier en tant qu'hérétique, et, pour suivre un si haut exemple, les pamphlétaires catholiques entassent contre le nouveau monarque autant d'injures et de menaces qu'ils en peuvent amonceler. Prêchant la démocratie, ils déclarent que « le peuple fait les rois », qu'il « les peut défaire comme il les a créés », et ils redisent à Henri IV : « La couronne de France n'est point héréditaire, mais élective... nous obéissons aux rois, non aux tyrans. » En même temps qu'elle fait appel aux passions populaires, la Ligue s'inspire des principes théocratiques et, par un retour inverse, les théologiens protestants, cessant de proclamer les droits du peuple, défendent maintenant la monarchie héréditaire et la succession linéale. Toutes ces apostasies consommées pour les

---

1. Agrippa d'Aubigné, *Histoire universelle*, 1626, t. III, col. 402.

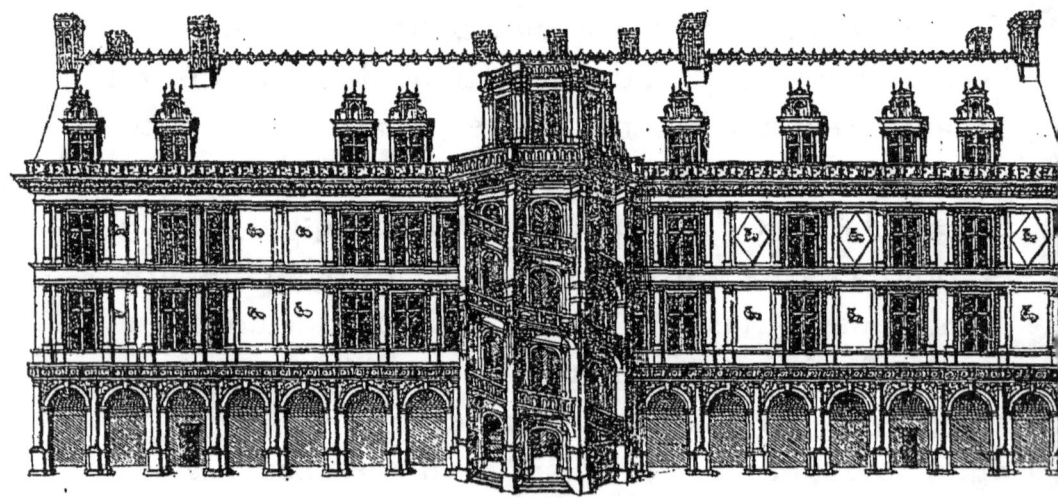

LE CHATEAU DE BLOIS.
(D'après une gravure de Du Cerceau.)

besoins de la cause, ces opinions acceptées ou rejetées suivant les rancunes des partis indignent le scepticisme de Montaigne, fait surtout de bonne foi. « Voyez, s'écrie-t-il avec chaleur, l'horrible impudence de quoi nous pelotons les raisons divines et combien irréligieusement nous les avons et rejetées et reprises selon que la fortune nous a changés de place en ces orages publics. Cette proposition si solenne : « S'il est permis au sujet de se rébeller » et armer contre son prince pour la défense de la » religion, » souvienne-vous en quelles bouches, cette année passée, l'affirmative d'icelle était l'arc-boutant d'un parti; la négative, de quel autre c'était l'arc-boutant; et oyez à présent de quel quartier vient la voix et instruction de l'une et de l'autre; et si les armes bruient moins pour cette cause que pour celle-là. Et nous brûlons les gens qui disent qu'il faut faire souffrir à la vérité le joug de notre besoin; et de combien fait la France pis que de le dire[1] ! »

Il s'agissait, en somme, de faire régner Henri IV, et ce chassé-croisé, que Montaigne apprécie avec une si honnête sévérité, n'avait d'autre but que de rapprocher ou d'éloigner du trône le souverain légitime. Dans ce pays où le bon sens finit toujours par triompher, la verve gauloise de la *Ménippée*, ses satires patriotiques firent plus et mieux que tout l'imbroglio de ces discussions; on peut dire qu'elle valut autant au nouveau roi qu'une victoire de ses armes pour contribuer à asseoir sa domination. Il

---

1. *Essais*, l. II., ch. XII. Ce passage ne se trouve que dans l'édition de 1595.

est vrai que le bon roi Henri méritait mieux que personne que l'esprit servît sa cause. Sa vue ne cessa d'être claire au milieu des bourrasques diverses qui l'assaillaient; il faisait tête à l'orage sans rien perdre de sa bonne humeur, et dans la mauvaise fortune sa vaillance demeurait chevaleresque et souriante. Lui-même, un jour, s'était peint ainsi à Montaigne et ne s'était pas flatté. Une de ses maîtresses qualités était, ainsi qu'il le disait à Montaigne, de voir « le poids des accidents comme un autre; mais à ceux qui n'avaient point de remède, il se résolvait soudain à la souffrance; aux autres, après y avoir ordonné les provisions nécessaires, ce qu'il pouvait faire promptement par la vivacité de son esprit, il attendait en repos ce qui s'en pouvait suivre. » « De vrai, ajoute Montaigne, je l'ai vu à même, maintenant une grande nonchalance et liberté d'actions et de visage au travers de bien grandes affaires et bien épineuses : je le trouve plus grand et plus capable en une mauvaise qu'en une bonne fortune; ses pertes lui sont plus glorieuses que ses victoires, et son deuil que son triomphe [1]. »

On le voit, Montaigne appréciait judicieusement les circonstances dans lesquelles Henri de Navarre avait été appelé au trône de France, et connaissait assez profondément le caractère de celui-ci pour espérer qu'il finirait par se servir des événements. Dès le début de son règne, Montaigne n'avait pas manqué d'écrire à Henri IV et de lui dire combien

---

1. *Essais*, l. III, ch. X.

il souhaitait que sa domination fût paisible et universellement accueillie. Le roi fut sensible à ce vœu et y fit une réponse qui ne nous est pas parvenue. Nous possédons seulement une lettre de Montaigne, datée du 18 janvier 1590, qui précise bien comment le philosophe envisageait le triomphe du Béarnais. C'est un document trop important pour n'être pas reproduit ici en entier. « Sire, disait Montaigne, c'est être au-dessus du poids et de la foule de vos grandes et importantes affaires que de vous savoir prêter et démettre aux petites à leur tour, suivant le devoir de votre autorité royale qui vous expose à toute heure à toute sorte et degré d'hommes et d'occupations. Toutefois, ce que Votre Majesté a daigné considérer mes lettres et y commander réponse, j'aime mieux le devoir à la bénignité qu'à la vigueur de son âme. J'ai de tout temps regardé en vous cette même fortune où vous êtes, et vous peut souvenir que lors même qu'il m'en fallait confesser à mon curé, je ne laissais de voir aucunement de bon œil vos succès. A présent, avec plus de raison et de liberté, je les embrasse de pleine affection. Ils vous servent là par effet; mais ils ne vous servent pas moins ici par réputation. Le retentissement porte autant que le coup. Nous ne saurions tirer de la justice de votre cause des arguments si forts à maintenir ou réduire vos sujets comme nous faisons des nouvelles de la prospérité de vos entreprises; et puis assurer Votre Majesté que les changements nouveaux qu'elle voit par deçà à son avantage, son heureuse issue de Dieppe y a bien à point secondé le franc zèle et merveilleuse prudence de M. le maréchal de Matignon, duquel je me fais accroire que vous ne recevez pas journellement tant de bons et signalés services sans vous souvenir de mes assurances et espérances. J'attends de ce prochain été non tant les fruits à nourrir comme ceux de notre commune tranquillité, et qu'il passera sur vos affaires avec même teneur de bonheur, faisant évanouir, comme les précédentes, tant de grandes promesses de quoi vos adversaires nourrissent la volonté de leurs hommes. Les inclinations des peuples se manient à ondées. Si la pente est une fois prise en votre faveur, elle l'emportera de son propre branle jusqu'au bout. J'eusse bien désiré que le gain particulier des soldats de votre armée et le besoin de les contenter ne vous eût dérobé, nommément en cette ville principale, la belle recommandation d'avoir traité vos sujets mutins, en pleine victoire, avec plus de soulagement que ne font leurs protecteurs, et qu'à la différence d'un crédit passager et usurpé, vous eussiez montré qu'ils étaient vôtres par une protection paternelle et vraiment royale. A conduire telles affaires que celles que vous avez en mains, il se faut servir de voies non communes. Si s'est-il toujours vu qu'où les conquêtes par leur grandeur et difficulté ne se pouvaient bonnement parfaire par armes et par force, elles ont été parfaites par clémence et magnificence, excellents leurres à attirer les hommes, spécialement vers le juste et légitime parti. S'il y échoit rigueur et châtiment, il doit être remis après la possession de la maîtrise.

Un grand conquéreur du temps passé se vante d'avoir donné autant d'occasion à ses ennemis subjugués de l'aimer qu'à ses amis. Et ici nous sentons déjà quelqu'effet de bon pronostic de l'impression que reçoivent vos villes dévoyées par la comparaison de leur rude traitement à celui des villes qui sont sous votre obéissance. Désirant à Votre Majesté une félicité plus présente et moins hasardeuse, et qu'elle soit plutôt chérie que crainte de ses peuples et tenant son bien nécessairement attaché au leur, je me réjouis que ce même avancement qu'elle fait vers la victoire l'avance aussi vers des conditions de paix plus faciles. Sire, votre lettre du dernier de novembre n'est venue à moi qu'astheure et au delà du terme qu'il vous plaisait me prescrire de votre séjour à Tours. Je reçois à grâce singulière qu'elle ait daigné me faire sentir qu'elle prendrait à gré de me voir, personne si inutile, mais sienne plus par affection encore que par devoir. Elle a très louablement rangé ses formes externes à la hauteur de sa nouvelle fortune; mais la débonnaireté et facilité de ses humeurs internes, elle fait autant louablement de ne les changer. Il lui a plu avoir respect non-seulement à mon âge, mais à mon désir aussi de m'appeler en lieu où elle fût un peu en repos de ses laborieuses agitations. Sera-ce pas bientôt à Paris, Sire, et y aura-t-il moyens ni santé que je n'étande pour m'y rendre? Votre très humble serviteur et sujet, Montaigne[1]. »

[1]. De Montaigne, le 18 janvier (1590). — Cette lettre a été découverte en 1849 dans la collection Dupuy, à la Bibliothèque

ESTIENNE PASQUIER.

(D'après le portrait de Léonard Gaultier.)

C'est là un noble et fier langage et qui honore grandement Montaigne. Rien ne manque à cette belle page, ni la connaissance des vrais besoins du royaume, ni l'entente des intérêts du roi, ni la hauteur de vue nécessaire pour juger sainement l'état des choses, ni le courage de dire ce qu'il fallait faire pour hâter l'apaisement du pays. Le style est aussi élevé que la pensée. Hélas! le vœu que Montaigne formait d'un cœur si fervent, de pouvoir bientôt saluer le roi dans Paris, ne devait pas se réaliser si vite, et, quand il viendra à se réaliser, le philosophe ne sera plus de ce monde pour se réjouir de ce beau résultat. Mais Montaigne avait deviné quels moyens pouvaient servir le plus efficacement à amener cette issue; il avait compris combien la mansuétude du monarque aiderait au succès de ses armes et en augmenterait l'effet. Henri IV se souvint des avis de Montaigne : si ses soldats triomphent, il achève leur victoire par sa bonne humeur et l'aménité de son caractère. Sous cette douceur se cachera beaucoup de fermeté, de la persistance et de l'esprit de suite, mais les apparences seront sauves, et le peuple s'y laissera prendre. Plus tard, quand le vent aura tout à fait tourné en sa faveur, le roi pourra même confisquer à son profit les libertés naissantes, étouffer la démocratie qui commençait à s'éveiller; loin de s'en plaindre, la nation y prêtera les mains, vérifiant

---

nationale (n° 712), par Achille Jubinal, qui l'a publiée et en a donné le fac-similé dans la brochure intitulée : *Une lettre inédite de Montaigne* (Paris, 1850, in-8°). — Voy. aussi Payen, *Nouveaux Documents*, 1850, p. 30; Grün, *Vie publique de Montaigne*, p. 385; Feuillet de Conches, *Causeries d'un curieux*, t. III, p. 325.

surabondamment la prédiction de Montaigne : « Si la pente est une fois prise en votre faveur, elle l'emportera de son propre branle jusqu'au bas. »

Il y avait encore loin de là à ce complet triomphe, et Henri IV, roi sans royaume, devait conquérir pied à pied le territoire de celui dont on voulait le frustrer. Voici que la Ligue, dans sa fureur aveugle, avait proclamé roi le vieux cardinal de Bourbon. On conçoit combien dans des circonstances si défavorables, le souverain légitime eût souhaité d'avoir près de lui un conseiller aussi affectueusement sincère que Montaigne. A cette heure où son autorité était si méconnue, tout appui était bon à Henri IV, qui renforçait le nombre et le témoignage de ses partisans. Il insiste donc, promettant sans doute, pour garder Montaigne avec lui, quelque dédommagement pécuniaire ou quelque poste honorablement rémunéré. Mais celui-ci répond à cette avance par un refus très digne, un peu hautain, qui nous a été conservé. Le voici : « Sire, celle qu'il a plu à Votre Majesté m'écrire du vingtième de juillet[1] ne m'a été rendue que ce matin, et m'a trouvé engagé en une fièvre tierce très violente, populaire en ce pays depuis le mois passé. Sire, je prends à très grand honneur de recevoir vos commandements et n'ai point failli d'écrire à monsieur le maréchal de Matignon trois fois bien expressément la délibération et obligation en quoi j'étais de l'aller voir, et

---

1. Ce même jour, le roi écrivait, du camp de Saint-Denis, une longue et importante lettre à Matignon. *Lettres-missives de Henri IV*, t. III, p. 129.

jusques à lui marquer la route que je prendrais pour l'aller joindre en sûreté, s'il le trouvait bon. A quoi n'ayant eu aucune réponse, j'estime qu'il a considéré pour moi la longueur et hasard des chemins. Sire, Votre Majesté me fera, s'il lui plaît, cette grâce de croire que je ne plaindrai jamais ma bourse aux occasions auxquelles je ne voudrais épargner ma vie. Je n'ai jamais reçu bien quelconque de la libéralité des rois, non plus que demandé ni mérité, et n'ai reçu nul payement des pas que j'ai employés à leur service, desquels Votre Majesté a eu en partie connaissance. Ce que j'ai fait pour ses prédécesseurs, je le ferai encore beaucoup plus volontiers pour elle. Je suis, Sire, aussi riche que je me souhaite. Quand j'aurai épuisé ma bourse auprès de Votre Majesté, à Paris, je prendrai la hardiesse de le lui dire, et lors, si elle m'estime digne de me tenir plus longtemps à sa suite, elle en aura meilleur marché que du moindre de ses officiers. Sire, je supplie Dieu pour votre prospérité et santé. Votre très humble et très obéissant serviteur et sujet, MONTAIGNE[1]. »

Montaigne prétexte l'état de sa santé; en effet, cette lettre n'est point écrite de sa main. Les ombres qui obscurcissent le soir de la vie s'appesantissaient chaque jour davantage sur lui. En vain se réfugie-

---

1. De Montaigne, ce second de septembre (1590). — Cette lettre a été découverte par M. Antonin Macé, dans le volume LXI, f° 102, de la collection Dupuy, au cabinet des manuscrits de la Bibliothèque nationale, et publiée pour la première fois par lui dans le *Journal de l'Instruction publique*, du 4 novembre 1846. — Voy. aussi Dr Payen, *Documents inédits* (1847), p. 5; Grün, *Vie publique de Montaigne*, p. 390; Feuillet de Conches, *Causeries d'un curieux*, t. III, p. 350.

t-il dans la réflxxion et dans l'étude; ses douleurs l'en détournent fréquemment. Comme au temps où sa santé était plus prospère, il se remet à feuilleter les livres et à méditer, espérant que cette paisible retraite lui donnera quelque répit sur son mal. Il reprend ses lectures au hasard, à bâtons rompus, se laisse tout à fait aller à la variété de son humeur, « et tous les jours, ainsi qu'il nous l'apprend lui-même[1], s'amuse à lire en des auteurs sans soin de leur science, y cherchant leur façon, non leur sujet ». Montaigne reprend aussi son propre livre, en couvre les marges d'additions nouvelles, le refait par endroits et y insère ce que lui ont suggéré de nouvelles observations. Plus que toute autre, cette besogne l'amuse et il y prend un malicieux plaisir, s'efforçant de voiler sa pensée par des circonlocutions, de dépister le lecteur par les incidences, qu'il multiplie, s'attardant encore à parler de lui, ainsi que les vieillards aiment à le faire. Certes, l'apparition des *Essais* tels que leur auteur les avait mis au jour en 1588 fut pour celui-ci un grand succès littéraire. On avait été ébloui par cette abondance d'images gracieuses, si gracieusement exprimées, par toutes les séductions d'un style si peu étudié, si prime-sautier, plein de trouvailles exquises, marchant si naturellement à la rencontre des idées et les exprimant avec des mots si vifs, des nuances si fraîches, tirés du propre fonds de l'écrivain. On avait été charmé de trouver dans cette analyse si personnelle

---

[1]. *Essais* (1595), l. III, ch. VIII.

tant de traits de ressemblance avec son auteur, tant d'observations qui fixaient les sentiments de tous. Pour saisir la physionomie de chacun, Montaigne n'avait eu besoin d'observer que la sienne propre et d'en marquer les contours. Maintenant, le portrait était à la portée de tous, avec sa délicatesse de touche, vrai sous son coloris si gai à l'œil; il suffisait d'y jeter un regard pour s'y reconnaître et pour s'y plaire, tant le modèle avait su se parer d'un vernis gracieux. La critique pourtant commençait son œuvre. Elle trouvait que Montaigne, sous l'apparent mépris qu'il affectait de lui-même, se complaisait beaucoup à parler de lui. « Qui aurait rayé tous les passages où il parle de lui et de sa famille, dit Pasquier[1], son œuvre serait raccourcie d'un quart, à bonne mesure, spécialement en son troisième livre, qui semble être une histoire de ses mœurs et actions. » Si Montaigne entendit ce reproche, il n'en fit pas son profit. Loin de restreindre ce qu'il nous apprend de lui-même, il l'augmente au contraire; dès qu'il trouve un coin négligé, il l'explore et le met en lumière; il recommence sa propre peinture et l'étend sans se soucier autrement que le tableau y perde en unité. Il cherche à disperser les traits, à les éparpiller sous des ornements extérieurs qui les surchargent et les déforment. Il disjoint ses raisonnements, coupe le fil de ses déductions, en y intercalant des remarques étrangères; la pensée primitive s'étiole ainsi et s'affadit. Est-ce l'effet de la vieillesse ou

---

1. Est. Pasquier, *Lettres,* liv. XVIII, lettre 1.

dessein calculé? Sans doute, si la mort avait permis à Montaigne de mettre la dernière main à son œuvre ainsi comprise, beaucoup de ces défaillances auraient disparu; mais, telles qu'elles sont, ces superfluités

JUSTE-LIPSE.

masquent parfois si bien l'intention de l'auteur qu'il est besoin de recourir aux précédentes éditions pour la saisir.

C'était là le principal délassement de cette suprême retraite. Dans sa solitude, Montaigne revoit sans cesse son œuvre, avec le soin d'un auteur dont la fierté littéraire s'est éveillée aux applaudissements du public. Elle est devenue pour lui une sorte de tapisserie de Pénélope, qu'il ne défait certes pas, car il corrige peu, mais dont il relâche les mailles, y travaillant toujours sans l'achever jamais. Si on joint à cette occupation la correspondance que Montaigne entretenait avec ses amis, on saura tous les plaisirs littéraires qu'il pouvait goûter, ainsi isolé du monde. Sans doute que Mlle de Gournay ne fut pas négligée, mais il ne nous est rien parvenu ni des lettres que Montaigne put écrire ni de celles qu'il put recevoir. Nous avons seulement gardé le souvenir du commerce épistolaire noué avec Juste-Lipse, dont Montaigne faisait cas, et qu'il qualifie de « vraiment germain à son Turnebus ». Juste-Lipse ayant, à diverses reprises, imprimé ses lettres, quelques-unes de celles qu'il écrivit à Montaigne ont pris place dans le nombre, mais on n'y rencontre aucune lettre de Montaigne, bien que le Flamand se vante d'en posséder plusieurs. Leur liaison était assurément étroite. Dans la dernière édition de ses *Essais*, Montaigne avait beaucoup vanté Juste-Lipse, « le plus savant homme qui nous reste », et dit ce qu'il attendait de son érudition. Montaigne souhaitait que le philologue « eut et la volonté, et la santé, et assez de repos pour ramasser en un registre, selon leurs divisions et leurs classes, sincèrement et curieusement autant que nous y pouvons voir, les opinions de l'ancienne philosophie sur le sujet de notre être et de nos mœurs, leurs controverses, le crédit et la suite des parts, l'application de la vie des auteurs et sectateurs à leurs préceptes ès accidents mémorables et exemplaires ». Mais Juste-Lipse n'entendit pas ce souhait : au lieu d'écrire ce « bel ouvrage et utile », il préféra employer sa science au « docte et laborieux tissu de ses *Politiques* », qui assurément charma infiniment moins son illustre correspondant.

Cette bonne opinion qu'on avait de ses propres mérites touchait beaucoup Juste-Lipse; il y répondait par des compliments aussi vifs dont il émaillait ses lettres, bien qu'il se flattât de n'y pas mettre de louanges. « Pas de compliments entre nous, *non blandiamur inter nos,* » écrivait-il à Montaigne le 16 mai 1589, et aussitôt il le place au nombre des sept sages, au-dessus même, s'il est possible[1]. Un peu plus tard, le 30 septembre de la même année, Juste-Lipse lui mandait encore : « Je tiens à ce que vous sachiez que je reçois vos lettres avec plaisir et les lis avec volupté. Je vous connais depuis longtemps, et cependant sans vous connaître; je connais votre esprit, vos écrits, mais non votre visage, et j'admire d'autant plus la droiture de votre jugement que, sur la plupart des choses, nous pensons de même. Je l'avoue : je n'ai trouvé personne en Europe avec qui je sois plus souvent d'accord qu'avec vous. » Et comme Montaigne avait invité le Flamand à le venir voir en France, celui-ci s'excusa sur l'état valé-

---

1. Justi Lipsii, *Epistolarum centuriæ duæ*. Lugduni Batavorum, 1590, in-4°. Voici l'indication des passages où il est question de Montaigne : 1re cent., let. 43, p. 66; — 2e cent., let. 45, p. 49; let. 59, p. 67; let. 96, p. 107.

tudinaire de sa santé et sur ses occupations, qui le retiendraient si sa santé ne le retenait pas. Au demeurant, Juste-Lipse admirait de bonne foi celui qu'il a appelé un peu trop pompeusement le *Thalès français*. S'il ne paraît pas avoir senti toute l'ironie des *Essais*, il comprit combien était *honnête et docte* ce livre qu'il déclarait *tout à fait à son goût;* il estimait son auteur grand et propre à former le caractère et le jugement.

Dans sa retraite, Montaigne se laissait aller aussi au charme de l'existence des champs, de la vie de famille passée loin des importuns. Il surveillait son domaine, son vignoble, content de trouver là quelque distraction à son mal. Je ne sais si la réputation des *Essais* avait contribué à la vente du vin que l'auteur récoltait sur ses terres, comme plus tard le succès de l'*Esprit des Lois* faisait vendre en Angleterre les vins du propriétaire de La Brède. Mais le passage de Montaigne à la mairie de Bordeaux lui valut quelques faveurs. C'est ainsi que, le 7 mai 1588, le Parlement avait accordé à Montaigne, sur sa requête et contrairement aux privilèges de la ville, l'autorisation d'introduire dans Bordeaux « cinquante tonneaux de vin du cru de sa maison de Montaigne », à la condition de le faire conduire « par personnes et mariniers catholiques » et de déclarer que ce vin était bien récolté par lui[1]. A la vérité, ces soins de gestion n'avaient jamais beaucoup plu à Montaigne; il s'y livrait par nécessité plutôt que par goût. Main-

---

1. *Archives historiques de la Gironde*, t. XIX, p. 270.

tenant que la lassitude était venue avec l'âge, il eût volontiers remis à un autre ce que cette occupation avait de trop absorbant pour lui. « L'un de mes souhaits, pour cette heure, déclarait-il dans son livre, ce serait de trouver un gendre qui sût appâter commodément mes vieux ans et les endormir. » En effet, le 7 mai 1590, « un jour de dimanche », Léonor de Montaigne, sa fille unique, alors âgée de dix-neuf ans, épousait, à Montaigne, messire François de La Tour, chevalier, âgé de trente et un ans. Mais, trois semaines après, « un samedi, à la pointe du jour, les chauds étant extrêmes », Mme de La Tour quittait sa famille paternelle pour se rendre dans son nouveau ménage, en Saintonge. Montaigne ne trouva donc pas en son gendre l'aide quotidienne qu'il avait espéré en tirer. Sa dernière consolation fut de voir un rejeton issu de cette union, car le 31 mars 1591, Mme de La Tour mettait au monde une fille qui reçut le prénom de Françoise, comme la marraine, Françoise de La Chassaigne.

Tels sont les événements domestiques qui survenaient à Montaigne dans sa solitude et que lui-même a notés d'une plume complaisante : ils occupaient sa vie sans la remplir, et calmaient ses propres souffrances sans les apaiser tout à fait. Celles-ci le harcelaient sans cesse, le prenant chaque jour de plus près, et il usait en vain des remèdes qui lui avaient un peu réussi jusque-là. Les distractions auxquelles il s'attachait n'avaient plus le pouvoir de le délasser et de lui faire oublier ses douleurs ; le mal était maintenant sans remède, et les atteintes s'en rapprochaient tellement qu'elles avaient fini par emporter l'espoir du pauvre grand homme. Déjà, quelques années auparavant, à Paris, quand la Ligue l'avait envoyé à la Bastille, quoique malade et alité, Montaigne avait entrevu la mort d'assez près et l'avait vue approcher sans appréhensions. Son état de santé inquiétait ses amis, mais lui-même, ne s'en effraya point; Pierre de Brach, qui fut le témoin de sa résolution, s'en émerveilla et nous en a conservé le souvenir. Il était donc prêt à la suivre quand la funèbre visiteuse vint lui lancer son appel sans merci. Ce sceptique mourut comme un croyant; les contemporains sont unanimes pour l'affirmer. Il le pouvait sans se dédire, car jamais il n'abandonna la religion de ses pères, s'en tenant toujours à ce que la tradition lui enseignait être le devoir. A vrai dire, dans ses spéculations philosophiques, il avait paru ébranler bien des croyances; il se tint pourtant à égale distance de la négation formelle et de l'affirmation absolue, comprenant qu'il est aussi téméraire de nier que d'affirmer. On a dit de Pascal qu'il avait séparé sa foi de sa raison par une cloison étanche. Il semble qu'il en fut de même pour Montaigne : sans doute, la cloison est moins étanche, elle laisse passer bien des infiltrations; il ne paraît cependant pas que la voie d'eau ait été si complète que rien n'ait surnagé. Montaigne sentait que, le devoir fût-il une illusion, la bonne foi une duperie, il est méritoire d'être sincère et de guider sa vie sur une règle de conduite. C'est pour cela que ses derniers moments ne « calomnient », selon la belle expression de Vauvenargues, ni le reste de son existence ni les libres aspirations de sa philosophie.

PIERRE CHARRON.
(D'après le portrait de Léonard Gaultier.)

Pierre de Brach nous a gardé le souvenir de ces derniers moments, et dit comment cette perte fut ressentie dans l'entourage du philosophe. « Monsieur de Montaigne est mort, mandait-il à Juste-Lipse avec une douleur touchante, bien que prétentieuse ; c'est un coup que je donne tout à coup dans votre âme, pour ce qu'il donne bien avant dans mon cœur : qu'il me déplaît d'être la corneille d'une si fâcheuse nouvelle ! Mais pourquoi n'auriez-vous part au déplaisir de l'amertume de sa mort, puisque vous avez eu part en la douceur des fruits de sa vie ? Mal à propos appellé-je amertume sa mort, puisqu'il l'a goûtée et prise avec douceur; aussi la douceur restera à lui et l'amertume à nous : la douceur à lui qui, après avoir heureusement vécu, est heureusement mort et en un âge où au delà il eût trouvé plus de mal que de bien, plus de déplaisir que de plaisir à vivre, étant sujet à une impotente goutte et à une douloureuse colique pierreuse; l'amertume demeurera à nous et à moi particulièrement pour être privé de la douce et agréable conversation d'un homme si rare et privé des fruits qu'il produisait. Mais il n'en sera pas comme des arbres, lesquels, le corps étant mort, ne feuillent, ne fleurissent et ne fruitent plus. La verdeur des feuilles et la bonne odeur des fleurs de sa renommée ne se perdra jamais, et les fruits de son esprit dureront contre les ans tout autant que le goût demeurera entier aux bons esprits, pour juger et désirer la douceur de si doux et précieux fruits que les siens. Il m'a fait cet honneur d'avoir fait mention de moi jusques à ses dernières paroles, ce qui me donne plus de regret de n'y avoir été, comme il disait avoir regret de n'avoir personne près de lui à qui il pût déployer les dernières conceptions de son âme. Il voulait faire comme la lampe qui, prête à défaillir, éclate et donne jour d'une plus vive lumière. Je le crois par épreuve : car étant ensemble à Paris, il y a quelques années, les médecins désespérant de sa vie et lui n'espérant que sa fin, je le vis, lorsque la mort l'avisagea de plus près, repousser bien loin en la méprisant la frayeur qu'elle apporte. Quels beaux discours pour contenter l'oreille, quels beaux enseignements pour assagir l'âme, quelle résolue fermeté de courage pour assurer les plus peureux déploya lors cet homme! Je n'ouïs jamais mieux dire, ni mieux résolu à faire ce que sur ce point les philosophes ont dit, sans que la faiblesse de son corps eût rien rabattu de la vigueur de son âme. Il avait trompé la mort par son assurance, et la mort le trompa par sa convalescence; car n'est-ce pas nous tromper, étant prêts de surgir au port, de nous pousser encore au large? Enfin, il a atteint ce port, et nous a laissés en pleine mer au milieu de mille orages et de mille tempêtes [1]. »

Ce langage est bien affecté, mais il est véridique. Écrivant à un rhéteur, le bon de Brach crut devoir se mettre à l'unisson de son correspondant, mais il ne farda en rien la vérité. C'est ainsi que trépassa Montaigne, le 13 septembre 1593, à l'âge de cin-

---

[1]. Lettre de Pierre de Brach à Juste-Lipse, publiée pour la première fois par le Dr Payen dans le *Bulletin du Bibliophile*, 1862, p. 1292, et insérée par M. Dezeimeris, dans son édition des *Œuvres poétiques de Pierre de Brach*, t. II, p. CII. Juste-Lipse dit son sentiment sur la mort de Montaigne dans une lettre du IX des calendes de juin 1593 adressée à Mlle de Gournay.

quante-neuf ans et demi. Certes, on doit regretter que personne n'ait recueilli ses suprêmes entretiens, comme jadis il avait recueilli lui-même les dernières paroles tombées de la bouche expirante de La Boétie. Nous aurions connu le détail de cette mort; nous aurions su tous les traits d'un courage qui ne se démentit pas. Florimond de Raymond en porte encore le formel témoignage. « Il soulait accointer la mort d'un visage ordinaire, dit-il de Montaigne[1], s'en apprivoiser et s'en jouer, philosophant entre les extrémités de la douleur, jusques à la mort, voire en la mort même. » Et lui, qui avait bien connu et beaucoup aimé Montaigne, il vante « sa vertu, sa philosophie courageuse et presque stoïque, sa résolution émerveillable contre toutes sortes de douleurs et tempêtes de la vie! »

On le voit, il y a loin de cette fin véritable à celle que Pascal accusait Montaigne d'avoir voulu faire, en lui reprochant, dans un zèle aveugle, de ne songer qu'à mourir *mollement* et *lâchement*. Il y aurait plus de distance encore si l'on en croit Estienne Pasquier. D'après celui-ci, Montaigne aurait été atteint, à ses derniers moments, d'une paralysie de la langue, « de telle façon qu'il demeura trois jours entiers plein d'entendement sans pouvoir parler. Au moyen de quoi, il était contraint d'avoir recours à sa plume, pour faire entendre ses volontés. Et, comme il sentait sa fin approcher, il pria par un petit bulletin sa femme de semondre quelques gentilshommes,

---

1. Florimond de Raymond, *l'Anti-papesse,* éd. de 1594, p. 159.

siens voisins, afin de prendre congé d'eux. Arrivés qu'ils furent, il fit dire la messe dans sa chambre — nous avons vu auparavant que cela était aisé pour la chambre aménagée dans la tour, et qui donnait sur la chapelle même du château, — et comme le prêtre était arrivé sur l'élévation du *Corpus Domini*, ce pauvre gentilhomme s'élance au moins mal qu'il peut, comme à corps perdu, sur son lit, les mains jointes, et en ce dernier acte rendit son esprit à Dieu[1]. » Estienne Pasquier ne fut pas le témoin de cette pieuse agonie; il ne peut donc la raconter que par ouï-dire.

[1] *Lettres,* liv. XVIII, let. 1.

CHAPITRE IX

LA PUBLICATION POSTHUME DES *ESSAIS*

Quand son mari vint à lui manquer, après une union qui avait duré plus de vingt-sept ans, Mme de Montaigne eut deux devoirs à remplir. Elle avait deux monuments à dresser à la mémoire de celui qui la quittait ainsi : un monument de marbre, le tombeau ; l'autre, plus durable encore, était l'édition des *Essais* conforme aux dernières volontés de l'auteur. Nous verrons comment elle mena à bien ces deux tâches inégales. Nous essayerons, en même temps, de pénétrer plus avant dans la connaissance du caractère de cette femme, qui sut rester fidèle au souvenir de celui dont elle gardait la renommée et portait le nom.

Jusqu'ici nous n'avons fait qu'entrevoir Mme de Montaigne, traversant discrètement l'existence de son mari. Nous savons pourtant que, pour avoir été effacé, son rôle n'en est pas moins noble. Le ménage de Montaigne était de ceux dont Mme de Lambert parle avec humeur, et dans lesquels, suivant son expression, on ne laisse aux femmes que la gloire de l'économie. Mme de Montaigne s'y soumit sans récriminer; elle comprit que sa gloire — puisque gloire il y a — ne pouvait être qu'une gloire de reflet, et elle s'en contenta. Montaigne fut déchargé par elle de la plus grande partie des soucis de l'administration domestique, et, de la sorte, il eut le loisir de méditer et de s'entretenir avec lui-même. Grâce à la vigilance de Mme de Montaigne, à son entente des vrais besoins du ménage, le patrimoine du philosophe s'accrut, loin de péricliter. Son mari put entreprendre un voyage long et dispendieux sans épuiser ses ressources et sans laisser, lui absent, ses intérêts à l'abandon. Lui-même le reconnaît. « De Rome en hors, dit Montaigne, je tiens et régente ma maison et les commodités que j'y ai laissées; je vois croître mes murailles, mes arbres et mes rentes, et décroître, à deux doigts près, comme quand j'y suis[1]. » Cela veut dire tout uniment que quelqu'un veillait à sa place, car comment Montaigne, auquel de près tant de choses échappaient, eût-il pu si bien saisir tous les détails à travers la distance? La gestion de ce remplaçant était si consciencieuse que l'éloignement du maître ne pouvait nuire à ses affaires.

On a découvert et publié, il y a douze ans, une série de lettres qui aident beaucoup à bien apprécier Mme de Montaigne[2]. Toutes ces lettres datent

---

[1]. *Essais* (1588), l. III, ch. IX.
[2]. *Lettres inédites de Françoise de La Chassaigne, veuve de Michel Eyquem de Montaigne*, publiées par Jules Delpit à la suite de l'*Inventaire de la collection de J.-F. Payen*, 1878, in-8°, p. 275.

LES ESSAIS
DE MICHEL SEI-
GNEVR DE MONTAIGNE.

EDITION NOVVELLE, TROVVEE APRES
le deceds de l'Autheur, reueuë & augmentée par luy d'vn
tiers plus qu'aux precedentes Impreßions.

A PARIS,
Chez MICHEL SONNIVS, ruë sainct Iaques,
à l'escu de Basle.

CIɔ. Iɔ. XCV.

AVEC PRIVILEGE.

Fac-similé réduit du titre des Essais, 1595.)

de plusieurs années après la mort de son mari. Elles sont adressées à un religieux Feuillant, et roulent, pour la plupart, sur la construction du tombeau même de Montaigne. Sans doute, c'est la correspondance d'une vieille femme dévote. Les recommandations pieuses s'y mêlent aux demandes de services obligeants. Il n'en est pas moins intéressant de parcourir ces lettres avec soin, car on y trouve, chemin faisant, bien des renseignements à glaner. Le R. P. Marc-Antoine est à la fois le confesseur de Mme de Montaigne et son homme de confiance : confesseur indulgent, qui ne s'occupe pas seulement des besoins de l'âme pour négliger ceux du corps. Entre le religieux et la pénitente s'établit un échange d'attentions et de soins, dont ils se remercient mutuellement : pendant les chaleurs de l'été, celui-ci envoie des oranges, qui sont les bienvenues, et Mme de Montaigne répond à ces avances par quelques boîtes de cotignac. Souvent aussi, elle le charge d'emplettes que son éloignement de la ville l'empêche de faire effectuer directement. « Je vous prie de ne laisser pas pourtant de me faire apporter une pièce d'étamine, du prix de quatre ou cinq écus ou aux environs. L'on dit qu'il faut l'aller acheter en un lieu qui s'appelle *le Magasin*, où il y en a de très belles, bonnes et à bon compte. Si vous y employez quelque dévote demoiselle de vos amies pour la choisir et marchander, vous m'obligerez fort de me la faire porter avec vous, ou autrement. Votre cousine en a grand besoin. Je crois que M. de Castelnau ne voudrait pas refuser ni celle-là, ni sept aunes de taffetas gris, d'un écu l'aune. Je lui compterai bien sur les frais de ma maison, chose qui ira beaucoup au delà. » La commission est piquante. Aussitôt, il est vrai, Mme de Montaigne s'excuse de son importunité. « Mon très révérend Père, je fais bien conscience de vous employer en telles affaires, mais la nécessité m'y contraint, car je ne sais comment faire ; et, quand vous serez ici, je vous entretiendrai de beaucoup de choses que vous ne croiriez pas. »

Cet extrait donne bien le ton général de la correspondance. Ce ne sont le plus souvent que de menus services qui ne tirent pas à conséquence. La naissance du R. P. Marc-Antoine — il s'appelait, *de son surnom dans le siècle,* Antoine Clausse, seigneur de Marchaumont, et était issu d'une vieille famille qui avait fourni plusieurs évêques-comtes de Châlons, — surtout ses relations d'alliance avec M. de Gamaches, le second gendre de Mme de Montaigne, permettaient avec lui des confidences plus importantes et plus intimes. Elles abondent dans les quelques lettres qu'on a retrouvées et les rendent précieuses. Elles nous apprennent quel souvenir attendri le philosophe avait laissé dans l'esprit et dans le cœur de sa veuve. Trente ans après la mort de Montaigne, Françoise de La Chassaigne se rappelle encore avec émotion son mari, « de qui était tout le bien qu'elle a », et en novembre 1621, pour la fête des Trépassés, à ces heures consacrées au culte de ceux qui ne sont plus, sa mémoire remonte avec tristesse le cours du temps. Par une attention touchante, elle réunit alors les deux êtres qui lui tinrent le plus au cœur, et qui, tous les deux, sont disparus avant elle, et elle recommande son mari et sa fille aux prières du religieux.

Aussitôt après la mort de Montaigne, sa femme et sa fille s'étaient, en effet, vouées au souvenir du grand homme. Montaigne pensait sans cesse à son œuvre, la revoyant et l'augmentant chaque jour; la mort l'avait surpris au milieu de cette besogne. En disparaissant, il laissait un volume où sa pensée, sans être définitive, était cependant plus conforme à ses dernières volontés. Jusqu'à la fin l'auteur avait remanié son livre, le corrigeant et en chargeant les marges de réflexions nouvelles. Il existe encore aujourd'hui un manuscrit tout entier de la main de Montaigne, qui permet de juger quel était ce labeur. C'est un exemplaire des *Essais* de l'édition de 1588, dont les marges sont couvertes d'additions de l'écrivain; après avoir appartenu aux Feuillants de Bordeaux, il est maintenant à la Bibliothèque de la ville. Sa conservation est parfaite; par malheur, le volume ayant été relié à la fin du dernier siècle, l'ouvrier a sottement rogné les pages, si bien qu'il manque sur les marges latérales trois lettres environ à chaque ligne, et, en haut ou en bas des pages, parfois plusieurs lignes entières. Tel qu'il est, le volume de Bordeaux montre parfaitement comment Montaigne revoyait son œuvre lorsque sa dernière heure vint à sonner; on y sent à chaque instant tout le soin apporté à cette revision. « Les notes sont d'une écriture facile à lire en général et bien formée, a dit quelqu'un qui avait étudié de près ce précieux exemplaire, et je ne puis que confirmer cette appréciation[1]; les caractères sont de dimensions très variées, mais toujours parfaitement nets. Bien que les ratures soient nombreuses, il est possible, sauf pour un petit nombre de mots disséminés, d'arriver à lire le mot écrit d'abord; dans tous les cas, il est aisé de dégager la rédaction définitive. Quelques renvois très simples permettent d'intercaler l'addition à la place qui lui est destinée. Assez souvent aussi, et principalement lorsqu'il s'agit de remplacer la phrase imprimée, celle-ci est biffée et la nouvelle rédaction est écrite en interligne. On voit enfin, dans le texte même, un nombre infini de corrections d'orthographe et de ponctuation. »

Tout cet effort était considérable, et il importait qu'il ne fût pas perdu pour le lecteur. C'était un pieux devoir de mettre au jour les *Essais* ainsi amendés, et Mme de Montaigne s'en préoccupa sans retard. Aussitôt après la mort de son mari, au milieu de la douleur qu'elle en ressentait, elle se préoccupa de sauvegarder les manuscrits du moraliste; et, contraignant son affliction, elle voulut donner au public une nouvelle édition des *Essais* conforme à la dernière pensée de l'auteur. Mlle de Gournay le déclare fort expressément[2]. « Elle a tout son pays pour témoin, s'écrie la savante fille en

---

1. L. Manchon, *De la constitution du texte des* Essais, étude publiée (pp. 49-69) dans le petit volume posthume intitulé : *Léon Manchon (14 janvier 1859 - 20 mars 1886)*. Laval, 1886, in-8º.
2. Dans la grande préface qu'elle a mise en tête de l'édition de 1595, p. 4.

parlant de Mme de Montaigne, d'avoir rendu les offices d'un très ardent amour conjugal à la mémoire de son mari, sans épargner travaux ni dépense; mais je puis témoigner en vérité pour le particulier de ce livre que son maître même n'en eut jamais tant de soin. » Ce n'est pas un mince mérite, on en conviendra, de s'être ainsi inquiétée aussitôt de ce qui pouvait faire mieux apprécier les méditations de son mari, d'autant que le deuil qu'elle éprouvait de son veuvage eût pu être pour Mme de Montaigne une excuse décente de différer plus encore cet hommage à la gloire du grand mort.

Mais il fallait plus que de la bonne volonté pour se faire l'éditeur des *Essais* et savoir débrouiller la pensée de l'auteur au milieu de ses papiers. Comment les choses furent-elles menées à bien? par quelle suite d'intelligents concours Mlle de Gournay put-elle publier, moins de trois ans après le décès de Montaigne, cette édition de 1595 qui fait tant d'honneur à la piété de la fille d'alliance du philosophe? Toutes les données du problème ne sont pas également claires; elles le sont assez cependant pour qu'on en puisse entrevoir le résultat [1]. Nous pourrions le déterminer exactement, si nous savions en quel état précis se trouvaient les manuscrits laissés par

---

1. Grâce surtout à la sagacité de M. R. Dezeimeris, qui en a précisé les termes dans ses *Recherches sur la recension du texte posthume des* Essais *de Montaigne* (Bordeaux, 1866, in-8º). Voy. aussi les *Recherches* du même auteur *sur la vie de Pierre de Brach* (p. LXXIV et suiv. du tome II de l'édition des *Œuvres poétiques*. Paris, 1862, in-4º) et l'étude déjà citée de L. Manchon sur la *Constitution du texte des* Essais.

MADEMOISELLE DE GOURNAY.

(D'après le portrait de Mathéus.)

Montaigne à son décès. Nous ne le savons pas, et il ne faut pas oublier que la mort surprit le philosophe dans la refonte de son livre. Seul l'exemplaire de Bordeaux nous a été conservé. C'est beaucoup assurément, puisqu'il contient, en manuscrit, la plus grande partie des passages nouveaux. Cela ne suffit pourtant pas absolument, car il est certain que Montaigne avait pris note ailleurs d'additions ou de variantes à son œuvre dont la rédaction autographe ne nous est point parvenue. Essayons néanmoins, en examinant ce qui subsiste, de déterminer le travail des éditeurs de 1595.

Il paraît très probable que l'exemplaire couvert de notes manuscrites et conservé actuellement dans la bibliothèque de Bordeaux était celui qui, dans la pensée de Montaigne, devait servir de base à une réimpression des *Essais*. Cela résulte du grand nombre de corrections et d'additions qui sont portées sur les marges et du soin avec lequel elles sont faites. Pour amender son ouvrage, Montaigne se livre à une besogne méticuleuse de revision qui devait lui coûter beaucoup, étant donnés la nature de son esprit et le mauvais état de sa santé; il s'y applique pourtant, ne négligeant rien, jusqu'aux recommandations typographiques, avec l'intention évidente de faire disparaître ce qui lui semble défectueux. Montaigne simplifie l'orthographe, à laquelle il attache plus d'importance qu'il n'en a l'air, et dans un avis à l'imprimeur, qu'on lit en tête du manuscrit, il résume sommairement les règles qu'il veut suivre désormais. Au point de vue du style, il coupe ses phrases, bannissant chaque jour davantage les longues périodes cicéroniennes, hachant, au contraire, son style, à l'exemple de Sénèque ; sous sa plume, les virgules se changent en deux-points, et ceux-ci deviennent des points simples, qui marquent plus fréquemment la fin de la phrase. Montaigne, qui n'était pas grammairien, le devient presque, à passer ainsi son propre ouvrage au crible. Et toutes ces corrections si minutieuses — mots changés ou phrases modifiées — sont faites d'une écriture sinon naturellement lisible, du moins volontairement soignée. Des renvois assez simples permettent de se reconnaître au milieu des additions nouvelles et de les intercaler à leur place. Croit-on que Montaigne se fût imposé un pareil labeur sur un exemplaire de son livre avec l'intention de reporter ailleurs toutes les remarques dont il le surchargeait ? La besogne était déjà bien fastidieuse pour un esprit prime-sautier ; elle était fatigante pour un tempérament rongé par la maladie, et il eût été hors de ses forces de la recommencer. Pense-t-on enfin que Montaigne, qui écrivait « insupportablement mal », se fût ainsi contraint à bien écrire pour l'unique plaisir de se relire plus aisément. Tout ceci est inadmissible, et il serait plus inadmissible encore de supposer que tous ces changements d'orthographe et de ponctuation n'ont pas été faits avec la pensée qu'ils seraient définitifs. Il ressort, au contraire, de toutes ces considérations que l'exemplaire de Bordeaux est bien celui que Montaigne destinait à l'impression. Sans doute, il l'eût modifié en quelques endroits, car ses intentions n'étaient pas formellement arrêtées, mais il eût servi de base à une édition nouvelle et il a sauvegardé la volonté de son auteur.

Pourtant, si l'on compare le texte du manuscrit de Bordeaux au texte publié en 1595 par Mlle de Gournay, on constate tout d'abord un grand nombre de différences de détail : des mots sont changés et des phrases autrement coupées ; d'autres phrases, des développements même, ont été imprimés, tandis qu'ils manquent dans le manuscrit ; celui-ci, à son tour, renferme quelques phrases que l'impression n'a pas reproduites. Que faut-il conclure de ce manque de concordance ? Peut-on accuser de négligence les éditeurs posthumes des *Essais*, ou bien faut-il croire qu'il existait un autre manuscrit aujourd'hui perdu et que ce manuscrit était le meilleur, puisqu'il a été choisi de préférence ? Ces deux hypothèses sont aussi invraisemblables l'une que l'autre ; j'ai déjà essayé de montrer l'impossibilité de la dernière, j'ajouterai seulement que rien ne permet de soupçonner la conscience éclairée de Mlle de Gournay. Au surplus, la différence qui sépare les deux textes est trop minime pour justifier l'existence d'une seconde version manuscrite. Il est seulement infiniment probable que Montaigne n'accroissait pas uniquement son livre en couvrant ses marges d'additions. Les marges disparaissaient, en effet, sous l'abondance des remarques, et il eût été difficile d'y insérer tous les passages ajoutés. Tant que son livre n'était pas livré aux typographes, Montaigne l'accroissait sans relâche, et le manque de place pouvait seul l'empêcher d'y intercaler quelque aperçu nouveau ou quelque heureuse citation. Il prenait alors en note ses réflexions sur des feuillets volants, enregistrant ses humeurs sur des « petits brevets décousus », comme il enregistrait les variations de sa santé. On voit sur l'exemplaire de Bordeaux les signes de renvoi à ces notes écrites sur des papiers isolés. Exposés à la dispersion, ceux-ci ne nous sont point parvenus, mais ce qu'ils contenaient a pris place dans l'édition de 1595. Montaigne dut écrire également de la sorte soit une première rédaction de quelques passages de son livre, soit une version nouvelle, et ainsi s'expliquent les variantes qu'on peut relever entre le texte manuscrit que nous possédons et l'édition de 1595.

Avant de remettre à l'imprimeur le texte de cette édition, il fallait donc se reconnaître au milieu des papiers de Montaigne, y trouver la véritable intention de l'auteur. Mme de Montaigne avait pieusement recueilli tous les brouillons de son mari, mais quel que fût son culte pour la mémoire du grand mort, elle ne pouvait donner elle-même ses soins à la publication posthume des *Essais;* c'était une tâche au-dessus de ses forces, car rien ne nous fait supposer qu'elle eût les connaissances philosophiques nécessaires pour la mener à bien. Qui chargea-t-elle d'examiner les manuscrits de Montaigne et de les mettre en ordre? Nous savons que ce ne fut pas Mlle de Gournay; il est en effet certain que celle-ci ne vint à Montaigne qu'après avoir publié les *Essais;*

elle-même nous l'apprend formellement. « Un an et demi après la mort de Montaigne — c'est-à-dire dans les premiers mois de 1594, — lit-on dans la petite notice placée à la fin des *Avis ou Présents* de Mlle de Gournay[1], la veuve et la fille unique de ce grand homme envoyèrent les *Essais* à Mlle de Gournay, lors retirée à Paris, pour les faire imprimer, la priant de les aller voir après, afin de prendre entière et mutuelle possession de l'amitié dont le défunt les avait liées les unes aux autres; ce qu'elle fit et demeura quinze mois avec elles. » C'est ce qui arriva effectivement : Mlle de Gournay ne se rendit à Montaigne qu'après avoir terminé l'édition des *Essais* qu'elle surveilla, et son séjour à Montaigne dura au moins jusqu'à la fin de 1596, car nous avons une lettre d'elle qui porte l'indication de cet endroit et la date du 15 novembre 1596[2].

De qui Mlle de Gournay tenait-elle donc la copie qui lui servit à la réimpression des *Essais*, et qui fut chargé d'établir le texte qui devait être ainsi livré au public ? Certes, « ce n'était pas légère entreprise, » ainsi que Mlle de Gournay le reconnaît, que de bien lire les manuscrits de Montaigne « et garder que telle difficulté n'apportât ou quelque entente fausse, ou transposition, ou des omissions ». A qui ce soin délicat incomba-t-il ? Mlle de Gournay nous l'apprendra encore en remerciant le poète Pierre de Brach

---

1. Paris, 1641, in-4°, p. 994.
2. C'est une lettre à Juste-Lipse que le Dr Payen a publiée, dans le *Bulletin du Bibliophile* (1862, p. 1304), parmi d'autres lettres relatives à la mort de Montaigne.

d'avoir été, pour ainsi dire, l'éditeur au premier degré de cette réimpression posthume des *Essais*, d'avoir constitué le texte qu'elle allait reproduire. « Que je sais de gré au sieur de Brach, — écrit Mlle de Gournay dans la grande préface qui précède son édition de 1595, — de ce qu'il assista toujours soigneusement Mme de Montaigne au premier souci de sa fortune — la fortune de ce livre, les *Essais*, — intermettant pour cet exercice la poésie dont il honore sa Gascogne, et ne se contentant pas d'emporter sur le siècle présent et les passés le titre d'unique mari, par la gloire qu'il prête à sa femme défunte [1], s'il n'enviait encore celui de bon ami par tels offices et plus méritoires vers un mort. » Le langage de Mlle de Gournay est pesant, mais il est clair. Cet *office de bon ami*, cet *exercice* assidu et prolongé qui détourne de Brach de ses propres ouvrages, c'est évidemment la collation des manuscrits de Montaigne, l'établissement du texte qui allait devenir définitif et son choix au milieu des rédactions diverses qu'avait pu laisser l'auteur. De Brach fournissait ainsi la base sur laquelle Mlle de Gournay allait asseoir son pieux édifice.

Au reste, Mlle de Gournay se conforma complètement aux textes qui lui étaient transmis par Mme de Montaigne, et qui avaient été préparés par de Brach : « J'ai secondé ses intentions jusqu'à l'extrême superstition, » déclare-t-elle d'elle-même, et elle peut, en toute sincérité, se rendre pareil témoi-

---

1. Mlle de Gournay fait allusion ici aux vers que De Brach avait consacrés à la mémoire de sa femme.

gnage. « Aussi n'eussé-je pas restivé (regimbé), s'écrie-t-elle, lorsque j'eusse jugé quelque chose corrigeable, de plier et prosterner toutes les forces de mon discours sous cette seule considération que celui qui le voulut ainsi était père et qu'il était Montaigne. » Telle fut bien effectivement la conduite de Mlle de Gournay ; éditeur consciencieux, elle respecta jusqu'au scrupule le texte qui lui était fourni ; éditeur diligent aussi, car elle apporta à la tâche qui lui était confiée toute l'activité de son esprit. Comme on l'a vu plus haut, c'est en mars 1594 que Mlle de Gournay reçut, de Mme de Montaigne et de sa fille, la copie du nouveau texte des *Essais*, et avant la fin de cette même année, ce texte était livré au public par Abel Langelier, dans une « édition nouvelle, trouvée après le décès de l'auteur, revue et augmentée par lui d'un tiers de plus qu'aux précédentes impressions ». Neuf mois environ avaient donc suffi à Mlle de Gournay pour s'acquitter de sa tâche ; ce délai était normal pour diriger la publication du volume, mais quel que fût le zèle de la docte fille, elle n'eût pas pu, dans ce même laps de temps, préparer tout ensemble le texte qui allait voir le jour et en mener à bien l'apparition. Cette remarque confirme encore le rôle que nous prêtons à Mlle de Gournay et qui fut le sien ; elle se conforma avec exactitude à la ligne de conduite qui lui avait été tracée, et, la conscience en repos, elle pouvait invoquer comme garant de sa fidélité ce manuscrit original des *Essais* qui, étant demeuré à Montaigne, n'avait pas passé sous ses yeux.

Telles sont les origines de cette célèbre édition des *Essais* de 1595, qui a été si généralement adoptée

PIERRE DE BRACH.
(D'après Thomas de Leu.)

par les éditeurs subséquents. Établie par Pierre de Brach sur les papiers mêmes de Montaigne, aussitôt après la mort de celui-ci, surveillée par Mlle de Gournay avec une vigilance soutenue, elle offre donc toutes les garanties désirables de sincérité, et son autorité ne peut être mise en doute. On ne saurait dire pourtant qu'elle représente la pensée définitive de Montaigne. Nous avons déjà fait la remarque que cette pensée n'était pas encore fixée avec certitude quand la mort surprit le philosophe. La grande préoccupation des exécuteurs des dernières volontés de Montaigne devait donc être de respecter son œuvre, bien qu'indécise par endroits, et de la donner au public telle qu'elle leur était parvenue. Sans doute, dans une revision dernière, Montaigne eût senti que ses intercalations incessantes rompaient parfois l'ordre et obscurcissaient le sens. Le manuscrit de Bordeaux offre quelques corrections qui permettent d'affirmer que l'auteur savait reporter ailleurs un morceau qui ne lui semblait pas à sa place, ou même retrancher un développement hors de propos. Si, avant de publier son livre, Montaigne avait pu l'embrasser encore d'un coup d'œil, considérant alors la suite des idées, l'ensemble et non le détail de ce livre, il eût perçu plus nettement tout ce qui en troublait l'harmonie et sacrifié plus allègrement encore ce qui était nuisible ou superflu. Les éditeurs de 1595 ont pensé que ce travail d'émondage ne les regardait pas ; ils ne se sont permis aucun changement et ils ont bien fait : si le livre a perdu en clarté, nous avons du moins l'auteur tout entier. Le respect s'imposait alors, scrupuleux, absolu, et nous devons un triple hommage à Mme de Montaigne, à Pierre de Brach et à Mlle de Gournay pour ne s'en être jamais départi.

Là ne s'arrêta pas le dévouement de Mme de Montaigne à la gloire du grand mort. En même temps qu'elle consacrait au génie de Montaigne ce volume qui contenait toutes ses méditations, sa veuve voulut élever à sa dépouille mortelle un tombeau où ses cendres pussent reposer à jamais. Dans la lettre où il annonce à Juste-Lipse le décès de Montaigne, Pierre de Brach l'entretient aussi du projet de consacrer au philosophe un monument digne de son illustration. « Je sais, Monsieur, disait De Brach, que vous avez eu en beaucoup d'amitié et en beaucoup d'estime feu M. de Montaigne ; vous en avez donné des témoignages publics durant sa vie, donnez-en après sa mort. Nous faisons dresser une pyramide pour son cercueil ; une plinthe y sera réservée pour ce que vous dédierez à sa mémoire. » Mais les choses n'allèrent pas aussi rapidement que Pierre de Brach semblait le supposer, et, en fin de compte, il ne paraît pas que Juste-Lipse ait composé jamais l'épitaphe de Montaigne, peut-être parce que la mort le prit lui-même avant l'achèvement du tombeau de son ami.

Dès le 27 janvier 1593, Mme de Montaigne acquérait un droit de sépulture dans l'église des Feuillants de Bordeaux. Par contrat en date de ce jour, les religieux promettaient « de faire bâtir et construire au-devant le grand autel un caveau, et en icelui mettre le corps dudit feu sieur de Montaigne, de ladite dame et de leur postérité, et au-dessus y dresser et ériger un sépulcre et monument ; ensemble de faire faire une ceinture au dedans de ladite église, et en

icelle mettre les armes dudit sieur de Montaigne. »
Ils promettaient, en outre, « de dire... deux messes
hautes... et deux messes basses, savoir : l'une à
chacun XIIIe jour de chacun mois de septembre, qui
est semblable jour auquel ledit feu sieur de Montaigne décéda, et l'autre à tel et semblable jour
que le corps d'icelui feu sieur sera mis audit caveau ;
et deux messes basses, savoir : l'une à chacun premier jour d'août, fête de saint Pierre aux Liens, et
l'autre chacun jour en la fête de saint Michel
Archange, le tout pour le salut de l'âme dudit feu
sieur et dame de Montaigne et leurs parents trépassés[1]. » Toutes ces stipulations étant ainsi réglées,
l'engagement devenait définitif. La dépouille mortelle de Montaigne fut donc déposée, le 1er mai 1593,
dans un caveau de l'église des Feuillants. Mais
des incidents surgirent dans la suite, qui vinrent
embrouiller l'état des choses et troublèrent la tranquillité de Mme de Montaigne.

Les Feuillants ne tardèrent pas, en effet, à agrandir
leur vieille église par l'adjonction de chapelles latérales. Mais ces modifications changèrent la disposition de l'édifice, et le corps de Montaigne ne se
trouva plus placé, ainsi qu'il devait l'être, au-devant
du maître-autel. Mme de Montaigne s'en plaignit.
Les religieux lui abandonnèrent alors une chapelle
latérale, dont la construction avait été commencée
par les héritiers de Florimond de Raymond, — celui-

---

[1]. Les actes relatifs à la sépulture de Montaigne ont été publiés
ou analysés par Jules Delpit en tête des lettres de Mme de Montaigne.

là même qui avait succédé au Parlement à Michel de Montaigne, quarante ans auparavant. — C'est dans la crypte funéraire de cette chapelle que Mme de Montaigne fit déposer, le 1er mai 1614, le corps de son mari, décédé depuis plus de vingt ans ; c'est là aussi que la fille unique de l'auteur des *Essais* ne tarda pas à venir le rejoindre (1616). Longtemps cependant après cette cession, le cercueil de Florimond de Raymond était demeuré dans le caveau où reposaient les restes de Montaigne. On voit dans les quelques lettres de Mme de Montaigne, découvertes et publiées récemment, combien elle se préoccupait de l'exhumation de « ce corps, qui lui causait tant de déplaisir ».

Enfin, le tombeau de Montaigne put être érigé. Les Révérends Pères avaient mis beaucoup de mauvaise volonté à se conformer à leurs engagements. Devant la menace d'un bon procès, ils consentirent une transaction notariée, et, reconnaissant Mme de Montaigne « pour leur première bienfaitrice », ils lui accordaient ce qu'elle réclamait si instamment, c'est-à-dire la chapelle la plus voisine du maître-autel et le droit d'y faire figurer les armes de son mari. Mme de Montaigne promettait de son côté de « faire ôter au plutôt le sépulcre et effigie dudit feu sieur de Montaigne du lieu où il est dans l'ancienne église ». C'était un monument en pierre de Taillebourg ; un sarcophage rectangulaire est posé sur un socle et supporte la statue de Montaigne, couché et revêtu d'une armure de chevalier. Les mains sont jointes pour la prière ; le casque est déposé derrière la tête; les gantelets sont à côté du corps; aux pieds, un lion couché. On risquerait de ne pas reconnaître le paisible Montaigne sous cet appareil guerrier, si les épitaphes ne nous éclairaient pas absolument à ce sujet. Des deux côtés les armoiries sont gravées, et, au-dessus, deux épitaphes, l'une en distiques grecs, l'autre en prose latine. Contrairement à ce qu'on espérait tout d'abord, il ne paraît pas que ce soit Juste-Lipse qui les ait rédigées; tout concourt, au contraire, à faire croire qu'elles sont l'œuvre d'un érudit bordelais, avocat au Parlement, Jean de Saint-Martin [1].

« Qui que tu sois, disent les vers grecs, qui, en voyant cette tombe et mon nom, demandes : Montaigne est-il donc mort? cesse de t'étonner. Corps, noblesse, félicité menteuse, dignités, crédit, jouets périssables de la fortune, rien de cela n'était mien. Rejeton divin, je suis descendu du ciel sur la terre des Celtes, non point huitième sage de la Grèce ni troisième de l'Ausonie, mais unique, égalant à moi seul tous les autres, et par la profondeur de ma sagesse, et par les charmes de mon langage, moi qui, au dogme du Christ, alliai le scepticisme de Pyrrhon. La jalousie s'empara de la Grèce; elle s'empara de l'Ausonie, mais j'arrêtai moi-même cette rivalité jalouse en remontant vers ma patrie, en reprenant mon rang au milieu des esprits célestes. »

---

[1]. C'est ce que M. R. Dezeimeris a mis en pleine lumière par d'ingénieux rapprochements, dans ses *Recherches sur l'auteur des épitaphes de Montaigne* (Paris, 1861, in-8º). Nous reproduisons ici l'excellente traduction que M. Dezeimeris a donnée dans son ouvrage des deux textes, grec et latin, restitués par lui.

L'épitaphe latine est plus précise. La voici :

« A Michel de Montaigne, périgourdin, fils de Pierre, petit-fils de Grimond, arrière-petit-fils de Rémond, chevalier de Saint-Michel, citoyen romain, ancien maire de la cité des Bituriges Vivisques, homme né pour être la gloire de la nature, et dont les mœurs douces, l'esprit fin, l'éloquence toujours prête et le jugement incomparable ont été jugés supérieurs à la condition humaine ; qui eut pour ami les plus grands rois, les premiers personnages de France, et même les chefs des partis de l'erreur, bien que très fidèlement attaché lui-même aux lois de sa patrie et à la religion de ses ancêtres. N'ayant jamais blessé personne, incapable de flatter ou d'injurier, il reste cher à tous indistinctement ; et comme durant toute sa vie il avait fait profession d'une sagesse à l'épreuve de toutes les menaces de la douleur, ainsi, arrivé au combat suprême, après avoir longtemps et courageusement lutté avec un mal qui le tourmenta sans relâche, mettant d'accord ses actions et ses préceptes, il termine, Dieu aidant, une belle vie par une belle fin.

» Françoise de La Chassaigne, laissée en proie, hélas ! à un deuil perpétuel, a érigé ce monument à la mémoire de ce mari regrettable et regretté. Il n'eut pas d'autre épouse : elle n'aura pas eu d'autre époux.

» Il vécut cinquante-neuf ans sept mois et onze jours ; il mourut l'an de grâce 1592, aux ides de septembre. »

Telle était la façon, pour ainsi dire officielle, dont

on appréciait les doctrines du philosophe peu de temps après sa mort. Montaigne méritait de reposer en paix à jamais sous le marbre qui demandait pour lui aussi éloquemment le respect de la postérité. Ce repos fut pourtant troublé par des vicissitudes diverses. Après être demeuré deux siècles dans l'église des Feuillants, la dépouille de Montaigne fut transportée, en 1800, avec une grande solennité, dans le musée de la ville de Bordeaux. Des cavaliers, des artilleurs, des gardes nationaux précédaient le corps qu'accompagnaient les autorités municipales et celles du département. Mais on ne tarda pas à reconnaître qu'il y avait eu erreur. Les cendres auxquelles tous ces honneurs avaient été rendus n'étaient point celles de Montaigne, mais bien celles de sa nièce, Jeanne de Lestonnac. En réalité, la dépouille de Montaigne n'avait pas quitté le tombeau où elle avait été placée deux cents ans auparavant[1]. Elle y demeura encore jusqu'au mois de mai 1871. A cette date, un incendie chassa le tombeau de Montaigne hors de l'édifice qu'il avait si longtemps occupé. On le transporta plus tard dans le vestibule d'entrée des Facultés de Bordeaux, construites sur l'emplacement du couvent et de l'église des Feuillants. C'est là qu'on le voit actuellement, tandis qu'on n'a pu retrouver le petit vaisseau contenant le cœur de l'illustre philosophe et qui fut déposé, à son décès, dans l'église de Saint-Michel-de-Montaigne.

1. Voyez, sur le transfert des cendres de Jeanne de Lestonnac au musée de Bordeaux, les *Archives historiques de la Gironde*, t. XIV, p. 55 et suiv.

TOMBEAU DE MONTAIGNE.

Revenons pour un instant encore à Mme de Montaigne. Veuve, elle s'était fixée à Montaigne, y vivant fort retirée et vouée au culte de son mari. La correspondance publiée redit bien les préoccupations de cette existence solitaire. Ce sont les soucis domestiques qui l'emportent. Parfois, cependant, la vieille dame, au milieu de ses propres tracas, s'inquiète des affaires du pays; elle fait part à son confesseur de ses appréhensions et de ses craintes. « Mon très Révérend Père, lui écrit-elle, le 31 août 1619, dans une lettre fort intéressante, nous ne savons rien ici de nouveau ni de la cour ni d'ailleurs. On dit que la reine est partie d'Angoulême pour aller trouver le roi. » — La reine-mère s'était, en effet, échappée de Blois, avec l'aide du duc d'Épernon, et s'était réfugiée à Angoulême. — « Je ne sais s'il est vrai, et pour la meilleure nouvelle que je vous puis mander, mon cher Père, c'est que Dieu m'a fait la grâce de tenir par sa main puissante mon âme en assez tranquille état, et que lorsque j'aurai cet heur de vous voir, j'espère que je serai encore mieux. Continuez-moi en vos prières et oraisons, lesquelles jusqu'ici m'ont grandement profité, si me semble. »

Ne croirait-on pas retrouver dans ces paroles un écho lointain de la résignation de Montaigne, mais d'une résignation plus religieuse que philosophique, inspirée plus par la foi que par la sagesse? Cependant, au bruit des guerres qui recommencent, cette tranquillité d'esprit disparaît, et lorsque le sang coule de nouveau, la femme s'émeut à cette pensée. Elle écrit en 1622 : « Nous sommes ici à regretter les peines et les déplaisirs que notre bon roi reçoit de ses ennemis ; c'est une grande calamité de voir la perte d'hommes que la France fait. » Seuls les malheurs de la patrie troublent la solitude de cette existence.

C'est ainsi que Mme de Montaigne passa, à Montaigne, les trente-cinq années de sa viduité. C'est dans sa solitude qu'elle vit disparaître successivement ceux qui lui étaient chers : sa fille unique, Léonor, mourut le 23 janvier 1616 ; auparavant celle-ci avait perdu son premier mari, François de Latour, et l'unique enfant, Françoise de Latour, issue de cette union [1]. Il est vrai que du second mariage de Léonor de Montaigne avec Charles de Gamaches était née une seconde petite-fille, Marie de Gamaches, et elle consolait la vieillesse de l'aïeule. C'est Marie de Gamaches qui veilla sur les derniers jours de sa grand'mère et qui lui ferma les yeux [2]. Mme de Montaigne était, au reste, bien préparée à la mort. « Il est certes temps que vous m'aidiez à offrir mon âme à Dieu, écrit-elle au R. P. Marc-Antoine, et me résoudre à toutes ses saintes volontés. » Quelques

---

1. Mariée à Honoré de Lur, Françoise de Latour mourut en couches. Son fils Charles de Lur, vicomte d'Aureilhan, né en 1612, fut tué, à l'âge de vingt-sept ans, au siège de Salces en Roussillon, en 1639.

2. Marie de Gamaches épousa, en 1627, Louis de Lur, frère puîné d'Honoré de Lur, mari de sa sœur utérine Françoise de Latour. Le fils de celle-ci étant mort sans postérité, Marie de Gamaches a seule perpétué la descendance de Montaigne. C'est de sa fille, Claude-Madeleine de Lur, que descendent les Ségur-Montaigne qui héritèrent de la terre, et l'ont cédée aux propriétaires actuels. (Th. Malvezin, *Montaigne et sa famille*, p. 195.)

mois après, elle trépassait, en mars 1627, à l'âge de quatre-vingt-trois ans. Elle avait survécu trente-cinq ans à son mari, toujours fidèle à la mémoire du grand homme, gardienne vigilante et dévouée de la gloire de l'écrivain. Elle fut inhumée avec la pompe qui convenait à son rang. Douze prêtres conduisirent son corps à l'église de Saint-Michel-de-Montaigne, et les cloches des neuf paroisses environnantes sonnèrent le glas pendant la funèbre cérémonie. Un peu plus tard, en dressant l'inventaire de la défunte, parmi les objets qu'elle gardait pieusement, on trouva un collier de l'ordre de Saint-Michel. C'était le propre collier de Michel de Montaigne, suprême souvenir d'un mari qu'elle avait tant honoré.

TABLE DES MATIÈRES

PRÉFACE. VII

CHAPITRE PREMIER. — La famille de Montaigne. 1 à 26

Les Eyquem. Michel abandonne le nom patronymique. — Ramon Eyquem, bisaïeul de Michel, marchand à Bordeaux, enrichit la famille et acquiert la maison noble de Montaigne. — Grimon Eyquem, fils de Ramon, continue et accroît le négoce de son père. Il devient jurat et prévôt de Bordeaux et ménage à ses enfants des alliances honorables. — Pierre Eyquem, fils aîné de Grimon et père de Michel. Son humeur aventureuse. Il est soldat et fait les guerres d'Italie. Son mariage, au retour, avec Antoinette de Louppes. Devenu maire de Bordeaux, il embellit son domaine de Montaigne et donne à son nom un éclat qu'il n'avait pas eu jusque-là.

CHAPITRE II. — La jeunesse de Montaigne . . . . 27 à 62

Naissance de Michel Eyquem de Montaigne. De pauvres gens le tiennent sur les fonts baptismaux. — Première éducation de l'enfant sous la direction d'un pédagogue allemand. On ne lui apprend que le latin. — Entrée de Michel au Collège de Guyenne. Prospérité de cet établissement sous l'impulsion d'André de Gouvéa. — Plan des études. — Vie des écoliers. — Montaigne écolier. Ses maîtres : Buchanan, Élie Vinet, Muret. — Michel prend ses grades en droit, sans doute à l'Université de Toulouse.

CHAPITRE III. — Montaigne magistrat . . . . . . 63 à 124

Fondation par Henri II d'une Cour des Aides à Périgueux. Pierre Eyquem figure au nombre des conseillers et son fils lui succède. — Incorporation de cette Cour au Parlement de Bordeaux. — Difficultés et lenteurs de cette mesure. — Rôle que Montaigne y joua. — Montaigne conseiller à Bordeaux. Ses aptitudes et ses goûts. — Il vient à Paris et suit la Cour à Rouen. — Montaigne et La Boétie. Caractère de leur liaison. — Mariage de Montaigne avec Françoise de La Chassaigne. — Mort de Pierre Eyquem. — Montaigne cède sa charge de conseiller au Parlement. — Publication de la *Théologie naturelle* de Raymond de Sebonde et des opuscules de La Boétie.

CHAPITRE IV. — Montaigne chez lui...... 125 à 190

Montaigne se retire à la campagne. — Son isolement a deux causes : le souci de ses intérêts de propriétaire et le désir de se ménager une retraite selon ses goûts. — Solitude de Montaigne dans la tour dont il fait sa résidence favorite. — Description de sa « librairie » : les peintures, les sentences et les livres. — Montaigne lit et médite. Il passe rapidement sur les livres qui n'éveillent pas ses réflexions, s'attardant au contraire sur ceux qui le stimulent et le font penser. — Quels auteurs il lit et comment il les lit. — Les annotations de Montaigne sur ses livres : l'exemplaire de *César*. — Vie de famille de Montaigne : ses enfants. — Son intervention dans les affaires publiques. Le duc de Montpensier le dépêche auprès du Parlement de Bordeaux. Charles IX le fait chevalier de Saint-Michel, et Henri de Navarre gentilhomme de sa chambre.

CHAPITRE V. — Les *Essais*............. 191 à 252

La publication des *Essais* : leur succès. — Comment Montaigne les a-t-il composés ? — Ce qu'ils contiennent. — Dangers de se peindre soi-même. Montaigne les a-t-il évités ? — Les sources de l'inspiration philosophique de Montaigne. — Les livres saints. — La sagesse antique : Socrate, Platon, Aristote, Cicéron. — Ses préférences pour Sénèque et Plutarque. Ce qu'il prit à l'un et à l'autre. — Les lectures de Montaigne confirment ses idées et l'encouragent à écrire. — Il cherche à peindre l'homme en général et ne se prend pas pour une exception. — Montaigne écrivain : sa véritable place au XVIe siècle. Son style. Son bon sens et sa bonne humeur. — Le Gascon en Montaigne. — Sa tolérance doit être rapprochée de celle de Henri IV. — Le vrai tempérament de Montaigne se montre surtout dans la première édition des *Essais*.

CHAPITRE VI. — Montaigne en voyage...... 253 à 306

Montaigne vient à la Cour après la publication de son livre. — Il entreprend de voyager pour soigner sa gravelle. — Humeur de Montaigne voyageur : il aime le changement, et cet état d'esprit se fait jour dans son *Journal de voyage*. — Les bains de Plombières. — Montaigne en Allemagne et en Suisse : Mulhouse, Bâle, Bade, la Bavière et le Tyrol. — Ardeur de voyage de Montaigne. — Montaigne en Italie : Venise, Ferrare, Florence. — Montaigne à Rome : ce qu'il y cherche et ce qu'il y observe. Son jugement sur la Ville éternelle. — Les bains della Villa. — Montaigne, absent, est élu maire de Bordeaux. — Il retourne à Rome et, peu après, rentre en France, après un éloignement de plus de dix-sept mois.

CHAPITRE VII. — Montaigne maire de Bordeaux 307 à 412

Situation des partis à Bordeaux et en Guyenne au moment de l'élection de Montaigne. Causes de cette élection. — Le maréchal de Biron, prédécesseur de Montaigne. — Montaigne n'accepte pas sans hésitation la désignation de ses concitoyens. — Caractère de la mairie de Bordeaux. — Les temps sont calmes : le nouveau maire n'a qu'à faire des offices de courtoisie et à s'occuper d'administration locale. — Il assiste à l'installation des commissaires de Guyenne et noue des relations avec de Thou et avec Loisel. — Il va en Cour. — Différend avec le gouverneur du château Trompette. — A l'expiration de son mandat, Montaigne est élu maire une seconde fois et maintenu en fonctions, malgré les protestations. — Remontrances de la municipalité bordelaise au roi au sujet des impôts. — Montaigne approuve le plan d'études du Collège de Guyenne. — Remontrances à Henri de Navarre. — Correspondance de Montaigne avec Du Plessis-Mornay. — Réédification de la tour de Cordouan. — Henri de Navarre visite Montaigne chez lui. — La situation s'aggrave : ses dangers. — Correspondance de Montaigne avec le maréchal de

Matignon. — Démêlés d'Henri de Navarre et de la reine Marguerite. Celle-ci se retire à Agen. — La Ligue essaie de conquérir Bordeaux. Matignon se saisit de Vaillac, gouverneur du château Trompette et principal soutien de la Ligue. — Bordeaux est maintenu, par ce coup de force, dans l'obéissance du roi. — Matignon et Montaigne agissent de concert pour sauvegarder la ville. Leur correspondance à ce propos. — Montaigne négocie un rapprochement entre le maréchal et le roi de Navarre. — La peste éclate à Bordeaux. Les derniers jours de la mairie de Montaigne. A-t-il manqué à son devoir?

CHAPITRE VIII. — Le troisième livre des *Essais*. Les dernières années de Montaigne. Sa mort. 413 à 468

La peste continue ses ravages et chasse Montaigne de chez lui. — Quand le fléau a cessé, il se remet à réfléchir et complète le troisième livre des *Essais*. — Caractère de ce troisième livre. — Liaison de Montaigne et de Charron. — Montaigne vient à Paris faire imprimer son œuvre — Paris et la Ligue : Montaigne à la Bastille. — Mlle de Gournay, fille d'alliance de Montaigne. — Montaigne aux États de Blois : ses conversations avec De Thou et avec Pasquier. — Retour de Montaigne en Guyenne. — Les lettres qu'il écrit à Henri IV qui conquiert son royaume. — Les dernières années de Montaigne : sa correspondance avec Juste Lipse. — Ses derniers moments et sa mort.

CHAPITRE IX. — La publication posthume des *Essais* . . . . 469 à 496

Après la mort de son mari, Mme de Montaigne se consacre à la renommée du philosophe. — Caractère de Françoise de La Chassaigne. — Montaigne laisse en mourant les *Essais* revus et annotés en vue d'une édition nouvelle que ses héritiers s'empressent de donner au public. — Pierre de Brach et Mlle de Gournay collaborent à cette édition posthume. Dans quelle mesure? — Le tombeau de Montaigne. Les épitaphes. — Dernières années de Mme de Montaigne. Les cendres de Montaigne.

TABLE DES GRAVURES

PLANCHES HORS TEXTE

	PAGES
Montaigne. (D'après le portrait à l'huile conservé au château de Montaigne.)	III
Fac-similé d'une page des Essais *annotée par Montaigne*	474

GRAVURES DANS LE TEXTE

Plan de Bordeaux au XVe *siècle*	3
Bourgeoise de Bordeaux à la fin du XVe *siècle.* (D'après le manuscrit des *Chroniques de Froissart.* Bibliothèque nationale.)	7
Bourgeois de Bordeaux à la fin du XVe *siècle.* (D'après le manuscrit des *Chroniques de Froissart.* Bibliothèque nationale.)	11
Gentilhomme de Bordeaux à la fin du XVe *siècle.* (D'après le manuscrit des *Chroniques de Froissart.* Bibliothèque nationale.)	17
Vue du château de Montaigne. (Façade de la cour, d'après une aquarelle exécutée en 1813 par le baron de Vèze.)	21
Georges Buchanan. (D'après les *Icones illustrium virorum,* de J.-J. Boissard et Th. de Bry.)	31
Marc-Antoine Muret. (D'après le portrait attribué à Nicolas Denisot.)	37
Jules-César Scaliger. (D'après les *Icones illustrium virorum,* de J.-J. Boissard et Th. de Bry.)	39
Joseph Scaliger. (D'après les *Icones illustrium virorum,* de J.-J. Boissard et Th. de Bry.)	47
Une lecture en droit civil, par Guillaume Benedicti, conseiller au Parlement de Bordeaux	55
Sceau de l'Université de Bordeaux	59
Périgueux au XVIe *siècle.* (D'après la *Cosmographie* de Belleforest.)	65
Palais de l'Ombrière, siège du Parlement de Bordeaux. (D'après une vue du XVIIIe siècle.)	73
Scènes de la vie des Brésiliens. (Spectacle donné au roi Henri II, à Rouen, en 1550.)	85

TABLE DES GRAVURES

	PAGES
Blaise de Monluc. (D'après les *Hommes illustres*, de Thevet.)	89
Michel de L'Hospital. (D'après les *Icones illustrium virorum*; de J.-J. Boissard et Th. de Bry.)	95
Fac-similé d'un rapport autographe de La Boétie	97
Premier contrat de mariage de Montaigne. (Fac-similé des signatures.)	103
Florimond de Raymond. (D'après la gravure de C. de Mallery.)	111
Fac-similé du titre des Opuscules de La Boétie	117
Fac-similé du titre des vers français de La Boétie	119
Montaigne. (D'après Thomas de Leu.)	127
La tour de Montaigne, en 1823	135
Fac-similé d'un rapport autographe de Montaigne	143
Fac-similé du titre de la traduction de Raymond de Sebonde	149
Jacques Amyot. (D'après Léonard Gaultier.)	159
Fac-similé réduit de la page manuscrite de Montaigne sur la garde de son exemplaire de César	169
Cachet de Montaigne	175
Catherine de Médicis. (Médaillon de bronze. Musée du Louvre.)	179
Collier de l'ordre de Saint-Michel	181
Guy Du Faur de Pibrac	187
Fac-similé du titre des Essais (1580)	193
Fac-similé d'un second titre des Essais	197
Portrait de Montaigne, par Chéreau	205
Château de Montaigne avant sa restauration. (Vue prise de la porte d'entrée et de la cour.)	213
Pierre de Ronsard. (D'après le portrait attribué à Nicolas Denisot.)	219
Joachim Du Bellay	223
Jean-Antoine de Baïf. (D'après les *Icones illustrium virorum* de J.-J. Boissard et Th. de Bry.)	229
La tour de Montaigne. (État actuel.)	237
Plan et plafond du second étage de la tour de Montaigne	245
Intérieur de la bibliothèque de Montaigne	249
Vue de Bade. (D'après la *Cosmographie* de Munster et Belleforest.)	255
Vue de Venise. (D'après la *Cosmographie* de Munster et Belleforest.)	267
La locanda dell' Orso, à Rome. (D'après une photographie.)	275
Le Tasse	279
Tivoli. (Tibur.)	285
François Hotman. (D'après les *Icones illustrium virorum* de J.-J. Boissard et Th. de Bry.)	291
Notre-Dame-de-Lorette	295
Le cardinal d'Ossat. (D'après Léonard Gaultier.)	303
Bordeaux au XVIe siècle. (D'après la *Cosmographie* de Munster et Belleforest.)	309
Portrait de Montaigne. (D'après Ficquet.)	315
Le maréchal de Biron	319
Jacques-Auguste de Thou, président au Parlement de Paris	327
La Grosse Cloche. (D'après une eau-forte de M. Rochebrune.)	335

TABLE DES GRAVURES

	PAGES
Le maréchal de Matigwon. (D'après le portrait de Lochon.)	343
Le Palais-Gallien, à Bordeaux. (D'après une vue du XVIᵉ siècle.)	351
Les Piliers de Tutelle, à Bordeaux. (D'après une vue du XVIᵉ siècle.)	355
Du Plessis-Mornay	363
La tour de Cordouan au XVIIᵉ siècle	371
Le fort du Hâ au XVIᵉ siècle	375
Le chancelier de Bellièvre	385
Le château Trompette au XVIᵉ siècle	389
La comtesse de Gramont. (D'après le portrait du Musée de Versailles.)	391
Henri IV	397
La reine Marguerite	401
La Porte du Palais, à Bordeaux. (D'après une eau-forte de M. Rochebrune.)	407
Montaigne. (D'après la gravure d'Augustin de Saint-Aubin.)	415
Fac-similé réduit du titre des Essais *(1588)*	421
Livre donné par Montaigne à Charron	427
La Bastille au XVIᵉ siècle. (D'après une gravure de Du Cerceau.)	431
Montaigne à la Bastille. (Fac-similé d'une note de ses *Éphémérides.*)	435
Le château de Blois. (D'après une gravure de Du Cerceau.)	445
Étienne Pasquier. (D'après le portrait de Léonard Gaultier.)	451
Juste Lipse	457
Pierre Charron. (D'après le portrait de Léonard Gaultier.)	463
Fac-similé réduit du titre des Essais *(1595)*	471
Mademoiselle de Gournay. (D'après le portrait de Mathéus.)	477
Pierre de Brach. (D'après Thomas de Leu.)	485
Tombeau de Montaigne	493

PUBLICATIONS RÉCENTES

SUR

MONTAIGNE

I. *Les Essais de Michel de Montaigne*, publiés d'après l'exemplaire de Bordeaux par M. Fortunat Strowski, sous les auspices de la commission des archives municipales, tome I; Bordeaux, MCMVI, Imprimerie nouvelle, Pech et Cⁱᵉ. — II. *Les Grands philosophes.* — *Montaigne*, par le même, 1 vol. in-8°, Paris, 1906, Alcan. — III. *Bibliothèque littéraire de la Renaissance.* — *Montaigne, Amyot et Saliat, étude sur les sources des Essais*, par M. Joseph de Zangroniz, 1 vol. in-18, Paris; 1906, Champion. — IV. *Michel de Montaigne*, par M. Edward Dowden, professeur de littérature anglaise à l'Université de Dublin, 1 vol. in-8, Philadelphie et Londres, MDCCCCV, Lippincott. — V. *Introduction aux Essais de Montaigne*, par M. Edme Champion, 1 vol. in-18, Paris, 1900, A. Colin.

I

Montaigne a donné lui-même, de ses *Essais*, quatre éditions, lesquelles n'en font que deux, à vrai dire, et qui, d'ailleurs, par une fortune assez singulière, se trouvent n'être ni l'une ni l'autre le texte qu'on réédite, qu'on lit, et qu'on commente. La première est datée de 1580 ; c'est un assez gros volume in-8°, fort bien imprimé, chez Simon Millanges, à Bordeaux. Il ne contient qu'une « première » version des deux premiers livres des *Essais*. Deux érudits, à qui notre histoire littéraire est redevable de plus d'un service, et dont les noms sont bien connus, M. Barkhausen et M. Dezeimeris, ont donné, en deux volumes, élégamment imprimés, chez Feret, à Bordeaux, en 1873, une « reproduction » fidèle de l'édition de 1580, avec, au bas des pages, les variantes presque insignifiantes de la deuxième édition, datée de 1582 ; et de la troisième, datée de 1587. On semble s'accorder à ne voir aujourd'hui dans celle-ci qu'une « contrefaçon. »

Personne jusqu'à présent n'a vu ni signalé dans aucune bibliothèque, la « quatrième édition » des *Essais*.

Cependant la cinquième n'en porte pas moins le chiffre de cinquième édition, et elle a vu le jour, non seulement du vivant, mais par les soins de Montaigne. Elle est la première qui contienne le troisième livre des *Essais*, « avec six cents additions aux deux premiers » : cette indication est de Montaigne lui-même. L'édition est datée de 1588, et elle a paru à Paris, en un volume in-4°, chez le libraire l'Angelier.

C'est quatre ans plus tard que Montaigne mourait, en 1592, lassé ou dégoûté de beaucoup de choses, à ce qu'il semble, mais non pas de se relire, sinon de se mirer dans ses *Essais*, et de les enrichir ou de les enfler quotidiennement du profit de ses lectures et de ses réflexions. Il se servait pour cela d'un exemplaire en feuilles de l'édition de 1588, dans les interlignes et aux marges duquel il consignait ses corrections et additions. Ce sont ces bonnes feuilles, reliées après sa mort, que l'on appelle « l'exemplaire de Bordeaux, » et on s'est demandé pendant longtemps, on peut même, nous le verrons, se demander encore aujourd'hui, quel en est le rapport avec l'exemplaire ou le manuscrit dont la fille « d'alliance » de Montaigne, la demoiselle de Gournay, s'est servie pour établir le grand et superbe in-folio de 1595, qui a fixé définitivement le texte des *Essais*. Une recension du texte de l'exemplaire de Bordeaux, fort mal faite, en 1802, par un encyclopédiste qui répondait au nom presque fameux alors de Naigeon, ne nuisit nullement à l'autorité du texte de Mlle de Gournay. Victor Le Clerc, notamment, suivit la docte fille dans sa belle édition, celle qui fait partie de la *Collection des classiques français*, et qui demeure infiniment précieuse, à cause de la peine qu'il s'y est donnée de remonter à la source des citations grecques et latines de Montaigne ; et, d'une manière générale, c'est le texte de Mlle de Gournay qui constitue ce que l'on est convenu de nommer « la vulgate » du texte de Montaigne. Il convient de noter que l'une des dernières éditions des *Essais*, celle de MM. Motheau et Jouaust, a reproduit l'édition de 1588, avec, au bas des pages, les variantes et additions de 1595. M. Strowski la « recommande » pour l'usage courant, et M. Champion estime « qu'elle laisse encore beaucoup à désirer. »

C'est « l'exemplaire de Bordeaux » que la Commission des archives municipales de la grande ville a décidé de « reproduire, » et dont nous avons depuis quelques jours le premier volume sous les yeux. La préparation et la publication en ont été confiées à un jeune professeur de l'Université de Bordeaux, M. Fortunat Strowski, à qui nous devions un livre essentiel sur *Saint François de Sales et la renaissance du sentiment religieux au XVIIe siècle;* et sa nouvelle tâche, extrêmement laborieuse et délicate, ne lui pas déjà pris moins de deux ou trois ans de sa vie. Nous espérons pour lui qu'elle lui deviendra plus facile à mesure de son avancement même. C'est en ces sortes de travaux qu'on peut dire « qu'il n'y a que le premier pas qui coûte; » et, selon toute apparence, les trois volumes qui doivent compléter « l'édition municipale des *Essais* de Montaigne » — c'est déjà le nom qu'on lui donne, — se succéderont assez rapidement. Ni M. Fortunat Strowski, ni la Commission municipale de Bordeaux ne nous en voudront d'ailleurs si nous anticipons sur des dates encore incertaines, et, dès à présent, si nous essayons de dire quel est l'intérêt de cette édition.

Disons d'abord quelques mots de la disposition typographique du texte. La base en est formée par le texte de 1588, que des indications marginales, A et B, distinguent du texte de 1580-82-87; et tous les deux A [1580-82-87] + B [1588] nous sont ainsi donnés à la suite l'un de l'autre en caractères romains. Les additions manuscrites viennent alors, chacune en sa place, imprimées en caractères italiques, et elles correspondent généralement aux additions imprimées de l'édition de 1595. C'est toutefois une correspondance qui serait à vérifier pour chaque cas, M. Strowski n'ayant pas tenu compte, en principe, de l'édition de 1595, au texte de laquelle il s'agissait précisément pour lui de substituer un texte « plus approché » de la dernière pensée de Montaigne. Enfin, au bas des pages, les « variantes » sont groupées chronologiquement; et on peut dire que, de la sorte, nous avons, en vérité, sous les yeux, l'entière succession des différens aspects du texte de Montaigne.

Cette disposition est-elle la meilleure? On en pourrait concevoir une autre. Il y a déjà quelques années qu'un certain nombre d'érudits, hébraïsans et hellénistes, se sont réunis, sous la direction de l'un d'entre eux, le professeur Haupt, pour publier en même temps, à Londres, New-York, et Stuttgart, une version anglaise de la *Bible*, qu'ils ont intitulée la *Bible polychrome*, comme on disait jadis la *Bible polyglotte* (1). Il s'agissait, ainsi que ce titre l'indique, de signaler d'abord au lecteur les différentes « couches » dont la superposition successive a fini par former, depuis la haute antiquité jusqu'en des temps qu'on estime assez voisins de nous, le texte unique et consacré de la *Genèse*, par exemple, ou de la *Prophétie d'Isaïe*. C'est la grande affaire de l'exégèse contemporaine, on le sait; ou, du moins, c'est le départ en quelque sorte actuel de toute critique biblique. Remaniés, sinon refaits, retouchés, interpolés, on croit pouvoir aujourd'hui dire avec assurance l'âge, la nature et la profondeur des modifications que ces textes vénérés ont subies. Et le moyen qu'on a donc imaginé pour les rendre sensibles aux yeux a été tout simplement de les *colorier* par teintes plates, qui se divisent inégalement la page, et qu'on est préalablement convenu d'affecter, le bistre, je suppose, aux parties les plus anciennes du texte; le rose ou le vert, à des parties plus modernes; le gris à de plus récentes encore, et ainsi de suite. L'invention paraîtra-t-elle peut-être singulière, dans la description un peu lourde que nous en donnons? Nous nous bornerons à répondre du moins qu'en fait, il n'y a rien de plus simple, ni de plus clair, ni qui réalise mieux l'objet qu'on s'était proposé. Si l'on avait suivi cette disposition pour la reproduction des *Essais*, on y distinguerait tout de suite, sans hésitation, le texte de 1580 d'avec celui de 1588, et tous les deux d'avec les additions de 1595. J'ajoute que, pour bizarre qu'il eût semblé d'abord, l'exemple n'en eût pas été dangereux, n'y ayant guère, je pense, plus de trois textes de notre langue qu'on pût essayer d'imprimer de la sorte : ce sont ceux de Pascal, et de La Bruyère, après celui de Montaigne. Et si les bibliophiles se fussent récriés, on leur eût dit que les éditions de ce genre ne sont pas faites pour eux, — ni peut-être même pour les simples lecteurs : — elles s'adressent aux philologues, aux bibliographes, aux éditeurs, aux commentateurs et aux critiques de Montaigne.

C'est à ces derniers, tout particulièrement, que nous prendrons la liberté de recommander l'édition municipale des *Essais*.

---

(1) *Holy Bible, polychrome edition*, New-York, Londres et Stuttgart.

Car, il y a bien quelques exceptions ; — il y a M. F. Strowski lui-même, dans une excellente étude qu'il vient de nous donner sur *Montaigne*, et il y a M. Edme Champion, dans sa substantielle *Introduction aux « Essais » de Montaigne*, — mais, d'une manière générale, en parlant de ces *Essais,* qui n'ont pas mis moins de vingt ans, 1572-1592, à prendre aux mains de leur auteur, une forme qu'à peine peut-on considérer comme définitive ; — dont les trois éditions capitales, la première, celle de 1580 ; la cinquième, celle de 1588 ; et la sixième, celle de 1595, sont des ouvrages presque différens ; — et qui sont enfin séparées les unes des autres par des événemens aussi considérables que les voyages de Montaigne et sa mairie de Bordeaux, la critique française en a parlé comme de ces livres qui sortent, en quelque manière, tout armés, un beau matin, du cabinet de leur auteur : le *Discours sur l'Histoire Universelle*, ou *La Recherche de la Vérité*. De combien d'erreurs sur la signification des *Essais*, et sur le caractère de Montaigne, cette insouciance de la bibliographie et de la chronologie a été l'origine, on ne saurait le dire ! J'aime à rappeler, entre autres, quand les circonstances ramènent le sujet, les jolies phrases de Prévost-Paradol, dans ses *Moralistes français,* sur ce style, pour ainsi parler, sans couture, où les citations des anciens faisaient tellement corps, disait-il, avec la pensée de Montaigne, qu'on ne pouvait les en séparer sans que cela fît, en vérité, comme une déchirure. Pour s'apercevoir cependant, que, s'il n'y a rien de plus joli que ces variations sur le style sans couture, il n'y a rien de moins juste, il suffisait de comparer entre elles nos trois éditions capitales, et de constater comment chacune d'elles s'enrichit, jusqu'à s'en alourdir, de « citations » qui trop souvent ne sont que des répétitions (1) ; qui plus souvent encore ne sont dues qu'au hasard des lectures de Montaigne, s'ajustent assez mal au texte ; et qui, non moins souvent enfin, impriment à sa page une fâcheuse allure de lourdeur et de pédantisme. Mais, au temps de Prévost-Paradol, ce sont là des considérations dans l'examen desquelles n'entrait pas la critique. Elle planait au-dessus ! Et, que le critique s'appelât Villemain ou Sainte-Beuve, Prévost-Paradol ou Vinet, son objet n'était que de faire briller son originalité personnelle au moyen, et quelquefois, si besoin était, aux dépens de son auteur. Croyez

---

(1) On trouvera dans le livre de M. de Zangroniz, pages 94-99, l'indication d'un certain nombre de ces « répétitions » ou « redites. »

que, dans les pages justement admirées où Sainte-Beuve s'est efforcé de caractériser le style de Montaigne, — et on sait qu'il y a merveilleusement réussi, — l'historien de *Port-Royal* ne songeait pas moins à lui-même qu'à l'auteur des *Essais*.

Tel est d'abord l'un des services que rendra l'édition municipale des *Essais*. Avant tout, elle obligera la critique à reconnaître ce qu'il y a de successif dans la composition du livre, et, par conséquent, à en tenir compte. Il faudra bien qu'on s'aperçoive que les voyages de Montaigne en Allemagne et en Italie, que son passage à la mairie de Bordeaux, — qui n'a pas occupé moins de quatre ans de sa vie, — que le lent progrès de la maladie dont il devait mourir et qu'il avait dans son isolement tout loisir d'observer, ont en plus d'un point modifié sa manière de voir, de sentir, de penser. Mais surtout on se rendra compte de la manière dont Montaigne compose, et quand on l'aura bien vu, ce sera comme un trait de lumière jeté, non seulement sur la signification ou la portée littéraire des *Essais*, mais sur leur intérêt historique et philosophique.

Le voilà donc, en la quarantième année de son âge, revenu de bien des illusions, et retiré dans sa « librairie. » Nous sommes en 1572, et à la veille ou au lendemain de la Saint-Barthélemy. A-t-il encore quelques ambitions? On ne sait! ou s'il a vraiment résolu « de ne se mêler d'autre chose que de passer en repos et à part le peu qui lui reste de sa vie. » En attendant, sa solitude ne tarde pas à lui peser, et, par manière de distraction, il prend la plume, sans intention bien précise, pour fixer un peu sa pensée vagabonde, et il écrit sur *la Tristesse*, ou sur *les Cannibales*, sur *les Senteurs*, ou sur *l'Oisiveté*, avec la même insouciance de toute espèce de choix et d'ordre. Ni le sujet ne lui importe, comme s'il se tenait pour certain d'y être toujours égal, et encore moins l'ordre, car il a dû tout de suite s'apercevoir que l'agrément de ce qu'il écrit était fait, même pour lui, de ce qu'il y a dans le cours de ses idées, de soudain et d'inattendu. Mais, chemin faisant, et comme il a la mémoire mieux meublée qu'il ne le prétend, il s'avise que ce qu'il vient de dire, d'autres l'ont dit avant lui, Sénèque, par exemple, en quelqu'une de ses *Lettres*, ou Plutarque. Il ne veut pas leur en faire tort; il va chercher le volume sur un rayon de la bibliothèque, et il traduit, il copie, il paraphrase le passage. A moins encore qu'il ne s'y prenne de la façon tout justement inverse, et qu'ayant transcrit d'abord, au cours de sa lecture, pour l'ingéniosité de l'expression ou pour la profondeur de la pensée, le passage de Sénèque ou de Plutarque, les vers de Virgile ou la prose de Cicéron, il ne se rappelle qu'il a fait, lui aussi quelque expérience du même genre ; et il prend alors plaisir à se reconnaître chez les anciens, en y trouvant la preuve de l'une de ses maximes favorites, que « tout homme porte en soi la forme de l'humaine condition. » C'est ainsi que lentement, par alluvions successives, les *Essais* se composent ; et si je ne me trompe, c'est ce que confirmera l'examen, même superficiel, de « l'exemplaire de Bordeaux. » On y voit positivement Montaigne à l'œuvre, la dernière édition de ses *Essais* ouverte là, devant lui, sur sa table de travail, se relisant, attentif à se « contre-roller, » comme il dit quelque part, prenant un livre au hasard dans sa bibliothèque, le parcourant avec nonchalance, y relevant à la volée, au passage une anecdote ou une réflexion, les traduisant en sa langue, et surchargeant ainsi ses marges de toute sorte d'additions et de renvois, qui finissent par rendre la lecture de son texte, non seulement difficile, mais tout à fait incertaine ou douteuse.

Car une question qu'on ne peut s'empêcher de se poser, et qu'aucune édition, municipale ou autre, ne résoudra, c'est de savoir ce que Montaigne lui-même eût fait, s'il eût vécu, des « additions » qui couvrent les marges de l'exemplaire de Bordeaux. Il en annonçait plus de « six cents » dans l'édition de 1588, et je ne les ai pas comptées, mais je pense qu'en effet elles y sont : il n'y en a certainement pas moins, dans l'exemplaire de Bordeaux. Ces additions, qui répondra que Montaigne les eût incorporées à son texte, et plutôt, ne s'était-il pas réservé la liberté de faire son choix entre elles au moment de la publication ? C'est pour notre part ce que nous serions bien tentés de penser. Le *Montaigne* de 1595, et le nouveau, — celui de 1906, le *Montaigne* de l'édition de Bordeaux, — sont des *Montaigne* plus complets que nature. Je ferai bien d'en donner au moins un exemple.

Dans son chapitre du *Pédantisme*, Montaigne avait écrit, en 1580 : « Quand bien nous pourrions être savans du savoir d'autrui, au moins sages ne pouvons-nous être que de notre propre sagesse.

Μισῶ σοφιστὴν, ὅστις οὐχ αὑτῷ σοφός

« Je hais, dit-il, le sage qui n'est pas sage pour soi-même. »
En 1588, il ajoute à ce vers d'Euripide une citation de Juvénal :

> ... *Si cupidus,*
> *Si vanus et Euganea quantumvis vilior agna.*

Puis, en 1590 ou 1592, il efface la traduction du vers d'Euripide, qu'il estime sans doute superflue ; il ajoute, avant la citation de Juvénal, un passage de Cicéron : « *Ex quo Ennius : Nequicquam sapere sapientem, qui ipse sibi prodesse non quiret;* » et, après les vers de Juvénal, il ajoute encore : « *Non enim paranda nobis solum, sed fruenda sapientia est.* Dionysius se moquait des grammairiens qui ont soin de s'enquérir des maux d'Ulysse, et ignorent les [leurs] propres ; des musiciens qui accordent leurs flûtes et n'accordent pas leurs mœurs ; des écoliers qui étudient à dire justice, non à la faire. » On me dira vainement qu'il y en a d'autres exemples ! Je le sais bien ! et j'en remplirais moi-même plusieurs pages ! Mais on ne me fera pas croire aisément que Montaigne se proposât d'insérer ces cinq citations, dans son texte, en enfilade, et à l'appui de quelle simple et banale observation ! Il eût choisi, sans aucun doute ! et pourquoi n'eût-il pas en même temps effacé quelques redites, et sacrifié quelques réflexions saugrenues ?

On pourra donc se proposer d'établir un « texte critique » des *Essais;* nous n'en connaîtrons jamais le texte absolument « authentique. » Et cela est fâcheux ; mais il ne faut rien exagérer, et, après tout, nous n'en serons pas plus troublés dans notre lecture des *Essais* que nous ne le sommes par des hésitations ou difficultés du même genre dans la lecture des *Pensées* de Pascal. Nous en serons quittes pour nous dire que si quelques-unes de ces additions, les plus libres, celles qui nous choquent le plus, ne représentent pas la pensée publique de Montaigne, elles expriment sa pensée de « derrière la tête. » Et nous ne regarderons pas l'édition municipale comme l'édition définitive des *Essais*, mais, selon le vœu des éditeurs eux-mêmes, comme la base et la condition de toutes les éditions futures, y compris celle qui se piquera d'être la « critique, » et la « définitive. »

II

« Il y a quelque apparence de faire jugement d'un homme par les plus communs traits de sa vie, mais, vu la naturelle instabilité de nos mœurs et opinions, il m'a semblé souvent que les bons auteurs mêmes ont tort de s'opiniâtrer à former de nous une constante et solide contexture. » [*Essais*, I, 2, 1588.] En dépit de l'avertissement, c'est une tentation à laquelle nous voyons qu'on résiste assez malaisément que celle de vouloir mettre dans la vie, dans les œuvres, dans les idées d'un grand écrivain, plus d'ordre, plus de cohésion, plus de logique et de continuité qu'il n'y en a mis lui-même. Nous avons beau savoir qu'il ne s'est pas appliqué moins de trente ans à son œuvre, comme l'auteur de *l'Esprit des Lois*, ou vingt ans, comme celui des *Essais;* ou encore, s'il a laissé, comme Rousseau, plusieurs livres, nous avons beau savoir qu'ils sont séparés, comme *la Nouvelle Héloïse* et les *Confessions*, par des années d'intervalle, ou par des événemens plus considérables, si je puis dire, que des années, nous voulons à tout prix que ces manifestations successives de l'esprit en soient des expressions identiques ou du moins analogues; il nous déplaît que le grand homme se soit contredit; nous le ramenons à notre mesure en lui imposant notre manière de le comprendre; et nous nous vantons alors d'avoir « reconstitué » l'unité méconnue de son œuvre et de sa pensée. Nous obtenons ainsi des Pascal tout en bronze, des Bossuet tout en marbre, des Rousseau tout en béton ou en « ciment armé. » C'est ce qui s'est passé pour Montaigne. Commentateurs, critiques ou historiens de la littérature, tous ont peiné pour réduire en système l'un des livres assurément les plus décousus qu'il y ait, et si je ne craignais qu'on ne prît mal le mot, je dirais l'un des plus « incohérens » que je connaisse dans aucune littérature. Entre ces *Essais*, dont le charme est fait pour partie de n'avoir les uns avec les autres que de lointains rapports, comme l'agrément d'un voyage est fait de la succession des aspects imprévus et vigoureusement contrastés, qu'il nous offre, on a essayé d'établir un « enchaînement, » ou un lien. On s'est demandé ce que Montaigne avait « voulu faire; » quel dessein précis avait été le sien; ce qu'il avait prétendu prouver? Et, naturellement, à la question ainsi posée, chaque historien ou critique a trouvé une réponse par le moyen de laquelle le « beau désordre » de Montaigne se ramenait, bon gré mal gré, à l'ordonnance d'un « discours suivi. »

Ne serait-il pas temps, peut-être, d'en finir avec cette superstition? « Je sais un peu ce que c'est que l'ordre... » dira bientôt quelqu'un, et, celui-là, nous ne ferons pas difficulté de l'en croire, puisqu'il sera Pascal, mais nous savons bien qu'il n'y a rien de plus rare que cette science, ou cet art, ou ce don de l'ordre. C'est encore le cas de rappeler ici, pour demeurer entre Gascons, ce grand livre de *l'Esprit des Lois!* Il y a du génie dans *l'Esprit des Lois*, mais, il n'y a point d'ordre; il n'y a pas non plus d'unité ni de continuité. C'est nous qui nous efforçons d'y en mettre ce qu'il faut pour que l'analyse de l'ouvrage nous soit plus facile, et plus facile encore l'expression d'un jugement ou d'une opinion « personnelle » sur Montesquieu. Seulement il ne s'agit plus, en ce cas, que de savoir si nous ne défigurons pas l'écrivain en l'unifiant. Pareillement Montaigne. Ce n'est pas un portrait de lui que nous retraçons, c'en est le *schéma*, si je puis ainsi dire, quand nous ramenons ou que nous essayons de ramener ses *Essais* à quelques idées prétendues maîtresses, qui s'y retrouveraient partout, dans le chapitre sur les *Pouces* ou dans celui des *Coches*, comme dans l'*Apologie de Raymond de Sebonde!* « Les *Essais*, dit à ce propos M. Edme Champion, ne furent d'abord qu'un paquet de notes dans lequel Montaigne entassait pêle-mêle, au hasard, des textes recueillis sans choix, sans ombre de critique, sans écarter les choses les plus oiseuses et les plus puériles... Des chapitres entiers sont « un fagotage de pièces décousues, » — c'est Montaigne qui le reconnaissait lui-même en 1580, mais il s'en est dédit depuis, — des enfilades de citations qui n'ont pas même l'excuse de servir de prétexte à une remarque instructive ou ingénieuse, qui ne s'expliquent que par le désœuvrement, le parti pris de s'imposer pendant quelques heures une tâche propre à passer le temps, en évitant de réfléchir. » Ces paroles ne sont-elles pas un peu dures? Il est difficile d'être Michel de Montaigne, et, des heures durant, de transcrire ou de traduire des textes anciens comme qui dirait à l'aventure, du Lucrèce et du Virgile, du Sénèque et du Plutarque, et, quand ce serait à l'aventure, sans éprouver le besoin de commenter pour son compte, et de continuer en la paraphrasant, ou de contredire l'idée qu'ils expriment. Mais, tout Montaigne qu'il soit, on ne saurait pourtant disconvenir qu'il y ait du « fagotage, » beaucoup de « fagotage, » du fatras, dans les *Essais;* et M. Champion a raison. Ce serait une entreprise vaine que de vouloir les rapporter tous à un « dessein principal. » Nous n'avons point ici affaire avec *La Recherche de la Vérité* ou *l'Histoire des variations.* Ce qui d'ailleurs ne veut pas dire que Montaigne ne soit pas un « penseur » ou un philosophe, mais cela veut dire qu'il ne l'est point à la manière de Malebranche ou de Spinoza ; — que l'on se méprend sur le caractère de son livre et la nature de son génie dès qu'on y cherche une autre « unité » que celle de sa personne ondoyante ; — et que le naturel de cette personne même consiste précisément à ne rien avoir eu d'un fabricateur de systèmes, et encore moins d'un pédant. Tel n'était point, on le sait, l'avis de Malebranche, qui l'appelle assez joliment un « pédant à la cavalière. »

Peut-on dire seulement que l'auteur des *Essais* ait eu le dessein de se peindre lui-même dans son livre, et qu'ainsi l'unité de son personnage, je veux dire de l'homme réel, de l'homme vrai qu'il fut, comme nous tous, sans le savoir peut-être, masque et répare l'incohérence ou le « fagotage » de ses *Essais?* Le mot de Pascal, à cet égard, a fait autorité : — « Le sot projet qu'il a de se peindre ; et cela non pas en passant et contre ses maximes, comme il arrive à tout le monde de faillir ; mais par ses propres maximes, et par un dessein premier et principal... » — Et, en effet, sans parler de l'*Avis au Lecteur,* si connu et si souvent cité, les passages abondent où Montaigne nous déclare qu'il est lui-même « le sujet de son livre, » et lui-même l'objet de son propre intérêt ou de sa curiosité. Mais regardons-y de plus près, remettons ces passages à leur place, les *Essais* dans le temps ; et nous ne pourrons nous empêcher d'observer, avec M. Champion, que ce « dessein principal et premier » semble entièrement étranger, dans les *Essais* de 1580, aux quinze ou vingt premiers chapitres du livre. C'est aussi l'opinion de M. Strowski. Il est vrai que quand son succès lui aura révélé la nature de son talent, et quand il se sera rendu compte que ce qu'on aime en lui, et de lui, c'est lui-même, Montaigne mettra moins de réserve et, si je l'ose dire, de pudeur dans ses « confessions. » Il feindra de croire, alors, il croira peut-être sincèrement que son âge, qui n'est pas très avancé, puisqu'il doit mourir avant soixante ans, l'autorise à des confidences dont nous

nous serions bien passés, et qui n'ajoutent rien à la connaissance de son caractère ou de son génie. Car, Sainte-Beuve a eu beau faire, on ne sache point encore de qualités de forme ou de fond, de langage ou de pensée, qui aient des rapports définis avec la gravelle ; et les coliques de Montaigne n'expliquent point son dilettantisme. Il préférait la saveur du poisson à celle de la viande, mais le renseignement n'en est pas un sur la nature de son style, ni même peut-être ce qu'il nous dit de son goût pour les huîtres et pour le melon.

Mais, en somme, et après tout cela, Montaigne ne nous livre qu'une très petite part de lui-même ; et en veut-on la preuve démonstrative ? C'est qu'il y a peu de nos grands écrivains qui nous demeurent plus énigmatiques, et dont nous soyons plus embarrassés de dire l'homme vrai qu'ils furent. Se douterait-on seulement que son livre est contemporain de l'une des époques les plus troublées de notre histoire ? et que le moment même où il écrit est rempli du fracas des guerres de religion ? « Aucuns me convient, écrit-il dans une addition du manuscrit, d'écrire les affaires de mon temps, estimans que je les vois d'une vue moins blessée de passion qu'un autre, et de plus près, pour l'accès que la fortune m'a donné aux chefs des divers partis... » Il ne l'a cependant pas fait, et ses *Essais* ne sont point des *Mémoires pour servir à l'histoire de son temps*. Il n'y a pas fait la confession des autres avec la sienne. Et combien de traits de sa propre physionomie n'a-t-il point laissés dans l'ombre ? Que savons-nous par lui de sa jeunesse ? de sa carrière avant 1572, entre vingt-cinq et quarante ans ? de ses amours ? de ses « sentimens de famille ? » ou même, et finalement, nous l'allons voir, de ses « sentimens religieux ? » puisque, depuis trois cents ans, tandis que les uns persistent à nous montrer en lui non seulement « un chrétien » mais un « défenseur du christianisme, » c'est pour beaucoup d'autres, avec lui, Montaigne, tout au contraire, et par lui, par la lente et insensible contagion des *Essais*, que le doute méthodique ou systématique est entré dans le monde moderne, et non point du tout, comme on continue de l'enseigner, dans nos écoles, par l'intermédiaire du *Discours de la méthode*.

On remarquera qu'ici encore, comme plus haut, nous retrouvons l'influence et l'autorité de Pascal. Ce Montaigne, non pas précisément athée, ni libre penseur, ni peut-être sceptique, mais qu'aurait avant tout préoccupé, comme Pascal lui-même, la question religieuse, c'est le Montaigne de Pascal, et, si j'osais ainsi dire, c'est le Montaigne des *Pensées* plutôt que celui des *Essais*. Quelques critiques reprochent volontiers à Pascal d'avoir « plagié » ou « pillé » Montaigne; — ce qui d'ailleurs ne serait juste que si nous savions l'usage que Pascal se proposait de faire de tant de fragmens des *Essais* qu'il a transcrits, paraphrasés quelquefois, et généralement abrégés ou résumés. Mais en fait, c'est donc alors le « plagiaire » dont l'autorité s'est en quelque sorte imposée à l'original qu'il copiait; c'est l'accent de Pascal qui se trouve avoir fixé le sens des passages des *Essais* qu'il emprunte; et depuis plus de deux cents ans, c'est « en fonction » de Pascal et du dessein des *Pensées*, que la critique française interprète Montaigne. Cependant il y a autre chose dans les *Essais*, et parce que l'*Apologie de Raymond de Sebonde* en est le chapitre le plus étendu, en même temps, sans doute, que l'un des plus importans, je ne voudrais pas répondre qu'il en fût le plus considérable. Il en est le plus étendu, parce que Montaigne venait de traduire *la Théologie naturelle* de ce Raymond de Sebonde, 1569, et qu'il était donc encore tout chaud de son auteur, comme aussi des critiques dont sa traduction avait été l'objet; mais, ne nous lassons pas de le redire, il y a autre chose dans les *Essais*; le dessein de Montaigne ne s'est rencontré qu'incidemment avec celui de Pascal; et c'était d'ailleurs le droit de Pascal, — ceci encore vaut la peine d'être dit et redit, — c'était absolument son droit de n'« emprunter » à Montaigne que ce qu'il croyait analogue à son propre dessein. Pascal ne se proposait pas de faire une étude, ni de porter un jugement sur Montaigne, mais d'écrire une *Apologie de la Religion chrétienne*. Nous aurions le droit, le cas échéant, de faire comme lui. Les idées, une fois exprimées, et entrées dans la circulation, deviennent le patrimoine commun de l'humanité : j'ai le droit de les retourner même contre ceux qui les ont exprimées les premiers et qui, souvent, n'en ont pas connu toute la portée. Mais, évidemment, je ne l'ai plus quand il s'agit, comme ici, de préciser le sens d'un texte ou de caractériser la pensée d'un grand écrivain, et cependant, sans nous en apercevoir, c'est ce que nous faisons depuis deux cents ans. Nous nous posons, en quelque sorte, le problème de la signification des *Essais*, comme nous faisons celui de la signification des *Pensées*, et la question religieuse étant la seule où Pascal s'intéresse, nous raisonnons sur Montaigne comme si

Montaigne s'y était, lui aussi, uniquement appliqué, continûment, passionnément et tout entier.

Je n'entends pas nier qu'il y ait pris l'intérêt le plus vif. Mais, d'abord, ce n'est qu'un intérêt presque purement intellectuel, et j'en vois un témoignage dans ce fait assez singulier qu'étant lui-même, de son propre aveu, l'un des hommes qui ont eu le plus de peur de la mort, et sa philosophie ne s'étant employée, pour une part considérable, qu'à se prémunir ou à se fortifier contre cette crainte, il n'a cependant jamais demandé d'aide contre la mort à la religion. « Il n'est rien de quoi je me sois dès toujours plus entretenu que des imaginations de la mort, voire en la saison la plus licencieuse de mon âge,

Iucunda quum ætas florida ver ageret.

Parmi les danses et les jeux, tel me pensait empêché à digerer à part moi quelque jalousie ou l'incertitude de quelque espérance, cependant que je m'entretenais de je ne sais qui, surpris les jours précédens d'une fièvre chaude et de la mort... et qu'autant m'en pendait à l'oreille. » [*Essais*, I, 20, 1580.] Et il est vrai qu'à la longue, et à force de méditer sur ce thème favori que « philosopher, c'est apprendre à mourir, » il a fini par se composer, en présence de la menace quotidienne de la mort, une assez belle attitude, mais c'est la philosophie qui l'y a amené, ce n'est pas la religion. On peut dire, d'un autre côté, que, s'il a bien senti, et, autant que personne, démontré, soutenu, défendu l'importance des idées religieuses, j'entends leur importance politique et sociale, c'est assurément une manière de faire l'apologie de la religion; mais, pour le chrétien, c'est une apologie qui n'en est vraiment pas une, à cause qu'elle pourrait tout aussi bien être l'apologie du bouddhisme et de l'islamisme, et généralement de toutes les religions qui sont, comme le christianisme, des « civilisations » en même temps que des religions. Et enfin ne faut-il pas ajouter que sa manière de poser la question religieuse est d'un pur « païen, » s'il n'y va pour lui, comme pour les philosophes de l'antiquité, que de ce qu'ils appelaient « le souverain bien, » ou en d'autres termes de « la vie heureuse? » Une religion qui, comme la chrétienne, doit être et est en effet avant tout une règle impérative de conduite, Montaigne n'y a vu que la matière de l'*Apologie de Raymond de Sebonde*; — et les juges les plus désintéressés hésitent encore sur le vrai sens du « document. »

Quoi donc, alors, et si ce n'est ni de « se peindre lui-même, » ni d'ajouter un système de philosophie à tant d'autres, ni de présenter une « apologie de la religion chrétienne, » ni enfin, — et aussi n'en avons-nous point parlé seulement, — de prendre parti entre les huguenots et les catholiques de son temps, quel a donc été le dessein de Montaigne ; et comment, car c'est là le véritable intérêt de la question, comment faut-il lire les *Essais?* Nous répondrons qu'il faut les lire comme on lirait une « enquête ; » et, dans Montaigne lui-même, il ne faut voir, sans y chercher tant de mystère ni de profondeur, qu'un incomparable « curieux. » Nous disons un « curieux, » nous ne disons pas un « dilettante, » ce qui est presque la même chose, dans le langage du monde, mais ce qui est pourtant, au fond, bien différent. Le dilettante ne cherche dans la satisfaction de sa curiosité que l'amusement de son dilettantisme, mais un « curieux » et, surtout un curieux tel que Montaigne, se propose toujours quelque objet ultérieur à sa curiosité. Cet objet est sans doute un peu vague et un peu flottant ; le dessein n'en a rien de géométrique ou de didactique. Également curieux de la nature et de l'homme, de lui-même et des autres, des opinions des philosophes et de la diversité des mœurs, des événemens de l'histoire et de ceux de la vie commune, Montaigne est curieux de trop de choses à la fois, pour que sa curiosité se pose et se détermine, et en se déterminant, se limite. Mais il a cependant son dessein, très assuré, s'il n'est pas très net, et ce dessein n'est autre que de pénétrer tous les jours plus avant dans la connaissance de lui-même et de l'homme. Je crois qu'il convient d'insister sur ce point.

III

Il ne semble pas en effet que ce fût un dessein bien original ni bien neuf, aux environs de 1575, que de se proposer d'étudier l'homme. Quel est, demanderait-on volontiers, le grand écrivain qui ne s'est point proposé d'étudier l'homme ; et s'ils ne contenaient rien d'autre ni de plus qu'une étude de l'homme, les *Essais* seraient-ils les *Essais ?* Mais, précisément, ce n'était point l'avis de Montaigne, qu'on eût fait avant lui ce qu'il allait tenter, et, à cet égard, il disait, non pas dans sa première édition, ni dans celle de 1588, mais dans une longue addition qui n'a paru pour la première fois qu'en 1595 : « *Nous n'avons nouvelles que de deux ou trois anciens qui aient battu ce chemin*, et si ne pouvons nous dire si c'est du tout en pareille manière à celle-cy, n'en connaissant que les noms. Nul depuis ne s'est jeté sur leur trace. C'est une épineuse entreprise, et plus qu'il ne semble, de suivre une allure si vagabonde que celle de notre esprit, de pénétrer les profondeurs opaques de ses replis internes, de choisir et arrêter tant de menus avis de ses agitations... il n'est description pareille en difficulté à la description de soi-même. » [*Essais*, II, 6.] Et de fait, sans remonter jusqu'aux anciens, et pour ne pas sortir de l'histoire de notre littérature nationale, quel est donc, avant Montaigne, celui de nos grands écrivains, Ronsard ou Rabelais, qui se fût soucié d'« observation psychologique? » Assurément, et à la manière des anciens, dans la chaleur de la composition, si quelqu'une de ces vérités, qui nous découvre le fond de nous-mêmes, s'offrait, pour ainsi dire, à portée de leur inspiration, ils la reconnaissaient, n'avaient garde de la laisser passer, et, dans leur prose ou dans leurs vers, ils essayaient de la fixer. C'était ce que Montaigne admirait le plus dans Tacite, — l'« *omne ignotum pro magnifico est*, » ou le « *facili credulitate feminarum ad gaudia.* » Ronsard, lui, mettait ces choses entre guillemets. Mais, pas plus que les anciens, ni Ronsard ni Rabelais n'en faisaient leur principale affaire; et qui jamais entendit parler de la « psychologie » d'Homère ou de Pindare? Je ne sais pas si celle même de Platon n'est pas de la « métaphysique! » La « psychologie » de Montaigne est de la « psychologie; » elle est un effort habituel pour « pénétrer, selon son expression, les profondeurs opaques de nos replis internes; » elle est l'analyse et l'explication des mouvemens qui nous agitent. « Si, dit-il, vous faites lire à mon page, qui d'ailleurs sait fort bien ce que c'est que l'amour, les *Dialogues* de Léon Hébrieu, ou les divagations du savant Ficin (1), il n'y comprendra goutte, et jamais on ne lui fera croire que ce soit ici de lui qu'il s'agisse. » Tâchons donc, nous, de faire qu'il nous comprenne. Décrivons-lui les mouvemens de sa passion avec assez de fidélité, mais de réalité surtout, — je ne dis pas de *réalisme*, — pour qu'il s'y reconnaisse, et présentons-lui le mi-

---

(1) On se rappellera que ce sont ici deux des sources auxquelles avait puisé largement la Pléiade.

roir. Voilà toute la psychologie ! Elle n'est pas en l'air, et on ne la déduit pas des principes. Les propriétés de l'homme ne sont pas contenues, comme celles du cercle, dans sa définition. On ne les connaît qu'à l'usage. C'est l'expérience qui nous les apprendra. Et comme tout le monde n'est pas en état de profiter de l'expérience, c'est ici que, de l'objet de Montaigne, se dégage une méthode, un peu flottante, elle aussi, comme cet objet, mais, comme lui, singulièrement féconde, et singulièrement originale, comme lui.

Osons le dire franchement : c'est cette méthode, que Pascal, qui est « un géomètre, » ne comprend point — ni peut-être même ce dessein, — quand il reproche à Montaigne de « conter trop d'histoires. » Non ! Montaigne ne conte pas trop d'histoires, et on se demande comment Pascal n'a point vu l'utilité de ces histoires pour le dessein de Montaigne. « Ce grand monde, que les uns multiplient encore comme espèces sous un genre, c'est le miroir où il nous faut nous regarder pour nous connaître de bon biais... Tant d'humeurs, de sectes, d'opinions, de jugemens, de lois et de coutumes nous apprennent à juger sainement des nôtres, et apprennent notre jugement à reconnaître son imperfection et sa naturelle faiblesse, qui n'est pas un léger apprentissage. Tant de remuemens d'état et changemens de fortune nous instruisent à ne pas faire grande recette de la nôtre. Tant de noms, tant de victoires et conquêtes ensevelies sous l'oubliance, rendent ridicule l'espérance d'éterniser notre nom par la prise de dix argoulets et d'un poulailler qui n'est connu que de sa chute. L'orgueil et la fierté de tant de pompes étrangères, la majesté si enflée de tant de cours et grandeurs nous fermit et assure la vue à soutenir l'éclat des nôtres sans siller des yeux. Tant de milliasses d'hommes enterrés avant nous nous encouragent à ne craindre d'aller trouver si bonne compagnie en l'autre monde, — et ainsi du reste. » [*Essais*, I, 26, 1580.] Nous ne saurions mieux dire qu'il ne fait lui-même en cet endroit pourquoi, et en quoi, Montaigne a besoin de tant d' « histoires. » C'est que, sous un autre nom, les « histoires » c'est l'expérience, et l'historien n'est que le témoin ou le garant des faits « humains » qu'il raconte. De là l'admiration de Montaigne, et je ne sais si l'on ne devrait dire sa « dévotion » pour Plutarque. Et, à vrai dire, qu'est-ce que *les Vies parallèles*, sinon, selon l'ingénieuse expression d'Amyot en sa *Préface*, « des cas humains représentés au vif ? » Pareillement les anecdotes répandues à profusion dans les *Moralia* de Plutarque, dont la traduction achevait de paraître en 1572, dans l'année même où Montaigne commençait d'ébaucher ses *Essais*? Ce sont autant de renseignemens, et, n'hésitons pas à prononcer le mot, quelque moderne qu'il soit, ce sont des « documens » pour la connaissance de l'humanité. C'est aussi bien ce qu'il nous dit lui-même, et, si spirituellement, dans ce joli passage : « En l'étude que je fais de nos mœurs et mouvemens, les témoignages fabuleux, pourvu qu'ils soient possibles, y servent comme les vrais. Advenu ou non advenu, à Rome ou à Paris, à Jean ou à Pierre, c'est toujours un tour de l'humaine capacité, duquel je suis utilement avisé par ce récit. Je le vois et en fais mon profit également, tant en ombre qu'en corps. Et aux diverses leçons qu'ont souvent les histoires je prends à me servir de celle qui est la plus rare et mémorable. » [*Essais*, I, 21, 1595.] L'histoire, et plus particulièrement l'histoire des mœurs, celle des coutumes, — l'histoire que de nos jours nous appellerions « anecdotique » et « intime, » — l'histoire conçue, dans le temps et dans l'espace, comme le prolongement de notre expérience en tout sens, telle est la matière où notre application devra donc désormais s'attacher. Un livre est ouvert devant nous, où nous n'avons qu'à lire, et pour y lire qu'à ouvrir les yeux : ce sont les « histoires » qui en font la substance. L'intérêt de ces histoires est de nous montrer l'homme dans toutes les attitudes ; elles sont à la fois l'illustration et la démonstration de vérités qui ne seraient sans elles que conjectures ou suppositions. Pour entendre quelque chose au mécanisme de nos passions, il n'est que de les voir en acte et de comparer les uns avec les autres les rapports que les historiens nous en font. Et au terme de ces comparaisons, quand on estime en avoir tiré tout ce que l'on pouvait, il ne reste plus qu'à faire une dernière démarche qui est, pour ainsi dire, de vérifier en nous la justesse de nos conclusions.

C'est ici qu'à mon sens, on achève de comprendre Montaigne, et en quoi son projet de se peindre a vraiment consisté. Ne disons rien à ce propos de tant de cyniques montreurs d'eux-mêmes. Mais les intentions de Montaigne, quand il se peint, n'ont rien de commun avec celles de saint Augustin dans ses *Confessions*, ou de Rousseau dans les siennes, ou de Chateaubriand dans ses *Mémoires d'Outre-Tombe*. Non sans doute que, dans le portrait qu'il nous trace de lui-même il ne mêle inévitablement quelque coquetterie, quelque vanité, quelque égoïsme aussi, dont la signification est d'autant plus éloquente qu'il est plus naïf ou plus inconscient. Le moyen de se raconter, sans finir par s'admirer soi-même? Il y a donc, nous l'avons dit, dans les *Essais*, des aveux dont nous eussions dispensé Montaigne; et ce sont ceux qui ne servent qu'à notre amusement. Mais, d'une manière générale, s'il « se peint, » c'est en s'étudiant, pour s'étudier, et la connaissance de lui-même qu'il acquiert en s'observant, lui sert comme d'un moyen de contrôle pour apprécier à leur juste valeur les observations qu'il a recueillies au cours de ses lectures ou de ses méditations.

Joignez encore ceci que, tandis que la plupart des auteurs de « Confessions » s'efforcent de mettre en lumière ce qu'ils croient avoir en eux d'original, d'unique et d'exceptionnel, qui les distingue de tous les autres hommes, lui, Montaigne, au contraire, c'est bien ce qu'il a de « personnel » et de « particulier, » mais, dans ces « particularités » mêmes, ce qu'il s'applique à démêler, c'est ce qu'elles ont de toujours subsistant et d'éternellement humain. L'observation de Montaigne est toujours comparative. On connaît le passage, si souvent cité : « On attache aussi bien toute la philosophie morale à une vie populaire et privée qu'à une vie de plus riche étoffe. *Chaque homme porte la forme entière de l'humaine condition.* Les auteurs se communiquent au peuple par quelque marque spéciale et étrangère : *moi, le premier, par mon être universel*, comme Michel de Montaigne, non comme grammairien, ou poète, ou jurisconsulte. *Si le monde se plaint de ce que je parle trop de moi, je me plains de quoi il ne pense pas seulement à soi.* » [III, 1, 1588.] Les phrases que nous soulignons sont caractéristiques, et si nous les soulignons, c'est qu'on les cite bien, je ne connais guère une « Étude » sur Montaigne où vous ne les retrouviez, et on en sait donc bien toute l'importance, mais on n'en a pas dégagé toute la signification. Nous ne manquons ni de grammairiens ni de jurisconsultes. Un jurisconsulte, c'est Jean Bodin, dont la *République* vient de paraître en 1576; un poète, c'est Pierre de Ronsard, dont l'édition définitive, revue, corrigée et ordonnée par lui, va paraître en 1584; et, pour le grammairien, mettons que ce soit Henri Estienne, avec ses *Dialogues du Langage français italianisé*, mais l'homme, se demande Montaigne, parmi tout cela, où est l'homme? « l'être universel, » celui qui n'a pas d' « enseigne, » comme on dira plus tard? et qui ne laisse pas pour cela d'avoir sa personnalité, d'être Michel de Montaigne, mais qui est en même temps un témoin de « l'humaine condition? » La grande originalité de Montaigne est d'avoir posé presque le premier la question en ces termes, et, ainsi, d'avoir mis la littérature française elle-même, tout entière, dans une voie dont elle ne s'est plus depuis lors écartée qu'en de rares occasions et toujours à son grand dommage.

En vérité, si l'on peut dire de tous nos grands écrivains, qu'avant tout et dans le sens large du mot, poètes ou auteurs dramatiques, orateurs ou romanciers, historiens, critiques, ils sont des « moralistes, » ce n'est guère que depuis Montaigne, et c'est bien à l'exemple ou aux leçons des *Essais* qu'ils le doivent, On ne l'a peut-être pas assez dit. Car, pourquoi d'autres littératures, l'italienne, par exemple, après le vif éclat de la Renaissance, vont-elles perdre, avec le xviie siècle naissant, l'autorité qu'elles avaient exercée dans le monde, se renfermer entre leurs propres frontières, et, pour cent cinquante ou deux cents ans, céder la place à la nôtre? C'est qu'elles n'ont pas eu de Montaigne ; — et on achèvera d'entendre ce que nous voulons dire, si nous rappelons que le grand contemporain italien de l'auteur des *Essais* est le virtuose de la *Jérusalem délivrée*. L'Italie du Tasse ne s'est pas avisée, — et bien moins encore l'Italie du cavalier Marin, — que la littérature ne pouvait durer qu'à la condition d'être quelque chose d'autre et de plus qu'un jeu. Elle n'est même pas « la littérature, » si son rôle n'est que de nous divertir, ou de nous étonner, et d'autres moyens conviennent mieux à cet usage. Mais, précisément, Montaigne en en faisant l'art de l' « observation psychologique et morale » lui a donné pour objet la connaissance de l'homme. Qui ne conviendra, là-dessus, que, si la grande raison de l'universalité de la littérature française est quelque part, elle est là? Les *Fables* elles-mêmes de La Fontaine, ou, dans un autre genre, les *Contes* de Voltaire, seront, comme le livre de Montaigne, des « vues sur le monde, » un jugement sur l'homme, une « conception de la vie. » Ils seraient sans doute autre chose, mais seraient-ils ce qu'ils sont si les *Essais* n'avaient pour ainsi dire orienté notre littérature classique dans cette direction? En faisant de l' « observation psychologique et morale, » telle que nous essayons d'en donner une idée, la matière même de l'écrivain et l'objet de la « littérature, » Montaigne a posé l'un des fondemens du classicisme, et celui que l'on n'ébranlera pas. Toute œuvre, en toute langue, et je dirais volontiers en tout art, sera toujours classique de la quantité d'observation psychologique ou morale qu'elle contiendra, et peut-être même ne sera-t-elle classique que de cela.

Ajouterons-nous que, pour pratiquer cette « observation psychologique et morale » l'auteur des *Essais* a donné le modèle d'une manière de style qui n'existait pas avant lui dans notre langue? On le pourrait et on le doit donc! Tandis qu'Henri Estienne, avec ses *Dialogues du Langage français italianisé*, grammairien fanatique, superficiel et mal embouché, s'évertuait à chercher les moyens de réagir contre la perversion de la langue française par l'usage italien, et n'en proposait, naturellement, que de parfaitement vains, Montaigne, lui, faisait quelque chose de plus efficace ; et il « nationalisait » la langue en la rapprochant de la vie. Je ne sais encore si l'on a suffisamment appuyé sur ce caractère du style de Montaigne. On y admire et on y aime surtout l'abondance, le jaillissement, le naturel de la métaphore, mais, tout au rebours de ce que l'on voit d'ordinaire, chez Ronsard, par exemple, ou chez Rabelais, il faut remarquer que les métaphores de Montaigne n'ont pas pour objet de rien « amplifier » ou « magnifier; » et, au contraire, elles ne lui servent que de moyens de se faire entendre. Son style est un style « réaliste » ou « réel, » mais dans le sens large du mot, je veux dire un style qui cherche à épuiser la « réalité » de ce qu'il représente ; à « enfoncer, comme il dit lui-même, la signification des mots ; » qui ne se soucie point de subtilité ni d'élégance, qui ne va pas au delà ni ne reste en deçà de la chose, et dont il faut dire enfin comme lui-même : « Quand je vois ces braves formes de s'exprimer, si vives, si profondes, je ne dis pas que c'est bien dire, je dis que c'est bien penser, c'est la gaillardise de l'imagination qui élève et enfle les paroles. Nos gens appellent jugement langage, et beaux mots les pleines conceptions. » On connaît encore le passage célèbre : « Quand on m'a dit ou que moi-même me suis dit : « Tu es trop épais en figures ! Voilà un mot du cru de Gascogne! Voilà une phrase dangereuse [je n'en refuis aucune de celles qui s'usent emmy les rues françaises, ceux qui veulent combattre l'usage par la grammaire se moquent!] Voilà un discours ignorant! En voilà un trop fol! » — Oui, fais-je! mais je corrige les fautes d'inadvertance, non celles de coutume. *Est-ce pas ainsi que je parle partout? Ne représenté-je pas vivement?* Suffit! J'ai fait ce que j'ai voulu, tout le monde me reconnaît en mon livre et mon livre en moi. » [III, 3, 1588.]

Nous voyons ici comment le caractère du style de Montaigne se lie à la nature de son observation. Si nous voulons exprimer ou représenter fidèlement la vie, c'est à la vie qu'il faut que nous en demandions les moyens. Toute rhétorique est vaine, non seulement vaine, mais fausse, mais dangereuse, qui n'aurait pas uniquement pour objet de nous enseigner l'usage de ces moyens. Ils sont d'ailleurs à notre portée, sous notre main, « emmy les rues françaises, » où nous n'avons qu'à les reconnaître. Et, après cela, formé ainsi à l'école de la réalité, l'écrivain pourra céder quelquefois à la tentation de l'orner, ou de l'« artialiser, » selon l'expression de Montaigne, qui lui-même n'en évitera pas toujours le reproche, qui s'amusera de ses propres trouvailles, qui ne négligera rien de ce qu'il faudra faire pour en assurer la fortune, mais qu'importe? Il y a désormais de par lui, de par ses *Essais*, une « manière d'écrire » qui est la bonne, et qui l'est, non point pour telle ou telle raison, qu'on donne encore dans les écoles, mais parce qu'elle est la plus conforme à la réalité, à la « nature » et à la vie. « La manière d'écrire d'Épictète, de Montaigne et de Salomon de Tultie est la plus d'usage, qui s'insinue le mieux, qui demeure le plus dans la mémoire, et qui se fait le plus citer, parce qu'elle est toute composée de pensées nées sur les entretiens ordinaires de la vie. » Ce sera la manière de nos grands écrivains, — de Pascal et de Bossuet, de La Fontaine et de Molière, de Racine et de Boileau, — et ce sont les *Essais* qui l'ont inaugurée dans l'histoire de la littérature.

IV

Quant à la philosophie qui ressort des *Essais*, — et je ne pense pas que l'on nie qu'il s'en dégage une, — disons d'abord qu'elle ne fait de Montaigne le disciple d'aucune secte, ni l'écolier d'aucun maître, pas plus de Zénon que d'Épictète ou d'Épicure que de Pyrrhon; et elle n'a pas toujours été la même. Elle a eu ses époques, et c'est la grande originalité du livre de M. F. Strowski que d'avoir essayé de les distinguer. Comment les idées de Montaigne, nées d'abord de ses lectures, de son expérience personnelle et quotidienne de la vie, de ses méditations, se sont ensuite comme engendrées les unes des autres, à mesure qu'il se relisait, et qu'ainsi lui-même en saisissait mieux les rapports, ou les contradictions, c'est ce que M. F. Strowski s'est efforcé de montrer ; et il revendique avec raison l'honneur de l'avoir tenté le premier. On ne sera d'ailleurs parfaitement sûr de la succession de ces idées que quand « l'Édition municipale » sera complète, et que M. Strowski, non seulement nous aura donné le texte « définitif » de Montaigne, mais encore, et comme il se propose de le faire, quand il aura daté les différens chapitres des *Essais*. L'ordre des chapitres des *Essais* n'est pas celui de leur composition. On croit savoir, par exemple, que la rédaction de l'*Apologie de Raymond de Sebonde*, qui fait partie du second livre, serait antérieure à celle du chapitre de l'*Institution des Enfans*, qui fait partie du premier. Mais, pour le moment, on n'a encore daté, avec une précision facile, que le texte de 1588 par rapport à celui de 1580, et, par conséquent, l'ensemble du troisième livre par rapport aux deux premiers. Quand on aura daté, si l'on y doit réussir, les chapitres des trois livres par rapport les uns aux autres, on verra bien, ou on verra mieux, que le « philosophe » de 1572, dont la principale préoccupation ne semblait être que de vaincre en lui la peur de la mort, n'est pas le « philosophe » de 1590 ou de 1592. M. Strowski, qui connaît mieux que personne ce côté de la question, croit pouvoir affirmer dès à présent que Montaigne aurait passé du « stoïcisme » au « pyrrhonisme » et du « pyrrhonisme » au dilettantisme.

Cette représentation du rythme de la pensée de Montaigne me semble assez conforme à la réalité. Montaigne a été d'abord séduit par la grandeur du stoïcisme, et d'un autre côté, par la rhétorique autant que par la morale des *Lettres à Lucilius*. Mais son ironie, plus aiguisée que ne le sera celle de Montesquieu, n'a pas tardé à reconnaître ce qu'il y avait d'artificiel et de vain, mais surtout de théâtral, dans l'attitude générale du stoïcisme à l'égard de la vie ; et c'est alors que du stoïcisme il aurait passé au pyrrhonisme. Sachons gré du moins à M. Strowski de n'avoir pas appuyé sur le scepticisme ou le pyrrhonisme de

Montaigne. Et, en effet, doit-on le dire? non seulement on n'est pas sceptique pour ne pas croire aveuglément tout ce que croiront un jour Victor Cousin ou Royer-Collard, mais le doute, un doute raisonnable, un doute raisonné, le doute, précisément, de Montaigne, n'est-il pas la seule attitude intellectuelle qu'on puisse désormais tenir à l'égard de la métaphysique; ou ne la serait-il pas, — s'il ne fallait craindre que l'élégance de ce doute n'aboutît au dilettantisme?

Pour nous, sans nous embarrasser autrement de métaphysique, de pyrrhonisme ou de stoïcisme, nous dirons tout simplement, avec moins de précision et plus de vérité, que la philosophie de Montaigne est une « philosophie de la vie. » C'est ce qui en explique l'apparente incohérence, parce que la vie humaine, effectivement, n'est pas une chose logique, dont la conduite appartienne au « discours » ou à la raison, et c'est pourquoi, quand on l'explore, comme Montaigne, dans toutes les directions, il n'est pas étonnant que l'on finisse quelquefois par se contredire. La vie n'est qu'un tissu de contradictions, et l'observateur serait infidèle, ou superficiel, qui la décrirait sans compter avec ces contradictions. Sur quoi, et après l'avoir amplement décrite, et analysée, et commentée, si l'on demandait à Montaigne ce que c'est que la vie, il pourrait presque se dispenser de répondre, n'ayant en somme rien promis au delà d'une exacte représentation de la réalité; mais, étant « moraliste » autant que « psychologue, » il a voulu répondre; et on rendrait assez bien la réponse éparse en quelque manière dans ses *Essais*, si l'on disait que, pour lui, « la vie c'est l'adaptation. »

C'est l' « adaptation » ou l' « accommodation ; » et d'abord l'adaptation aux circonstances, qui ne sont les mêmes, — ou bien rarement, — ni pour deux d'entre nous, ni pour chacun de nous, à deux momens différens de son existence. Le monde va son train, comme l'on dit, sans se soucier de savoir si nous le suivons et de quelle allure : c'est à nous de nous y conformer; et, sans doute, pour nous y conformer, il n'est inutile ni de le connaître, ni de nous connaitre nous-mêmes. Notre personnalité, si nous en avons une, ne se dégagera que de ce conflit de tous les jours avec les circonstances. On ne naît pas « soi-même, » si je puis ainsi dire; on le devient! Le moyen de le devenir n'est pas de se soumettre, et de céder en toute occasion à la pression des circonstances; mais il n'est pas non plus d'y résister; il est tantôt d'y résister et tantôt d'y céder; et c'est ce qu'on appelle « s'adapter. » La vie n'est qu'une adaptation.

Adaptation aux circonstances, d'abord, et, secondement, adaptation au milieu. C'est ici la philosophie de Montaigne sur « la coutume » Combien de coutumes! et combien diverses! et non moins bizarres, ou singulières, ou « farouches, » que diverses! — moins bizarres, à la vérité, que ne l'a cru quelquefois Montaigne, trop facile aux récits des voyageurs et aux fables des anciens, — combien surtout d'illogiques ou d'injustifiables! Mais il n'importe! et ce n'est pas le point! Il s'agit de vivre, et pour vivre : « Le sage doit au dedans retirer son âme de la presse et la tenir en liberté et puissance de juger librement les choses, mais quant au dehors, il doit suivre entièrement les façons et formes reçues. La société publique n'a que faire de nos pensées, mais le demeurant, comme notre travail, nos actions, nos fortunes et notre vie propre, il le faut prêter à son service et aux opinions communes. C'est la règle des règles et générale loi des lois que chacun observe celles du lieu où il est. » [I, 23, 1580.] Nous nous adapterons donc aux coutumes qui régissent la société dont nous faisons partie; nous respecterons en elles l' « armature » ou le « support » de l'institution sociale; et si nous avons besoin, pour nous y décider, — car cela est parfois difficile, — d'une considération personnelle ou égoïste, nous réfléchirons que « la liberté du sage » ne peut nous être assurée que par le moyen de cette adaptation. La vie n'est qu'une adaptation.

Adaptation aux circonstances, venons-nous de dire, et adaptation au milieu, mais de plus, et encore, adaptation à la nature. C'était, on se le rappelle, la formule même du stoïcisme : Ζῆν ὁμολογουμένως τῇ φύσει; et par où l'on voit tout de suite qu'il ne s'agit nullement de s'abandonner sans contrainte aux impulsions de l'instinct. A la vérité, je n'en voudrais pas trop dire, et je crains qu'ici Montaigne ne se séparât un peu de Zénon ou d'Épictète. La nature, telle qu'il la conçoit, c'est bien la nature ordonnatrice et souveraine, c'est encore l'Isis féconde et l'institutrice de toutes les vertus, mais c'est surtout sa nature, à lui, telle que l'observation de lui-même, le contact des hommes, l'expérience de la vie la lui ont révélée; et ceci est un peu différent. Son *Essai* sur le *Repentir* est significatif à cet égard. « Le repentir, y dit-il, est un mouvement de l'âme que je ne connais guère, pour ma part; et aussi bien, de quoi me serais-je repenti, n'ayant jamais rien tenté, ni désiré seulement au delà de ma nature ! Quelqu'un la juge-t-il médiocre? Il me suffit à moi qu'elle soit « mienne; » et je ne me suis proposé que de la développer dans la direction de ses instincts, non de la perfectionner, et, somme toute, en la perfectionnant, de la « dénaturer. » Mais, quoi qu'il en soit de la conception personnelle que Montaigne se forme de la nature, toujours est-il que le principe de l' « adaptation à la nature » en général, fait partie de son *credo* philosophique; et on ne saurait oublier que, si ce principe est celui de Rabelais dans son *Pantagruel*, il est aussi celui de Marc-Aurèle dans ses *Pensées*.

Le vice de cette philosophie, que toute notre sympathie pour Montaigne ne saurait nous dissimuler, c'est de manquer de « stabilité; » d'être une « méthode, » à vrai dire, plutôt qu'une « philosophie; » et, finalement, d'aboutir à un « art de vivre » plutôt qu'à une « conception de la vie. » C'est donc ici que se pose tout naturellement la question du « christianisme de Montaigne » et de la sincérité de sa foi? Nous avons vu qu'il ne s'était nullement proposé d'écrire une « Apologétique, » et c'était assurément son droit. Personne n'est tenu d'écrire une « apologétique. » Mais cette fixité de principes que ne comportait pas sa philosophie, puisqu'elle n'était qu'une « quête » ou une « cherche, » dont nous n'atteindrons jamais le terme, Montaigne estimait-il qu'elle se trouvât dans le « christianisme? » et qu'en conséquence une profession de foi chrétienne fût à la fois le correctif et le couronnement de ce qu'il y avait d'un peu païen dans sa philosophie ? Nous lisons à ce propos, au chapitre des *Vaines subtilités*, — et le passage n'apparaissant pour la première fois qu'en 1588, est donc postérieur à l'*Apologie de Raymond de Sebonde* : « Il se peut dire avec apparence que des esprits simples, moins curieux et moins savans, il s'en fait de bons chrétiens, qui, par révérence et par obéissance, croient et se maintiennent sous les lois. En la moyenne vigueur des esprits et moyenne science s'engendre l'erreur des opinions : ils suivent l'apparence du premier sens, et ont quelque titre d'interpréter à simplicité et ignorance de nous arrêter en l'ancien train, regardant à nous qui n'y sommes pas instruits par étude. Les grands esprits, plus rassis et plus clairvoyans, font un autre genre de bien croyans, lesquels, par longue et religieuse investigation, pénètrent une plus profonde et abstruse lumière ès Écritures, et sentent le mystérieux et divin secret de notre police ecclésiastique. » [I, 54,

1588.] L'addition me semble d'autant plus significative qu'elle n'avait, en vérité, que faire, dans un chapitre où, ce qu'il s'agissait de montrer, c'est que « les extrêmes se touchent, » et on pouvait, je pense, en trouver un autre exemple, plus analogue à ceux qui le précèdent, lesquels sont tirés de l'extrême chaleur et de l'extrême froidure, qui toutes deux « cuisent et rôtissent, » ou « de la peur extrême et de l'extrême ardeur de courage » qui « troublent également le ventre et le lâchent. » J'incline donc à croire que, dans ce passage, Montaigne, — et quoiqu'il se mette lui-même parmi les « esprits du second rang, » — nous fait discrètement confidence des différens états que sa pensée a successivement traversés. S'il y a moins de renseignemens qu'on en voudrait dans les confidences que Montaigne nous donne comme telles, il y en a plus qu'on ne croirait dans maint passage où ce n'est pas de lui qu'il semble parler. Il a cru, tout d'abord, de ce qu'on appelle familièrement « la foi du charbonnier; » puis, les doutes étant survenus et les difficultés s'étant élevées, son ironie, avec une vivacité qu'explique l'entraînement du bien dire, s'est exercée aux dépens de l' « ignorance, » et de la « simplicité » des « bien croyans : » — il dira plus tard, entre 1588 et 1592, aux dépens de leur « niaiserie » et de leur « bêtise; » et cette correction n'est-elle pas encore caractéristique? — jusqu'à ce qu'enfin, après ses voyages d'Allemagne et d'Italie, après son séjour de Rome, après sa mairie de Bordeaux, après les épreuves que les guerres de religion ne lui ont pas épargnées, étant désormais d'esprit plus « rassis » et plus « clairvoyant, » ce qui veut bien dire ici voyant plus clair dans un sujet obscur, il ait décidé de ranger sa raison sous le sens du mystère et la nécessité du divin.

V

Ces indications, très sommaires et un peu vagues encore, se préciseront sans doute à mesure que paraîtront les volumes successifs de l' « Édition municipale. » Car jusqu'à présent nous n'en avons que le premier, qui ne comprend, avec une courte et substantielle *Introduction* de M. Strowski, que le premier livre des *Essais;* et elle en doit former quatre. Nous attendrons surtout avec quelque impatience le quatrième et dernier, dont on nous promet que les notes auront pour objet : « 1° de déterminer, lorsqu'il sera possible, la date de composition de chaque *Essai*; 2° d'indiquer les sources de Montaigne ; 3° d'expliquer les allusions historiques. » Mais M. Strowski nous permettra-t-il d'exprimer un souhait à cet égard, et tandis qu'il sera comme aux prises avec ces questions d'érudition, ne voudra-t-il pas nous dire, avec un peu plus d'abondance, et avant tout le reste, les raisons qu'il a de préférer « absolument » le texte de l'« exemplaire de Bordeaux » à celui de l'édition de 1595?

Il n'y a pas plus de doute sur la provenance que sur l'authenticité de l'« exemplaire de Bordeaux. » Donné aux Feuillans, par la veuve de l'auteur des *Essais*, et conservé pieusement dans leur bibliothèque, comme le corps de Montaigne l'était dans leur église, il a passé, au temps de la Révolution, dans la bibliothèque municipale de Bordeaux; et il n'en est plus sorti depuis lors. On ne saurait avoir de certificat d'origine plus assuré. On ne conteste pas non plus que les additions et indications dont il est surchargé, ne soient en général de la main de Montaigne. Mais, comme nous avons eu plus haut l'occasion de nous le demander, quel usage Montaigne lui-même eût-il fait de ces « allongeails » dans une nouvelle édition des *Essais?* Ce qui augmente ici la difficulté de la question, c'est que l'exemplaire de Bordeaux n'a pas passé tout entier ni tel quel dans le texte de 1595. Or, le texte de 1595, c'est le texte fixé, — de concert avec la veuve de Montaigne et Pierre de Brach, — par Mlle de Gournay, sa « fille d'adoption » dont on sait le respect quasi superstitieux pour la mémoire de son « Père; » et aussi l'entière confiance que celui-ci avait mise en elle. Le passage qui la concerne, au chapitre 17 du second livre des *Essais*, est même assez désobligeant pour la femme et la fille de Montaigne. « Je ne regarde plus qu'elle au monde, » y dit textuellement Montaigne, non de sa fille, ni de sa femme, mais de Mlle de Gournay. Il y a donc des chances pour que Mlle de Gournay ait été le plus scrupuleux, le plus fidèle, le plus consciencieux des éditeurs. Aussi bien ne craint-elle pas d'en revendiquer elle-même la louange, et si nous voulions l'en croire, elle se serait gardée, même de « corriger » ce qu'il pouvait y avoir de manifestement « corrigeable » dans le texte de Montaigne. « J'ai secondé, nous dit-elle, ses intentions jusqu'à la superstition. Aussi n'ai-je pas rétivé, lorsque j'eusse jugé chose corrigeable, de plier et prosterner toutes les forces de mon discours, — c'est-à-dire de mon opinion personnelle, — sous cette seule considération, que celui qui le voulait ainsi était Père, et qu'il était Montaigne. » Elle ajoute : « Je le dis afin d'empêcher que ceux qui se rencontreront sur quelque phrase, ou quelque obscurité qui les arrête, pour s'amuser à draper l'impression, comme si elle avait en cela trahi l'auteur, ne perdent la quête du fruit qui ne peut manquer d'y être, *puisqu'elle l'a plus qu'exactement suivi.* » Et il est vrai qu'elle ajoute encore : « Dont je pourrais appeler à témoin une autre copie qui reste à sa maison ;.. » et précisément, cette autre copie, c'est l' « exemplaire de Bordeaux ; » mais la difficulté subsiste ; et quand les deux textes ne sont pas absolument conformes, lequel des deux faudra-t-il préférer? C'est une question que je ne décide point, mais il ne me semble pas que M. Strowski, ni dans son *Introduction*, ni dans le trop court *Appendice*, où il la pose plutôt qu'il ne la traite, l'ait, lui non plus, décidée ; et je lui demande, dans son dernier volume, où l'occasion en sera toute naturelle, de vouloir bien l'examiner à fond. Nous expliquera-t-il aussi comment il se fait, — car ceci paraît assez singulier, — qu'il y ait, aux marges de l'exemplaire de Bordeaux, quelques additions qu'on croit de l'écriture de Mlle de Gournay, continuées elles-mêmes, et surchargées de la main de Montaigne ?

Je n'attends pas non plus sans impatience, et les « notes » où il essaiera de déterminer les dates de composition de chaque *Essai*, et surtout celles où il explorera les « sources » des *Essais*. La tâche, en ce dernier point, lui sera facilitée par les nombreux commentateurs de Montaigne, au premier rang desquels on ne saurait oublier Coste, l'éditeur du xviiie siècle, qui rougissait, dit-on, de modestie, quand on parlait devant lui des *Essais*; Victor Le Clerc, l'humaniste ; et, à côté d'eux, un jeune chartiste, M. Joseph de Zangroniz, qui vient de publier sous ce titre : *Montaigne, Amyot et Saliat,* une très intéressante « Étude sur les sources des *Essais.* » Saliat, Pierre Saliat, dont il est fait à peine mention dans nos histoires de la littérature, est le premier traducteur français d'Hérodote.

Ce que M. de Zangroniz a bien montré, — sans que toutefois son livre « nous ouvre un jour inattendu sur les *Essais* de Montaigne, » comme on l'a dit avec un peu d'emphase, — c'est ce que Montaigne devait à Plutarque, ou, pour mieux dire, à Jacques Amyot, traducteur de Plutarque, et nous le savions assurément, mais non pas de cette manière exacte, précise, et complète. On saura désormais que l'erreur est fâcheuse, et pourrait même avoir des conséquences assez graves, qui consiste à renvoyer du texte de Montaigne à une traduction quelconque de Plutarque, celle de Clavier, par exemple, ou celle de Ricard. C'est le texte d'Amyot qu'il faut rapprocher du texte de Montaigne : le texte de 1559, ou peut-être de 1567, pour les *Vies parallèles;* et le texte de 1572, incontestablement, pour les *OEuvres morales et mêlées.* Et, en effet, c'est là seulement que nous pouvons nous rendre compte comment Montaigne emprunte, imite, copie, transpose, abrège, allonge, et, finalement, de ses imitations mêmes, dégage pourtant son originalité. « Tout copiste qu'il est, a dit quelque part Malebranche, dans un chapitre classique de *La Recherche de la Vérité,* il ne sent point son copiste, et son imagination forte et hardie donne toujours le tour d'original aux choses qu'il copie. » Nous pouvons assurer M. de Zangroniz, — puisqu'il exprime un doute à cet égard, — que Malebranche, en écrivant ces lignes, s'est rendu « un compte bien exact de la vérité de son allégation. » Il avait, sur l' « invention littéraire, » les idées de son siècle, qui sont aussi bien celles des anciens, ou du moins des classiques latins, de Virgile et d'Horace, par exemple, et, même en grec, les idées de Plutarque, lequel sans doute, n'est qu'un compilateur, et on pourrait dire, si l'on le voulait, un plagiaire.

Mais Plutarque, traduit par Amyot, n'est pas le seul ancien dont se soit inspiré Montaigne. Il a aussi beaucoup lu, souvent imité Sénèque, et généralement la littérature latine lui est toute familière. Il connaît moins bien la grecque, ce qui est d'ailleurs le cas de la plupart de ses contemporains, par rapport à la génération précédente, et ce qui confirme ce que nous avons dit plusieurs fois de la « latinisation de la culture » dans les dernières années du XVI° siècle. En dépit des efforts de quelques érudits, parmi lesquels Henri Estienne, les Grecs, d'année en année, vont maintenant perdre du terrain, et les Latins en gagner d'autant. Les *Essais* de Montaigne en sont un témoignage. Le moindre intérêt du petit livre de M. de Zangroniz n'est pas d'avoir mis ce fait en lumière. Si ce n'était ce qu'il doit à Plutarque, Montaigne serait tout Latin. Et Plutarque, après tout, est-il tellement Grec? Il est surtout « cosmopolite, » comme Sénèque ; et, ainsi que la critique anglaise l'a bien fait voir, — dans des travaux que nous ne connaissons pas assez en France, — là même, dans leur *cosmopolitisme*, qu'on pourrait appeler leur *humanisme*, au sens étymologique du mot, là est l'explication et la raison de l'universalité de leur influence au XVIe siècle : Sénèque, par exemple, n'a pas exercé moins d'influence sur la première formation du théâtre anglais que sur la formation du nôtre.

On ne saura pas moins de gré à M. de Zangroniz d'avoir voulu, suivre, sinon d'année en année, du moins d'édition en édition, c'est-à-dire de 1580 à 1588, et de 1588 à 1592, le progrès des lectures de Montaigne. Cela lui a permis de rectifier quelques erreurs des historiens de Montaigne, de préciser la nature de ses procédés de composition, et même de pénétrer un peu plus avant dans son intimité. Par exemple, Montaigne écrit quelque part, au chapitre VIII de son livre III : « Je viens de courre d'un fil l'histoire de Tacitus, — ce qui ne m'advient guère, il y a vingt ans que je n'ai mis en livre une heure de suite, — et l'ai fait à la suasion d'un gentilhomme que la France estime beaucoup; » et on aimerait qu'il eût nommé ce « gentilhomme. » Mais on a conclu de cette phrase qu'en 1580, c'est-à-dire à l'époque de la première édition de son livre, Montaigne n'avait pas encore « découvert » ou « retrouvé » Tacitus. M. de Zangroniz n'a pas eu de peine à montrer que l'on se trompait, et il n'a eu pour cela qu'à rappeler les nombreux passages de l'édition de 1580 où Tacitus est cité et nommé. Nous admettrons sans difficulté que Montaigne a lu plusieurs fois Tacitus. Autre exemple, pour appuyer et confirmer ce que nous avons dit des procédés de composition de Montaigne. En 1587, — nous le savons par une note de son propre exemplaire, qui nous est parvenu, — Montaigne lit Quinte-Curce : en conséquence, on trouve donc, dans l'édition de 1588, une douzaine de citations de Quinte-Curce. Il n'y en avait pas une seule dans l'édition de 1580; il n'y en a pas une de plus dans l'édition de 1595. La conclusion est évidente! C'est vraiment au hasard de ses lectures, dont on voit que le choix n'a ni méthode ni règle, que Montaigne enfle, pour ainsi parler, ses *Essais*, et selon qu'il y trouve la contradiction ou la confirmation de son expérience et de ses propres idées. Autre exemple encore, d'un autre genre. Les citations d'Hérodote, relativement rares en 1580, et même en 1588, deviennent plus nombreuses dans l'édition de 1595. Pourquoi cela? M. de Zangroniz nous en donne la raison, que je crois excellente :

Montaigne s'amuse, ou, selon sa propre expression, il se débauche. Il use, ou même il abuse des libertés qu'il croit ou qu'il feint que lui donneraient son âge, qui n'est pourtant que de cinquante-six ou sept ans, et sa maladie, à laquelle il cherche des distractions. Et comme aucun autre historien, grec ou latin, n'est plus abondant en anecdotes surprenantes, parfois même un peu scabreuses, en descriptions de coutumes et de mœurs rares ou extraordinaires, par là s'explique le plaisir que Montaigne éprouve alors à relire Hérodote. M. de Zangroniz à ce propos note encore ce point que, dans l'édition de 1595, les citations « nouvelles » de Plutarque sont toutes ou presque toutes empruntées du traité de l'*Amour*.

Faut-il maintenant aller plus loin, et comme le croit M. de Zangroniz, la succession seule des lectures de Montaigne, et le groupement des citations qu'il en tire nous sont-ils un témoignage assuré de la variation des sentimens de Montaigne? Conformément aux indications déjà données par M. Strowski — dont il a d'ailleurs plaisir à se dire l'élève reconnaissant, — M. de Zangroniz croit à l'inspiration principalement stoïcienne de la première édition des *Essais*, et il en veut trouver la preuve dans l'abondance des citations que Montaigne fait de Sénèque, ainsi que dans le choix de ses citations de Plutarque. Je pense qu'il ne l'y trouverait point, s'il ne s'était formé préalablement une opinion sur le stoïcisme de la première inspiration des *Essais*. Mais, à propos de la seconde édition, je veux dire celle de 1588, quand M. de Zangroniz note « un changement dans l'état d'âme de Montaigne, » je ne saurais m'empêcher de protester contre le portrait qu'il nous trace de son auteur. « Il a expérimenté, nous dit-il, que le plaisir suprême, le plaisir des dieux, ne consiste pas, quoi qu'en puissent dire les méchans, les sceptiques ou les stoïciens, dans la vengeance, dans l'indifférence ou dans l'ataraxie, mais *dans le bien qu'on apporte à ses semblables, dans le rayon de soleil qui va réchauffer un cœur brisé, dans le sourire qu'on fait éclore sur des lèvres pâlies.* » Ce Montaigne « faisant éclore des sourires sur les lèvres pâlies, » consolateur et sentimental; ce bon Montaigne, qui ne respire que l'amour de l'humanité; ce Montaigne qui s'oublie lui-même, à procurer sans relâche, comme maire de Bordeaux, le bien de ses « concitoyens; » ce Montaigne, en vérité, n'est qu'une caricature de l'auteur des *Essais*. Nous en dirions davantage, et notamment de la manière dont M. de Zangroniz essaie de défendre Montaigne contre le reproche d'égoïsme, si, comme on l'aura sans doute remarqué, nous n'avions voulu nous abstenir, dans cette étude sur les *Essais*, de tout jugement et de toute appréciation sur l'homme. Nous n'avons voulu parler que du livre, quel qu'en fût, pour ainsi dire, l'auteur; et le personnage mériterait une étude à part, dont je ne puis même indiquer ici quelles seraient les conclusions, puisqu'en ce cas ce n'est ni du même point de vue qu'il faudrait envisager son livre, ni la même « méthode, » ou plus modestement les mêmes moyens, qu'on emploierait pour étudier le sujet.

Remercions donc tout simplement M. de Zangroniz de ce que son *Étude sur les sources des « Essais »* contient de précieux renseignemens, dont on peut dire dès à présent qu'ils passeront tous dans les commentaires qu'on fera désormais des *Essais;* et souhaitons qu'à son tour, dans les « notes » qu'il nous promet, M. Strowski les complète. Il nous serait utile, en effet, d'en avoir d'aussi exacts sur « les sources italiennes, » par exemple, de Montaigne. Pareillement, ses emprunts à Marsile Ficin, le traducteur de Platon, sont nombreux; et, dans l'*Apologie*, M. Strowski a reconnu des pages entières de Cornélius Agrippa. Je serais encore étonné que l'auteur des *Essais* ne dût rien à Erasme. Mais il nous importerait surtout que l'on mît le texte des *Essais* en relation avec quelques-uns des textes français contemporains, tels que l'*Apologie pour Hérodote*, par exemple, d'Henri Estienne, ou la *République* de Jean Bodin. C'est une étude qu'on n'a pas encore faite. L'intérêt en serait de montrer comment on peut user diversement des mêmes textes; car ce sont les mêmes textes, les mêmes anciens, le même Plutarque, le même Hérodote, que copient ou que paraphrasent Estienne et Montaigne, Montaigne et Bodin; ce sont souvent les mêmes sujets qu'ils traitent, l'autorité de la coutume, ou l'influence des climats; mais pourquoi cette antiquité n'est-elle dans la *République* de Bodin qu'une chose morte, et au contraire pourquoi vit-elle d'une vie qui nous est contemporaine, si je puis ainsi dire, dans les *Essais* de Montaigne? Nous avons essayé d'en indiquer au moins quelques-unes des raisons, et nous espérons que dans le quatrième volume de l' « Édition municipale » M. Strowski en complétera l'énumération.

Et quand tout cela sera fait, — demandera peut-être quelque sceptique ou quelque ironiste; — quand on aura épuré, revisé et fixé *ne varietur* le texte de Montaigne; quand on aura expressément rapporté chacune de ses imitations à son modèle, et chacune de ses inspirations à sa source; quand on aura fait, entre ses idées et celles de ses contemporains tout ce que l'on peut faire d'ingénieux rapprochemens, qu'en sera-t-il alors? et, par aventure, lirons-nous « mieux » Montaigne, ou un « autre » Montaigne que celui de Pascal et de Malebranche, de Voltaire et de Diderot, de Villemain et de Sainte-Beuve? C'est une question que l'on peut effectivement se poser; et il faut avouer que ces problèmes de philologie, auxquels une nouvelle école voudrait quelquefois réduire toute la critique et l'histoire littéraire, n'ont pas toujours l'extrême importance qu'on leur attribue. Les *Pensées* mêmes de Pascal étaient les *Pensées* dans l'édition de Port-Royal, et les *Sermons* de Bossuet sont ses *Sermons*, même et déjà dans l'édition de dom Déforis. Je lis habituellement les *Sermons* dans l'édition de Versailles, qui reproduit le texte de dom Déforis; et je les ai jadis admirés une fois de plus, quand l'abbé Lebarq en publiait une édition nouvelle, d'après les manuscrits de la Bibliothèque nationale, et que, de volume en volume, j'en suivais le progrès; mais je ne les ai pas admirés davantage. C'est encore ainsi que je lis les *Pensées* de Pascal dans l'édition Havet, de préférence à toutes les autres, quoiqu'elle soit très éloignée d'être aujourd'hui la plus « critique, » et que d'ailleurs l'érudit et copieux commentaire en soit inspiré du plus pur esprit de secte. Mais, pour les *Essais* de Montaigne, le cas est un peu différent: j'estime que nous n'y saurions regarder de trop près, et je précise, en terminant, les raisons qu'il y a de penser ainsi.

La première, nous l'avons déjà dite, c'est que les *Essais* ne sont pas un livre ordinaire, conçu d'un seul jet, exécuté d'une même teneur, et « réalisé, » pour ainsi parler, dans une édition dernière et définitive, par son auteur lui-même, un livre comme *l'Histoire des Variations*, par exemple, ou même comme *l'Esprit des Lois*. *L'Esprit des Lois* est un grand livre, incohérent et décousu, comme les *Essais*, mais décousu d'une autre manière, et incohérent pour d'autres motifs. Les *Essais*, — et l'histoire de notre littérature n'en offre pas un autre exemple — sont un livre « successif, » remanié, « ruminé, » retouché, pendant vingt ans, par l'auteur le plus mobile et le plus « ondoyant » qui fut jamais; le plus habile à se dérober tout en ayant l'air de se livrer jusqu'à l'abandon; le moins soucieux de défendre son unité personnelle, je ne dis même pas comme écrivain, mais comme homme, contre le perpétuel écoulement des choses. Rappelons-nous ces lignes si souvent citées : « Je ne peins pas l'être, je peins le passage, non un passage d'âge à un autre, ou, comme dit le peuple, de sept en sept ans, mais de jour en jour, de minute en minute;... » et disons le vrai mot : les *Essais* de 1580, les *Essais* de 1588, les *Essais* de 1595 font trois livres, et, si ce n'était renverser tous les usages de la librairie, je les voudrais imprimés en trois volumes, qui ne seraient chacun que la reproduction de l'un des trois textes de 1580, 1588 et de 1595. Mais, en de semblables conditions, on n'a pas de peine à comprendre l'importance des moindres variantes, corrections et additions. Car la succession en est représentative du mouvement ou du « progrès, » si l'on veut, de la pensée de l'auteur, et, en de semblables conditions, des différences qui ne seraient que de pure forme ou de style, chez un autre écrivain, intéressent et touchent ici le fond des choses. Ou encore, dans les trois éditions des *Essais*, nous avons trois images du même homme, que nous ne pouvons un peu connaître que si nous superposons la seconde à la première, et la troisième aux deux autres; et comment les « superposerons-nous » si nous n'y apportons une extrême attention, qui ne néglige aucun détail, et de ces trois images n'a d'abord essayé de ressaisir les moindres particularités? Il y a une « manière de lire » Montaigne, et ce n'est pas celle de lire les *Amours* de Ronsard ou le *Pantagruel* de Rabelais.

Ajoutons que ce livre est non seulement le premier, mais vraiment le livre maître et inspirateur de presque toute notre littérature classique. On n'en peut dire autant ni de ce *Pantagruel* que nous rappelions à l'instant même, ni des *Amours*, ou des *Odes*, ou des *Hymnes* de Ronsard. Il a plu à Chateaubriand de proclamer que Rabelais était « le père des Lettres françaises; » et sans doute ce n'était de sa part qu'une manière un peu « poncive » d'exprimer son admiration pour Rabelais, comme quand on appelle Corneille « le père de la tragédie, » mais l'erreur n'en est pas moins considérable et regrettable. Le xvie siècle lui-même, — je l'ai montré ailleurs, — n'a guère imité, ni suivi, ni même beaucoup lu Rabelais; et on pourrait presque prouver que la fortune littéraire de *Pantagruel* ne date que de la seconde moitié du xviiie siècle. Nul n'ignore d'autre part en quelle profondeur d'oubli l'œuvre et le nom de Ronsard ont été pendant deux siècles ensevelis. Et, on pourra dire, à la vérité, que les *Essais*, eux non plus, n'ont pas si brillamment réussi dans leur nouveauté, puisque Mlle de Gournay s'en plaint dans la *Préface* de l'édition de 1595. Elle en est quitte après cela pour soutenir que cette indifférence même est une preuve de la supériorité de Montaigne et on songe involontairement à la phrase : « Si la foudre tombait sur les lieux bas... » Mais laissons passer seulement quelques années, et Montaigne est dans toutes les mains. Son influence est universelle. Et voici que, dans les formes encore vides, mais déjà belles et surtout infiniment souples que les « humanistes » ont fait passer du grec ou du latin en français, si quelque chose s'insinue pour en remplir le contour élégant, c'est du Montaigne, puisque, comme nous l'avons vu, c'est de « l'observation psychologique et morale. »

Ai-je tout à l'heure assez insisté sur ce point? ai-je bien montré ce qu'à sa date, le choix de cette « matière à mettre en prose » avait eu de vraiment nouveau? ai-je assez fait voir que l'essentiel du dessein de Montaigne était là, dans sa curiosité, dans sa préoccupation, dans son souci constant de la vérité psychologique et morale, là aussi son « classicisme, » et nullement dans l'observation des règles d'une certaine grammaire ou dans l'imitation à perpétuité des « modèles antiques? » A-t-on bien vu, dans ce que nous avons dit des imitations de Montaigne, comment, par quelle transformation féconde, son originalité se dégageait de ces imitations mêmes ; — et c'est encore une des leçons que nos classiques ont reçues de lui? Si je n'y ai pas réussi, un autre sera plus heureux. Mais ce qu'on ne saurait mettre en doute, — et quoi qu'on en pense par ailleurs, — c'est l'importance du livre des *Essais* dans l'histoire, non seulement de notre littérature nationale, mais de la littérature européenne. On sait, en particulier, ce que lui doivent Shakspeare et Bacon. Et on nous accordera que lorsqu'un texte a cette importance, les philologues, éditeurs, commentateurs et critiques sont excusables de le traiter avec un peu de superstition. Ce sera notre excuse, à nous aussi, pour avoir parlé peut-être un peu longuement des sources de Montaigne, et de l' « Édition municipale » du livre des *Essais*.

F. Brunetière.

LES
ÉPOQUES DE LA PENSÉE DE MONTAIGNE

Les Sources et l'Évolution des « Essais » de Montaigne; — Les Livres d'histoire moderne utilisés par Montaigne, par M. Pierre Villey, 3 vol. in-8; Hachette, 1908.

Voici un livre auquel Ferdinand Brunetière, — on verra tout à l'heure pourquoi, — n'eût pas manqué de consacrer un article. Très savant, très méthodique, très consciencieux, il renouvelle, sur plus d'un point important, l'étude de Montaigne. Il est, de plus, l'œuvre, extrêmement méritoire, et un peu inattendue, d'un jeune aveugle dont l'information peut faire envie à ceux qui voient clair. Ce sont là plus de raisons qu'il n'en faut pour en parler.

I

« Je n'attends pas sans impatience, et les notes où M. Strowski essaiera de déterminer les dates de composition de chaque *Essai*, et surtout celles où il explorera les sources des *Essais*. » C'est à propos du premier volume de l' « Édition municipale » des *Essais* que Ferdinand Brunetière, on s'en souvient sans doute, s'exprimait en ces termes. S'il avait vécu deux ans de plus, son impatience eût été satisfaite, mais d'une façon qu'il n'avait pas prévue. En même temps que M. Strowski préparait sa monumentale édition des *Essais*, dont le second volume vient précisément de paraître, M. Pierre Villey poursuivait de son côté les recherches dont il nous donne aujourd'hui les résultats

Les deux historiens travaillaient à l'insu l'un de l'autre. Quand ils connurent leur mutuelle existence, et leur mutuel dessein, ils s'aperçurent que depuis longtemps, sans le savoir, « ils battaient les mêmes buissons. » Avec la plus parfaite bonne grâce M. Strowski s'effaça devant son concurrent involontaire : au lieu de le devancer, comme il aurait sans doute pu le faire, il annonça les travaux de M. Villey et leur laissa prendre quelque avance. Il fit mieux encore : il l'associa à sa tâche, et lui abandonna, au dernier volume de l'« Édition municipale, » une partie de l'étude qu'il avait lui-même entreprise. Les mœurs littéraires se sont bien adoucies depuis un siècle. Quand on songe aux inélégans procédés de Cousin à l'égard de Sainte-Beuve, on ne peut que féliciter M. Strowski de n'avoir pas marché sur les traces de Victor Cousin.

C'est que M. Strowski est un élève, non pas de Victor Cousin, mais de Brunetière. Ce qui restera, je crois, la marque propre de ce dernier comme professeur et comme critique, c'est la précision et la rigueur de sens historique dont il donnait l'exemple, et qu'il inculquait à tous ceux qui l'approchaient. « Nous sommes mobiles, et nous jugeons des êtres mobiles : » ce mot de Sénac de Meilhan, dont Sainte-Beuve a fait l'épigraphe de ses *Portraits Contemporains*, si Brunetière ne le citait pas, on peut dire qu'il l'avait constamment à l'esprit. De là l'extrême attention qu'il prêtait aux dates, aux synchronismes, aux influences exercées ou subies, aux sources, aux éditions successives, à la bibliographie des œuvres, bref, à tout ce qui précise, localise, actualise une physionomie littéraire; il se défendait d'étudier et de juger « en bloc. » Or, en ce qui concerne Montaigne, le conseil était particulièrement opportun, et il a été très heureusement suivi. Dans son enseignement à l'École normale, Brunetière avait montré (1), sinon le premier, au moins plus fortement que personne, que les *Essais* sont une œuvre essentiellement successive, et que, pour en démêler le véritable caractère, il faut tenir grand compte des sources, des

---

(1) Voyez à cet égard, dans le 3ᵉ fascicule du tome I de l'*Histoire de la littérature française classique* qui vient de paraître (Paris, Delagrave), l'admirable et presque décourageant chapitre sur *Montaigne*. Ce chapitre, qui a été fort habilement restitué, d'après les notes d'un cours professé à l'École normale en 1900-1901 par Ferdinand Brunetière, donnera bien une idée de ce qu'a été son enseignement. Il avait déjà parlé de Montaigne, mais sur un tout autre plan, — car il ne se répétait jamais, — en 1886-1887.

différences d'éditions et des corrections de l'auteur. M. Lanson, entre autres, M. Strowski, M. Villey enfin ont repris, précisé ces indications suggestives. Et à la question ainsi déterminée, le livre de M. Villey vient répondre d'une manière sinon définitive, tout au moins plus complète et plus satisfaisante qu'on n'avait fait jusqu'ici. « Le plus vif plaisir d'un esprit qui travaille, a dit Taine, consiste dans la pensée du travail que les autres feront plus tard. » Nul doute que, si Ferdinand Brunetière avait pu lire ces trois gros volumes, il n'eût vivement goûté ce plaisir.

« Il y a ici, — écrit M. Villey, — trois études principales : une enquête sur les sources et sur les lectures de Montaigne; une enquête sur la chronologie des *Essais;* une étude enfin sur leur évolution. » Ces trois études se commandent et s'entraînent l'une l'autre, et c'est le grand intérêt du livre de M. Villey d'avoir posé pour Montaigne le problème bibliographique et historique dans toute son étendue, et de l'avoir envisagé sous tous ses aspects. Quels livres a lus Montaigne? et à quelle époque? et comment les a-t-il utilisés? A quelles dates respectives peut-on rapporter la composition des divers chapitres des *Essais?* Et quel jour enfin cette enquête peut-elle jeter sur l'histoire de la pensée et de l'art de Montaigne? C'est à ces trois questions que le jeune érudit s'est efforcé de répondre.

A en croire Montaigne, sa « librairie » était « des belles parmi les librairies de village. » Elle contenait « mille volumes de livres, » à ce qu'il nous dit lui-même. Quels étaient ces mille volumes? Si l'on parvenait à le savoir, on aurait, du même coup, déterminé, à bien peu près, toutes les lectures de l'auteur des *Essais.* Car si Montaigne, comme nous tous, n'avait pas lu, ce qui s'appelle lu, tous les livres de sa bibliothèque, en revanche, étant donné ses habitudes d'esprit, et celles aussi de son temps, il est peu probable qu'il ait beaucoup lu en dehors de chez lui. En tout cas, ses lectures essentielles seraient sans nul doute représentées sur le catalogue de sa « librairie. »

Pour reconstituer, au moins partiellement, ce catalogue, nous disposons de divers moyens. D'abord, quelques-uns des livres de Montaigne existent encore par le monde : ils sont aisément reconnaissables, Montaigne ayant l'habitude de mettre son nom sous le titre de ses volumes. Le docteur Payen, qui était un fervent de l'auteur des *Essais,* en avait réuni un certain nombre qui ont été acquis, avec tous les documents de sa collection, par la

Bibliothèque Nationale en 1870. Nous connaissons actuellement soixante-seize de ces ouvrages (1), et quelques-uns d'entre eux, comme le *César*, le *Quinte-Curce* sont particulièrement précieux à cause des annotations manuscrites dont Montaigne les a enrichis, ou, comme il disait, « barbouillés. »

Mais le guide le plus sûr, le mieux informé, et le plus loquace, que nous ayons pour nous conduire dans la « librairie » de Montaigne, c'est encore Montaigne lui-même. On sait de combien de citations il a « farci » son livre. Toutes ces citations sont autant d'aveux de lectures : il s'agit de les recueillir, d'en établir l'exacte origine, et, en se reportant aux textes mêmes, de voir dans le détail le parti que Montaigne en a tiré. D'autre part, sur ses lectures comme sur tout le reste, Montaigne n'est point avare de confidences : il est tel livre qu'il ne cite jamais, mais qu'il a certainement lu, lui-même nous le déclare formellement, soit dans ses *Essais*, soit dans le *Journal de ses voyages* (2), à moins encore qu'il ne se contente d'y faire une rapide allusion en passant : autant d'indications dont il y a lieu de faire son profit. Enfin, il est des ouvrages que Montaigne, à première vue, ne semble pas avoir utilisés, au moins expressément, et qu'il ne mentionne même pas, — par exemple les *Discours* de La Noue, — mais qu'il a presque sûrement lus, et dont il s'est probablement inspiré en telle ou telle occasion. De ces ouvrages-là, il convient de n'allonger la liste qu'avec une extrême prudence, et de réserver à l'avenir, aux hasards d'une lecture imprévue le soin de préciser nos conjectures ; encore est-il bon de maintenir qu'il y a, en pareille matière, des conjectures permises, et, pourvu qu'on ne les transforme pas en certitudes absolues, des probabilités à faire valoir (3).

(1) Cf. Paul Bonnefon, *la Bibliothèque de Montaigne*, dans la *Revue d'histoire littéraire de la France* du 15 juillet 1895. Voyez aussi les deux savans et intéressans volumes que le même auteur a publiés, ou réédités plutôt, sous le titre de *Montaigne et ses amis*, 2 vol. in-16 ; A. Colin, 1898.

(2) Le *Journal de Voyage* de Montaigne a été réédité excellemment, avec une introduction et des notes, par M. Louis Lautrey (Hachette, 1906).

(3) Je suis, par exemple, un peu étonné de voir que, dans la liste des lectures certaines, ou probables, ou même simplement possibles de Montaigne, M. Villey n'ait fait figurer aucun ouvrage de Calvin. Quoi ! l'*Institution chrétienne* elle-même, en latin ou en français, n'aurait jamais été lue par l'auteur des *Essais* ! Est-ce vraisemblable ? J'avoue, n'ayant pas relu parallèlement les deux ouvrages, n'apporter aucun texte à l'appui de cette opinion ; mais je serais bien surpris que l'*Institution* ne se trouvât point « parmi cette milliasse de petits livrets » dont parle Montaigne, et, « que, dit-il, ceux de la religion prétendue réformée font courir

Qu'on recueille maintenant tous ces renseignemens divers, et qu'on les classe : on n'aura assurément point la liste complète des « mille volumes de livres » dont se composait la « librairie » de Michel de Montaigne, ni même de tous ceux qu'il a lus : mais il est à croire qu'on aura celle de toutes ses principales lectures, de toutes celles, ou peu s'en faut, qui ont exercé quelque action sur son esprit, laissé quelque trace dans sa pensée. Or, c'est là tout ce qui importe.

M. Villey s'est voué d'abord à cette tâche en apparence un peu ingrate, — mais l'érudition a ses joies austères ! — avec la plus scrupuleuse conscience. Il est juste de dire qu'elle lui était facilitée par tout le travail antérieur des innombrables critiques et commentateurs qui, depuis plus de trois siècles, se sont exercés sur le texte de Montaigne, élucidant tel passage obscur, expliquant telle allusion, signalant l'exacte référence des innombrables citations latines ou grecques, italiennes ou françaises, multipliant entre les *Essais* et d'autres « bons auteurs » les rapprochemens ingénieux, savans et utiles. Le travail avait été commencé au lendemain de la mort du grand écrivain par sa fille adoptive, la docte demoiselle de Gournay, qui, aidée de Pierre de Brach et de quelques autres érudits, s'était efforcée, dans l'édition des *Essais* qu'elle publia en 1595, de rapporter à leurs auteurs les citations latines que Montaigne avait enchâssées dans son texte. M. Villey a largement bénéficié de toutes ces enquêtes fragmentaires et successives ; il en a coordonné, synthétisé les résultats ; il les a soigneusement contrôlés ; il les a complétés et rectifiés sur un certain nombre de points. Et il aurait achevé cette œuvre d'exploration préalable, si le propre d'une œuvre de ce genre n'était pas, justement, de n'être jamais achevée, d'être au contraire toujours ouverte, toujours sujette à revision, à complément, à contrôle, — et, en un mot, toujours à refaire.

Quoi qu'il en soit, M. Villey a pu ainsi identifier plus de deux cent cinquante livres, — exactement deux cent soixante et onze,

---

pour la défense de leur cause, qui partent parfois de bonne main, et qu'il est grand dommage n'être embesognés à meilleur sujet. » L'*Institution* n'est assurément point un « petit livret. » Mais si Montaigne a lu quelques-unes de ces « apologies, » puisqu'il les estime « de bonne main, » comment n'aurait-il pas lu celle qui pouvait le dispenser de lire toutes les autres ? — J'aurais voulu aussi que M. Villey se demandât si Montaigne avait lu, oui ou non, et de plus ou moins près, l'*Imitation de Jésus-Christ*.

— lus, et vraisemblablement possédés par Montaigne. Nous voici, semble-t-il, un peu loin des « mille volumes de livres » dont s'enorgueillissait sa curiosité de bibliophile. Mais si l'on songe, — et M. Villey aurait pu tirer parti de cet argument, — que beaucoup de ces « livres » comprenaient plusieurs « volumes, » on peut penser qu'une bonne moitié de la « librairie » de Montaigne est là représentée sur ce catalogue posthume, et en tout cas, nous le répétons, toute la partie vraiment vivante de sa bibliothèque.

Le résultat serait sans doute un peu mince si l'on s'en tenait là. Mais M. Villey ne s'en est pas tenu là. Il sait qu'une bibliothèque est, en quelque manière, un état d'âme, surtout quand cette bibliothèque est celle d'un intrépide liseur tel que Montaigne. Il a donc interrogé les livres de Montaigne; il les a lus à son tour; et, en les rapprochant des citations qu'en fait le grand écrivain (1), il leur a demandé tout ce qu'ils étaient susceptibles de nous apprendre sur ses goûts, ses habitudes de travail, ses pensées coutumières et le tour propre de son esprit.

Il a tout d'abord constaté que la culture de Montaigne était plus italienne que française, et beaucoup plus latine que grecque. Sur deux cent cinquante ouvrages, cent quarante environ sont en latin, — presque trois sur cinq, — et trente-cinq en italien. En dehors des conteurs, des poètes, et surtout des historiens, les livres français ne sont guère représentés que par des traductions. Fort peu d'ouvrages de droit, de théologie, ou de sciences; fort peu aussi d'ouvrages oratoires; mais surtout des historiens, des poètes, des moralistes, — ces trois derniers groupes réunis, dans la proportion de quatre livres sur cinq, — voilà ce qui constitue le fond de la bibliothèque de Montaigne. Si le proverbe : « Dis-moi qui tu hantes, je te dirai qui tu es » a son application en matière de lecture, il s'applique assez bien, on le voit, au moraliste poète qu'est avant tout l'auteur des *Essais* (2).

(1) Qu'un aveugle, pour le dire en passant, ait pu se livrer à ce travail qui exige tant d'agilité d'esprit et, semble-t-il, tant de promptitude visuelle, c'est ce qui est tout à fait surprenant. Il serait bien intéressant de savoir comment M. Villey a pu procéder à une enquête de cette nature.

(2) Cette étude des « sources » d'un grand écrivain est rarement infructueuse, et elle est souvent féconde en résultats fort curieux. C'est ainsi que tout récemment encore, M. Villey a établi que le célèbre opuscule de Du Bellay, la *Deffense et illustration de la Langue françoise*, est non seulement inspiré, mais fréquemment traduit d'un ouvrage italien, *le Dialogo delle Lingue*, de Sperone Speroni (cf. P. Villey, *les Sources italiennes de la « Deffense et illustration de la Langue françoise » de Joachim du Bellay*, Paris, Champion, 1908, in-16).

L'étude attentive des ouvrages lus par Montaigne a fourni à M. Villey des renseignemens plus curieux encore et plus nouveaux : il en a principalement tiré parti pour établir les dates de composition respectives des divers chapitres des *Essais*, et à ce travail fort minutieux et délicat, il a déployé une ingéniosité patiente et une prudence critique qu'on ne saurait trop louer, et qu'il est assez rare de prendre en défaut. La question qu'il s'efforce d'élucider ici est, notons-le, d'une extrême importance. « Toute étude sur l'œuvre de Montaigne, — dit excellemment M. Villey, — doit se baser (il vaudrait mieux dire : fonder) sur une chronologie aussi précise que possible des *Essais*. Rien ici n'est figé : la pensée, le cadre, le style, tout est souple et se transforme. Pour bien comprendre comment son œuvre s'est bâtie, les dates sont nécessaires. » Or, jusqu'à présent, les dates nous échappaient en grande partie. Sans doute, grâce aux deux éditions successives de son œuvre que Montaigne a publiées de son vivant, — 1580, 1588, — et à celle qu'après sa mort, en 1595, a procurée Mlle de Gournay, nous pouvions en gros nous représenter les changemens survenus en douze ans dans la manière de l'écrivain et dans ses idées. Mais il était bon de serrer la question de plus près et, dans les diverses périodes pendant lesquelles Montaigne préparait chacune des éditions de son livre, d'introduire une plus grande précision chronologique, et, si je puis dire, un sens plus vif de la succession du temps. C'est à quoi a visé M. Villey. Du jour où Montaigne a écrit la première ligne des *Essais*, jusqu'au jour où la plume lui est tombée des mains, c'est-à-dire, pendant un intervalle d'environ vingt ans, — 1572-1592, — il voudrait pouvoir suivre, on n'ose dire journée par journée, mais presque mois par mois, et au moins année par année, tout le travail de la pensée et du style de l'écrivain. On pense bien qu'il n'y a pas pleinement réussi, — il n'y pouvait pas pleinement réussir ; — mais qu'il ait bien fait avancer la question, c'est ce qui est indéniable et fort méritoire.

Montaigne, heureusement pour nous, fournit lui-même quelques premiers points de repère. « Le sot projet qu'il a de se peindre » comme dira plus tard injustement Pascal, et de parler de lui-même, est ici d'un grand secours à l'historien. « Je naquis, — écrit Montaigne quelque part, — le dernier jour de février 1533; il n'y a justement que quinze jours que j'ai franchi trente-neuf ans. » Cette phrase est donc datée du 15 mars 1572, et il est vraisemblable que le chapitre tout entier, *Que philosopher c'est apprendre à mourir*, est des premiers mois de cette même année. Et ce n'est pas la seule indication qu'il donne sur son âge, — sur ses âges successifs, pour mieux dire, — et partant, sur les dates respectives de ses « fantaisies. » D'autres fois, ce sont des allusions à tels faits de sa biographie personnelle, ou à tels événemens contemporains qui permettent de dater avec une précision plus ou moins grande tels ou tels chapitres ou fragmens de chapitre de ses *Essais*. Et ces renseignemens directs sont si précieux pour nous que nous en voulons presque à Montaigne de n'en avoir pas, plus qu'il n'a fait, multiplié le nombre.

Car, au total, ces points de repère sont bien clairsemés, et ils n'ont pas toujours toute la précision désirable : tout au plus permettent-ils de dater une douzaine de chapitres, — sur 94, — de la première édition. C'est ici qu'intervient, pour combler ces lacunes, l'utilisation des lectures de Montaigne, et des sources auxquelles il a puisé. « Pour subvenir un peu, dit quelque part Montaigne, à la trahison de ma mémoire, et à son défaut, si extrême, qu'il m'est advenu plus d'une fois de reprendre en main des livres comme récens et à moi inconnus, que j'avais lus soigneusement quelques années auparavant, et barbouillés de mes notes, j'ai pris en coutume, depuis quelque temps, d'ajouter au bout de chaque livre (je dis de ceux desquels je ne me veux servir qu'une fois) le temps auquel j'ai achevé de le lire, et le jugement que j'en ai retiré en gros, afin que cela me représente au moins l'air et idée générale que j'avais conçue de l'auteur en le lisant (1). » Montaigne disait vrai, et, par exemple, nous possédons encore son exemplaire des *Commentaires* de César, conservé à la Bibliothèque de Chantilly : le livre, copieusement annoté, nous apprend qu'il a été lu du 25 février au 21 juillet 1578. Or, les *Essais* nous parlent très souvent de César, — quatre-vingt-douze fois, a compté M. Villey, — et, en général, avec une ferveur d'enthousiasme qui se sent d'une lecture fort récente ; deux longs chapitres, intitulés l'*Histoire de Spurina*, et *Observations sur la manière de faire la guerre de Julius Cæsar*, sont visiblement inspirés par cette lecture : il y a donc lieu de les rapporter à cette date de 1578 ; deux autres chapitres, moins sûrement peut-être, surtout pour le second, mais très vraisem-

---

(1) *Essais*, livre II, chap. x.

blablement encore, — ce sont ceux qui ont pour titre *De la grandeur romaine* et *Un mot de Cæsar*, — paraissent bien, pour la même raison, dater de cette époque. Quant aux autres citations du même auteur ou allusions parsemées çà et là, elles peuvent nous servir, surtout si nous rencontrons, pour nous y appuyer, d'autres indications convergentes, à dater, sinon certains autres chapitres, tout au moins certains fragmens d'autres chapitres (1).

Ce ne sont pas là les seuls moyens dont nous disposions pour dater quelques-unes des lectures de Montaigne. Entre 1572 et 1580, bien des ouvrages ont paru, que l'auteur des *Essais* a dû lire en leur « fraîche nouvelleté. » Si l'on retrouve dans son œuvre des traces visibles de ces lectures, l'on pourra affirmer, à tout le moins, que tel ou tel passage, tel chapitre peut-être, n'a pas été écrit avant telle ou telle époque. M. Villey qui a beaucoup lu, — et beaucoup retenu, — autour de Montaigne, a retrouvé plusieurs de ces sources jusqu'à lui insoupçonnées, et ses découvertes lui ont permis d'enrichir et de préciser sur plusieurs points la chronologie des *Essais*.

Enfin, dans son très légitime désir de pousser la précision jusqu'à ses extrêmes limites, il a eu recours à un procédé qu'il n'est peut-être pas très aisé de bien faire entendre, mais qui dénote une rare ingéniosité. Il observe que les livres de Montaigne se répartissent tout naturellement en deux catégories: ses livres de chevet, Lucrèce, Horace, par exemple, — qu'il cite chacun près de cent cinquante fois; — et ceux qu'il a lus une seule fois dans sa vie, qu'il utilise à ce moment-là, et dont ensuite il ne s'occupe plus. Recherchons ces derniers, et retrouvons avec soin les emprunts que Montaigne leur a faits. Si ces emprunts sont importans, forment une maîtresse pièce des chapitres où ils sont insérés, il y a lieu de conjecturer que ces divers chapitres sont à peu près contemporains. Supposons que, par un moyen quelconque, on arrive à dater l'un d'eux; les voilà tous datés du même coup. Supposons enfin qu'un ou plusieurs de ces chapitres fassent aussi des emprunts considérables

(1) J'aurais bien une petite objection à formuler, et sur laquelle j'insisterais davantage si M. Villey ne l'avait pas lui-même pressentie quelque part, et si, en général, il n'était pas, dans ses conjectures chronologiques, d'une louable prudence ; et cette objection, la voici : Montaigne a pu lire César, ou du moins le euilleter, plusieurs fois dans sa vie.

à un autre ouvrage de cette même catégorie ; nous serons induits à conclure que Montaigne lisait à la même date cet autre ouvrage, et donc, à rapporter à la même époque les autres chapitres où nous trouvons abondamment cité et utilisé le livre en question.

Précisons par des exemples ce que ces indications sommaires ont nécessairement d'un peu vague et abstrait. Soit Guichardin qui est, de l'aveu même de Montaigne, un des auteurs « desquels il ne se veut servir qu'une fois. » L'écrivain italien a fourni une importante contribution au moins à six essais différens du premier livre. Resterait à savoir quand Guichardin a été lu par Montaigne. Mais celui-ci va nous mettre généreusement sur la voie. « Voici, dit-il, ce que je mis, *il y a environ dix ans*, en mon Guicciardin. » — « C'est, écrit à ce propos M. Villey, c'est, à peu de chose près, le temps qui sépare la retraite de Montaigne de la publication des premiers *Essais*. Il est probable que le chapitre *Des livres*, où il s'exprime ainsi, est de l'année 1580, ou de fort peu antérieur à cette date, comme d'ailleurs plusieurs indices invitent à le penser, et que la lecture de Guichardin est des premiers temps de la retraite. S'il en est ainsi, les essais qui se bâtissent sur des faits empruntés à Guichardin sont probablement des années 1571 ou 1572. »

Les *Mémoires* des frères Du Bellay, nous le savons encore par Montaigne, rentrent eux aussi dans la catégorie des lectures faites une fois pour toutes. Ils ont été utilisés dans quatorze essais différens ; très vraisemblablement, ces quatorze essais ont été composés vers le même temps ; « ils forment grappe » en quelque sorte, suivant l'heureuse expression de M. Villey. Mais cinq de ces chapitres faisaient déjà partie du groupe précédent. C'est dire que Montaigne lisait vers la même époque Guichardin et les frères Du Bellay, et les utilisait à peu près en même temps. Et donc, voici quinze chapitres des *Essais* qui se trouvent, du même coup, datés de 1571 ou 1572.

Rassemblons maintenant toutes ces indications éparses ; éclairons-les les unes par les autres ; faisons jouer, si l'on peut ainsi dire, toutes ces méthodes ensemble ; interprétons avec prudence et totalisons les résultats qu'elles fournissent ; sachons surtout, comme disait Pascal, « douter où il faut, assurer où il faut. » Et nous pourrons nous représenter avec une certaine vraisemblance toute la suite du travail de Montaigne de 1571 à 1592.

Libertati suæ tranquillitatique et otio dicavit. Cette inscription de la bibliothèque de Montaigne nous dit assez les vraies intentions de l'écrivain, quand, après avoir vendu sa charge de conseiller au Parlement de Bordeaux, il vint s'installer dans son château et sa terre de Montaigne. Dans cette même inscription, datée du mois de mars 1571 (1), il déclare qu'il a voulu consacrer sa vie à l'étude et aux Muses, *in doctarum virginum recessit sinus*. Il ne semble pas qu'il ait, avant cette époque, commencé les *Essais*. Gentilhomme lettré retiré dans ses terres, il a des loisirs, il lit, il médite, et il écrit. Et il écrit ce qui l'a frappé dans ses lectures, et les quelques réflexions que ces remarques lui inspirent : cela, très brièvement, un peu sèchement même, comme quelqu'un qui n'ose s'aventurer à exprimer et à développer sa propre pensée. Ou bien, ce sont des dissertations sans grande originalité, et toutes composées de pièces rapportées. De ce genre, sont les premiers chapitres des *Essais*, — exactement, et si l'on met à part le premier, les vingt et un qui le suivent, — car M. Villey a constaté que la succession des *Essais* suit généralement l'ordre chronologique de leur composition. D'autres chapitres du premier livre, — du trente-deuxième au quarante-huitième, — et les six premiers du second appartiennent à cette première période, qui irait de 1571 ou 1572 à 1573 ou 1574.

Ici, nous perdons un peu la trace de Montaigne. Il semble que, jusque vers la fin de 1577, il ait, relativement, assez peu travaillé aux *Essais* : d'autres soins paraissent avoir absorbé son activité, et l'on peut avec vraisemblance conjecturer que c'est alors qu'il « se mêle plus volontiers à la guerre. » Cependant, deux ou trois chapitres du second livre, et notamment une bonne partie de l'*Apologie de Raymond Sebond* ont des chances d'être de cette époque.

Vers les derniers mois de 1577, Montaigne semble s'être

---

(1) La date de l'année est effacée : elle n'est donc pas absolument sûre, mais le contexte la rend extrêmement probable. Elle a été déchiffrée au complet, voilà près d'un demi-siècle, par MM. Galy et Lapeyre, qui l'ont reproduite dans une brochure devenue rarissime, *Montaigne chez lui, Visite de deux amis à son château, Lettre à M. le docteur Payen.* Périgueux, Bonnet, 1861; in-8. Cette brochure comprend un plan du second étage de la tour de la librairie de Montaigne, avec les sentences que l'écrivain avait fait inscrire sur les solives. Ces curieuses sentences, au nombre de 54, ont été aussi reproduites, expliquées et commentées, après une lecture nouvelle, par M. Bonnefon, dans son article déjà cité de la *Revue d'histoire littéraire de la France*.

remis plus sérieusement au travail, et, avec quelques interruptions dues à la maladie de la pierre dont il commence à être atteint, il rédige jusqu'au moment de livrer son œuvre à l'impression (fin de 1579) la plupart des vingt derniers chapitres du second livre. Beaucoup plus amples et plus personnels, les essais de cette nouvelle manière nous montrent l'écrivain se dégageant des influences qu'il a subies jusqu'ici et prenant plus nettement conscience de sa pensée et de son talent.

La première édition des *Essais* a paru en 1580 ; les deux éditions de 1582 et 1587 sont plutôt des réimpressions, revues et corrigées, que des éditions nouvelles ; mais, en 1588, parut une « cinquième édition, augmentée d'un troisième livre et de six cents additions aux deux premiers (1). » M. Villey, d'accord en cela avec M. Strowski, estime que le troisième livre a été composé très rapidement, « peut-être en un an, » dit M. Strowski, « en deux ans, dit M. Villey, entre la fin de 1585 et le début de 1588 ; » et celui-ci a l'air de penser et de dire que les additions aux deux premiers livres sont de cette même époque : de telle sorte que, de 1580 à 1585, pendant près de six ans, Montaigne n'aurait pas touché aux *Essais.* C'est là ce que j'ai quelque peine à croire : et je sais bien que ces cinq ou six années sont remplies par les voyages et la « mairie » de Montaigne. Mais, outre que je ne vois guère un « auteur » tel que l'était Montaigne, se désintéressant si longtemps de son œuvre, l'argumentation de M. Villey à cet égard ne m'a point paru décisive, et, si c'en était ici le lieu, je ne serais pas très embarrassé, je crois, pour retourner contre lui-même quelques-uns de ses argumens. Je suis donc de ceux qui pensent que, si Montaigne avait emporté en voyage un exemplaire des *Essais,* c'était pour en relire de temps à autre certaines pages, et l'enrichir de corrections et d'additions, comme il devait faire plus tard pour « l'exemplaire de Bordeaux. » Et je serais bien étonné aussi qu'il n'eût pas, dès cette époque, rêvé à quelques nouveaux « essais, » et rêvé la plume à la main. Qu'après cela, il ait surtout travaillé à l'édition nouvelle un ou deux ans avant de la publier, c'est ce que j'admets très volontiers. Et son travail a été double : d'une part, il a puisé dans ses lectures nouvelles, et dans ses réflexions personnelles, toute sorte de citations, d'anecdotes et de vues pour or-

---

(1) Exactement 536, car on pense bien que M. Villey a compté (*les Sources et l'Évolution des « Essais » de Montaigne*, t. I, p. 400, note).

ner, égayer, souvent surcharger la matière de ses premiers livres ; et d'autre part, il a tiré de sa « librairie, » et de lui-même, treize nouveaux essais, conçus sur le libre et vivant modèle des derniers qu'il eût composés pour son édition de 1580. Ce travail achevé, il confia le soin de procurer l'édition nouvelle, non plus à l'imprimeur bordelais Simon Millanges, mais au plus grand imprimeur de Paris, Abel l'Angelier. Cette édition de 1588 est celle qui a consacré la gloire de Montaigne.

Et de 1588 jusqu'au moment de sa mort, Montaigne a traité son livre comme, de 1580 à 1588, il l'avait déjà une première fois traité : l'enflant, sous couleur de l'enrichir, avec une abondance un peu sénile, de tout ce que ses lectures et ses expériences nouvelles lui suggèrent de centons et de saillies imprévues, mais aussi corrigeant et remaniant la forme de son œuvre en artiste fort de son succès et conscient de son originalité propre. On sait que ces corrections et ces additions manuscrites ont passé, en grande partie tout au moins, dans l'édition posthume de 1595, publiée par Mlle de Gournay, mais qu'elles nous ont été conservées sous leur forme originale et autographe dans l'exemplaire qui a servi de base à l' « Édition municipale » des *Essais*, et que l'on appelle communément « l'Exemplaire de Bordeaux (1). »

Telles sont, en gros, les indications, pour ainsi dire toutes matérielles, que la méthode suivie par M. Villey lui a fournies sur le labeur de Montaigne durant les vingt dernières années de sa vie. Elle lui en a fourni d'autres d'un intérêt plus général. Et, en utilisant ses recherches, on peut désormais se figurer avec précision l'évolution intellectuelle et morale, et même littéraire, dont les *Essais* sont le synthétique témoignage.

(1) Il serait bien à souhaiter que l'on fit pour ce précieux exemplaire ce qui a été fait si heureusement, il y a quatre ans, pour le manuscrit des *Pensées* de Pascal : je veux dire que l'on en publiât une reproduction en phototypie, qui fût, pour l'Édition municipale, exactement ce qu'est, pour l'édition critique des *Pensées* qu'a publiée M. G. Michaut, la belle reproduction entreprise et dirigée par M. Léon Brunschvicg. La librairie Hachette a lancé, il y a quelques mois, un prospectus-spécimen destiné à provoquer et à recueillir le nombre de souscriptions indispensables pour mener à bien cette publication, dont l'exécution éventuelle a été confiée à M. Strowski. Les listes de souscription seront prochainement closes, et l'ouvrage ne sera publié que si les souscriptions atteignent le minimum nécessaire. Les fervens des Lettres françaises se doivent à eux-mêmes d'encourager et de faire aboutir cette généreuse initiative.

II

Montaigne, d'abord, est un artiste, un souple, vivant et subtil artiste ; et à cela même on a voulu parfois le réduire tout entier : tel est, par exemple, l'objet avoué d'un livre assez récent, livre charmant, ingénieux, pénétrant (1), et dont l'auteur, Édouard Ruel, est mort sans avoir rempli tout son mérite. C'est peut-être faire tort à Montaigne d'une partie de ses ambitions et de sa gloire : mais qu'un homme de grand talent ait pu soutenir cette thèse, cela prouve au moins qu'elle comporte une certaine part de vérité. Or, l'art de Montaigne ne s'est pas formé d'un seul coup ; il a eu, comme tous les arts du monde, ses tâtonnemens, ses servilités et ses méprises, en un mot, son histoire, qu'il est intéressant de connaître et de retracer.

La première question qui se pose à cet égard est de savoir exactement d'où Montaigne est parti, quels exemples et quels modèles il avait eus sous les yeux, en quel état il trouvait et prenait le *genre* qu'il allait si vite illustrer. Car il ne faudrait pas croire, — et M. Villey l'a fort bien montré, — que les *Essais* aient, à proprement parler, fondé et inauguré un genre, et qu'ils soient comme le produit d'une sorte de génération spontanée. Ainsi que toutes les grandes œuvres, ils plongent, par toutes leurs racines, dans la littérature d'alentour. Le XVIe siècle, et surtout le XVIe siècle français a vu fleurir à profusion des recueils de sentences, maximes ou proverbes, « faits et dits mémorables, » dissertations ou « leçons, » dont les auteurs évidemment se proposent de mettre à la portée de tous, sous forme commode et portative, l'expérience morale des anciens. Deux ouvrages, et qui en réalité n'en font qu'un, puisque le second a été détaché du premier, restent comme un signe sensible de ce goût croissant du public : ce sont les *Adages* et les *Apophthegmes* d'Érasme. Érasme, — M. Villey aurait pu le dire et le mettre plus nettement en lumière, — Érasme a été le vrai maître de Montaigne, comme il l'a été de Rabelais (2), et

---

(1) Édouard Ruel, *Du sentiment artistique dans la morale de Montaigne*, avec une préface de M. Émile Faguet, 1 vol. in-8 ; Hachette, 1901.

(2) Voyez Louis Delaruelle, *Ce que Rabelais doit à Érasme et à Budé* (*Revue d'histoire littéraire de la France*, avril-juin 1904). — Sur le rôle européen d'Érasme dans l'histoire de l'humanisme, il faut relire les fortes pages, si substantielles et d'une intelligence vraiment divinatrice, que Ferdinand Brunetière a consacrées

j'ai souvent pensé que c'est en lisant et relisant les *Adages* que notre Érasme français a conçu l'idée de composer ses *Essais*. Les *Adages*, du vivant d'Érasme, en trente-six ans, n'ont pas eu moins de soixante éditions. De 1531 à 1573, les *Apophthegmes* ont eu au moins quatre-vingt-trois éditions successives. Comme pour les *Adages*, les érudits du temps, en le réimprimant, grossissaient le volume primitif de leurs apports personnels. Détail à noter, c'est surtout en France que les *Apophthegmes* semblent avoir été goûtés. « Sur quatre-vingt-trois éditions, quarante-neuf sont imprimées à Lyon et à Paris. En outre, plusieurs auteurs s'essaient à les traduire en français; même, on les met en vers. » De tous côtés, on imite et l'on continue l'œuvre du vieil humaniste. Ce sont : les *Detti et Fatti*, de Domenichi; les *Divers propos mémorables des nobles et illustres hommes de la chrétienté*, par Gilles Corrozet, souvent réimprimés au XVIe siècle, et traduits même en latin, en plein XVIIe siècle, sous le titre significatif du *Nouveau Plutarque, Plutarchus alter*, 1631; l'*Officina*, de Ravisius Textor; le *Theatrum vitæ humanæ*, de Lycosthenes et de Zwinger; les *Leçons antiques*, de Cœlius Rhodiginus; l'*Honnête discipline*, de Crinitus; les *Lettres familières* ou *Épîtres dorées*, de Guevara; la *Forêt de diverses leçons*, de Pedro di Mexia (Pierre du Messie); l'*Anthologie*, de Pierre Breslay; les *Œuvres morales et diversifiées*, de Jean des Caurres; le *Théâtre du Monde*, de Pierre Bouaystuau; l'*Académie française*, de La Primaudaye. A mesure que l'on se rapproche de l'époque où Montaigne va se mettre à écrire, le genre qui tend à prédominer, parmi tous ces moralistes ou compilateurs, est celui des *leçons* : courtes dissertations sur divers sujets de morale théorique ou pratique, farcies d'exemples, de sentences, de citations, d'apophthegmes. N'est-ce pas déjà le signalement même des premiers « essais » de Montaigne?

Et, de fait, ce sont bien là les modèles que Montaigne a commencé par imiter, et dont il s'est assez souvent inspiré. Que l'on prenne les essais de sa toute première manière, et qu'on les rapproche de tel ou tel chapitre des livres de Pierre Breslay,

---

au personnage dans son *Histoire de la littérature française classique*. — Parmi les sources et lectures de Montaigne, M. Villey signale bien divers ouvrages d'Érasme : il ne signale pas, et il aurait pu le faire, son traité *Du mépris de la mort*, qui paraît bien avoir au moins inspiré le célèbre chapitre des *Essais, Que philosopher, c'est apprendre à mourir*.

ou de La Primaudaye ; on sera frappé de la ressemblance ; il n'y a pas de raison, — le style mis à part peut-être, — pour que les pages de Montaigne ne soient pas de ces vénérables oubliés. Seulement, Montaigne, lui, ne s'en tiendra pas toujours là. Et si l'on veut voir dans quel sens il va évoluer, et transformer progressivement sa manière, il est assez facile de s'en rendre exactement compte.

Soit, par exemple, le second chapitre du premier livre des *Essais*, *De la Tristesse*, l'un des premiers, visiblement, que Montaigne ait composés. Il est très court, et si on le lit dans l'édition de 1580, il apparaît construit de la manière suivante. L'auteur cite et rapproche l'un de l'autre deux ou trois cas de personnages anciens ou modernes accablés de tristesse. Il y joint une observation assez banale, relevée par deux citations latines et une italienne, sur les effets généraux de l'extrême tristesse et de l'extrême joie. Et il termine par quelques rapides exemples de personnes qu'un excès de tristesse ou de joie a fait mourir. Rien de plus banal, on le voit, et rien de plus impersonnel.

Ouvrons maintenant l'édition de 1588. Le texte primitif s'est enrichi en son milieu de deux nouvelles citations latines, et du court développement que voici :

Aussi n'est-ce pas en la vive et plus cuisante chaleur de l'accès, que nous sommes propres à déployer nos plaintes et nos persuasions ; l'âme est lors agravée de profondes pensées, et le corps abattu et languissant d'amour.

Mais, surtout, le chapitre se termine sur la toute nouvelle déclaration que voici :

Je suis peu en prise de ces violentes passions. J'ai l'appréhension naturellement dure ; et l'encroûte et épaissis tous les jours par discours ;

et il s'ouvre par cette autre, également nouvelle :

Je suis des plus exempts de cette passion,

qui sera complétée dans l'édition de 1595, — et dans l'exemplaire de Bordeaux (1), — par les lignes suivantes :

Et ne l'aime ni l'estime, quoique le monde ait entrepris, comme à prix fait, de l'honorer de faveur particulière. Ils en habillent la sagesse, la

(1) L'exemplaire de Bordeaux, au cours du même chapitre, s'est aussi enrichi d'une nouvelle anecdote (cf. l'Édition municipale, tome I, p. 8-13).

vertu, la conscience ; sot et monstrueux ornement. Les Italiens ont plus sortablement baptisé de son nom la malignité. Car c'est une qualité toujours nuisible, toujours folle, et comme toujours couarde et basse. Les stoïciens [en] défendent le sentiment à leur sage.

Q'est-ce à dire? Et ne saisit-on pas ici sur le vif le changement et le progrès? Le moi, la personnalité de Montaigne qui étaient totalement absens de la première version, transparaissent maintenant, et même s'affichent et s'affirment de plus en plus nettement. Et cela de deux manières : l'écrivain nous fait des confidences sur lui-même, et il développe, en les opposant aux opinions communes, en les appuyant d'une expérience plus large et plus diversifiée de la vie, ses idées personnelles sur la question qu'il traite. Toute « l'évolution des *Essais* » est là : d'*impersonnels* qu'ils étaient primitivement, ils deviennent *personnels*.

Ils le sont devenus d'assez bonne heure. Déjà, dans le chapitre *De l'Amitié* qui, selon toute vraisemblance, est antérieur à 1576, sous l'émotion d'un cher souvenir, Montaigne, discrètement encore, presque timidement, parmi bien des réminiscences livresques, Montaigne se laisse aller à parler au nom de sa propre expérience, à nous mêler à sa vie intérieure : « En l'amitié de quoi je parle, elles [nos âmes] se mêlent et confondent l'une en l'autre, d'un mélange si universel, qu'elles effacent et ne retrouvent plus la couture qui les a jointes. Si l'on me presse de dire pourquoi je l'aimais, je sens que cela ne se peut exprimer (1). » Artiste né, comme il l'était, Montaigne a-t-il senti, en écrivant ce chapitre, que, même littérairement, de telles pages étaient bien supérieures à celles de ses débuts? et qu'elles l'étaient en raison même de leur accent plus personnel? Et l'amitié, en l'inspirant si bien, l'aurait-elle aidé à prendre conscience de son originalité véritable? Ce qui est sûr, c'est que du jour où il comprit qu'il y avait mieux à faire pour lui que de « se farcir d'allégations, » il devint fort sévère aux « ravaudeurs » qu'il avait commencé par imiter. « Je ne veux faire montre que

---

(1) Ici se termine le texte de 1580. Ce n'est qu'après 1588, et donc, sur l'exemplaire de Bordeaux, que Montaigne a complété sa phrase par le mot célèbre : « parce que c'était lui, parce que c'était moi. » Et encore, nous apprend M. Strowski, « parce que c'était moi » est une addition ultérieure. Jusque dans ce cri du cœur, si spontané en apparence, on peut suivre, on le voit, les retouches et les repentirs de l'artiste.

du mien et de ce qui est mien par nature, — écrira-t-il en 1588 : — et si je m'en fusse cru, à tout hasard, j'eusse parlé tout fin seul. » Il ne s'en est jamais cru complètement, et il y aura toujours, jusqu'au bout, un peu de pédantisme dans Montaigne. Mais enfin, sa tendance nouvelle est manifeste, et dès 1580, elle apparaît clairement non seulement dans les derniers essais qu'il ait composés, mais encore, ce qui est plus significatif, et ce qui prouve qu'il sait désormais où il va, et ce qu'il veut, dans la *Préface* de son livre : « Je veux qu'on m'y voie en ma façon simple, naturelle et ordinaire, sans étude et artifice : *car c'est moi que je peins...* Ainsi, lecteur, *je suis moi-même la matière de mon livre...* » On ne saurait être plus explicite, — ni plus oublieux de son passé.

Cette « conquête de la personnalité, » comme l'appelle fort joliment M. Villey, ne s'est pas faite en un jour : elle s'est faite pour ainsi dire en deux étapes successives. D'abord, Montaigne, assez vite las de son rôle de compilateur, réagit contre ses lectures ou contre les opinions communes, et se laisse aller à exposer, sur tous les sujets qu'il aborde, ses idées personnelles. Puis, s'enhardissant encore, il en vient à parler directement de lui-même, à se mettre en scène, à multiplier, sur sa personne et sur ses proches, les confidences, les aveux, les souvenirs. Et c'est ainsi que, dans les derniers « essais » de 1580, et surtout dans ceux de 1588, il aboutit à concevoir son œuvre comme étant essentiellement une libre causerie, vivante et familière, abondante en incidences, en saillies, en échappées vagabondes, pleine de souvenirs et d'anecdotes, de réminiscences et de citations surtout latines, et où il s'efforce tout à la fois de se peindre lui-même au vif, et de nous donner son avis, plus ou moins motivé, sur tous les objets que sa verve rencontre ou soulève. Le véritable *essai* est né, et l'écrivain a enfin trouvé la forme qui fera sa gloire, et dont tous les essayistes modernes lui sont éternellement redevables.

A ces transformations tout extérieures correspondent, comme bien l'on pense, des changemens plus profonds et plus intimes. Montaigne n'est pas un philosophe de l'espèce de Descartes, — encore que Descartes lui doive plus qu'on ne le dit d'ordinaire, — mais c'est un penseur tout de même ; et il a semé ou insinué, ou suggéré tant d'idées, qu'il a droit à ce que l'on scrute de très près l'histoire de sa pensée. M. Villey s'y est, après M. Strowski, très scrupuleusement employé, et il y a profit à recueillir son témoignage.

Allons droit à la vraie question, à celle d'où dépendent toutes les autres, et demandons-nous ce qu'il convient de penser de la religion de Montaigne. La question a été souvent posée, et comme elle est obscure, elle a été tranchée assez diversement. Montaigne n'est pas l'homme des solutions simples : « ondoyant et divers, » plus apte à voir et à exprimer les multiples côtés des choses qu'à prendre un ferme parti et à s'y tenir, ayant comme quelques-uns de ses compatriotes, Montesquieu, par exemple, — et faut-il dire Renan, lequel se vantait d'être un peu Gascon? — une certaine indécision et imprécision de pensée qui s'accommode mal des impérieuses habitudes de la logique latine, ironiste d'ailleurs et volontiers paradoxal, il a pu, sur ce point comme sur bien d'autres, prêter aux interprétations les plus contradictoires. On a fait de lui tour à tour le précurseur de Voltaire et de Pascal. « Le christianisme de Montaigne ! s'écrie Guillaume Guizot. Rien qu'à voir ces deux mots ensemble, on se sent entre une duperie et un blasphème. Ne dites pas que Montaigne a été chrétien, si vous ne voulez pas faire rire les libres penseurs et pleurer les croyans (1). » On se rappelle, dans le même sens, les merveilleuses pages de Sainte-Beuve dans son *Port-Royal*. Et M. Strowski voit, de son côté, dans l'*Apologie de Raymond Sebond*, « l'expression complète d'une âme vraiment religieuse et sincère. » « Une âme sincère, » j'y veux bien consentir ; mais « une âme religieuse, » est-ce que le mot ne hurle pas d'être associé au souvenir de Montaigne? Si Montaigne est une âme religieuse, pourquoi Bayle n'en serait-il pas une? Non, de quelque façon qu'on définisse la disposition religieuse, Mon-

(1) M. Villey ne me paraît pas avoir pour le *Montaigne* de Guillaume Guizot, qu'il cite une ou deux fois en passant, et qu'il se contente de traiter un peu dédaigneusement d' « élégant, » toute l'admiration qui convient. Ce n'est pas, il est vrai, un « livre » que cet ouvrage posthume ; ce sont des *Études et fragmens*, que M. Auguste Salles a publiés et que M. Émile Faguet a préfacés (1 vol. Hachette, 1899), des « Essais sur les *Essais*, » comme le disait très bien Gaston Paris. Mais ce livre de moraliste et d'écrivain n'en a pas moins sa place assurée dans la bibliothèque de tous ceux qui aiment encore les idées et les Lettres, — entre les *Essais* de Montaigne et les *Pensées* de Pascal. Esprit, profondeur, goût, délicatesse morale, éloquence même et éclat du style, je ne sais vraiment si une seule des qualités qui font les œuvres de premier ordre en est absente. Et peut-être, depuis Sainte-Beuve, n'a-t-on rien écrit de plus pénétrant et de plus fort, de plus ingénieux et de plus élevé sur Montaigne.

taigne n'y répond en aucune manière. De toutes les voies, — et elles sont nombreuses, — qui conduisent ou ramènent à la religion intimement sentie et vécue, Montaigne n'en a fréquenté aucune. Ni le désespoir métaphysique, ni la profondeur du sentiment moral, ni le sens et l'effroi du mystère, ni l'élan spontané de l'âme vers un je ne sais quoi qui l'enveloppe et la dépasse, jamais, à aucun moment de sa vie ou de sa pensée, jamais Montaigne n'a rien connu, ni éprouvé de tout cela. Surtout peut-être, il lui manque ce sentiment du tragique de l'existence humaine, sans lequel il n'y a ni très grand poète, ni profond penseur, ni véritable croyant. Non seulement Montaigne n'a pas pris la vie au tragique, il n'est pas sûr qu'il l'ait prise au sérieux. Ce qui est sûr, c'est que rien ne lui est plus étranger que la disposition de l'âme qui se courbe, et se soumet, et se donne sans se reprendre, et qui prie, et qui *adore*. Et dès lors, qu'importe qu'il ait été, sa vie durant, un « chrétien très suffisant, » comme l'a dit M. Faguet dans une inoubliable étude, qu'il n'ait jamais renoncé aux pratiques, et qu'il ait même fait une fin fort édifiante ? Qu'importe, en un mot, qu'il ait fait le geste de la croyance ? Au fond, sans bien s'en rendre compte peut-être, il n'est guère chrétien, et il est fort peu croyant. On pourrait lui appliquer le joli mot de Mme Récamier sur Chateaubriand : « Il croit croire. » Rabelais lui-même est plus religieux.

Est-ce à dire d'ailleurs que, par un excès opposé, il faille faire de Montaigne un ancêtre authentique de nos Encyclopédistes ? Rien, je crois, ne serait plus contraire à la vérité de l'histoire et de la psychologie de Montaigne. Le fanatisme de l'irréligion agressive et indiscrète lui eût été, nous pouvons l'affirmer, plus odieux que l'autre. Montaigne n'est pas foncièrement religieux ; mais il est encore moins irréligieux ; il n'est qu'*areligieux*. Et même, — car peu d'intelligences ont été plus accueillantes et plus hospitalières, — bien loin d'écarter de sa pensée le problème religieux, il s'y est constamment appliqué ; il l'a étudié sous presque tous ses aspects ; et il n'est pas impossible de discerner, dans la suite de ses *Essais*, comme une lente évolution religieuse fort intéressante et d'une réelle portée générale. Seulement, qu'il soit bien entendu que cette évolution n'a pas été une évolution d'âme ; le fond le plus intime de Montaigne n'y a pas été engagé, et n'en a pas, ou n'en a guère été affecté. Elle s'est passée tout entière dans l'ordre de l'intelligence ; elle s'est déroulée, si l'on ose ainsi dire, à la surface même de la pensée de Montaigne. Elle a été l'une des façons dont ce merveilleux esprit s'est représenté la réalité de la vie. Pour tout dire, cette évolution religieuse a été celle de l'un des tempéramens les moins naturellement religieux qu'il y ait jamais eu.

Il est assez malaisé, les documens nous faisant défaut, de nous représenter très exactement l'état de la pensée religieuse de Montaigne avant l'époque où il commença les *Essais*. Né d'un père catholique et d'une mère d'origine juive, et qui semble avoir été protestante, il est peu probable qu'il ait eu au foyer familial des exemples d'ardent mysticisme : un de ses frères, une de ses sœurs embrassèrent la Réforme. Michel de Montaigne, lui, resta catholique comme son père, mais sans fanatisme, et peut-être plus par esprit de prudence et de conservation sociale que par véritable ferveur. Fut-il jamais très fortement tenté de rompre avec la religion traditionnelle? Il semble difficile de l'admettre.

> Ou il faut se soumettre, — écrira-t-il quelque part, — du tout à l'autorité de notre police ecclésiastique, ou du tout s'en dispenser. Ce n'est pas à nous à établir la part que nous lui devons d'obéissance. Et davantage, je le puis dire pour l'avoir essayé, ayant *autrefois* usé de cette liberté de mon choix et triage particulier, *mettant à nonchaloir certains points de l'observance de notre Église*, qui semblent avoir un visage ou plus vain ou plus étrange, venant à en communiquer aux hommes savans et bien fondés, j'ai trouvé que ces choses-là ont un fondement massif et très solide, et que ce n'est que bêtise et ignorance qui nous fait les recevoir avec moindre révérence que le reste (1).

Ce texte paraît dater de 1572 ou 1574; et, par conséquent, il doit faire allusion à une période assez ancienne de la vie de Montaigne, et probablement à sa jeunesse. Relâchement passager de quelques observances secondaires, c'est à quoi se réduit, vraisemblablement, tout le « libertinage » pratique de Montaigne : je crois avec M. Villey que, s'il était allé plus loin, il nous l'eût dit aussi naïvement.

Il est vrai qu'on a prétendu qu'il était allé plus loin. Un savant bordelais, le docteur Armaingaud, a signalé le premier, dans l'édition de 1588, le curieux passage que voici, et que Montaigne a modifié plus tard :

---

(1) *Essais*, livre I, chap. XXVII, édition Dezeimeris et Barkhausen, t. I, p. 134; Édition municipale, t. I, p. 236-237.

Je condamne en nos troubles la cause de l'un des partis, mais plus quand elle fleurit et quand elle prospère ; *elle m'a parfois concilié à soi pour la voir misérable et accablée.* Combien volontiers je considère la belle humeur de Chélonis, fille et femme de rois de Sparte ; pendant que Cleobrotus son mari, aux désordres de sa ville, eut avantage sur Léonidas son père, elle fit la bonne fille, se rallia avec son père en son exil, en sa misère, s'opposant au victorieux ; la chance vint-elle à tourner, la voilà changée de vouloir avec la fortune, se rangeant courageusement à son mari, lequel elle suivit partout où sa ruine le porta ; n'ayant, ce semble, autre choix que de se jeter au parti où elle faisait le plus de besoin et où elle se montrait plus pitoyable (1).

Cette allusion sympathique et généreuse aux victimes de la Saint-Barthélemy ne serait pas restée purement platonique. C'est Montaigne lui-même qui aurait communiqué aux protestans le *Discours sur la servitude volontaire,* pour qu'ils pussent l'insérer parmi leurs pamphlets. Il aurait fait mieux : il aurait de lui-même remanié, — et aggravé, — le texte de La Boétie, et, pour atteindre et flétrir Henri III, il aurait, de sa propre plume, composé le célèbre portrait du *Tyran.* Il est bien difficile, à plus de trois siècles de distance, de se prononcer résolument pour ou contre une pareille hypothèse : si, telle qu'elle est présentée par le docteur Armaingaud, elle dénote beaucoup d'ingéniosité de la part de son auteur, elle a soulevé de fortes objections de la part de MM. Villey, Bonnefon, Strowski et Dezeimeris (2). Pour notre part, et jusqu'à plus ample information, nous inclinerions à la rejeter, comme insuffisamment établie et peu conforme à ce que nous savons de la modération et du loyalisme de Montaigne. Il reste que Montaigne, peu favorable en général, comme l'on sait, aux réformés, a « parfois, » par humanité, été tenté de se rallier à leur cause. Ce sentiment, même s'il n'est jamais, ce qui est probable, passé à l'acte, est tout à l'honneur de l'auteur des *Essais.* Il a toujours été le contraire d'un fanatique.

(1) *Essais,* édition de 1588, p. 489, ou édition Jouaust, t. IV, p. 207.
(2) Docteur Armaingaud, *La Boétie, Montaigne et le Contr'un* (*Revue politique et parlementaire,* mars-avril 1906). — Cf. les articles de M. Villey dans la *Revue d'histoire littéraire de la France,* octobre-décembre 1906 ; de M. Paul Bonnefon dans la *Revue politique et parlementaire* de janvier 1907 ; de M. F. Strowski dans la *Revue philomathique de Bordeaux,* février 1907 ; de M. R. Dezeimeris dans les *Mémoires de l'Académie des Sciences et Belles-Lettres de Bordeaux,* de 1907. — M. Armaingaud a fait face à tous ses contradicteurs et leur a successivement répondu dans la *Revue politique et parlementaire* d'avril 1907 et dans la *Revue philomathique* de mai-juillet et de décembre 1907.

S'il a, dans son for intérieur, éprouvé quelquefois des sympathies purement sentimentales en quelque sorte pour la Réforme, ce n'est pas qu'il fût, au point de vue doctrinal, disposé à lui faire de réelles concessions. Montaigne n'est pas un bien grand chrétien, nous l'avons dit, mais il a l'hérédité catholique, et à ce titre, — on le lui a parfois reproché, — sa « mentalité » n'est à aucun degré une mentalité protestante. Il n'a jamais pu concevoir et admettre que la religion fût une affaire « individuelle, » et, au contraire, et conformément d'ailleurs à la donnée traditionnelle, il semble avoir toujours vu en elle une chose essentiellement « sociale. » De même, il paraît bien avoir tout d'abord, et longtemps, pensé, avec toute l'École, que la raison bien conduite suffit à prouver les vérités essentielles de la religion. Cette idée qui forme, on le sait, le fond du livre que Montaigne publia en 1569, cette traduction de la *Théologie naturelle* de Raymond Sebond qu'il avait entreprise sur la demande de son père, il l'admet alors, semble-t-il, sans la moindre difficulté. « Je trouvai belles, nous dit-il, les imaginations de cet auteur, la contexture de son ouvrage bien tissue, et son dessein plein de piété. » Et il le loue sans réserve d' « entreprendre, par raisons humaines et naturelles, établir et vérifier contre les athéistes tous les articles de la religion chrétienne. » Jusqu'à cette époque, ce que l'on pourrait appeler le rationalisme chrétien de Montaigne n'a encore subi aucune atteinte.

Quelques années se passent, et si l'on en juge par divers passages des *Essais*, et surtout par l'*Apologie de Raymond Sebond*, dont la plus grande partie semble avoir été composée en 1576, l'état d'esprit de Montaigne a visiblement changé. La *Théologie naturelle* a soulevé diverses objections, qui l'ont frappé. Surtout, vers la même époque, 1576, il découvre Sextus Empiricus, qui lui résume tous les argumens du scepticisme antique. Ici se place dans l'histoire de la pensée de Montaigne une véritable crise, que M. Villey, après M. Strowski, a longuement et ingénieusement décrite, et qui est comme symbolisée par un fait assez curieux. On a retrouvé parmi les décombres de son château une médaille que Montaigne avait fait frapper à son nom. Il y a fait représenter la balance aux plateaux horizontaux qui figure l'état de parfaite indifférence philosophique. Elle est datée de 1576; l'âge de Montaigne, — quarante-deux ans, — y est aussi indiqué. Évidemment, c'est à cette époque que le scepticisme de l'auteur des *Essais* a atteint son point culminant, et Montaigne a voulu, par cette médaille, perpétuer le souvenir de la crise intellectuelle qu'il traverse. Jusqu'où exactement est allé ce scepticisme? A-t-il été simplement d'ordre métaphysique? ou d'ordre religieux? En d'autres termes encore, le doute qui l'envahit alors, et qui, — l'*Apologie de Raymond Sebond* en témoigne éloquemment, — a ruiné si profondément la confiance de l'écrivain dans le pouvoir de la raison raisonnante, ce doute a-t-il atteint, ne fût-ce qu'un moment, ses croyances religieuses? La question est obscure, et, Montaigne ne nous ayant point fait de confidences à cet égard, nous en sommes réduits aux simples conjectures. Il n'est pas impossible que, pendant un temps plus ou moins long, le scepticisme de l'auteur des *Essais* ait été complet, absolu, et que sa foi chrétienne elle-même en ait été entamée. Il est possible aussi qu'il ait su la mettre à l'abri des objections et des doutes : soit que ses croyances religieuses ne fussent pas assez profondes pour entrer en lice et courir les risques d'un combat singulier; soit que, par bon sens, esprit de modération et de prudence, il les ait mises résolument à part. Ce qui est sûr, c'est que la crise, quelles qu'en aient été la nature, la durée et l'issue, n'a point été douloureuse. Ce drame d'idées s'est joué pacifiquement devant une conscience sereine et souriante. Montaigne n'est pas l'homme des conflits tragiques. Les luttes corps à corps et sans merci ne sont point son fait. Il n'est pas de ceux qui, pour perdre ou pour conquérir une croyance, se blessent désespérément à toutes les pierres du chemin: les agonies morales, les sueurs de sang lui sont demeurées étrangères. Il ne faut pas demander au dilettante des *Essais* de concevoir et d'écrire le *Mystère de Jésus*.

Mais de cette crise, qui, visiblement, fut surtout une crise intellectuelle, la pensée religieuse de Montaigne n'en est pas moins sortie renouvelée. Si l'*Apologie de Raymond Sebond* a un sens, c'est que la raison humaine est impuissante à prouver la religion. Parmi bien des contradictions, des précautions oratoires, des ironies ou des naïvetés, à travers tous les méandres d'une pensée étrangement sinueuse, et dispersée, et vagabonde, telle est bien l'idée maîtresse qui se dégage et finalement s'impose. Sous l'influence de Sextus, Montaigne a scruté les fondemens de nos connaissances, et il les a trouvés caducs et ruineux. Il a fait à sa manière « la critique de la raison pure : » mieux encore, il en a instruit le procès. On sait avec quelle verve intarissable, quelle verdeur pittoresque d'expression, quelle allégresse dialectique, il a mis à nu et bafoué les irrémédiables faiblesses de l'entendement humain. Incapable de rien établir par elle-même de sûr et de stable, comment, de quel droit la raison oserait-elle discuter et contredire l'autorité de la révélation? « Cela est impossible, et d'un autre ordre, surnaturel, » dira bientôt Pascal, qui va reprendre sur ce point, comme sur beaucoup d'autres, l'argumentation de Montaigne. Et de même, la raison ne peut fournir à la religion aucun vrai secours. Que dis-je! Prenons garde qu'en lui offrant un appui, elle ne la fasse chanceler avec elle. Car admettrons-nous que la raison toute seule puisse établir sans contestation possible les vérités essentielles du christianisme, l'existence d'un Dieu personnel, la Providence, l'immortalité de l'âme, l'autorité de la loi morale? Dès lors, qu'avons-nous besoin d'une révélation particulière? Et le christianisme n'apparaît-il pas comme une superfétation inutile? Nous n'avons que faire de lui, et le déisme peut nous suffire...

On voit ici le changement d'attitude de Montaigne. Ce désaveu de la raison qu'il a obtenu de la raison même, il s'en sert pour justifier la foi irraisonnée des simples (1). Son scepticisme rationnel lui est désormais un moyen d'apologétique. Ou plutôt, — car il ne faudrait pas se hâter de transformer Montaigne en apologiste résolu, — peu profondément chrétien lui-même, et même assez peu religieux, il a vu, et senti que cette disposition d'esprit pouvait être celle de bien plus grands chrétiens que lui, et, en passant, il leur a signalé avec complaisance la légitimité de ce point de vue. Lui-même s'en est senti rassuré dans ses vagues croyances traditionnelles, dans son hostilité instinctive contre les innovations téméraires, dans son besoin de faire passer, par-dessus les divergences d'opinion individuelle, les intérêts permanens de l'institution politique et sociale. La conversion d'Henri IV, qu'il n'a pas vue, mais qu'il eût si fortement approuvée, est comme l'expression symbolique de la philosophie religieuse de Montaigne.

(1) Dans la *Préface* de l'édition de 1595, Mlle de Gournay fait de Montaigne un « puissant pilier de la foi des simples. » Et l'épitaphe en vers grecs que l'on a gravée sur son tombeau le loue d'avoir « au dogme du Christ allié le scepticisme de Pyrrhon. »

La morale, pour une âme religieuse surtout, touche de si près à la religion, que les deux problèmes sont inséparables. On n'en jugeait pas toujours ainsi au xvie siècle. La Renaissance avait remis en honneur et en lumière les principaux monumens de la philosophie morale des anciens : on fut émerveillé de tout ce que ces œuvres, trop longtemps méconnues, enfermaient d'observations ingénieuses ou profondes, de haute sagesse, d'humanité en un mot. D'année en année, et de proche en proche, surtout en France, on les réédite, on les traduit, on les commente, on s'en inspire avec une rare ferveur. C'est pour répondre à cette faveur croissante du public qu'Amyot a traduit tout Plutarque en français. Avant qu'il n'eût donné, en 1572, sa traduction des *Œuvres morales*, le seul traité des *Règles de mariage* avait été traduit au moins six fois dans notre langue, et quelques-unes de ces traductions avaient été rééditées jusqu'à trois et quatre fois. Le succès des *Œuvres morales* fut si vif, qu'en dix années, ces deux in-folio ont été, sous divers formats, réimprimés au moins cinq fois. Par toutes ces publications, un état d'esprit assez singulier se forme et se répand, dont peut-être un jour tenterai-je d'esquisser ici l'instructive histoire, et qu'on ne saurait mieux définir, ce semble, qu'en l'appelant un *néo-stoïcisme*. Sans bien s'en rendre compte, le plus souvent, on admire dans la morale la plus haute qu'ait produite l'antiquité païenne, dans les nobles vies que cette morale a inspirées et soutenues, quelque chose d'analogue à ce qu'on croyait jusqu'alors l'apanage unique, exclusif, de la morale chrétienne. On fait naturellement bénéficier le stoïcisme, tel que Sénèque ou Plutarque, Épictète ou Marc-Aurèle le représentent, de tous les généreux souvenirs, de tous les actes de vertu que les anciens nous ont transmis : Aristide et Socrate, Cincinnatus et Cornélie ont collaboré au nouvel idéal, lui ont fourni quelques traits, aussi bien que Zénon, Thraséas ou Caton d'Utique. Ce nouvel idéal s'est imposé à presque toutes les imaginations durant la seconde moitié du xvie siècle : on en retrouve les traces, aisément reconnaissables, à travers toutes les œuvres du temps ; il va bientôt s'exprimer doctrinalement dans un ouvrage de Juste-Lipse, la *Manuductio ad stoïcam philosophiam*, et dans toute notre littérature classique, au moins jusqu'à Pascal, chez Balzac, chez Malherbe, chez Corneille, chez Descartes, on le verra, plus ou moins transformé, mais nettement reparaître.

A quoi tend, à son insu peut-être, tout ce mouvement qui emporte les esprits et les ramène au culte de la vertu antique? Manifestement, à la constitution d'une *morale indépendante*. M. Villey prononce le mot en passant : il aurait dû y appuyer; c'est le seul qui convienne et qui éclaire toute cette page d'histoire. Pour toute sorte de raisons, dont l'analyse nous entraînerait un peu loin, on commence, au XVIᵉ siècle, à trouver trop pesant le joug de la vieille morale chrétienne; on rêve d'y échapper, et comme l'on sent bien qu'on n'y échappera qu'à condition de trouver ailleurs un équivalent, on s'avise de restaurer la haute doctrine morale que l'antiquité finissante avait opposée au christianisme, et dont celui-ci avait eu quelque peine à triompher (1). Cette tendance à rejeter, sinon les prescriptions, tout au moins les principes de la morale théologique, on la trouve partout au XVIᵉ siècle. Qu'est-ce que la Réforme, non pas peut-être dans l'intention de ses initiateurs, mais en fait et dans la suite de son histoire, sinon une tentative, et qui dure encore, pour fonder une morale vraiment indépendante? A l'origine, elle était au moins, et de propos délibéré, une morale indépendante... de la religion catholique. A la différence de la Réforme primitive, le néo-stoïcisme n'a pas d'étiquette ou de livrée théologique : il ne tient pas compte de la révélation; il l'ignore; il est un pur et simple retour aux données de la raison et de la conscience antiques. La morale qu'il entend fonder est indépendante, non pas de toute métaphysique, mais de toute religion révélée.

Le mouvement est si général et si fort que ceux-là mêmes qui sembleraient devoir y être réfractaires ne peuvent s'y dérober complètement. Rien de moins stoïcien, à première vue, et même au fond, que Montaigne. Ni l'éducation, trop douce et trop voluptueuse qu'il a reçue, ni la vie, au total très facile qui a été la sienne, ni surtout son tempérament personnel ne le préparaient à l'effort, à la tension perpétuelle de tout l'être intime, au déploiement continu d'une volonté toujours en éveil. Ce n'est pas un héros de Plutarque que Montaigne, et il l'a bien fait voir. Il y a des âmes naturellement chrétiennes; il y en a

---

(1) Il y a lieu de noter que, à tous les essais qui ont été tentés, en France notamment, pour constituer une morale indépendante, a correspondu régulièrement une sorte de renaissance du stoïcisme : à la fin du XVIᵉ siècle, par exemple; au XVIIIᵉ, avec Montesquieu, Vauvenargues et quelques-uns des « philosophes; » sous le second Empire, avec **Renan, Taine** et **Havet**.

aussi qui sont naturellement stoïciennes ; il y en a d'autres qui sont naturellement épicuriennes. Comme Horace, son ancêtre et son poète préféré, avec qui il a tant de rapports, et dont l'évolution morale rappelle de très près la sienne, Montaigne était de ces dernières. Et pourtant, lui aussi, comme Horace encore, a eu sa phase stoïcienne. Quand, dans l'édition de 1580 (1), on relit les premiers *Essais*, — ceux qui ont été composés avant 1573 ou 1574 environ, — on ne peut s'empêcher d'être frappé des idées et des sentimens tout stoïciens qu'ils expriment, sous une forme brève, sentencieuse, un peu guindée qui, à elle seule, révélerait leur origine. Bien entendu, ce stoïcisme n'a rien de trop rigide ou d'exclusif ; il s'y glisse des pensées ou des maximes étrangères à l'école, et par l'intermédiaire de Cicéron, d'Horace ou de Lucrèce, Épicure, plus d'une fois, vient prêter main-forte à Zénon ; mais ces pensées et ces maximes sont de celles qu'un stoïcisme assez large peut aisément accueillir ; elles n'en contredisent pas les principes essentiels, — on sait d'ailleurs que stoïciens et épicuriens avaient plusieurs théories et formules communes, — elles n'en ruinent pas l'inspiration générale, et c'est cela seul qui importe. Au reste, à ceux qui lui auraient reproché le libéralisme de sa pensée, Montaigne pouvait répondre par un illustre exemple. Il est alors nourri des *Lettres à Lucilius;* et Sénèque, tout stoïcien qu'il soit, n'a, comme on sait, aucune intransigeance doctrinale. « Sénèque, dit excellemment M. Villey, Sénèque a filtré pour Montaigne une espèce de stoïcisme éclectique qui correspond tout à fait aux besoins de son imagination. » Le Montaigne des premiers *Essais* est en effet le plus éclectique des stoïciens (2).

(1) Cette édition, qu'il est nécessaire d'avoir sous les yeux, quand on veut connaître le premier Montaigne, est devenue introuvable ; mais fort heureusement, elle a été reproduite, avec les variantes de 1582 et 1587, dans la précieuse édition qu'ont publiée à Bordeaux, en 1870, chez Feret et fils, MM. R. Dezeimeris et H. Barkhausen. Ces deux volumes in-8° sont encore en cours de publication, mais l'édition est bien près d'être épuisée.
(2) Il s'est élevé sur la question du stoïcisme de Montaigne un long débat, un peu monté de ton, entre M. Strowski et M. le D' Armaingaud. Dans son livre si spirituel et si vivant sur *Montaigne* (Alcan, 1906), M. Strowski avait beaucoup appuyé, en l'exagérant peut-être quelquefois, sur le stoïcisme de son héros. M. Armaingaud a discuté cette thèse dans un article de la *Revue politique et parlementaire* (septembre 1907) sur *le Prétendu stoïcisme de Montaigne*, article auquel M. Strowski a répondu dans le *Censeur politique et littéraire* du 25 octobre et du 2 novembre 1907. M. Armaingaud a riposté à son tour dans la même Revue par trois articles intitulés : *Montaigne a toujours été épicurien*. Il est, je crois, assez

Ce stoïcisme, même mitigé, est-il bien profond d'ailleurs ? Il l'est si peu qu'il ne va pas beaucoup durer. Dès que Montaigne a entre les mains les *Œuvres morales* de Plutarque, — fin de 1572 ou premiers mois de 1573, — on le voit, sous cette influence, se détacher progressivement du stoïcisme, et même, bientôt, le critiquer assez vivement. Ce qu'il y a de raide et d'artificiel, d'emphatique et même d'inhumain dans la doctrine le frappe de plus en plus, et bientôt il n'aura pas assez de railleries pour tous ces grands gestes et ces déclamations fastueuses. C'est qu'en réalité, il y avait, nous l'avons dit, un secret, un profond désaccord entre la nature de Montaigne et la morale stoïcienne. Comme un vêtement d'emprunt qu'on rejette au premier signe, l'auteur des *Essais* s'est prestement dépouillé, aux premières objections qu'il entend formuler, des théories et des attitudes qu'il avait affichées jusqu'alors. Peu conscient de sa propre personnalité, peu sûr de son talent et de sa vraie pensée, il avait commencé, docilement, timidement, par se mettre au ton du jour : la mode était au stoïcisme ; il s'était fait stoïcien ; il avait copié servilement Lucain, le Plutarque des *Vies parallèles*, Sénèque surtout. Peut-être avait-il cru faire siennes leurs idées favorites. Son humanisme entretenait en lui cette flatteuse illusion. Au premier éveil de la réflexion personnelle, au premier contact avec la pensée adverse, on devait voir s'effriter ce stoïcisme essentiellement livresque.

Est-ce à dire cependant que tout ait été vain et factice dans cette courte initiation de Montaigne aux doctrines du Portique ? et qu'elle n'ait laissé aucune trace dans l'histoire de sa pensée ? Ces âmes d'humanistes sont plus complexes qu'il ne semble ; même dans leur rhétorique, ils engageaient un peu de leur personne. Montaigne a très sincèrement admiré certains côtés du stoïcisme ; il a gardé de son passage dans la « secte » un certain goût spéculatif de l'héroïsme, un certain culte de l'énergie morale. Son imagination s'exaltait volontiers sur les actions d'éclat, sur les miracles de la volonté. Montaigne est un épicurien qui a l'imagination stoïcienne.

Ce qui n'a pas peu contribué à détacher sa pensée du

---

facile de réconcilier les deux adversaires en faisant observer, avec M. Villey, que le stoïcisme de Montaigne n'est ni très systématique, ni très pur, qu'il n'a pas duré longtemps, et qu'il a été enfin assez superficiel. Et au fond, je ne crois pas que M. Strowski ait voulu dire autre chose.

stoïcisme théorique, c'est la crise de scepticisme que, sous l'influence de Sextus Empiricus, il a traversée vers 1576. Est-il bien vrai, comme le prétendait Royer-Collard, qu'on ne fasse pas au scepticisme sa part? Il me semble qu'on peut parfaitement être très sceptique sur certains points et fort dogmatique sur d'autres. Mais ce qui est sûr, c'est que l'attitude stoïcienne s'accommode mal du scepticisme. La raison en est assez simple. Le stoïcisme, quoi qu'en ait prétendu jadis le philosophe Guyau (1), le stoïcisme n'est pas une doctrine d'humilité, c'est une doctrine d'orgueil. Il ne veut voir que la « grandeur » de l'homme, non sa « misère; » il lui inspire une confiance infinie dans le pouvoir de sa volonté, dans l'étendue, dans la vigueur et dans l'infaillibilité de sa raison. Le stoïcisme est un rationalisme. Jamais Montaigne n'a cru plus fermement à la portée métaphysique de l'esprit humain que pendant l'époque où il se croyait stoïcien. Du jour où les argumens du pyrrhonisme contre l'autorité de la raison lui apparurent comme la vérité même, du même coup ce qui lui restait de son stoïcisme s'effondra pour toujours. S'il est vrai que nos sens nous trompent, que nos sentimens nous trompent, que nos idées nous trompent, que rien n'est sûr, et que rien n'est vrai, et que l'homme n'est que le misérable jouet d'une universelle illusion, pourquoi l'idéale vertu que le stoïcien propose à notre effort ne serait-elle pas un mensonge comme tout le reste, — mensonge même d'autant plus vain qu'il est moins conforme au vœu de l'humaine nature? Le pyrrhonisme dont s'enchante et dont s'enivre Montaigne a définitivement tué son stoïcisme.

En resterons-nous là cependant? Le scepticisme absolu convient si peu à la nature de l'homme, qu'on peut bien s'y complaire un instant : on ne saurait s'y enlizer bien longtemps. Il faut croire pour vivre; il n'est pas d'acte, si irréfléchi qu'il soit, qui n'implique une conception de la vie, donc une croyance, et comme un pari sur l'inconnu. Montaigne a trop de bon sens, et, selon le mot d'un contemporain, un trop « émerveillable jugement » pour ne s'en point aviser. Par ironie, par amusement dialectique, par virtuosité d'artiste qui pousse sa pointe en tous sans, jongle avec les idées et avec les mots, et s'offre à lui-même l'étourdissant spectacle de sa verve librement déployée,

---

(1) Voyez son édition classique du *Manuel d'Épictète* (Delagrave).

par réaction aussi contre les faciles dogmatismes d'autrefois, il a bien pu se donner les apparences du scepticisme parfait : sa griserie intellectuelle une fois tombée, il se retrouve ce qu'il a toujours été : un Gascon, un Bordelais même, très avisé, très positif, plein de prudence bourgeoise, très préoccupé de mener sans orage au port la barque fragile de la vie. Plus de grands mots, de gestes ambitieux, de périlleuses manœuvres les yeux fixés sur les étoiles : des faits. La quarantaine est passée, la cinquantaine est toute proche. Le moment est venu d'amasser un substantiel viatique pour le reste du voyage.

Or, dans cette universelle incertitude, une chose reste sûre, inexpugnable à toutes les attaques du scepticisme : la réalité du plaisir et de la douleur. « Douleur, tu n'es qu'un mot, » s'écriait le stoïcien ; mais il se trompe, et surtout il nous trompe. La douleur est la plus indéniable des réalités ; elle est un fait, un fait de conscience ; libre au stoïcien de le nier en paroles : il ne la sent pas moins, quand elle le poigne, et il crie, quand on ne l'entend pas. Pareillement le plaisir : c'est un fait très positif que la jouissance, et il n'est aucun raisonnement du monde qui puisse nous empêcher de l'éprouver. Et ce qui n'est pas moins sûr, c'est que la nature a mis en nous un instinct qui nous pousse à rechercher le plaisir et à fuir la douleur. Cet instinct même est si fort, qu'en réalité nous y obéissons, même quand nous prétendons l'éluder. Le stoïcien lui-même trouve son plaisir, — un plaisir d'une essence particulière, — à poursuivre la réalisation de ce qu'il considère comme le devoir et la vertu.

Quoi qu'ils en disent, en la vertu même, le dernier but de notre visée, c'est la volupté. *Il me plaît de battre leurs oreilles de ce mot, qui leur est si fort à contre-cœur.* Et s'il signifie quelque suprême plaisir et excessif contentement, il est mieux dû à l'assistance de la vertu qu'à nulle autre assistance. Cette volupté, pour être plus gaillarde, nerveuse, robuste, virile, n'en est que plus sérieusement voluptueuse. Et lui devions donner le nom du plaisir, plus favorable, plus doux et naturel : non celui de la vigueur, duquel nous l'avons dénommée. Cette autre volupté plus basse, si elle méritait ce beau nom, ce devait être en concurrence, non par privilège. Je la trouve moins pure d'incommodités et de traverses que n'est la vertu. Outre que son goût est plus momentané, fluide et caduc, elle a ses veilles, ses jeûnes et ses travaux, et la sueur et le sang : et en outre particulièrement ses passions tranchantes de tant de sortes, et à son côté une satiété si lourde, qu'elle équipolle [équivaut] à pénitence (1).

(1) *Essais*, livre I, chap. XIX. Il est à noter que ces lignes ne figuraient ni dans

La pensée de Montaigne ici est assez claire. Puisque tout en nous et autour de nous nous sollicite à la recherche de la volupté, et puisque, en voulant la fuir, nous la poursuivons et l'atteignons encore, abandonnons-nous donc sans contrainte au vœu de la nature, ἣν ζόμολογουμένως τῇ φύσει. Et ne craignons pas d'aboutir ainsi à une conception de la vie trop vulgaire. Car il y a une hiérarchie des plaisirs ; et s'il en est de bas, — ceux-là, on ne voit pas que Montaigne les ait jamais résolument proscrits, — il en est aussi de nobles, et ces derniers, plaisirs de l'esprit, de l'amitié, de la vertu, nous ménagent des jouissances plus vives et plus pures que les autres. Recherchons donc la volupté sans scrupules : elle est bonne, elle est saine, elle est sainte. Fuyons-en simplement les excès, non par devoir, mais par prudence, car l'excès du plaisir engendre inévitablement la douleur, et, si nous voulons être heureux, il nous faut fuir la douleur. Et telle est la morale qui déjà s'esquisse dans les derniers chapitres que Montaigne ait composés pour l'édition de 1580, qui s'affirme plus énergiquement encore dans l'édition de 1588, et qui, dans l'édition posthume de 1595, fait mine de tout envahir, et de recouvrir même les velléités de l'ancien stoïcisme.

On aurait beau jeu, si on le voulait, à discuter et à critiquer cette morale. Son plus grave défaut est de n'avoir d'une morale que le nom ; elle ne résout pas les questions, elle les élude ; elle ne définit pas le devoir, elle le supprime. Elle repose sur une équivoque, pour ne pas dire sur un jeu de mots. S'il est vrai que la pratique de la vertu ne va pas sans un certain plaisir, ce plaisir est d'un ordre si spécial et d'une qualité si rare, que c'est se moquer, et profaner même le nom de la vertu que de l'assimiler à la « volupté. » Il ne faut pas donner à entendre que l'on confond saint Vincent de Paul et Casanova. Il n'est pas vrai, comme le voudrait Montaigne, que la vertu soit chose aisée, toute naturelle et souriante : elle est toujours le prix d'un effort, et l'effort est toujours chose douloureuse. La notion d'effort est complètement absente de la morale de Montaigne. Or, il n'y a pas de morale sans effort, comme il n'y a pas de moralité sans ascétisme. Voilà ce que Montaigne n'a jamais pu

---

l'édition de 1580, ni dans celle de 1588, et qu'elles ont été insérées par Montaigne, comme pour en corriger après coup l'effet, dans le célèbre chapitre intitulé : *Que philosopher, c'est apprendre à mourir* (cf. Édition municipale, tome I, p. 101).

comprendre. Son tempérament était si réfractaire à ces idées si simples, et il a si peu réagi contre son tempérament, qu'il ne semble pas s'être rendu compte du vice secret des doctrines qu'il affichait. Il est dangereux de prêcher le plaisir aux hommes. Et cela est dangereux, parce qu'ils n'y ont déjà que trop de pente native, et que, même si l'on veut les orienter du côté des plaisirs nobles, ils finissent presque toujours par tomber du côté des plaisirs bas. Toutes les morales du plaisir ont eu la même fortune historique. Épicure, certes, ne méritait pas tous les reproches qu'on a pu adresser à quelques-uns de ses disciples : sa morale avait, à n'en pas douter, des parties élevées. Mais les disciples ont trouvé dans les doctrines du maître une justification trop facile de leurs propres appétits, et le nom d'épicurisme est devenu justement synonyme de relâchement des mœurs. Pareille mésaventure est arrivée à Montaigne. Il ne voulait assurément pas légitimer et encourager l'immoralité contemporaine; et l'honnête Pierre Charron, et la bonne demoiselle de Gournay se seraient sans doute fort dévotement signés, s'ils avaient pu prévoir que les *Essais* allaient devenir les délices de Ninon de Lenclos. Mais il n'en est pas moins vrai que le livre de Montaigne a été l'Évangile de tous les « libertins » du xvii° siècle, en attendant ceux du xviii°; et qu'ils ont trouvé en lui au moins autant un encouragement au libertinage de leurs mœurs qu'au libertinage de leur pensée. « Dans le système moral de Montaigne, — a dit profondément Guillaume Guizot, — on finit par s'obéir à soi-même, ou plutôt, on ne s'obéit même plus, car on finit par ne plus se commander rien. » Et encore : « Montaigne n'est ni un guide sûr pour la pensée, ni un conseiller utile pour la vie. »

N'oublions pas un dernier trait sur lequel M. Villey a justement insisté. Pour constituer sa morale, Montaigne, chose bien curieuse, et qui montre combien au fond il était peu chrétien, Montaigne n'a fait aucun emprunt au christianisme. Ses autorités et ses sources, ce sont les philosophes et les moralistes anciens; ce ne sont autant vaut dire jamais les moralistes chrétiens. Je ne crois pas qu'il ait cité une seule fois l'*Imitation*. La morale chrétienne est comme non avenue à ses yeux; il l'ignore, ou il l'oublie. Les notions fondamentales de l'éthique chrétienne, le péché, la grâce, la corruption originelle, le repentir, lui demeurent entièrement étrangères. Il laisse échapper quelque part un mot, que M. Villey ne me paraît pas avoir relevé, dont Montaigne n'a certainement pas vu tout le sens et toute la portée, et qui me semble le définir à merveille : « Nous autres, naturalistes (1), » s'écrie-t-il. C'est cela même. Montaigne est un *naturaliste :* il l'est par la qualité de sa langue et par l'allure de son style ; il l'est par le tour de son esprit et le mouvement même de sa pensée ; il l'est par l'inspiration de sa morale. Il ne veut que copier la nature, suivre la nature, vivre selon la nature. C'était écarter l'idéal chrétien et revenir à l'idéal antique. Guillaume Guizot l'a dit avec une spirituelle justesse : « Montaigne, c'est le génie du paganisme. »

Et il est encore quelque chose de plus. Montaigne, écrivais-je il y a une dizaine d'années, Montaigne, c'est l'*honnête homme.* Je suis heureux que M. Villey ait repris la formule, et, dans les derniers chapitres de son livre, l'ait ingénieusement développée. Qu'on veuille bien y réfléchir en effet. S'il y a, dans cette fin du xvi⁰ siècle, en France, une œuvre littéraire qui nous fasse admirablement comprendre et sentir comment l'idée italienne de la *virtù,* combinée avec l'idée *humaniste,* a fini par produire l'idée française et classique de l'*honnête homme,* c'est bien celle de Montaigne. « L'honnête homme, » — on se rappelle la définition que Bussy-Rabutin en a donnée, — c'est « un homme bien né, et qui sait vivre (2). » Or, n'est-ce pas là le « modèle idéal » que Montaigne a eu en vue, et qu'il a, plus que personne, contribué à faire naître et adopter ? Il y a si bien réussi, que ce modèle idéal a régné pendant plus d'un siècle sur la pensée et l'imagination françaises. L'homme qui, comme on dira bientôt, « ne se pique de rien » et « ne met point d'enseigne, » mais qui, au contraire, « a des clartés de tout, » l'homme dont le goût naturel a été formé par la pratique du monde et l'expérience des hommes, plus que par les livres, dont

> La parfaite raison fuit toute extrémité
> Et veut que l'on soit sage avec sobriété,

dont le ferme bon sens, affiné par le commerce de la bonne société, s'exerce sur toutes les questions qui lui sont soumises avec une liberté spirituelle, agile et souriante et s'enveloppe toujours

---

(1) *Essais,* livre III, chap. xiii, éd. Louandre tome IV, p. 235.
(2) Lettre à Corbinelli, 6 mars 1679.

de formes courtoises et discrètes, — cet homme-là, Montaigne a fait effort pour le réaliser dans sa vie, et pour le peindre dans son œuvre. Et assurément, il n'y est point parvenu du premier coup. On peut trouver qu'il est encore bien accablé sous le poids de ses autorités et de ses livres, et Malebranche, qui lui reconnaît d'ailleurs « une certaine fierté d'honnête homme, » Malebranche, on le sait, a prononcé à son égard le mot cruel de « pédantisme à la cavalière. » Et de même, sa politesse ne laisse pas d'être parfois un peu grossière : je veux parler d'une foule de traits libertins, des confidences indiscrètes, des « mots lascifs » qui, d'année en année, envahissent les marges, et le texte même des *Essais*, et désobligent si souvent les lecteurs d'aujourd'hui. Il n'en est pas moins vrai que, par rapport à ses devanciers et à ses contemporains, Montaigne est bien près de réaliser l'idéal dont s'enchanteront et Pascal et Molière. Montaigne, c'est déjà Méré, et soyez sûr que Philinte le sait par cœur. N'est-ce pas le cardinal du Perron qui disait des *Essais* qu'ils étaient « le bréviaire des honnêtes gens? » Et Mme de Sévigné, qui s'y connaissait peut-être, écrivait, en parlant de Montaigne : « Ah! l'aimable homme! *Qu'il est de bonne compagnie* (1)! » La morale même de l'honnête homme, n'est-ce pas exactement celle des *Essais*? Morale peu chrétienne, à tout prendre, puisque c'est, à très peu près, celle du poète Horace; morale faite d'indulgence et de convenances mondaines, de discret épicurisme et d'élégant scepticisme, et qui conseille la modération dans les désirs, plutôt que la sainteté, le sourire et la discrétion dans la volupté, plutôt que l'héroïsme. Dans une page souvent citée de son *Port-Royal*, Sainte-Beuve avouait que « quand survient quelque grande crise, cette morale des honnêtes gens devient insuffisante : elle se plie et s'accommode en trouvant mille raisons de colorer ses cupidités et ses bassesses. » Le mot « bassesses » est assurément trop fort quand il s'agit de Montaigne. Mais il faut bien reconnaître que la lettre qu'il écrivit pour se dispenser de rentrer à Bordeaux ravagée par la peste n'est pas d'un citoyen très brave. Il est permis de lui préférer, dans une circonstance analogue, le geste plus stoïque de Rotrou.

Regardons-le plutôt, pour finir, dans une attitude plus noble

---

(1) A Mme de Grignan, 16 octobre 1679.

et plus digne de lui. — Dans la salle des Pas-Perdus de la Faculté des Lettres de Bordeaux, on peut voir, depuis une vingtaine d'années, le tombeau de Montaigne, celui-là même que sa veuve, Françoise de la Chassaigne, lui fit élever au début du xviie siècle. Le grand écrivain est représenté couché, les mains jointes, revêtu de son armure ; son épée est à sa gauche, ses gantelets à ses côtés ; à ses pieds, un lion est couché ; derrière la tête, on a placé son casque de bataille... Montaigne sans un exemplaire des *Essais!* Montaigne en prière! Montaigne armé de pied en cap, comme un preux chevalier du moyen âge!... On ne s'attendait pas à trouver « le Thalès français, » comme l'appelait Juste-Lipse, dans cette dernière posture... Et puis, l'on se dit que « l'honnête homme » se fait un devoir de ne pas rompre en visière avec les usages de son pays et de remplir exactement toutes les obligations de la vie commune. On se rappelle aussi la fin courageuse et édifiante de Montaigne, ses fréquentes protestations de fidélité à la religion de ses pères, la constante et ferme clairvoyance de son patriotisme, ses campagnes dans les armées royales, et le mot d'un contemporain, La Croix du Maine, nous affirmant qu'il a quitté la magistrature pour « suivre les armes... » Et l'on se prend à songer que le livre n'est pas tout l'homme ; que Montaigne, comme nous tous, a eu sans doute ses faiblesses, ses inconséquences, et ses misères ; mais qu'il a eu ses jours de grand sérieux aussi ; et que, parmi tous les personnages qu'il a joués pendant sa vie, et dont les *Essais* nous gardent l'ondoyant et divers souvenir, celui que perpétue son tombeau n'est peut-être pas le moins véridique... Qui sait, en un mot, si cette vision d'un soldat chrétien, ce n'est pas, au total, celle que Montaigne eût souhaité qu'on emportât de lui ?...

Victor Giraud.

www.ingramcontent.com/pod-product-compliance
Lightning Source LLC
Chambersburg PA
CBHW070408230426
43665CB00012B/1289